Jürgen Wiegand

Christentum neu –
entschlackt und offen

Forum Religionskritik

Band 21

LIT

Jürgen Wiegand

Christentum neu – entschlackt und offen

Auf dem Weg zu ursprünglichen Ufern

LIT

Umschlagbild: © Jürgen Wiegand

Sämtliche 64 Bibelzitate in dieser Schrift entnommen aus:
Evangelisch-reformierte Landeskirche (Hg.): Zürcher Bibel, Zürich 2019. Das Copyright 2007 liegt beim TVZ Theologischer Verlag Zürich. Abdruckrecht erhalten am 1.11.2021

Bibliografische Information der Deutschen Nationalbibliothek
Die Deutsche Nationalbibliothek verzeichnet diese Publikation in der Deutschen Nationalbibliografie; detaillierte bibliografische Daten sind im Internet über http://dnb.dnb.de abrufbar.

ISBN 978-3-643-80326-9 (br.)
ISBN 978-3-643-85326-4 (PDF)

© LIT VERLAG GmbH & Co. KG Wien,
Zweigniederlassung Zürich 2022
Flössergasse 10
CH-8001 Zürich
Tel. +41 (0) 76-632 84 35   E-Mail:
zuerich@lit-verlag.ch   https://www.lit-verlag.ch

Auslieferung:
Deutschland: LIT Verlag, Fresnostr. 2, D-48159 Münster
Tel. +49 (0) 2 51-620 32 22, E-Mail: vertrieb@lit-verlag.de

Inhalt

Zum Geleit (Prof. Dr. Helen Schüngel-Straumann) 1

1 Zum Stand der Dinge 5
   1.1 Eigentlich erfreulich. 6
   1.2 Selfmade Glauben 13
   1.3 Kirchen im Abseits 25
   1.4 Herausforderungen und ein Weg 38

2 Heutiges Wissen und Denken 45
   2.1 Zum Denken, Verhalten und Glauben. 46
   2.2 Bibel und Wahrheit 67
   2.3 Vom Erfolg bis zur Sackgasse 91
   2.4 Schlacke und Feuer 114

3 Entschlackter und offener Glaube 119
   3.1 Die Basis: Jesus. 120
   3.2 Bestärkungen. 132
   3.3 Mein Dennoch-Glaube 139
   3.4 Herausforderung Liebe 153
   3.5 Tun und Lassen. 166

4 Glaubenspraxis. 181
   4.1 Wünsche, Absichten und Handeln 182
   4.2 Asketisch und zurückhaltend leben? 195

4.3 Wirtschaft und christliche Werte	203
4.4 Handeln in Staat und Gesellschaft	218
4.5 Umgang mit dem Lebensende	228
5 Zu ursprünglichen Ufern	**237**
5.1 Kirchen – was nun?	238
5.2 Vision der Aufgaben und Rollen	250
5.3 Werte und Stärken für morgen	259
5.4 Ein buntes Haus mit Strukturen	266
5.5 Weitere Schritte auf dem Weg	277
Danksagung	**291**
Literaturverzeichnis	**293**
Quellennachweis	**309**

Zum Geleit

Von Prof. Dr. Helen Schüngel-Straumann, Basel

Allgemein bekannt ist in unseren westlichen Breiten, dass die Zugehörigkeit zum christlichen Glauben in der Krise ist. Von dem, was die ältere Generation früher noch im Religionsunterricht gelernt hat, ist zumeist nicht mehr viel vorhanden, ja, viele junge Leute wissen nicht mehr, was die Bibel ist oder warum wir eigentlich Ostern feiern. Als Bibelwissenschaftlerin habe ich schon in den letzten Jahrzehnten des 20. Jh. in jedem Jahr die Abnahme der Bibelkenntnisse feststellen können, und das bei Menschen, die Theologie studieren wollten!
  Die Austritte aus den Kirchen nehmen von Jahr zu Jahr zu, am meisten in der katholischen Kirche. Hier haben verschiedene Skandale, z. B. Missbrauch und Starrköpfigkeit in Rom, die Lage immer mehr verschlimmert. Das wichtigste „Zeichen der Zeit", die Frauenfrage, wird seit Jahrzehnten aufgeschoben. Diese Frage kommt in diesem Buch nur am Rande vor, ist aber eines der wichtigsten Anliegen. Für eine echte Reform ist es nicht fünf vor zwölf, sondern eher schon längst nach zwölf Uhr!

In dieser verfahrenen Situation ist es ein Lichtblick, wenn ein Buch erscheint, das von einem Nichttheologen verfasst wurde, der sich sowohl in der Gesellschaft und der Wirtschaft gut auskennt, sich aber auch erstaunlich viele theologische Kenntnisse angeeignet hat. Zudem schreibt er in einer verständlichen Sprache. Theologen führen demgegenüber oft eine abgehobene und abstrakte Sprache, mit vielen Fachausdrücken bestückt, von denen sich „normale" Menschen nicht angesprochen fühlen oder sie gar nicht verstehen. In der katholischen Kirche werden auch viele werdende Priester schon in jungen Jahren in Seminaren unterrichtet und haben wenig Zugang zu Familien und Alterskameraden, sodass sie oft gar nicht mehr wissen, was die Mitmenschen bewegt. So ist es erfrischend, dass der Verfasser in einer Sprache schreibt, die verständlich auf die heutigen Verhältnisse eingeht und über die Probleme der Mitmenschen gut informiert ist. Zudem reichert er die Themen immer wieder mit persönlichen Erfahrungen oder Geschichten an. Er hat viel gesehen und viel erlebt, ist vor allem viel und weit herumgekommen, und zwar zu Fuß!

Die größte Verbreitung unter den Religionen der Welt hat die katholische Kirche. Aber auch sie war zu keiner Zeit eine Einheit. Als sich in den ersten christlichen Jahrhunderten die christlichen Gemeinden bildeten, hatte jedes Land seine eigene Struktur. Die Kirche in Armenien war anders als die Kirche in Äthiopien oder im heutigen Europa. Aber die Grundlagen sind bei allen gleich, obwohl die Kommunikation zwischen den einzelnen Ländern in der Antike sehr schwierig war im Vergleich zu unseren heutigen Mitteln. Für die zentralen Punkte gab es glücklicherweise die Bibel, vor allem das Neue Testament, das schriftlich in griechischer Sprache vorlag und den alten Kirchen bekannt war. Mit der Zeit hat sich aber die Entwicklung immer mehr ausgefächert, und die grundliegenden Glaubensfragen, der Gottesglaube, die Botschaft Jesu und seine Auferstehung, Nachfolge und Nächstenliebe wurden immer mehr mit Ballast angereichert bis es in fast allen Gebieten immer wieder zu einem Ruf nach Kirchenreform kam – *ecclesia semper reformanda*. Nach dem 4. Jahrhundert entwickelten sich – nach dem Muster des Römerreichs – hierarchische Machtstrukturen und eine strikte Unterscheidung von Klerus und Laien. Diese römischen Muster prägten das ganze Mittelalter, und an diesen Entwicklungen leidet die Kirche bis heute. Diese Strukturen widersprechen radikal dem Vorbild Jesu, der gesagt hat: *„Ihr wisst, die als Herrscher der Völker gelten, unterdrücken sie, und ihre Großen setzen ihre Macht über sie ein. Unter euch aber sei es nicht so, sondern wer unter euch groß sein will, sei euer Diener, und wer unter euch der Erste sein will, sei der Knecht aller."* (Mk 10, 42–44)

Der Hauptteil des Buches behandelt zahlreiche Einzelfragen, die hier nicht aufgezählt werden sollen. Es wird gezeigt, dass diese desolate Lage heute nicht mehr überzeugen kann, dass man zurückgehen muss zu den ursprünglichen Anliegen Jesu, wenn christliches Leben überhaupt noch weiterbestehen soll. Wie aber soll dies geschehen? Kleine Reförmchen bringen nichts mehr. Es gibt viele Arten zu träumen, wie die Zukunft des christlichen Glaubens aussehen könnte. Denn die Welt hat sich in 2000 Jahren so sehr verändert, die Menge der Menschen ist unglaublich angewachsen …

Im letzten Kapitel bringt der Verfasser viele Beispiele, wie diese neue Vielfalt aussehen könnte. Konfessionelle Grenzen sollten nur noch eine untergeordnete Rolle spielen. Er zitiert ein schönes Bild aus dem Johannesevangelium, wo Jesus sagt: „Im *Hause meines Vaters gibt es viele Wohnungen, wenn dies nicht so wäre, hätte ich euch nicht gesagt: Ich gehe, um euch einen Platz vorzubereiten.*" (Joh 14, 2) Diese Wohnungen sind nicht alle gleich und haben Platz für verschiedenste BewohnerInnen und Anliegen. Dabei ist der Platz zum Essen sehr wichtig. Zentral aber bleibt die Bibel, das Alte und Neue Testament, und für die einzelnen Menschen gibt es die verschiedensten Rollen und Aufgaben.

Ohne Strukturen geht es jedoch sicher nicht, soll sich nicht alles immer mehr auflösen. Aber wie diese aussehen können, muss die Zukunft zeigen. Jedenfalls haben die römischen Machtstrukturen keine Chancen mehr. Dennoch: so etwas wie ein *Pontifex*, wenn es denn ein echter „Brückenbauer" wäre, könnte sehr hilfreich sein, wenn ein weltoffenes Christentum in vielerlei Gestalt weiterhin gelebt werden sollte.

1 Zum Stand der Dinge

Wie wichtig es ist, sich zunächst einen Überblick über eine Situation zu verschaffen, lernte ich als Unternehmensberater. Dabei besteht das Bestreben, möglichst rundum zu schauen und dadurch einen Gesamtüberblick zu gewinnen. Man nennt das auch Pferdeblick. Dafür gilt es, darauf zu achten, nicht zu tief in einzelne Details einzusteigen, weil das den Überblick stören würde.

In diesem Geist betrachtet das Kapitel „Zum Stand der Dinge" verschiedenen Themen im und rings um das Christentum. Das geschieht in folgender Gliederung:
- *Eigentlich erfreulich*
- *Selfmade Glauben*
- *Kirchen im Abseits*
- *Herausforderungen und ein Weg*

1.1 Eigentlich erfreulich

Noch nie so christlich wie heute?

„So christlich wie heute war unsere Gesellschaft noch nie."[1] Das behauptete der grüne Ministerpräsident von Baden-Württemberg, Winfried Kretschmann, gegenüber einem überraschten Journalisten der Wochenzeitung „Die Zeit". Seine Begründung: Das Evangelium, insbesondere das Gebot der Nächstenliebe, werde mehr denn je praktisch gelebt – „bloß, dass es nicht immer draufsteht". Als Beispiele für seine Ansicht brachte er „die Ideale des Sozialstaates oder die Bewahrung der Schöpfung oder die Würde des Menschen".

In der Tat sprechen für die These von Winfried Kretschmann viele konkrete Beispiele. So zeigt die Coronapandemie, dass sehr viel mitmenschliche *Hilfsbereitschaft* besteht. Nachbarn versorgen Menschen, die in Quarantäne leben, oder Netzwerke halten Kontakt zu älteren Menschen. Großer Einsatz besteht auch im Kampf um das Überleben von Patienten auf den Intensivstationen der Spitäler.

Für Flüchtlinge wird durch private Initiativen ebenfalls viel getan. Dazu gehören Angebote wie Cafés als Treffpunkte ebenso wie kostenlose Beratungen in juristischen Fragen. Ein weiteres Beispiel bilden die telefonischen Beratungsdienste für Menschen mit Problemen, etwa die Telefonseelsorge in Deutschland und Österreich sowie die „Dargebotene Hand" in der Schweiz.

Bemerkenswert erscheint auch, dass die Medien häufig Themen sozialer Ungerechtigkeit aufgreifen, etwa Mietwucher anprangern.

Ein Indikator für die große Hilfsbereitschaft weiter Bevölkerungskreise bietet das Spendenaufkommen. Dieses lag in der Schweiz mit ihren gut 8 Millionen Einwohnern im Jahre 2019 bei über zwei Milliarden Franken.

Dem „noch nie so christlich wie heute" könnte man die dramatischen Zahlen der *Kirchenaustritte* entgegenhalten. Doch zum einen gehört den Kirchen in Europa noch die Mehrheit der Bevölkerung an. Zum anderen – und das ist entscheidend – kommt es für die oben aufgeworfene Frage nicht auf die Kirchenmitgliedschaft, sondern auf christliches Verhalten an. Viele auch der aus den Kirchen Ausgetretenen orientieren sich weiterhin am christlichen Liebesgebot.[2] Das gilt selbst für viele Jugendliche, die zwar oft nicht mehr wissen, warum man Ostern feiert, sich aber sozial engagieren. Sie besuchen zum Beispiel sehbehinderte Menschen, um ihnen vorzulesen. Auch das jugendliche Engagement für die Umwelt zählt dazu.

Christlicher Geist ist *in der ganzen Welt* verbreitet. Fast ein Drittel der Weltbevölkerung gehört einer christlichen Kirche an. Man darf davon ausgehen, dass sie damit auch vom hohen Stellenwert der bedingungslosen Liebe erfahren. Wie weit diese auch das Leben prägt, bleibt natürlich offen. Auf jeden Fall bestehen auf der ganzen Welt vielfältige christliche Engagements im Gesundheitswesen, in der Bildung und in der Bekämpfung von Armut.

Zu den christlich inspirierten erfreulichen Entwicklungen gehört schließlich, dass es in Europa zu *Schuldeingeständnissen* kam und kommt. Dazu gehört die kirchliche Reue über das gewaltige Unrecht, das den Juden von Christen angetan wurde. Ein anderer großer Bereich für Schuldeingeständnisse besteht im Kolonialismus und Sklavenhandel. Selbst in der Schweiz wurde als historische Schuld erkannt, dass etliche namhafte Kaufmannsfamilien, wie etwa die Merians, sich durch den Sklavenhandel bereicherten.

Gewiss ist auch heutzutage vieles nicht Gold, was christlich glänzt. Dennoch scheint mir der Ministerpräsident von Baden-Württemberg mit seiner Aussage nicht unrecht zu haben. Neben etlichen negativen gibt es sehr viele positive Beispiele für christliches Verhalten.

Die Betonung liegt bei dieser erfreulichen Feststellung auf dem *konkreten Verhalten von Menschen*. Nicht wenige von ihnen dürften sich vielleicht gar nicht mehr als Christen bezeichnen.

Genuss der Denk- und Glaubensfreiheit

Eine ebenso erfreuliche Tatsache wird den Mitteleuropäern oft gar nicht mehr so bewusst: Noch nie waren hier die *Menschen so frei*, ihre persönliche Ansicht kundzutun sowie ihren *Glauben* nach eigenem Gutdünken zu formen und zu leben, wie heute. Wie groß dieses Privileg ist, zeigt ein kurzer Blick auf andere Weltregionen und in die Geschichte. Es gibt Länder, in denen ein von der Mehrheit abweichender Glauben mit dem Tode bestraft werden kann. Bekannt wurde vor wenigen Jahren in Pakistan der Fall der Christin Asia Bibi, die ein Gericht zum Tode verurteilte. Man warf ihr vor, sich während der Feldarbeit zusammen mit muslimischen Frauen abfällig über den Propheten Mohammed geäußert zu haben. Für solch ein Urteil reicht es nach Artikel 295-C der pakistanischen Verfassung aus, wenn man jemandem entsprechende „Anspielung oder versteckte Andeutung" vorwerfen kann. Der Verleumdung ist dadurch Tür und Tor geöffnet. (Der Fall der Asia Bibi ging noch relativ gut aus. Nach vielen Jahren im Gefängnis wurde sie in einer Berufung freigesprochen und konnte nach Kanada auswandern.)

Verfolgungen oder gar Tötungen aus Glaubensmotiven erleiden aber nicht nur Christen durch andere Religionen, sondern zum Beispiel auch Moslems durch Hindus in Indien oder in arabischen Ländern Sunniten durch Schiiten und umgekehrt. Auch in unseren Breitengraden sind Verfolgungen wegen bestimmter Glaubensüberzeugungen noch gar nicht so lange her. So wurden unter der Naziherrschaft viele Menschen, die aus ihrer christlichen Überzeugung heraus Widerstand leisteten oder den Militärdienst verweigerten, hingerichtet. Zu erwähnen sind z. B. der Pfarrer Dietrich Bonhoeffer oder die Studentin Sophie Scholl. Ein früheres Beispiel: Im Jahr 1766 wurde in Frankreich der Chevalier la Barre hingerichtet, weil er angeblich bei einer Prozession nicht den Hut vor einem Kruzifix gezogen hatte.

Die heutzutage garantierte Denk- und Glaubensfreiheit bedeutet aber auch in Westeuropa nicht, dass die Kirchen ganz dieser Devise folgen, vielleicht auch nach ihrem Selbstverständnis nicht folgen können. Wer direkt oder selbst nur indirekt in kirchlichen Diensten steht, riskiert, beim Abweichen von offiziellen Dogmen oder dogmenartigen Bekenntnissen seine Arbeitsstelle zu verlieren. Potenziell betroffen sind davon zum Beispiel Ärzte in einem katholischen Krankenhaus oder Theologieprofessoren und -professorinnen.[3] Doch sie finden in der Regel alternative Anstellungen. So wurde zwar Hans Küng seine Professur in der katholischen Fakultät der Universität Tübingen aberkannt, doch bekam er eine staatliche Ersatzprofessur. Im Normalfall ist es inzwischen in unseren Breitengraden *ein Leichtes, aus den Kirchen auszutreten.* Zeitungen brachten sogar Anleitungen, wie man das mit sehr wenig Aufwand machen kann. Im Internet werden entsprechende Formulare angeboten.

Man muss aber nicht unbedingt aus einer Kirche austreten, um Glaubensballast abzuwerfen. Umgekehrt kann man überzeugter Christ mit einem eigenen Glaubensverständnis bleiben, aber keiner Kirche mehr angehören. Denn zu unterscheiden sind der Glaube als persönlicher „*Innenraum*" und unter anderem die Kirchen als „*Außenwelt*". Diesen Unterschied beschreibt eindrücklich Thomas Philipp in seinem Buch „Wie heute glauben".[4] Es erscheint daher falsch, den christlichen Glauben mit den Aussagen der Kirchen gleichzusetzen. Das aber tut der bekannte Autor Kurt Flasch in seinem Bestseller „Warum ich kein Christ bin".[5] Das meiste, was er als unzutreffend, wissenschaftlich unlogisch oder sehr widersprüchlich in den kirchlichen Lehren aufspießt, teile ich als Feststellung oder Kritik. Doch bleiben auch Teile, denen ich weiterhin im Glauben zustimme, und es kommen andere Teile hinzu, die mein Christentum neu positionieren. Das werde ich in den Kapiteln 2 und 3 beschreiben.

Während die Kirchen als Außenwelt in Kapitel 1.3 näher umrissen werden, gilt es hier zunächst zu klären, was eigentlich das Wort „*Glaube*" meint. Laut Josef Imbach in seinem Buch „Ja und Amen. Was Christen glauben" lässt sich darunter verstehen:
- die Grundhaltung des Vertrauens, sich zuwenden,
- etwas gutheißen, für wahr halten.[6]

Der Glaube basiert nicht auf Fakten und Beweisen. Doch kann Wissen den Glauben stützen. Umgekehrt erlaubt Wissen, Geglaubtes infrage zu stellen oder zu ersetzen. Bis ins Mittelalter glaubte man daran, dass die Erde eine Scheibe sei und der Himmel darüber ein Gewölbe. Dann bewiesen Wissenschaftler wie Galileo Galilei und andere die Kugelgestalt der Erde. Umgekehrt wird die Wissenschaft existenzielle Kernfragen nie beantworten können. Dazu gehören: Woher kommt unsere Welt? Was ist der Sinn unseres Lebens? Wohin gehen wir? Auch der berühmte Astrophysiker Stephen Hawking glaubte zwar nicht an Gott, machte aber ehrlicherweise die Aussage, dass er von „wahrscheinlich" ausgehe, also eine „Ansicht" vertrete.[7] Atheisten sind also ebenfalls Glaubende.

Es liegt daher auf der Hand, dass das geflügelte Wort „Glaubst du noch oder denkst du schon?" keinen Sinn macht. Es erinnert mich an den dummen Spruch „Nachts ist es kälter als draußen". Es wird also ein falscher Gegensatz konstruiert. Doch sollte mein Glaube mit unserem heutigen Wissen und Denken übereinstimmen. Besteht das Wissen nur in derzeitigen Hypothesen oder Wahrscheinlichkeiten, so muss mir im Glauben die Fragwürdigkeit im besten Sinne des Wortes bewusst bleiben.

Dieses Problem verliert seine Schärfe, wenn wir uns klar machen, was wahrscheinlich *Jesus* unter dem Glauben versteht. Eine Stelle im Neuen Testament beleuchtet das für mich sehr treffend (Mt 9, 21): „Denn sie sagte sich: Wenn ich auch nur seinen Mantel berühre, werde ich gerettet. Jesus aber wandte sich um, sah sie und sprach: Sei getrost Tochter, Dein Glaube hat dich gerettet."[8] Jesus setzte also gemäß dem Text im Neuen Testament den Glauben mit Vertrauen in ihn gleich. Er *honoriert die Grundhaltung der Frau*.[9] Dazu gehört auch, wie wir von den wahrscheinlich von Jesus stammenden Gleichnissen wissen, der Glaube an das Reich Gottes.[10] Mit keinem Wort fragt er, was diese „Tochter" im Einzelnen oder gar in Form von Lehrsätzen für wahr hält.

Besonders plastisch zeigt diese Haltung Jesu auch das *Gleichnis vom Zöllner und Pharisäer* (Lk 18, 10–14). Beide beten im Tempel. Der Pharisäer hält sich an die Lehrsätze und meint, gemäß seinem Glauben alles bestens zu machen. Gegenüber Gott zählt er auf: „Ich faste zweimal in der Woche, ich gebe den Zehnten von Allem, was ich einnehme." Das vermittelt bei den Zuhörenden den Eindruck, dass der Pharisäer gegenüber Gott tatsächlich gut dastehe. Dazu muss man bedenken, dass zweimal die Woche fasten eine große disziplinarische Leistung darstellt.[11] Doch zur Überraschung seiner Zuhörenden lobt Jesus den gesellschaftlich verachteten Zöllner. Dieser hält keine religiösen Regeln ein, sondern schlägt sich in dem Gleichnis nur an die Brust und betet: „Gott sei mir gnädig."

Zu Recht warnt der ehemalige Abt des Klosters Einsiedeln in seinem Buch „Raus aus dem Schneckenhaus" davor, über den Pharisäer den moralischen Stab zu brechen.[12] Denn wir neigen auch im Glauben dazu, uns wie Pharisäer zu verhalten. Wir suchen Sicherheit, das Richtige zu tun. Und wir bilden uns oft ein, das Richtige eindeutig zu kennen. Aus dieser Haltung heraus neigen Christen auch dazu, sich besser einzuschätzen als Menschen anderer Überzeugungen. Die Kirchen mit ihren Dogmen und dogmenartigen Aussagen, die scheinbar Sicherheit im Glauben bieten, stützen solche unchristlichen Haltungen.

Befreit zum Suchen

Die Scheinsicherheit des Pharisäers zu verlassen, bildete auch für mich eine *große Herausforderung*. Als getaufter Katholik war ich zwar immer kritisch gegenüber „meiner" Kirche. Doch im Kern überzeugten mich früher ihre Lehren und Organisation. Aus diesem Grund engagierte ich mich auch stark für die Kirche, war Präsident der katholischen Studentengemeinde in Hannover, wurde Stipendiat des bischöflichen Cusanuswerks in Deutschland, amtete in der Schweiz viele Jahre als Präsident von zwei Pfarreiräten und war anschließend noch Kirchenrat. Zwischendurch trat ich sogar als Prediger in Gottesdiensten auf. Und ich muss gestehen: Auch ich schaute auf andere Kirchen und Menschen, die sich von den Kirchen distanzierten, etwas herab.

Doch meine Neugier, tiefer in theologische Fragen einzudringen, führte zu einem schleichenden Wandel. Mein Regal füllte sich mit mehreren Metern religiöser und religionsgeschichtlicher Literatur. Ich besuchte theologische Seminare, nahm an religiösen Diskussionsgruppen teil und führte zahlreiche Einzelgespräche. Dazu gehörten Bibelwissenschaftler*innen, Pfarrer*innen sowie mein Umfeld an Freunden und Bekannten. Wichtig waren für mich auch die Streitgespräche mit einem Sohn, der Theologie studiert hatte. Im ganzen Prozess half mir meine analytische Erfahrung als Unternehmensberater. Immer mehr wuchsen auf diesem Weg Zweifel, wie weit der kirchlich geprägte Glaube meinem Wissen und Denken standhält. Für die amtlichen Kirchen wichtige Teile im Glauben gingen allmählich verloren. Das setzte mir psychisch und selbst physisch erheblich zu.

Mit der Zeit erlebte ich wie viele andere Menschen auch, dass das *Suchen befreiend* wirkt. Nicht mehr die Scheinsicherheit der kirchlichen Lehre trug nun, sondern das Erleben, auf einem für mein Leben wichtigen Weg zu sein. Bereichernd waren dabei auch die vielen Begegnungen mit ebenfalls suchenden Menschen. Dabei blieb ich formal Mitglied der katholischen

Kirche. Das hat verschiedene Gründe, die noch deutlich werden. Doch ich verstehe gut, wenn Menschen aus Kirchen austreten. Manche bleiben im Suchen sehr aktiv, andere lassen sich vielleicht eher treiben. Zu den aktiv Suchenden gehören viele Theologen – einige werde ich in Kapitel 1.3 kurz vorstellen – und Philosophen. So beschäftigte sich der bekannte Philosoph Jürgen Habermas intensiv mit dem Thema Glaube und Wissen.[13]

Generell stellen Autoren ein wachsendes Interesse an religiösen Fragen fest.[14] Ein Indikator dafür war in der Schweiz auch der große Erfolg von religiös orientierten Filmen, etwa der Film „Zwingli" von Stefan Haupt.

Wer die Glaubensvorgaben von Kirchen zumindest teilweise verlässt und auf die eigene Suche geht, muss aber mit einem Problem fertig werden, das ich bereits oben als persönliches Erleben schilderte: Nun ist man *selbst für die Inhalte des eigenen Glaubens* verantwortlich. Das kann mehr oder minder stark verunsichern.[15] Auch aus diesem Grund bleibt für viele Menschen die Sehnsucht nach einem religiösen Kompass durch die „Außenwelt" bestehen.

1.2 Selfmade Glauben

Enorme Umwälzungen

Luca, unser jüngster Enkel, reiste mit seinem Vater von Neuseeland aus um die halbe Welt, um uns in der Schweiz zu besuchen. So konnte ich wieder einmal darüber staunen, wie anders seine *Lebens- und Erfahrungswelt* ist, wenn ich diese mit meiner seinerzeit vergleiche. So benutzt der gut Vierjährige mit großer Selbstverständlichkeit einen Tablet-Computer. Als er einen Film mit Fischern auf einem See sah, fragte er mich: „Warum ist das Seewasser blau?". Eine Antwort: „Weil Gott das so geschaffen hat", hätte er vermutlich nicht verstanden und akzeptiert. Daher versuchte ich, ihm auf einfache Weise die physikalischen Zusammenhänge mit dem Sonnenlicht zu erklären. Luca ist sehr aufgeweckt und selbstbestimmt. Seine Eltern orientieren sich an der Montessori-Pädagogik. Danach soll er „Baumeister seiner selbst" sein. Von uns Kindern verlangte man noch oft das Gehorchen und scheute auch nicht, dem mit einem Teppichklopfer Nachdruck zu verleihen.

Aber auch wir Älteren erlebten bereits enorme Umwälzungen. Das gilt für die wissenschaftlichen Erkenntnisse ebenso wie die technischen Entwicklungen, die Effekte der Globalisierung und der Verstädterung sowie die Individualisierung und Pluralisierung. Nicht wenige Menschen erleben die dadurch gewachsene Komplexität sehr krisenhaft. All diese Entwicklungen hatten auch Auswirkungen auf den Glauben – und wirken sich weiterhin aus. Daher lohnt es, sich die Veränderungen stark zusammengefasst vor Augen zu führen.

Alles, was man sich im Geschehen früher nicht erklären konnte, verstand man als Gottes Wirken. Im Zuge der Aufklärung änderte sich dieses Denken. Es verbreitete sich das *Wissen*, warum Missernten entstehen können, was Blitze verursacht und wie man diese ableitet. Auch Krankheiten ließen sich durch Wissen besser erklären und auf diese Weise beispielsweise immer gezielter Krebsmedikamente entwickeln. Die Kindersterblichkeit ging dank dem medizinischen Wissen drastisch zurück. Doch mit dem zunehmenden Wissen schwand das Bewusstsein, wie Gott in die Welt hineinwirkt. Mit der Vermehrung von Wissen wuchs auch das abstrakte Denkvermögen des Menschen. Zusammenhänge drückt man inzwischen durch abstrakte Formeln aus. Diese erlaubten auch Aussagen, die sich dem konkreten Verstehen entziehen. Man denke nur an Einsteins Relativitätstheorie oder an die von Hawking entdeckte Strahlung der „Schwarzen Löcher" im Weltraum. Gott konnte und musste man sich damit viel abstrakter vorstellen, als es viele Gemälde in Kirchen noch zeigen. Auch die Verfügbarkeit von Wissen stieg enorm. Einen Quantensprung in dieser Entwicklung brachte das Internet. Nun lassen sich gute Artikel herunterladen und Meinungen zu einzelnen bibelwissenschaftlichen Fragen unmittelbar erfahren.

Neben den großen Vorteilen der Wissensvermehrung und -verfügbarkeit entstanden auch Nachteile. Dazu gehören Verunsicherungen. In plastischer Weise zeigte das die Krise der Coronapandemie. Eine wissenschaftliche Aussage jagte die anderslautende nächste. Oft muss sich die Wissenschaft mit Hypothesen oder wahrscheinlichen Aussagen begnügen, die vielleicht nie oder erst später bewiesen werden können. Das gilt auch für wissenschaftliche Aussagen zur Bibel.

Wenn mein Enkel Luca wie selbstverständlich ein Tablet bedient, dann nutzt er neueste *Technik*. Dieser kleine Computer auf seinem Schoss kann heute wesentlich mehr als die Computeranlage meines früheren Arbeitgebers, die sich vor 50 Jahren auf 100 m^2 Raumfläche ausbreitete. Das ist nur ein Beispiel unter sehr vielen.

Die Geschwindigkeit technischer Innovationen ist enorm. Gleichzeitig wächst die Komplexität der Technik und ihre Durchschaubarkeit sinkt. Das Problem wird durch den zunehmenden Einsatz von „Künstlicher Intelligenz" in allen Lebens- und Arbeitsbereichen noch verschärft. In seinem Buch „Die digitale Kränkung. Über die Ersetzbarkeit von Menschen" macht Matthias Zehnder darauf aufmerksam, dass neben den großen Chancen dieser Technik auch Menschen in erheblicher Zahl leiden werden.[16] Viele Arbeiten erledigen Computer und Roboter viel besser als Menschen. Dass Computer siegreiche Schachspieler sein können, ist bereits praktisch erwiesen. Auf der anderen Seite sieht Matthias Zehnder viele Chancen, etwa mehr Zeit für gute menschliche Beziehungen – ein Anliegen auch von Christen.

1 Zum Stand der Dinge

Die moderne Technik fördert die globale Vernetzung. Wir können laufend Nachrichten, Bilder und Filme aus Asien, Afrika oder Amerika auf den Bildschirm holen. So ist es möglich, per Facebook aktuelle Videos zu sehen, wie unser Enkel Luca im Kindergarten in Neuseeland mit anderen Kindern spielt. Ein Teil meiner Hemden wurde in Indien zusammengenäht und meine Kameras zum Teil in Japan produziert. Umgekehrt lutschen Bewohner von Singapur Ricola-Bonbons aus der Schweiz und fahren Chinesen einen Mercedes aus Deutschland.

Die *Globalisierung* prägt auch den Stammbaum unseres Enkels Luca. Über die neuseeländische Mutter hat er schottische Wurzeln. Unser Sohn steuerte polnische, italienische, deutsche und aus der Schweiz stammende Gene bei.

Durch Reisen in verschiedene Teile des Globus lernen Menschen andere Kulturen kennen. Auch machen sie Bekanntschaft mit den verschiedensten Religionen, gewinnen sogar Gefallen an einzelnen von ihnen. Während der Ferien am Ligurischen Meer in Norditalien fielen uns in großer Zahl riesige Gewächshausanlagen auf. Sie waren aber meist verfallen. Der Grund: Die ehemals hier produzierten Blumen, vor allem Nelken, kommen inzwischen mit dem Flugzeug aus Südafrika. Viele Menschen verloren und verlieren aufgrund solcher Globalisierungen ihre angestammten Arbeitsplätze.

Ein weiterer Effekt der globalen Verfügbarkeit und Technik gewann weitreichende Bedeutung: Menschen auch im hintersten Winkel in Afrika können auf ihren Smartphones Filme sehen, die vermeintlich zeigen, wie gut Menschen in Europa leben. Viele machen sich zum scheinbaren Paradies auf, um dann als Flüchtlinge in Westeuropa, wenn überhaupt, zu stranden.

Parallel zur Globalisierung wuchsen die *Wanderungsbewegungen* überall in der Welt und auch in Westeuropa. Vor allem die großen Agglomerationen wie etwa das Rhein-Main-Gebiet oder auch Zürich und Wien ziehen viele Menschen an. Sie bieten ein wachsendes Angebot an Arbeitsplätzen und ein breites Infrastrukturangebot wie zum Beispiel Universitäten. Das fördert die *Verstädterung* weiter Landstriche. In diesen aber herrschen ganz andere soziale, wirtschaftliche und auch politische Verhältnisse als in ländlichen

Gebieten, wo die Kirche noch im Dorf steht. In den städtischen Gebieten lösen sich die engen religiösen Bindungen oft auf.

Auch die *Individualisierung* fördert diese Entwicklung. Wer eine Dorfgemeinschaft verlässt, kehrt den dortigen Traditionen und Mustern den Rücken zu und sucht sich seinen eigenen, unabhängigen Weg.[17] Die heutigen wirtschaftlichen Möglichkeiten unterstützen das. Doch selbst auf den Dörfern nahm man Abstand von den hierarchisch organisierten Großfamilien, um einen persönlichen Spielraum zu gewinnen. Zur Individualisierung trug von Anfang an das Christentum bei. Weil nach christlicher Überzeugung jeder Mensch sein Leben persönlich vor Gott verantworten muss, spielt das eigene Tun und Lassen eine große Rolle. Einen starken Schub in dieser Richtung brachte die Reformation. Diese betonte, dass jeder Mensch individuell und ohne Vermittlung von Priestern vor Gott stehe. In der Neuzeit ging zwar dieses Individualisierungsmotiv für viele Menschen verloren, dafür wurde aber zunehmend die persönliche „weltliche" Freiheit eines jeden Menschen betont. Zu dieser gehört, sich von Rollenzwängen zu befreien, sich den Beeinflussungen durch die „Außenwelt" wie etwa die Kirchen zu entziehen und sich ein individuell passendes Leben zu gestalten. Dem entspricht, dass die Eltern von Luca ihn in den privaten Montessori-Kindergarten statt in den staatlichen schicken.

Dieser anhaltende Trend zur Individualisierung ruft viele Kritiker auf den Plan. Kassandrarufe sprechen sorgenvoll oder nicht selten verächtlich von „Ichlingen", „Narzisten" oder „Selbstoptimierern". Auch etliche Amtsträger der Kirchen singen in diesem Chor mit. Doch bleiben Menschen auch in unseren Breitengraden soziale Wesen. So können sie, wie oben bereits beschrieben, sehr hilfsbereit sein. Das gilt auch für Jugendliche. Diese Sicht unterstützt das aufsehenerregende Buch von Rutger Bregman „Im Grunde gut".[18] Zudem: „Alles, was es für die eigene Autonomie braucht, kann sich nicht ohne die anderen vollziehen."[19] Der Mensch bleibt daher auch ein soziales Wesen.

Im Zusammenhang mit der Individualisierung nimmt der *Pluralismus* ebenfalls zu. Die Gesellschaft fächert sich zunehmend in verschiedene Systeme auf, etwa in den Arbeits-, Freizeit-, Kultur-, Gesundheits- und Politikbereich. Menschen wollen und müssen sich in diesen verschiedenen

Systemen mit ihren jeweils recht unterschiedlichen Möglichkeiten und Regeln zurechtfinden. Gleichzeitig sind die Formen des Zusammenlebens sehr vielfältig geworden. Neben den klassischen Ehen mit Kindern gibt es Partnerschaften, Alleinerziehende oder Wohngemeinschaften von Jüngeren und Älteren. Dabei nimmt die zuletzt genannte Lebensform zu. Dennoch sinkt in Europa die durchschnittliche Haushaltsgröße. In den deutschsprachigen Ländern lebt fast die Hälfte aller Menschen in Ein- und Zweipersonenhaushalten.

In all der Verschiedenheit setzte sich zumindest in den verstädterten Regionen das Prinzip „leben und leben lassen" durch. Auf dem Pluralismus basiert auch jede gut funktionierende Demokratie. Dazu gehört, dass verschiedene Meinungen, Interessen und auch religiöse Überzeugungen von allen Menschen anerkannt und toleriert werden. Es liegt nahe, dass damit die Kirchen lange Zeit große Mühe hatten. Erst im Zweiten Vatikanischen Konzil bekannte sich die katholische Kirche 1965 zum Pluralismus.

Spirituelle Interessen im Wandel

Die bekannte deutsche Wochenzeitung „Die Zeit" hat seit Jahren das Ressort „Glauben und Zweifeln". Nun fiel mir als Leser dieser Zeitung auf, dass auf diesen ein bis zwei Seiten weder etwas zu fundamentalen christlichen Glaubensfragen noch etwas zu Glaubenszweifeln publiziert wird. Man berichtet lieber über den Papst, kirchliche Skandale und Verlautbarungen des Vatikans, Führungskrisen in den evangelischen Kirchen oder recht ausführlich über den Islam. Weil ich darüber enttäuscht war, schrieb ich mehrmals an die Redaktion dieser Seiten. Schließlich bekam ich 2020 folgende Antwort: „Es tut uns leid, dass Sie Theologie und die Behandlung von Glaubensfragen bei uns vermissen. Da wir jedoch eine große Publikumszeitung und keine Publikation ausschließlich für eine gläubige Leserschaft sind, setzen wir unsere journalistische Priorität tatsächlich bei den für alle relevanten religionspolitischen Ereignissen." Mit anderen Worten: Die *an Glaubensfragen interessierte Leserschaft* sei nicht bedeutend genug, um diese journalistisch zu berücksichtigen.

Tatsächlich bestehen Schätzungen, dass in deutschsprachigen Ländern etwa 30 % der Bevölkerung die *Sinnfrage*, die mit einem Glauben zusammenhängt, überhaupt nicht mehr bewegt.[20] Von den restlichen 70 % lässt sich annehmen, dass sie, wie oben beschrieben, durchaus Sinn-Suchende sind. Doch interessieren die Menschen in Mitteleuropa meist nicht mehr fundamentale Glaubensfragen. Dazu gehören zum Beispiel kirchliche Lehren wie Gott in drei Personen (Trinität) oder Jesu Opfer für unsere Sünden.[21] Ein Teil dieser Menschen ist noch Kirchenmitglied (in Deutschland knapp 60 %). Ihre Mitgliedschaft begründen sie meist nicht mehr mit bestimmten Glaubensüberzeugungen. Eine erhebliche Rolle spielen dagegen die Tradition, die Eltern, die Kinder oder die kirchlichen Dienstleistungen wie zum Beispiel würdevolle Beerdigungen. Viele fühlen sich auch einfach in ihrer Pfarrei wohl. So schrieb eine Frau: „Immer wieder stelle ich mir die Frage: ‚Warum bin ich als gut ausgebildete, fortschrittlich denkende Frau und Mutter von zwei Töchtern immer noch Mitglied in der römisch-katholischen Kirche?'"[22] Ihre Antwort lautet, dass sie Kirchenmitglied bleibe, weil sie vom Wirken der kirchlichen Kräfte vor Ort angetan ist, dort also eine christliche Heimat findet.

Solche Befragungsergebnisse und Verhaltensweisen gehören zur Entwicklung, die man die Verweltlichung oder *Säkularisierung* nennt. Diese beschreibt Charles Taylor in seinem Buch „Ein säkuläres Zeitalter".[23] Dabei handelt es sich um eine weltweite Entwicklung. Selbst in den USA, die lange als Hort großer Kirchentreue galten, und auch in den islamischen Ländern wirkt sich die Säkularisierung aus. Anders, als man es vielleicht wegen der hohen Medienpräsenz des Islam vermuten könnte, praktiziert nur ein Drittel der Moslems in Deutschland ihre Religion.[24] Die Ursachen der Säkularisierung liegen in den Umwälzungen, wie sie oben geschildert wurden. So trugen der Individualismus und der Pluralismus zur Trennung von Kirche und Staat bei. Die Kirchen verloren ihre Machtstellung und ihr Einfluss in der Gesellschaft erodierte. Was in starkem Maße blieb und uns erhalten bleibt, sind das überaus reiche christliche Kulturerbe wie zum Beispiel Bachs Kirchenmusik oder die teils gewaltigen Kirchenbauten wie etwa der Kölner Dom.

Die Säkularisierung änderte aber nicht das Suchen nach Spirituellem, nach Lebenssinn. Nur nehmen sich nun die Menschen, wie schon geschildert, die Freiheit, ihren *eigenen Glauben zu gestalten*. Ihre Spiritualität muss dabei zu ihrem eigenen Leben, zu ihrer eigenen Persönlichkeit sowie zu ihrem Wissen, Denken und Fühlen passen.[25] Was dabei herauskommt und wie sich das im Zeitablauf verändert, lässt sich durch Befragungen nur noch schwer ermitteln.

Nicht wenige auch in meinem Freundes- und Bekanntenkreis möchten gar nicht über Glaubensfragen sprechen. Ein Freund, dem ich einen Text von mir zur Trinitätsfrage sandte, weil ich sein Interesse vermutete, schrieb mir freundlich, aber bestimmt zurück: „Bitte verschone mich in Zukunft vor Glaubensfragen." Bei anderen spüre ich, dass diese für sie fast peinlich sind. Umgekehrt erlebte ich jüngst aber auch das Interesse einer sehr aufgeweckten Frau, mit der ich beruflich zusammenarbeitete. Sie fragte mich gelegentlich, womit ich mich in der Freizeit beschäftige. Ich druckste herum und nannte dann religiöse Themen. Sie lachte und fragte, warum ich das so verklemmt gestehe.

Panorama der Glaubenslandschaft

Auch bei diesem Thema geht es nicht um die Kirchen und andere Glaubensorganisationen, sondern um den „Innenraum" der Gläubigen. Was bewegt diese, wo stehen diese in Glaubensfragen? Die *enorme Vielfalt* lässt sich, wie wir gesehen haben, nur schwer fassen. Es verbleibt lediglich, mit groben Kategorien die Breite des Panoramas erkennbar zu machen. In diesem Sinne lassen sich aus mitteleuropäischer Warte im Glauben oder spirituellen Suchen unterscheiden:
- Atheistinnen und Atheisten,
- Agnostikerinnen und Agnostiker,
- Anhängerinnen und Anhänger von Religionen,
- darunter die Christinnen und Christen.

Am 10. November 1793 entfernten Revolutionäre die Altäre und Bilder aus der Kirche Notre Dame de Paris. Danach schütteten sie im Kirchenraum eine Art Berg auf, der einen der griechischen Philosophie gewidmeten Tempel der Vernunft und Freiheit darstellen sollte. Dann feierte man in theatralischer Weise ein großes Fest im Glauben des *Atheismus*. Ähnliches machte man in ganz Frankreich. Doch nicht lange darauf wurde diese Glaubensrichtung durch den Kult des höchsten Wesens abgelöst, der Offenheit auch für einen jenseits orientierten Glauben beließ. Atheistische Strömungen, die den Glauben an Jenseitiges ablehnten, gab es bereits unter den griechischen Philosophen, darunter Sokrates. Die Idee des Atheismus zündete auch bei Karl Marx, dessen kommunistische Lehren schließlich weite Teile der Welt eroberten. Die kommunistische Regierung von China mit ihren 1,4 Milliarden Menschen propagiert weiterhin den Atheismus.

In Europa hat der Atheismus, also der Glaube, dass es keinen Gott gibt, viele Fürsprecher*innen, darunter bekannte Wissenschaftler wie den bereits erwähnten Stephen Hawking. Auch Theologen gehören dazu. Der bekannte Bibelwissenschaftler Gerd Lüdemann bekannte einem Journalisten: „Ich habe mich vom Glauben befreit."[26] Wie ich noch in Kapitel 3.3 zeigen werde, gibt es viele gute Gründe, nicht an einen Gott jenseits der menschlichen Wirklichkeit zu glauben. Diese werden auch durch eine reiche Literatur von oft sehr aktiven Atheisten verbreitet. Dazu gehört zum Beispiel das Buch von Heinz-Werner Kubitza „Jesuswahn. Die Entzauberung einer Weltreligion durch wissenschaftliche Forschung".[27]

Andere wissenschaftlich Tätige lassen in ihren religiösen Aussagen Vorsicht walten. So bekannte der ehemalige Dekan der katholisch- theologischen Fakultät der Universität Fribourg, Othmar Keel, nach seiner Pensionierung: „Ich glaube nicht an ein Jenseits."[28] Doch bezeichnet er sich als *Agnostiker*.[29] Diese schließen nicht aus, dass es einen Gott als höhere Macht gibt. Doch verzichten sie darauf, sich zu dieser Frage konkretere Vorstellungen zu machen. Man kann diese große Gruppe von Gläubigen soziologisch weiter differenzieren. Dabei ist der Übergang zu den kirchlich Distanzierten, auf die ich noch zurückkomme, fließend.[30]

Die meisten aus meinem Freundes- und Bekanntenkreis, mit denen ich mich noch über religiöse Fragen austauschen kann, bezeichnen sich als Agnostiker. Bei ihnen kollidieren vor allem ihr Denken und Wissen mit dem kirchlich verkündeten christlichen Glauben. Sie sind oft am Suchen, schließen meist die Existenz einer höheren Macht nicht aus und haben häufig Sympathien für Jesus. Doch distanzieren sie sich von den Kirchen. Natürlich sind viele unter ihnen auch von Äußerungen und Vergehen kirchlicher Würdenträger angewidert. Dabei spielen die publik gewordenen zahlreichen Missbrauchsfälle eine große Rolle. Ein Teil der Agnostiker trat aus den Kirchen aus, ein anderer nicht.

Als wir unsere Schwägerin in Thailand besuchten, fielen uns am Eingang des Einfamilienhauses zwei Schreine in Form kleiner Tempel auf. In dem Gastzimmer, das wir beziehen durften, wanderten Scharen von Ameisen in Richtung Hausaltar, der in einer Ecke des Zimmers stand. Ziel der Ameisenwanderung war eine offene Cola-Flasche. Hier auf dem Altar versammelte die Hausherrin all das, was sie gerne hat, als eine Art Opfer. Wir wunderten uns, lasen dann aber in einem Reiseführer, dass die Thailänder zwar Buddhisten seien, aber auch an viele Geister ihrer Urreligionen, die mit dem Buddhismus nichts zu tun haben, glauben.

Solche Mischungen im Glauben kennen auch andere *Anhänger und Anhängerinnen von Religionen*. Anders als bei den Agnostikern verbinden sie mit ihrer Religion ganz bestimmte Inhalte und Verhaltensweisen. Dabei ist das zentrale Anliegen der Religionen, das Heil der Menschen und den Schutz durch eine überirdische Macht zu gewinnen. Zu den religiös Glaubenden zählen nach Schätzungen etwa 90 % der Weltbevölkerung. Neben dem Christentum gehören der Islam, der Buddhismus und der Hinduismus zu den größten Religionsgemeinschaften. Nicht wenige Mitteleuropäer finden im Islam, Buddhismus oder Hinduismus eine neue religiöse Heimat. Im Islam etwa fasziniert vielleicht der klare und einfache Gottesglaube, im Buddhismus der Erkenntnisweg mit Askese und Meditation zur Erlösung vom Leiden oder im Hinduismus die Lehre von der Wiedergeburt.

Als *Christinnen und Christen* bezeichnen sich Menschen, die an Gott, Jesus Christus und damit zusammenhängende Heilslehren glauben. Basis des Christentums bilden vor allem die Bibel, aber auch Traditionen. Manche Gruppen von Menschen legen die Bibel wortgetreu aus, weil sie diese direkt von Gott stammend oder stark inspiriert ansehen. Auf der anderen Seite des Spektrums finden sich Glaubende, für welche die Bibel nur ein Erzählbuch ist, aus dem man höchstens Anregungen gewinnen kann.

Die meisten Kirchenmitglieder in Westeuropa gehören aus kirchlichsoziologischer Sicht zu den Distanzierten.[31] Ihr Anteil beträgt etwa 60 %. Die Distanzierten folgen den kirchlichen Lehren in ihrem Glauben nur noch zum Teil. Vieles an der realen Kirche stößt sie ab. Dementsprechend engagiert sich in den Kirchen nur noch eine Minderheit. Gerade mal 24 % der Katholiken besuchten 2016 in Deutschland noch mindestens einmal im Monat einen Gottesdienst. Bei den Evangelischen lag dieser Wert nur noch bei 12 %.[32] Und selbst viele der Besuchende der Gottesdienste haben Probleme mit ihrer Kirche.

Ein Glaubensdilemma

Eine Freundin berichtete mir: Ihre Pfarrei lud als Fastenprediger in der Karwoche einen Theologieprofessor ein. In drei Referaten machte er den Zuhörenden deutlich, dass Gott keine Opfer brauche, nicht durch Opfer käuflich sei. Auch Jesus sei kein „Opferlamm" gewesen, sondern wegen seiner Lehre und seines Verhaltens hingerichtet worden. Kurz darauf war im Sonntagsgottesdienst in einer Predigt zu hören, dass Jesus uns durch seinen Opfertod mit Gott versöhnt habe. Diese beiden *konträren Ansichten* in einer zentralen Glaubensfrage standen danach einfach nebeneinander. Die Gläubigen konnten teilweise nur den Kopf schütteln. Die Freundin seufzte: „Wem soll ich nun glauben?"

Die unvereinbaren Positionen, „Gott braucht keine Opfer" und „Jesus opferte sich, um die Menschen wieder mit Gott zu versöhnen", gehören zu den fundamentalen Fragen kirchlicher Lehre. Zwischen beiden besteht eine große Bruchlinie, und sie verursachen ein Glaubensdilemma.

Dieses Dilemma wurde erst in neuerer Zeit voll bewusst. Dazu trug maßgeblich die *Bibelwissenschaft* bei. Sie ließ klarer erkennen, was wahrscheinlich als Botschaft direkt von Jesus stammt.[33] Eine Zeit lang bestand die Meinung unter bekannten Theologen, wie zum Beispiel Paul Tillich, dass man über die direkte Botschaft Jesu zu wenig Zuverlässiges wisse. Sie folgerten daraus, sich auf die Lehre über Jesus, die nach seinem Tod entstand, zu konzentrieren.[34] Diese fußte in starkem Maße auf Aussagen in Briefen, die der Apostel Paulus schrieb. Diese galten als die beste, weil älteste Quelle.

Die intensivierte Beschäftigung mit der direkten Botschaft Jesu ließ erkennen: Zwischen dem Leben Jesu und dem sich danach entwickelnden Christentum liegt „unübersehbar ein Bruch", wie Jörg Lauster in seiner Kulturgeschichte des Christentums schreibt.³⁵ Nicht wenige Autoren beschäftigen sich seitdem mit der erfolgten „Perspektivverschiebung, welche das Christentum bis heute maßgeblich prägte".³⁶

In der *Botschaft Jesu direkt* lassen sich folgende Kernaussagen erkennen:³⁷

- Gott kümmert sich um die Menschen, will letztlich für sie das Gute.
- Das Reich Gottes entwickelt sich bereits im irdischen Diesseits und besteht im Jenseits in Vollendung. Hierhin können Menschen nach ihrem Tod gelangen.
- Die Menschen sollen Gott, die Nächsten und sich selbst lieben.

Doch wie ganz anders lautet in den Schwerpunkten die *Lehre über Jesus*. Diese entstand in einem langen Prozess nach Jesu Tod. Dabei kristallisierten sich als Kernaussagen heraus:³⁸

- Jesus ist Gottes Sohn und gehört als Person zur Trinität.
- Jesus war ganz Mensch, aber von Anfang an auch ganz Gott.
- Jesus opferte sich am Kreuz und erlöste dadurch die Menschen von ihren Sünden.
- Jesus ist auferstanden. Das begründet die Hoffnung, dass auch Menschen zum ewigen Leben gelangen können.

Die Kernaussagen *in Jesu direkter Botschaft* erfahren wir in Form von Seligpreisungen, Gleichnissen und Parabeln. So verdeutlichte Jesus in seinen wahrscheinlichen Aussagen, wie sehr sich Gott um die Menschen kümmert. Dazu gehörte das Gleichnis von den Sperlingen. Keinen davon vergesse Gott. Erst recht vergisst er keinen Menschen. Und das bereits bestehende Reich Gottes beschrieb Jesus mit dem Gleichnis vom Sauerteig, den eine Frau unter das Mehl mischt. Generell bildete das Thema vom Reich Gottes den Kern von Jesu Botschaft.³⁹ Damit seine Botschaft, die teilweise revolutionär und provozierend war, angenommen wird, warb Jesus intensiv um Vertrauen. Dazu dienten auch die als Wunder geschilderten Heilungen. Besonders wirkte auch sein sehr starkes Charisma.

Die Botschaft Jesu direkt ist jüdisch geprägt. Sie zielt auf das Verhalten von Menschen und die praktische Umsetzung des Liebesgebotes. Ich denke hier zum Beispiel an das Gleichnis vom Samariter. Zudem: „Von irgendwelcher Sühneleistung ist keine Rede."⁴⁰

Die *Kernaussagen in der Lehre über Jesus* gibt im Wesentlichen das Apostolische Glaubensbekenntnis, zu dem ein ökumenischer Konsens der Kirchen besteht, wieder. Darin sind die oben dargestellten Kernbotschaften Jesu, die Botschaften vom Reich Gottes und vom Liebesgebot, nicht enthalten. Hubertus Halbfas spricht daher von einem „Jesus-Loch".[41]

Diese erstaunliche Tatsache hängt mit der Entstehungsgeschichte und dem Zweck des Apostolischen Glaubensbekenntnisses zusammen. Eine große Rolle spielte dabei die griechische Philosophie, die im gesamten Römischen Reich vorherrschend war. Diese beeinflusste nach Jesu Tod die christliche Lehre stark. Dadurch erfolgte zunehmend eine Abwendung von der jüdischen Kultur. Auf diesen spannenden Prozess und generell auf die Lehre über Jesus gehe ich in Kapitel 2.3 näher ein.

Viele kirchentreue Gläubige sehen einfach über das Bruchproblem hinweg, mögen oft nicht darüber nachdenken. Das gleiche machen in der Regel die Vertretungen der Amtskirchen. Doch nicht wenige, wie meine Freundin Ingrid, geraten durch den aufgezeigten Bruch in einen *Zwiespalt*. So geht es auch dem ehemaligen Unternehmer Helmut Waltersdorfer, der in seinem Buch „Seht, ich mache alles neu" dramatisch schreibt: „Die Situation ist für mich inzwischen unerträglich geworden, es zerreißt mich förmlich zwischen meinem Verständnis von ‚Gott in der Welt', dem was Leben heißt, und dem, was ich in der Theologie erfahre."[42] Dabei versteht er unter „Theologie" die kirchenamtliche Lehre.

1.3 Kirchen im Abseits

Ein im Überleben erprobtes System

„Du bist ja Unternehmensberater und hast Erfahrungen mit Reorganisationen", sagte mir Josef, ein guter Bekannter, am Telefon. „Du weißt gewiss, wie man Systeme verändern kann." Ihn interessierte diese Frage brennend, weil er sich stark für die Gleichstellung von Frauen in der katholischen Kirche engagierte. Wir trafen uns in der Folge zu einem Spaziergang. Gemeinsam suchten wir nach Beispielen, wo und wie sich große Systeme grundlegend veränderten. So sprachen wir über die ehemalige sozialistische Sowjetunion. Diese versuchte der Parteisekretär Gorbatschow ab 1985 evolutionär zu verändern. Er scheiterte damit und das System Sowjetunion zerbrach. Bei anderen Beispielen staunten wir über die Tatsache, wie lange sich bestimmte Herrschaftssysteme an der Macht halten können. Das gilt auch für die schiitische Theokratie des Iran. Die Freiheit der Menschen wird dort stark unterdrückt. Viele Menschen sind angesichts der kriselnden Wirtschaft verarmt. Immer wieder kam es zu großen Protestbewegungen. Das System konnte sich dennoch halten, ja im ganzen Nahen Osten Macht entfalten, oft unter Einsatz brutaler Gewalt. Beispiele für evolutionäre Veränderungen von umfangreichen Herrschaftssystemen fanden wir keine, nur für radikale wie der Zerfall der Sowjetunion.

Ich erklärte das mit der wissenschaftlichen Erkenntnis, dass alle lebenden *Systeme auf Selbsterhalt programmiert* sind. Daher leisten sie der Gefahr von Veränderungen massiven Widerstand. Das sei in der Natur ebenso wie bei menschlichen Herrschaftssystemen.[43] Jesu Kreuzigung erfolgte ja auch mit der Begründung, ein Aufrührer gegen das Herrschaftssystem der Römer zu sein.

Für die These, dass alle lebenden Systeme auf Selbsterhalt aus sind, bieten die *Kirchen ein erfolgreiches Beispiel*. Das System der alten Kirche, aus der die katholische hervorging, überlebt bereits 1700 Jahre. Es entstand unter den römischen Kaisern. Allerdings kam es zu Abspaltungen der Orthodoxen vor ca. 900 Jahren und der Reformierten vor ca. 500 Jahren. All diese Systeme blieben über lange Zeiten stabil. Sichtbare Zeichen dafür sind, dass die Priester der katholischen Kirche bei religiösen Auftritten immer noch eine römische Toga und die evangelisch-reformierten Pfarrer*innen immer noch einen Talar, der sich in schlichter Form an Kleidungen zur Zeit der Reformation anlehnt, tragen.

Zum Überleben der kirchlichen Systeme trugen immer wieder *Anpassungen und Anlehnungen* an weltliche Herrscher bei. So stellten sich die Reformatoren unter den Schutz von Fürsten und Städteregierungen. Dazu gehörten mächtige Fürsten wie Friedrich der Weise im Deutschen Reich sowie wohlhabende Städte wie zum Beispiel Genf. Ohne diese Anlehnungen hätte die Reformation kaum den durchschlagenden Erfolg gehabt. Die katholische Kirche koalierte vor allem mit dem deutschen Kaiser und den französischen Königen. Anpassungen, aber nicht Umwälzungen, erfolgten mit der Zeit im Glaubensfundament und in den Strukturen. So baute die katholische Kirche die Stellung von Maria als „Gottesgebärerin" aus, um einem verbreiteten Volksglauben entgegenzukommen. In der Struktur gewann das Papsttum an Macht. Das gipfelte 1870 im Dogma von der Unfehlbarkeit des Papstes. Auch die evangelischen und reformierten Kirchen entwickelten ihre Lehrsysteme in Form von Bekenntnisschriften weiter.

Ist das *Überleben der Kirchen* durch Anpassungen und Anlehnungen an weltliche Machtstrukturen *weiterhin gesichert?* Dieser spannenden Frage gehen die folgenden Kapitel nach. Dabei soll die Warnung von Michael Seewald in seinem Buch „Dogma im Wandel" nicht überhört werden: „Nachrufe auf die Kirche wurden schon viele geschrieben. Sie hat ihre Verfasser alle überlebt."[44]

Die fünf Säulen der Kirchen

Im Dorf Arupa beim Titicacasee auf 3800 m Höhe in Peru züchten selbstständige Unternehmer Forellen. Verarbeitet werden sie in einer genossenschaftlichen Fischfabrik. Vor gut 40 Jahren gab es das noch nicht. Diese nachhaltige Entwicklung mit dem Fischprojekt ermöglichte Markus Degen, ein Priester und Missionar, der aus Oberwil bei Basel stammt. Die Oberwiler spenden dafür jährlich den „Windreedli-Batzen". Dieser entsteht als Überschuss des jährlichen Pfarreifestes, das ich einst zu gründen half. Unzählige Pfarrer*innen standen Menschen bei, die am Coronavirus schwer erkrankt waren. Sie gingen zu ihnen ans Bett, begleiteten sie oft auch bis zum Tod, selbst wenn damit ein persönliches Erkrankungsrisiko verbunden war. Das sind nur zwei Beispiele für den *Einsatz von Menschen* in kirchlichen Diensten. Dieser ist immer wieder enorm. Das gilt in der Diakonie ebenso wie in der Bildung oder Seelsorge. Solches Handeln verhilft den kirchlichen Systemen oft zu breiter Anerkennung. Der Einsatz engagierter Menschen bildet damit eine wichtige Säule der Kirchen.

Auch die *große Anzahl von Mitarbeitenden* gibt den Kirchen Gewicht und bildet eine weitere tragende Säule. Diese Mitarbeitenden verfügen überwiegend über ein recht hohes Ausbildungsniveau.

In Deutschland beschäftigen die Kirchen teils direkt und teils indirekt 1,3 Millionen Mitarbeitende. Die meisten sind in christlichen Einrichtungen wie Kindergärten, Pflegeheimen, Krankenhäusern und Schulen tätig. Zu den Mitarbeitenden zählen zudem etwa 20.000 evangelische Pfarrer*innen und 13.000 Priester.[45] Hinzu kommen in der katholischen Kirche die Laientheologen und -theologinnen. Die Mitarbeitenden der Kirchen fühlen sich in der Regel ihrem Arbeitgeber auch religiös verbunden und akzeptieren zumindest teilweise die kirchlichen Glaubensaussagen. Die Seelsorgenden absolvierten in der Regel ein anspruchsvolles Theologiestudium. Sie lernten dadurch die kirchlichen Lehraussagen wie zum Beispiel über Jesu Opfertod für unsere Sünden zu begründen, wurden damit gewissermaßen geistig „getränkt". Sie sind durch diese Ausbildung eine starke Stütze des kirchlichen Systems. Hinzu kommt ein Kranz von Freiwilligen, welche die Kirchen in verschiedenen Funktionen unterstützen, etwa als Kirchenrat wirken. Auch ich gehörte dazu.

Die *katholischen Bischöfe und Priester* empfangen eine feierliche *Weihe*. Damit dürfen sie Sakramente spenden, insbesondere Brot und Wein „wandeln" und die Kommunion austeilen. Zentral ist bei der Weihe das Handauflegen durch den spendenden Bischof. Damit verbunden müssen die Geweihten Gehorsam gegenüber dem Bischof und Papst sowie der katholischen Lehre geloben. „Wenn katholische Gläubige die Predigt ihres Pfarrers hören, bei einem Priester beichten gehen, von ihrem Seelsorger einen geistlichen Rat bekommen möchten oder die Vorlesung eines Theologieprofessors hören, dann sollen sie auch die Garantie haben, dass das, was ihnen gesagt wird, wirklich katholisch ist. Wo katholisch drauf steht, soll auch katholisch drin sein", steht in einem aktuellen Papier des Bistums Augsburg.[46] Wer sich als Priester nicht daran hält, kann seines Amtes enthoben werden, was trotz Priestermangels immer wieder geschieht.

Auch etlichen Theologieprofessoren wurden bis in die jüngste Zeit die katholische Lehrerlaubnis entzogen. Dazu gehören bekannte Namen wie Leonardo Boff, Eugen Drewermann, Josef Imbach und Hans Küng. Es liegt damit auf der Hand, dass die katholischen Theologen und Theologinnen zu einer starken Bindung an das System Kirche verpflichtet werden.

Die evangelisch-reformierten Pfarrer und Pfarrerinnen erhalten eine *Ordination*. Dazu gehört ebenfalls das Handauflegen. Sie werden damit in die Dienstgemeinschaft der Geistlichen aufgenommen. Sie leisten auch ein Gelübde, das aber ihre theologische Verantwortung und den Geist der Reformation beinhaltet. Im Gegensatz zur katholischen Kirche bezieht sich ihr Gelübde also nicht auf das kirchliche System. Indirekt kommt aber eine ähnliche Bindung an dieses zustande. So müssen sie meist die „Bekenntnisschriften", die dogmatischen Charakter haben, anerkennen.[47] Dazu gehört auch das „Apostolische Glaubensbekenntnis". Auf dieser Basis wurden Pfarrer*innen und Professoren*innen ebenfalls ihres Amtes enthoben – allerdings längst nicht so viele wie in der katholischen Kirche.

Jacqueline Straub bekundete öffentlich, dass sie katholische Priesterin werden wolle. Das begründete sie in ihrem Buch „Kickt die Kirche aus ihrem Koma". Aus bekannten Gründen wird ihr als Frau die Weihe verweigert. Als sie bei einem Anlass gefragt wurde, warum sie nicht aus der katholischen Kirche austrete, antwortete sie entwaffnend: „Dann verliere ich meinen bezahlten Job in der Jugendarbeit, werde als aufmüpfige Katholikin auch nicht mehr für Referate eingeladen und kann die kirchlichen *Ressourcen* nicht mehr nutzen."[48]

Auch ich weiß die kirchlichen Ressourcen zu schätzen. Für die „Ökumenischen Religions-Gespräche Leimental" benötigen wir genügend große Säle sowie finanzielle Mittel, um die Referierenden honorieren zu können. Dazu tragen die Kirchengemeinden im Leimental, südlich von Basel, bei. Zudem unterstützen uns die Amtsträger und Amtsträgerinnen mit Ideen und in der Werbung. Die Kirchen verfügen nach wie vor über große personelle und finanzielle Ressourcen. Das Vermögen der katholischen Kirche in Deutschland wird auf Hunderte von Milliarden Euro geschätzt. Zudem erhalten die Kirchen in Deutschland über staatlich erhobene Steuern etwa 10 Milliarden jährlich.[49]

All die bisher geschilderten Säulen, die das System Kirche tragen, haben ihren *Ursprung im Glauben*, den die Kirchen lehren. Damit verbunden ist, dass Kirchen sich als von Gott oder Jesus Christus gegründet ansehen.

Die katholische Kirche zitiert als wichtige biblische Quelle für ihr Kirchenverständnis und Leitungssystem den Apostel Matthäus (16, 18): „Du bist Petrus, und auf diesen Felsen werde ich meine Kirche bauen ... ", und weiter (16, 19): „Ich werde dir die Schlüssel des Himmelreichs geben, und was du auf Erden bindest, wird auch im Himmel gebunden sein, und was du auf Erden löst, wird auch im Himmel gelöst sein."

Es liegt auf der Hand, dass die evangelisch-reformierten Kirchen diese Stelle bei Matthäus anders verstehen. Sie formulieren in der Schweiz in der Präambel zu ihrer Verfassung: „Die Kirche als Gemeinschaft der Gläubigen (communio sanctorum) ist die Schöpfung des Wortes Gottes (creatura verbi). Sie ist eine Kirche Jesu Christi mit Christus als ihren Ursprung und Grund, Haupt und Ziel."[50]

Damit sind die Kirchen für entsprechend Glaubende göttlich vorgegeben und nicht Menschenwerk. Die katholische Kirche geht mit der nie widerrufenen – wohl aber inzwischen stark relativierten – Aussage vom hl. Cyprian aus dem dritten Jahrhundert noch weiter: „Außerhalb der Kirche gibt es kein Heil."[51] Diese Aussage stützte in starkem Maße auch ihr Herrschaftssystem. Die Amtsträger der Kirchen gewinnen durch deren Begründung mit Gott und Jesus Christus auch Vertrauen und Renommee. Die deutsche Botschafterin in Kamerun und in der Zentralafrikanischen Republik sagte anlässlich einer Konferenz zur Entwicklungshilfe: „Wer vor Ort helfen und Projekte aufbauen will, müsse mit den religiösen Führern zusammenarbeiten, die oft als einzige Autorität anerkannt werden. So hätten die Bischöfe in christlich geprägten Ländern meist einen guten Ruf."[52]

Stark bröckelnde Säulen

Was in Afrika offensichtlich noch gilt, schwindet jedoch in westlichen Ländern stark: Der gute Ruf der kirchlichen Amtsträger. Und die Kirchen sind zu einem „Scheinriesen" geworden – immer noch viele Mitglieder, aber nur wenig voll Überzeugte und Aktive.[53] Das wird sich durch das Wegbrechen der jüngeren Generation noch beschleunigen. „Die 19–27-Jährigen können mit den Kirchen nur noch in sehr kleinen Prozentzahlen etwas anfangen."[54]

Das ist auch nachvollziehbar. Denn einerseits beanspruchen die Kirchen, die einzig zutreffende Wahrheit im *Glauben* zu vertreten, und andererseits wollen die heutigen Menschen selbst bestimmen, was sie glauben, worauf Kapitel 1.2 einging.

Zudem machen die Kirchen meist um Diskussionen zu den Glaubensinhalten einen großen Bogen. Sie packen den Glaubens-Stier nicht bei den Hörnern. So legte die Evangelische Kirche in Deutschland 2020 ein Papier vor, das den Titel trägt: „Kirche auf gutem Grund – Elf Leitsätze für die Zukunft einer aufgeschlossenen Kirche". Darin kommen oft die Worte „Glaube" und „Evangelien" vor. Doch nirgends findet man eine Erklärung, was mit diesen Worten inhaltlich eigentlich gemeint ist. Auch das Bild, dass die Kirche „Teil des Leibes Christi" ist, findet sich in den Leitsätzen. Doch was sagt das? Kurzum: Das Papier teilt nicht mit, was die evangelische Kirche für Menschen, die nach Orientierung für ihr Leben suchen, Hilfreiches zu sagen hat.[55]

Auch die katholische Kirche vermeidet es meist, wie schon in Kapitel 1.2 gezeigt, über Glaubensfragen konkret und verständlich zu sprechen. Sie sieht offiziell auch keinen Diskussionsbedarf, ist doch alles vom Lehramt des Vatikans detailliert vorgegeben. So umfasst die Kurzfassung des Katechismus von 2005 – vom seinerzeitigen Kardinal Ratzinger, dem späteren Papst Benedikt XVI., mit einer Kommission herausgegeben – fast 600 Einzelaussagen, die Langfassung über 2000.[56]

Dieses mutlose und auch arrogante Verhalten, Glaubensinhalte zu tabuisieren, wird in sehr vielen Büchern und Artikeln kritisch beleuchtet. (Einige davon, meist auf wissenschaftlicher Grundlage, sind im Verzeichnis der verwendeten Literatur aufgeführt.) Doch die Wirkung auf die Amtskirchen blieb weitgehend aus.

1 Zum Stand der Dinge

Als Dozent fiel mir auf, wie Studierende den Wertekanon einer Fachrichtung mit den Semestern immer stärker übernehmen. Das gilt für die Architektur und Ökonomie – meine Studienfächer – ebenso wie für die Theologie. Nun kommt aber bei den theologisch Ausgebildeten im kirchlichen Dienst etwas hinzu: Sie dienen einer Institution, die von sich behauptet, „ihren Auftrag als Teil des Leibes Christi und Zeugin für das Evangelium ... " zu haben.[57] Davon gehen alle Amtskirchen aus. Eine besondere Form erhält das durch die Ordination bei den evangelisch-reformierten Kirchen und, in noch stärkerem Maße, durch die Weihe der katholischen Priester. Wie das Menschen in ihrem Verhalten verändern kann, beschreibt der Theologe und auch Schauspieler Julian Sengelmann in seinem Buch „Glaube ja, Kirche nein?" sehr anschaulich und drastisch: Eine „tolle, kluge Frau", die eigentlich ihren „besonderen Witz hatte", verwandelte sich im Gottesdienst als Pfarrerin. „Ihre Körperhaltung veränderte sich, ihr Stimmsitz verrutschte, sie verfiel in diesen unfassbar unerträglichen pseudosakralen Singsang und redete nur noch gequirlten Mumpitz."[58]

Unter den Theologen und Theologinnen bildet sich offensichtlich häufig ein *Kasten-Verhalten* heraus. In der katholischen Kirche ist dieses besonders ausgeprägt, wozu die Betonung der Weihe gegenüber den „Laien", das Zölibat und die kirchliche Hierarchie beitragen. Damit verbunden sind nicht selten eine gewisse fachliche Arroganz und auch ein Machtanspruch. Doch auch bei den aus der Reformation hervorgegangenen Kirchen stellen Kritiker einen Hang zum Kasten-Verhalten fest.[59] Dem entspricht, wie mit den Missbrauchsfällen vor allem in der katholischen, aber auch in evangelisch-reformierten Kirchen umgegangen wurde und wird.[60] Die Wirkungen auf das Kirchenvolk sind überwiegend katastrophal. Sie senkten und senken die Hemmschwelle, aus der Kirche auszutreten.

Diese *Betroffenheit* schwappt auch zurück zu den *Menschen im kirchlichen Dienst*. Ihr Image wurde durch die Missbrauchsfälle und vor allem auch die skandalösen Vertuschungsversuche stark in Mitleidenschaft gezogen.

Doch vielleicht noch tiefer könnte sich ein Glaubenszwiespalt der in kirchlichen Diensten stehenden Theologen und Theologinnen auswirken. Im Studium lernen sie Ergebnisse der Bibelwissenschaften und Dogmengeschichte kennen. Sie erfahren so, dass einige wichtige Lehren der Kirchen kein klares und damit tragfähiges Fundament in der Bibel finden.[61] Dabei betonen insbesondere die aus der Reformation hervorgegangenen Kirchen die Schriftbindung. Trotz häufig besseren Wissens müssen sie weiterhin so tun, „als sei zum Beispiel der Textcorpus der Bibel ein in sich geschlossenes Ganzes und Originales, ja Offenbares".[62] Und sie müssen auch gemäß ihrer Ordination oder Weihe verkünden, dass der allmächtige Gott den Opfertod Jesu benötigte, um mit den Menschen versöhnt zu werden.[63] Wie in kirchlichen Diensten Stehende mit diesen Image- und Glaubensproblemen umgehen, ist sehr verschieden. Die einen verdrängen solche Probleme oder haben, psychologisch gesprochen, Spaltungen, andere leiden sehr darunter, manche zerbrechen und wieder andere kehren ihrer Kirche den Rücken zu. Wie dem auch sei: Die Image- und Glaubensprobleme zehren oft an ihrer Überzeugungskraft.[64]

Als ich eine Veranstaltung zum Thema „Kirchliche Gemeinde wohin?" organisierte und auch der Bischof von Basel kam, bot sich mir die Gelegenheit, an der *Ausbildung von Pfarrern* Kritik zu üben. Meine These war, dass diese weitgehend auf theologisches Fachwissen und nicht auf Seelsorge ausgerichtet sei. Priestern fehle oft das Wissen, psychologisch gut auf Menschen einzugehen, Projekte erfolgreich zu organisieren oder die für Menschen so wichtigen Systeme von Wirtschaft und Gesellschaft zu verstehen.[65] Doch der Bischof machte nur eine relativierende Bemerkung, statt auf das Problem einzugehen.

Das scheint mir typisch zu sein. Es fehlt in kirchlichen Diensten stehenden Theologen und Theologinnen oft die Antenne dafür, was heutige Anforderungen sind, um gute Seelsorge zu leisten. Statt das Ausbildungsspektrum zulasten theologischer Fächer zu verbreitern, kommen sogar noch Forderungen nach größerer theologischer Professionalität. In der evangelischen Kirche wurde das virulent, als man Quereinsteigende anwarb, um den Mangel an Pfarrern und Pfarrerinnen zu bekämpfen. Statt sich darüber zu freuen, dass dadurch Menschen in den kirchlichen Dienst treten, die das Kompetenzspektrum in wertvoller Weise verbreitern, diffamierte man Quereinsteigende als „Schmalspurtheologen".[66] In der katholischen Kirche ist die Abwehr gegen Quereinsteigende ebenso ausgeprägt.

1 ZUM STAND DER DINGE

Die zu wenig auf heutige Bedürfnisse in der Praxis ausgerichtete Ausbildung trägt neben den Einflüssen der Säkularisierung sowie den Image- und Glaubensproblemen zu einem weiteren Effekt bei: Die Anzahl Studierender, die Seelsorgende werden wollen, sank in Deutschland teils drastisch. Im Jahre 1993 studierten noch etwa 700 mit dem Ziel katholischer Priester zu werden, im Jahr 2018 waren es noch etwa 100.[67] Dass es in dieser Hinsicht in Afrika und Asien besser ausschaut, ist für unsere Breitengrade nur ein schwacher Trost. Auch bei den Evangelisch-Reformierten besteht ein Nachwuchsproblem in der Seelsorge, wenn auch nicht so stark wie in der katholischen Kirche.

Im herrlichen Dom von Rostock entdeckte ich am Anschlagbrett einen Zeitungsartikel mit dem Titel „Abschied vom Sonntag". Darin stand, dass die Evangelische Kirche in Deutschland (EKD) empfiehlt, über den Fortbestand des Gottesdienstes am Sonntag nachzudenken. Für viele sei dieses kirchliche Angebot nicht mehr attraktiv. Die in Kapitel 1.2 angegebenen Zahlen zum Besuch von Gottesdiensten bestätigen das. Ökonomisch ausgedrückt steht den benötigten *Ressourcen* für dieses kirchliche Angebot kein hinreichender Nutzen gegenüber.[68] Jeder Gottesdienst erfordert ja, inhaltlich (Predigt, Gebete, Liedauswahl etc.) vorbereitet zu werden. Es kommt meist auch jemand, die Orgel zu spielen. Im Winter muss der Kirchenraum geheizt werden. Daher reduziert auch die katholische Kirche laufend Gottesdienstangebote. Gleichzeitig schwinden in Ländern wie Deutschland die Ressourcen der Kirchen, vor allem die personellen Möglichkeiten und Steuererträge. Das ist noch keinesfalls dramatisch, wird sich aber verstärken, wie in Kapitel 5.1 ein Szenario beschreibt.

Damit in Zusammenhang besteht aber ein weiteres Problem: Die Amtsträger der Kirchen sind häufig nicht geübt und teils auch nicht motiviert, mit Ressourcen gut umzugehen. Das beleuchten die vielen Finanzskandale im Vatikan. Erinnert sei auch an den Bau einer Luxusresidenz durch den Limburger Bischof Peter Tebartz-van-Elst. Dazu gehörte sogar eine Wurzelheizung für einen Olivenbaum. Zudem binden die komplexen Verwaltungsstrukturen oft viele finanzielle und personelle Ressourcen. Und sie verhindern nicht selten Innovationen im kirchlichen Bereich.[69] Es ist zum Beispiel für Freiwillige sehr schwer, neue Gründungen wie zum Beispiel ein

Stadtkloster oder Anlässe, die etwas kosten, zu organisieren. Um die schon erwähnten „Ökumenischen Religions-Gespräche" zu initiieren, musste ich die erste Serie selbst finanzieren, weil dafür kein kirchliches Budget anzapfbar war. Dank sehr aufgeschlossener Leitender war darauffolgend eine kirchliche Finanzierung möglich.

Gefangene der eigenen Glaubenslehren

Großer Frust entstand bei der Mehrheit der Bischöfe im deutschsprachigen Raum, als sie am 20. Juni 2020 ein Schreiben des Vatikans mit folgendem Titel erhielten: „Die pastorale Umkehr der Pfarrgemeinde im Dienst der missionarischen Sendung der Kirche". Was so harmlos klingend daher kam, enthielt im Kern ein Machtwort: Die Leitung einer Pfarrei ist geweihten Priestern vorbehalten. Auch Leitungsteams gemischt aus Priestern und Laien sind verboten. Dazu äußerte der Bischof von Osnabrück, diese Instruktion sei bereits von der Realität überholt. Er meinte damit den großen Priestermangel, der zu Gemeindeleitungen durch Laien oder gemischten Teams zwingt, will man nicht auf ein funktionierendes Pfarreileben verzichten. Nun unterzeichnete aber diese Instruktion Papst Franziskus – der Papst also, der zu neuen Lösungen auf Pfarreiebene immer wieder ermunterte. Doch das Oberhaupt der katholischen Kirche konnte, selbst wenn er wollte, nicht anders. Das Schreiben basiert auf dem „Codex iuris canonici" von 1983, und der ist bindend – auch für den Papst. Er hätte den Codex allerdings abändern können, tat das aber interessanterweise nicht.

Als unveränderlich gelten, weil als ewige Wahrheiten definiert, die Dogmen und dogmenartigen Aussagen der *katholischen Kirche*. Diese kennt 245 Dogmen der höchsten Stufe „de fide", also mit dem höchsten „Gewissheitsgrad". Ihnen wird unterstellt, dass diese göttlich geoffenbart seien. Es gibt neun weitere Dogmen-Typen, darunter die als unfehlbar gelebten Wahrheiten. Dazu gehört zum Beispiel die „unbefleckte Empfängnis Marias". Schleichend bildete sich in der katholischen Kirche ein weiteres dogmenartiges Gebilde heraus: Der Katechismus. Auch dieser verlangt nach Papst Johannes Paul II. die „unwiderrufliche Glaubenszustimmung".[70] Auf diese Weise wurde die herausgehobene Stellung von Priestern ebenfalls festgenagelt.

1 ZUM STAND DER DINGE

Auch wenn sich die Kirchen, die aus der Reformation hervorgingen, von vielen Dogmen der alten Kirche befreiten und die Inflation der Lehraussagen der katholischen Kirche nicht mitmachten, sind die *Evangelisch-Reformierten* ebenfalls in dogmenartigen Bekenntnissen gefangen. Dazu zählen zentral:
• die Trinität, also Gott in drei Personen,
• damit zusammenhängend die Lehre, dass Jesus Christus ganz Mensch war und gleichzeitig ewiger Gott ist,
• die Lehre vom Opfertod Jesu für unsere Sünden.

Zu den dogmenartigen Bekenntnissen gehören mit unterschiedlicher Stärke auch die Gnadenlehre sowie die alleinige Geltung des schriftlichen Wortes in der Bibel, das „sola scriptura". Auch hängen evangelisch-reformierte Kirchen geistig noch stark am Rockzipfel von Luther, Zwingli oder Calvin. Es gab und gibt Initiativen, das zu ändern. Das gilt sowohl für die kirchliche Lehre als auch für die nicht mehr als passend angesehenen Führungsstrukturen. Doch das bereits zitierte Papier der Evangelischen Kirche in Deutschland von 2020 „Kirche auf gutem Grund – Elf Leitsätze für eine aufgeschlossene Kirche" klammert gerade die so wichtigen Glaubensfragen aus. Die „Notwendigen Abschiede", welche der ehemalige Theologieprofessor an der Humboldt-Universität in Berlin, Klaus-Peter Jörns, in seinem gleichnamigen Buch fordert, bleiben aus.[71] Etwas freier, auch Glaubensfragen zu diskutieren, sind die Reformierten in der Schweiz. Das hatte bisher aber, so scheint mir, ebenfalls keine breiten Auswirkungen.

Dazu trägt ein mir eigentlich sehr sympathischer Zug vor allem der reformierten, aber auch der evangelischen Kirche bei: Ihre Wertschätzung von demokratischen Prozessen. In deren Ergebnissen spielt aber eine ausschlaggebende Rolle, wer sich tatsächlich demokratisch engagiert. Da eher kritische Menschen aus den Kirchen austraten, gewannen die eher traditionell und konservativ Orientierten automatisch an Einfluss. Das gilt auch für Gremien der katholischen Kirche.[72]

Als Kardinal Marx bei einem Treffen in Magdeburg dem Ministerpräsidenten von Sachsen-Anhalt, Reiner Haseloff, vom geplanten, reformorientierten „Synodalen Weg" in der katholischen Kirche Deutschlands berichtete, fragte dieser bekennende Katholik skeptisch: „Seid ihr sicher, dass ihr die richtigen Reformthemen diskutiert? Wenn der Glaube nicht mehr plausibel ist, kann man sich alles andere schenken."[73] Wie Recht der Ministerpräsident mit seiner skeptischen Frage hatte, zeigt die Umsetzung des deutschen „Synodalen Wegs". Die dafür ausgewählten Themen sind gewiss sehr diskussionswürdig. Dazu gehören die Macht und Gewaltenteilung, die Stellung der Frauen, die priesterliche Existenz heute sowie die Sexualität und Partnerschaft. Die deutschen Bischöfe ließen sich zwar auf solche Gespräche ein, wollen und können aber nicht zu tiefgreifenden Veränderungen bereit sein, wie der Kirchenrechtler Norbert Lüdecke in seinem Buch „Die Täuschung" schreibt.[74] Denn die eigentlichen Hauptursachen von Problemen bei den oben genannten Themen, die dogmatischen Lehren der katholischen Kirche, bleiben unangetastet. Dazu gehört zum Beispiel die Frage, ob überhaupt ein Priestertum nach katholischer Lesart mit heutigem Wissen biblisch begründbar ist und noch Sinn macht. Im besten Fall resultieren also nur *„Reförmchen".*

Generell besteht eine Art „Rote Linie", die bei wichtigen Glaubensinhalten nicht überschritten werden darf. Das gilt neben der katholischen Kirche auch überwiegend für die evangelisch-reformierten Kirchen. Daran halten sich zahlreiche Autoren von Büchern und Artikeln, welche den Kirchen und dem Kirchenvolk gute Ratschläge für Veränderungen erteilen. Sie bieten zwar häufig gute Analysen der Ist-Situation, schreiben teilweise auch über die Skandale der Benachteiligung von Frauen oder über die zu große Bischofsmacht, weichen aber dennoch der Diskussion von Kernfragen der kirchlichen Lehren aus. Dabei treten sie oft mit vielversprechenden Titeln auf, etwa: „Handelt! Ein Appell an Christen und Kirchen, die Zukunft zu retten".[75]

Selbst „Reförmchen" oder auch nur Bestrebungen in dieser Richtung rufen in Form von Bewegungen und Büchern *massiven Widerstand* hervor. So gibt es zum Beispiel die international vernetzte „Konferenz Bekennender Gemeinschaften in den Evangelischen Kirchen Deutschlands". Diese wendet sich insbesondere gegen die „moderne Theologie" auf der Basis der Bibelwissenschaften. In diesem Sinne befasste sich im Jahr 2019 eine Gruppierung der „Konferenz" in Kassel mit der „Fehlentwicklung in der Kirche durch Ideologien, zeitgeistbedingte gesellschaftspolitische Mehrheitsprozesse und der Infragestellung christlicher Glaubensgrundlagen".[76]

Im katholischen Bereich können Ansätze selbst nur für „Reförmchen" stets mit einem Sperrfeuer aus dem Vatikan rechnen. Zudem wirken auch hier stark konservativ und traditionalistisch ausgerichtete Gruppen mit erheblichem Einfluss. Damit in Zusammenhang erscheinen Bücher wie „Mission Manifest".[77] Darin enthalten sind zehn „Thesen für das Comeback der Kirche". In These sieben wird dazu aufgefordert, den Glauben neu zu entdecken, wie ihn der Katechismus lehre. In diesem steht zum Beispiel weiterhin, dass es die Erbsünde gäbe und diese auf den Sündenfall von Adam und Eva zurückgehe.

Eingangs dieses Kapitels schrieb ich von der wissenschaftlichen Erkenntnis, dass alle lebendigen Systeme auf Selbsterhalt programmiert sind. Die Kirchen demonstrieren diese Erkenntnis sehr anschaulich. Sie nehmen *lieber weiterhin ein massives Schrumpfen* in Kauf, als ihr System grundlegend zu ändern. Dennoch hoffen die einen auf den Heiligen Geist, dass doch noch etwas in Sachen grundlegender Reformen passiert. Andere resignieren eher. So spricht der Vorsitzende der katholischen Bischofskonferenz davon, dass man wohl Kirchen abreißen müsse. Und der Benediktinerpater Nikodemus Schnabel fordert: „Die Volkskirche soll in Würde sterben – solange das noch möglich ist."[78]

1.4 Herausforderungen und ein Weg

Die wachsende Kluft

Der ehemalige Abt des Klosters Einsiedeln schrieb ein Buch mit dem provozierenden Titel „Zu spät".[79] Er lässt dann aber doch noch Hoffnung aufscheinen – bleibt jedoch leider vor der oben skizzierten „roten Linie" stehen. Ich halte es nicht für zu spät. Doch gilt es zunächst, der bestehenden, schwierigen Situation klar ins Auge zu schauen:
- Die meisten Menschen in der westlichen Welt wollen die Inhalte und die Praxis ihres Glaubens selbst bestimmen, sich nicht mehr von den Kirchen vorschreiben lassen.
- Die Kirchen sind gefangen in ihren Glaubenslehren, die sie den Menschen vorgeben wollen – und das teilweise mit Inhalten und in einer Sprache, die kaum noch verstanden werden.

Kurzum: Zwischen den Kirchen in ihrer heutigen Verfassung und denjenigen, die in selbstbestimmter Weise noch christlich denken und leben, besteht meist eine mehr oder minder *große Kluft*. Und diese Menschen denken sich oft, was der tschechische Theologe Tomáš Halík treffend formulierte: Die Kirchen haben „kein Monopol mehr auf Christus".[80] So klar ist der entsprechende Stand der Dinge.

Diese Kluft weitet sich laufend aus. Schon heute haben die in den Kirchen „Praktizierenden" in den deutschsprachigen Ländern nur noch einen Anteil von 10–20 % der Bevölkerung. Die Volkskirche besteht also längst nicht mehr. Die Kirchen schrumpfen wahrscheinlich weiter. Der katholischen Kirche gehen zudem die Priester, die allein befugt sind, bestimmte Sakramente zu spenden, aus. „Importe" aus Polen, Afrika oder Asien werden die Lücke auch nicht mehr füllen können. Der *Trend* geht also in Richtung mehr oder weniger *stark verkleinerter, traditionell geprägter Amtskirchen*. Das beschreibt Kapitel 5.1 in einem Szenario.

Gleichzeitig entwickeln sich *unabhängig von den Amtskirchen engagierte Gruppen sehr verschiedener Ausrichtung*. Hier treffen sich Christen entsprechend ihren eigenen Glaubensvorstellungen. Rudolf Englert, Professor für Religionspädagogik, fragt daher in seinem Buch „Was wird aus der Religion?", ob es zu parallelen Christentümern kommt.[81] Dabei entsteht die Gefahr, dass der Kern von Jesu Botschaft wie bei etlichen „Pfingstkirchen" nur noch vage mitschwingt oder gar verfälscht wird. Diese Freiheit haben solche Gruppen selbstverständlich.

Herausforderung zum Ändern

Von *Gefahr* spreche ich dennoch, weil ich die *Verfälschung von Jesu Botschaft* als großen Verlust für die Menschen einschätze. Jene kann befreiend wirken und zu einem Lebensstil liebender Zuwendung verhelfen.[82] Die Botschaft ist einfach und besteht nicht in komplexen Glaubensinhalten. Das illustrieren die Gleichnisse Jesu sehr eindrücklich. „Glücklich dank Religion" ist nicht nur der Titel eines Artikels über Befragungsergebnisse zu religiösen Themen, sondern entspricht auch meinem Erleben.[83]

Dieser Jesus fordert aber auch, sich für das Reich Gottes, das bereits besteht, einzusetzen. Er machte vor, dass es dafür um einen *Kampf gegen ein falsches Glaubensverständnis* geht. Er wandte sich gegen ein sklavisches Befolgen von Regeln und Vorschriften. Seinen Kampf gegen das Pharisäertum schilderte ich bereits in Kapitel 1.1 beim Thema „Glauben". Ein zusätzliches Beispiel bildet seine Aussage, die seinerzeit Zorn hervorrief (Mk 2, 27): „Der Sabbat ist um des Menschen willen geschaffen, nicht der Mensch um des Sabbats willen."

Umso befremdlicher erscheint es, dass sich die Kirchen, wie gezeigt, mit dogmatischen Regeln selbst fesseln. Martin Werlen schreibt von „Sackgassen in Reformprozessen".[84]

Eine große Herausforderung bildet insbesondere in der katholischen Kirche die *Frauenfrage*. Es geht darum, dass Frauen auf allen kirchlichen Ebenen und bei allen Rollen gleichberechtigt mitwirken können. Es gilt also, die „ekklesiologische Lücke" zu beseitigen.[85] Zudem ist in der Theologie zu fordern, die „Marginalisierung der Beiträge von Frauen" zu überwinden.[86]

Es kommt der Schaden hinzu, den die Kirchen gläubigen Menschen durch Teile ihrer Lehren und durch das Verhalten von Seelsorgenden zufügen. Dieses Thema, genannt *geistiger Missbrauch*, erscheint inzwischen so wichtig, dass der renommierte Verlag Herder im Jahr 2020 dazu eine Sonderpublikation herausgab.[87] Angesprochen werden darin der Machtmissbrauch durch fromm getarnte Manipulationen und Ratschläge. Dazu gehört zum Beispiel die Aufforderung, immer wiederkehrende, massive häusliche Gewalt den zuständigen Amtsstellen nicht zu melden, sondern stets wieder zu vergeben.[88] „Ausgenutzt werden in diesem Zusammenhang die Hilfsbedürftigkeit und besonders die Hingabebereitschaft Betroffener", schreibt Inge Tempelmann, Autorin des Buches „Geistlicher Missbrauch. Auswege aus frommer Gewalt".[89] Weitere Beispiele schildert die ehemalige Nonne Doris Wagner in dem Buch „Schuld und Verantwortung", darunter ihr unglaubliches eigenes Erleben als Missbrauchsopfer.[90]

Während es sich hier um – wenn auch zahlreiche – Einzelfälle handelt, hat ein anderes Phänomen eine große Breitenwirkung: Die *fehlende Berücksichtigung von wissenschaftlichen Erkenntnissen* zur Bibel und zur Botschaft Jesu. Zu diesem Thema gehört, dass die Kirchen nach wie vor Lehren verbreiten, die in Teilen dem heutigen Wissen und Denken widersprechen, zumindest nur höchst fragwürdige Belege in der Bibel haben. Beispiele und Begründungen für diese harte Aussage bringt das folgende Kapitel 2. Hier sei nur eine zentrale kirchliche Lehre herausgegriffen: Das Opfer Jesu, um Gott mit den Menschen zu versöhnen. Solche Aussagen, zu denen Herbert Koch in seinem Buch „Was Christen nicht glauben" viele weitere beschreibt, trugen dazu bei, dass sich Menschen von den Kirchen distanzierten oder als Mitglieder austraten.[91]

Gegen Veränderungen der kirchlichen Lehren wird gerne argumentiert, damit verunsichere man kirchentreue Christen. Dabei wird weitgehend vergessen: Hier handelt es sich nur noch um eine kleine Minderheit der offiziellen Kirchenmitglieder. Die große Mehrheit der Distanzierten wird bei dieser Argumentation völlig vergessen.[92] Das Konzentrieren auf Kirchentreue widerspricht auch der Haltung Jesu. Diese zeigt sich zum Beispiel beim Gleichnis von der Frau, die mit enormem Eifer eine verloren gegangene Münze sucht (Lk 15, 8–10).

Damit in Zusammenhang gilt: „Niemand kann mehr so tun, als seien Religionen ohne Auswirkung auf das Zusammenleben der Menschen und Völker."[93] Besonders deutlich zeigen das derzeit starke Strömungen im Islam, die von mittelalterlichen Denkwelten beeinflusst sind. Hier werden daher in der westlichen Welt Reformen angemahnt. Ebenso ist es auch von *gesellschaftlicher Relevanz*, dass ein zeitgerechtes Christentum, das in der ursprünglichen Botschaft Jesu wurzelt, besteht. Die Aufforderung zur Reform gilt also nicht nur für den Islam.

Anzustrebende Ziele

„Wenn das Fundament Risse hat, reicht es nicht mehr, die Fassade zu streichen", sagte Monika Grütters, Staatsministerin für Kultur und Medien in Deutschland, in einem Interview.[94] Das Fundament, welches sie ansprach, bilden die Glaubenslehren der Kirchen. Diese haben jedoch nicht nur Risse, sondern brachen infolge wissenschaftlicher Erkenntnisse und dem Denken heutiger Menschen teilweise ganz weg. Nun gilt es, die *Kirchen so zu entwickeln*, dass diese in ihren *Lehren und Handlungen den christlich Gläubigen ohne Bevormundung dienen*. Dazu gehört auch die Aufgabe, mehr über die tatsächlich belegten oder wahrscheinlichen Botschaften Jesu direkt zu berichten.

Dabei müssen die Kirchen – vielleicht auch die eine ökumenische Kirche – für ein breites Glaubenspanorama offen sein, wie das im frühen Christentum Tatsache war.[95] Nicht mehr die Vorgabe, was zu glauben ist, kann die Basis bilden. Vielmehr gilt es, *verschiedene Ausrichtungen und Schwerpunktsetzungen im Glauben zu akzeptieren*.

Solche Ausrichtungen können in der Konzentration auf Jesu direkter Botschaft, aber auch daneben im Bewahren bisheriger kirchlicher Positionen liegen. Kirchliche Mitarbeitende bieten als Unterstützung ihr historisches und theologisches Wissen an, organisieren Zusammenkünfte und Anlässe verschiedener Art, sorgen für Aus- und Weiterbildungsangebote, helfen bei der Lebensorientierung und spenden Trost. Sie stehen auch für Rituale etwa mit Jugendlichen oder für Abdankungen zur Verfügung. Es gilt also verstärkt: Die Kirchen sind für die Menschen da, nicht die Menschen für die Kirchen.

Wünschenswerte Akteure und Aktionen

Um solchen Zielen zu entsprechen, bedarf es nicht der Fassadenanstreicher, sondern der geistigen *Fundamentsanierer*. Daher eignen sich dafür nicht die bisherigen Hauptakteure der Kirchen, die noch in den bestehenden Systemen ihr Heil suchen. Der bereits zitierte deutsche „Synodale Weg" ist dafür ein prominentes Beispiel. Zu Recht fordert daher die oben zitierte ehemalige Nonne Doris Wagner, die Kirchen von unten, ohne Einbezug von Amtsträgern und Amtsträgerinnen grundlegend zu erneuern. Nach meiner Erfahrung gibt es aber nicht wenige Seelsorgende, die trotz ihres Amtseides an fundamentalen Änderungen mitwirken würden. Sie gehen davon aus: Ihr Eid verlor teils durch neue wissenschaftliche Erkenntnisse und teils durch das krasse Fehlverhalten von Leitenden der Kirchen an Geltung.

Viele *potenzielle Akteure* arbeiten bereits heute in Gruppen und Initiativen, die Reformen der Kirchen auf ihre Fahnen geschrieben haben. In der Zeitschrift „Publik-Forum" wurden für Deutschland 17 solcher Vereinigungen publiziert.[96] Die Spanne reicht im katholischen Bereich von der „Kirchenvolkbewegung Wir sind Kirche" bis hin zur „Vereinigung katholischer Priester und ihrer Frauen". Zu erwähnen sind auch die Bewegung „Maria 2.0" und die „Gesellschaft für Glaubensreform", in der namhafte Theologen und Theologinnen mitwirken. Hinzu kommen die zahlreichen bisher höchstens lokal organisierten Aktiven in den Pfarreien und Regionen.

Solche Ansätze gibt es auch im übrigen Westeuropa. In Österreich bestehen mehrere Initiativen für kirchliche Reformen, darunter „Wir sind Kirche". In der Schweiz entstand neu die breit aufgestellte „Allianz Gleichwürdig Katholisch". In Frankreich denken sogar manche Bischöfe in dieser Richtung.[97]

Doch all diesen Aktivitäten fehlen weitgehend zwei wichtige Erfolgsfaktoren: Die gute Vernetzung und die Organisation gemeinsamer Aktivitäten. Dazu gehören: Die laufende gegenseitige Information etwa mit einer Plattform im Internet, die Organisation größerer Veranstaltungen national und international sowie Publikationen verschiedener Art. Dieses Thema greife ich in Kapitel 5.5 nochmals auf.

1 ZUM STAND DER DINGE 43

Im Vorgehen könnte das Bild vom *friedlichen und umsichtigen Partisanen* passen. Wo immer möglich, wird die Beziehung zu den Kirchen aufrechterhalten und gepflegt. Denn neben der Chance aktiver Mitwirkung geht es um die Mitbenutzung bestehender Ressourcen wie zum Beispiel Räume für Treffen.

Es kann aber hin und wieder auch von Nutzen sein, als Kirchenmitglieder und Aktive in der Freiwilligenarbeit zu streiken.

Da die offene Haltung gegenüber Glaubensinhalten niemand ausschließt, der sich zu Jesu Botschaft bekennt, passt ein Bild aus der Bibel: Anzustreben ist geistig, ein offenes Haus mit vielen Wohnungen zu entwickeln. Passend erscheint auch das Bild vom Gasthaus. Kapitel 5 mit dem Titel „Zu ursprünglichen Ufern" nimmt diese Gedanken wieder auf und sucht diese zu konkretisieren.

Materialien, Argumente, Beispiele und eine Vision

Im folgenden Kapitel 2 geht es darum, *heutiges Wissen und Denken* mit Bezug zum christlichen Glauben vertieft vorzustellen. Das kann in diesem Rahmen natürlich nur in Form ausgewählter Themen geschehen. Im Sinne eines breiten Spektrums bringe ich Erkenntnisse zur Evolutionsbiologie und Psychologie, wissenschaftliche Ergebnisse zu Jesu Leben und zum Neuen Testament sowie die Ausformung von Glaubenslehren über Jesus in einem historischen Prozess. Diese Erkenntnisse tragen dazu bei, die notwendige Entschlackung im christlichen Glauben zu begründen. Zu den angeschnittenen Themen besteht eine reiche Literatur. Quellenhinweise erlauben es, einzelne Fragen nach eigenen Wünschen zu vertiefen.

Kapitel 3 baut auf wissenschaftlichen Grundlagen auf. Doch es erfolgt nun ein Sprung in den Glaubensbereich. Bei diesem Thema kann jeder Mensch seine individuellen Inhalte und Akzentsetzungen formen. Als Beispiel und persönliches Bekenntnis beschreibe und begründe ich meinen *entschlackten und offenen Glauben*, der sich an Gott und Jesus, vor allem an dessen direkter Botschaft, orientiert.

Was bedeutet das für meine *Glaubenspraxis heute*? Kapitel 4 beleuchtet, welche Folgerungen ich für mich aus dem entschlackten und offenen Glauben ziehe. Dabei halfen mir mein theologisches Wissen und vor allem meine praktischen Erfahrungen einerseits in der kirchlichen Freiwilligenarbeit und andererseits als Unternehmensberater. Ein Thema ist zum Beispiel: Wie löst man Zielkonflikte, die sehr häufig bei der Umsetzung des Liebesgebotes entstehen? Es geht auch um christliche Anforderungen an Meinungsbildungen zu gesellschaftlichen und wirtschaftlichen Fragen. Dazu gehören zudem Themen wie der Umgang mit dem Reichtum, dem Zustrom von Flüchtlingen oder dem Lebensende.

Zentral im letzten Kapitel 5 ist die hoffnungsvolle Vision einer Kirche, die sich auf den Weg *zu ursprünglichen Ufern* macht. Dazu beschreibt zunächst ein realistisches Szenario, wie die Kirchen wahrscheinlich weiterhin schrumpfen werden und welche Folgen das bis zum Jahre 2035 haben könnte. Anschließend erörtere ich die verschiedenen Möglichkeiten, an dieser Entwicklung etwas zu ändern. Dafür bestehen, so der Eindruck, gerade jetzt in besonderem Maße Chancen.

Es folgt die Darstellung der Vision einer erneuerten Kirche. Ausgangspunkt bildet ein Glaube, der viel Raum in den verschiedenen Ausprägungen lässt, bisherige Lehren toleriert, aber vor allem für einen entschlackten Glauben öffnet. Dazu werden die zukünftigen kirchlichen Aufgaben und Rollen, die zu entwickelnden Stärken und eine wünschenswerte Organisation skizziert. Dabei lässt sich die Vision vom biblischen Bild eines Hauses mit vielen Wohnungen leiten.

Das Ganze runden Beispiele aus der Praxis ab. Sie zeigen, wie man auf dem Weg in Richtung Vision weiter vorankommen kann.

2 Heutiges Wissen und Denken

Mein Glaube soll zum heutigen Wissen und Denken passen. Das entspricht eigentlich auch dem Credo der Amtskirchen. Das Gegeneinander von Wissen und Glauben sei überholt, steht in entsprechenden Papieren.

Doch viele Menschen, auch Kirchenmitglieder, hegen mehr oder weniger starke Zweifel an dieser Aussage. Daher soll hier dieser Frage nachgegangen werden. Das geschieht anhand von ausgewählten wissenschaftlichen Ansätzen und Beispielen. Als Themen greift dieses Kapitel auf:
- *Zum Denken, Verhalten und Glauben (Aspekte der Evolutionsbiologie und Psychologie)*
- *Bibel und Wahrheit (Ergebnisse der Bibelwissenschaften)*
- *Vom Erfolg bis zur Sackgasse (eine historische Sicht)*
- *Schlacke und Feuer (eine Bilanz)*

2.1 Zum Denken, Verhalten und Glauben

Kirchliche Glaubensthesen auf dem Prüfstand

Mit leuchtenden Augen zeigte ein Kaplan zu einem Fenster im ehemaligen Priesterseminar beim Domhof in Freising. Meine Frau und ich machten einen Ausflug von München aus, um das alte Städtchen kennenzulernen. Der Kaplan bemerkte zum Fenster: Dahinter habe Josef Ratzinger gesessen, um an seiner Dissertation zu schreiben. Das Thema lautete: „Volk und Haus Gottes in Augustins Lehre von der Kirche". Diese Dissertation leitete die wissenschaftliche Laufbahn des späteren Theologieprofessors, Kardinals und Papstes ein. Der bereits zitierte Erfolgsautor Kurt Flasch bezweifelt jedoch, dass Josef Ratzinger uneingeschränkt wissenschaftlich gearbeitet habe. Er diskutierte zu dieser Frage mit dem damaligen Kardinal im „großen Amphitheater" der Sorbonne in Paris.[1] Zur *Wissenschaftlichkeit* gehören nach Kurt Flasch und anderen Autoren:
- Neue Erkenntnisse,
- Einhalten wissenschaftlicher Grundsätze (z. B. Regeln der Logik),
- Transparenz und Überprüfbarkeit der Annahmen.[2]

Das dritte wissenschaftliche Kriterium, insbesondere die Überprüfbarkeit der Annahmen, erfüllt Josef Ratzinger nach Kurt Flasch nicht. So bestehe Josef Ratzinger zum Beispiel in seinem Buch „Einführung in das Christentum" auf der Jungfrauengeburt von Jesus als Tatsache.[3] Beweise führe er aber dafür nicht an.

Damit sticht Kurt Flasch mitten hinein in einen *wissenschaftlichen Widerstreit* von Historikern und Theologen. Es geht nach dem Hochschullehrer und Rabbiner Walter Homolka in seinem Buch „Der Jude Jesus – Eine Heimholung" um zwei Modi:
- „Christologie von oben",
- „Christologie von unten".[4]

Der zuerst genannte Ansatz setzt bestimmte kirchliche Lehren als Grundannahmen voraus. Dazu gehören etwa die Jungfrauengeburt Marias, die Trinität oder der Opfertod Jesu am Kreuz für die Sünden der Menschen. Die „Christologie von oben" beruft sich dabei zum Beispiel auf Aussagen in den Briefen von Paulus oder auf das Evangelium von Johannes.

Die „Christologie von unten" überschreitet die „rote Linie", die ich bereits in Kapitel 1.3 anführte. Die kirchlichen Lehren werden nicht als Grundannahmen akzeptiert. Das wirkte sich besonders stark auf die Leben-Jesu-Forschung aus. Denn in der „Christologie von unten" werden auch jüdische und weitere Quellen miteinbezogen.

Auch die „Christologie von oben" brachte wissenschaftliche Erkenntnisse. So widmeten sich Historiker dem Umfeld der irdischen Existenz Jesu. Bei der Beschäftigung mit Jesus selbst kamen jedoch Wissenschaftler wie Albert Schweitzer auf diese Weise an Grenzen. Sie bezweifelten daher, ob man den historischen Jesus überhaupt erkennen könne. Da war Josef Ratzinger in seinem dreibändigen Werk „Jesus von Nazareth" mutiger. Er betrachtete die Texte im Neuen Testament durchaus sehr kritisch, ging ins Detail, machte aber dann doch die Aussage, dass das Jesusbild der Bibel mit dem historischen Jesus übereinstimme.[5]

Wissenschaftler im Modus „*Christologie von unten*" widersprachen dem deutlich. Vor allem bemängelten sie: Auf diese Weise komme es zu einer Unterbelichtung vom jüdischen Charakter des Lebens und der Lehre Jesu.[6] Mit dem anderen Ansatz entdeckte man vor allem, wie stark die Aussagen Jesu durch sein Jude-Sein geprägt waren.[7] Erheblichen Anteil an neuen Erkenntnissen hatte denn auch die aufblühende jüdische Jesusforschung.[8] Viel stärker ins Blickfeld kam nun auch der starke Einfluss der griechischen Philosophie und Kultur auf die Ausgestaltung der christlichen Lehre.[9] Es scheint mir einleuchtend zu sein, dass die „Christologie von unten" umfassender die heute anerkannten wissenschaftlichen Kriterien erfüllt. Sie liegt daher diesem Kapitel 2 zugrunde. Gleichzeitig entspricht dieser Ansatz vermutlich auch dem Wissen und Denken einer Mehrheit der Menschen in der westlichen Welt, weil sie das so in den Schulen gelernt haben und auch bei ihren Tätigkeiten praktizieren.

Mit dem Ansatz der „Christologie von unten" können auch ungehemmt kritische Fragen an die kirchlichen Lehren gestellt werden. Das passt zum Thema „Denken, Verhalten und Glauben". Doch würde es diesen Rahmen sprengen, hier in die Breite zu gehen. Als Ausweg bietet sich mir an, mich auf ein für dieses Thema besonders spannendes Gebiet zu konzentrieren:

auf die Entwicklung des menschlichen Denkens und Verhaltens aus der Sicht der Evolutionsbiologie und Psychologie.

Mit Wissen aus diesem Gebiet kommen folgende ausgewählte *kirchliche Lehraussagen auf den wissenschaftlichen Prüfstand*:[10]
- Aus der Natur des Menschen lassen sich moralische Vorschriften ableiten.
- Die Sünde dominiert den Menschen.
- Es besteht weitgehend Freiheit im Entscheiden, Gutes und Böses zu tun.
- Die frühchristlichen Menschen konnten sich weitgehend zutreffend und abgewogen an Jesu Reden und Handeln erinnern.
- Maria war bei der Geburt Jesu eine Jungfrau.

Die Auswahl erfolgte nach meinem persönlichen Interesse, ist also, wissenschaftlich gesehen, subjektiv. Maßgeblich war eine breite Streuung der Themen. Auch leitete die Aussicht, anhand dieser Themen etwas zum Verhältnis von Glauben und Wissenschaft aussagen zu können.

Die oben zitierten Thesen aus kirchlichen Lehren können *richtig oder auch falsch* sein. Es geht also, wissenschaftlich ausgedrückt, um das Verifizieren oder Falsifizieren. Dort, wo die kirchliche These ganz oder teilweise widerlegt werden kann, erscheint der Glaube auf „schwachen Füssen" und umgekehrt. In der Literatur werden Gründe beschrieben, warum das Falsifizieren der zuverlässigere Ansatz ist.[11] Am Schluss dieses Kapitels greife ich daher auf diesen Ansatz zurück. Doch zunächst gilt es, einige in diesem Zusammenhang wichtige Aussagen zur Evolution des Menschen und seines Denkvermögens zusammengefasst zu referieren.

Evolutionäre Entwicklung des Denkens

In einer Vorlesung für Planer über die evolutionäre Entwicklung des Menschen stellte ich Studierenden die Frage: Ab wann verfügten Menschen über Denkfähigkeiten wie wir heute. Ich nannte als Alternativen 30.000, 15.000 oder 5.000 Jahre. Die meisten tippten auf 5.000 Jahre. Die von den Studierenden geschätzte Zahl liegt nahe bei dem Wert, den der jüdische Kalender für die Erschaffung des Menschen nennt. Doch gibt es den Homo sapiens schon sehr viel länger. Er entstand als Produkt einer evolutionären

Entwicklung, die anhält. Auch der Zeitraum von 30.000 Jahren ist viel zu kurz, um wesentliche evolutionäre Veränderungen zu bewirken.

Das lässt sich leicht erahnen, wenn man sich die *zeitlichen Dimensionen der evolutionären Entwicklungen* plastisch vor Augen führt. Die Evolution begann mit einem Einzeller vor etwa 3,5 Milliarden Jahren. Nehmen wir an, das sei vor einem Tag passiert, so entstanden die Fische vor etwa drei Stunden. Das entspricht von heute aus gerechnet 400 Millionen Jahren. Diese Fische verfügten bereits über ein Urskelett – Vorläufer des menschlichen Skeletts. Schauen wir wieder auf unsere Evolutionsuhr, so tummelten sich vor etwa 8 Minuten die ersten Affen in den Wäldern. Es sind nur 9 Sekunden her, dass der Homo sapiens begann, ganz Afrika und den Nahen Osten zu besiedeln. Dann drang er auch nach Europa vor, wo es zu Begegnungen mit den Neandertalern kam. Beide hinterließen in Höhlen Malereien, die von einem bereits vorhandenen Bewusstsein zeugen.

Die Studierenden staunten auch über folgende Aussage: Wenn ein Mensch, der vor 30.000 Jahren lebte, sich in unsere Zeit verirrte, so könnte man ihn äußerlich kaum vom modernen Menschen unterscheiden – natürlich nur, nachdem man ihn zum Friseur geschickt und neu eingekleidet hätte. Nicht nur das Aussehen, sondern auch das Denkvermögen wären etwa gleich – allerdings programmiert für ein Überleben als Jagende und Sammelnde. Das galt für Frauen und Männer etwa in gleicher Weise, denn auch die Frauen gingen auf die Jagd. Anders als die Neandertaler erlebte der Homo sapiens das, was Wissenschaftler die „kognitive Revolution" nennen.[12] Diese bestand in *neuen Denk- und Kommunikationsformen*. Die zusammenlebenden Menschengruppen konnten in der Folge allmählich wachsen. Sie stießen auch vermehrt auf andere Gruppen, mit denen sie kooperierten oder blutige Kämpfe austrugen.

Vor etwa 10.000 Jahren – auf unserer Evolutionsuhr vor einer Viertelsekunde – entstand eine neue Phase in der menschlichen Entwicklung: Die Jagenden und Sammelnden wurden allmählich sesshaft. Die Menschen lernten, für die Ernährung Pflanzen wie zum Beispiel Korn anzubauen. Sie wählten geeignete Tiere wie etwa Ziegen, um sie in Gehegen zu halten, zu melken und zu schlachten. Diese Sesshaftigkeit hatte nicht nur für die Ernährung, sondern auch für das Zusammenleben erhebliche Folgen.[13] Man pochte nun zum Beispiel auf den eigenen Besitz. Gut und Böse wurden als Werte klarer definiert. Bei den Juden entstand der Glaube an den einen Gott. Interessanterweise legten die Juden auch Gottes Schöpfungstage in diese Epoche. Generell findet man solche menschlichen Entwicklungen im Alten Testament sehr anschaulich dargestellt. Dazu gehörte auch die Formulierung der Zehn Gebote.[14]

Vor nur 2 Millisekunden auf der Evolutionsuhr entstand *unsere heutige Lebenswelt* mit den Megastädten, Raketen, Atomkraftwerken und Webnetzen. Das Wissen und die Handlungsmöglichkeiten wurden kolossal gesteigert.

Doch unsere Denkprogrammierung konnte, wie schon angeführt, damit nicht Schritt halten. Wir sind also in unserem „Betriebssystem" weiterhin Jagende und Sammelnde. Das lässt sich bei Kindern und Jugendlichen gut beobachten: Ihre beliebtesten Computerspiele handeln von Jagd mit Kampf und Flucht.

Die *Evolution unseres Gehirns* erfolgte nicht nur allmählich, sondern geschah auch durch *Aufpfropfen*. Wir kennen das als Technik bei der Veredelung von Obstbäumen. Diesen Vorgang erläutert Gary Marcus in seinem Buch mit dem Titel „Murks" so: „Die Evolution hatte ein Problem, als sie das archaische Gehirn unserer Vorfahren umzubauen begann: Es musste in Betrieb bleiben, während der Mensch entstand, und deshalb konnte sie es nicht einfach abreißen wie eine Ruine. Also pfropfte sie die neuen Bauteile mehr oder weniger passend auf die alten."[15] Daher verfügen wir einerseits über archaische und andererseits über neuere Strukturen in unserem Gehirn. Unsere archaischen Strukturen wirken sich infolge dieser Entwicklung in vielen Situationen stärker aus als die aufgepfropften neueren.

Das liegt an deren Funktion für das Überleben. In Hunderttausenden von Jahren halfen sie den Jagenden und Sammelnden, sich in einer eher feindlichen Umwelt zu behaupten. Die damaligen Menschen mussten oft in Sekunden Gefahren, etwa einen hinter einem Baum versteckten Bär, rechtzeitig erkennen. Daraufhin hatten sie blitzartig zu entscheiden, ob sie fliehen oder den Kampf aufnehmen sollten. Daher ist der archaische Teil unseres Gehirns darauf ausgerichtet, sehr schnell und fast automatisch zu reagieren. Diese Fähigkeit nennt der Nobelpreisträger Daniel Kahnemann das „*schnelle Denken*".[16] Es verläuft auf der Gefühlsebene. Eine willentliche Steuerung fehlt. Man nennt sie in der Umgangssprache auch „Bauchgefühl".

Die später aufgepfropften Teile unseres Gehirns brachten wesentlich erweiterte Fähigkeiten. Menschen konnten allmählich auch große Zukunftspläne schmieden, hilfreiche Maschinen konstruieren oder über religiöse Fragen reflektieren. Doch diese Fähigkeit ist mit bewussten Bemühungen und Zeitbedarf verbunden. Daniel Kahnemann nennt diese daher das „*langsame Denken*".

Das „schnelle Denken" und die Macht der Gefühle

Die *Macht der Gefühle* lernten überzeugte Sozialisten und Kommunisten fürchten. Sie wollten ja den neuen, sozialistischen Menschen schaffen. Doch gegen die archaisch ererbten Auswirkungen unserer Gene kamen sie nicht an. Dazu gehört zum Beispiel die Habgier. Gewiss kann man solche Regungen bekämpfen, was im ehemaligen Ostblock auch mit diktatorischer Gewalt versucht wurde. Doch gelang das nur unzureichend. Es wundert daher nicht, dass die Macht der Gefühle, die durch die Evolution entstand, auch in enger Beziehung zu den Kirchen stand. Ich möchte das mit folgenden *Beispielen* verdeutlichen:
- Überschätzen der Denk- und Entscheidungsfähigkeit,
- Alarmanlage Angst,
- „Todsünden" wie Habgier,
- Selbstlose Denk- und Verhaltensweisen,
- „Alphatiere" und die Macht,
- Streben nach Sicherheit,
- Einflüsse auf die Erinnerung,
- Fähigkeit zur Intuition.

Ich nehme den Faden von unseren jagenden Vorfahren wieder auf. Es war für diese überlebenswichtig, bei einer Kampfentscheidung keine Sekunde daran zu zweifeln, dass diese richtig ist. Sonst hätte das die Entschlossenheit beim Kampfgeschehen stark geschwächt. Um Zweifel zu bekämpfen, nimmt das Gehirn auch eher die eigene Meinung und den eigenen Entscheid stärkende Informationen auf als widersprechende. Das haben uns unsere Vor-Vorfahren vererbt und wirkt sich auch heute noch aus – auch bei unserem Glauben.

Damit einher ging und geht immer noch ein *Überschätzen der eigenen Denk- und Entscheidungsfähigkeit*.[17] So lässt sich erklären, dass unser Denken „beleidigt" ist, wenn wir uns vor einer Kasse im Supermarkt für die falsche Warteschlange entscheiden, obwohl für die Geschwindigkeit vor der Kasse der Zufall Regie führt.

Wer kennt nicht den Schrei von Menschen, wenn plötzlich vor ihnen eine Spinne krabbelt. Hier wirkt sich die *Alarmanlage Angst*, ebenfalls eine Urregung, aus. Diese warnt vor tatsächlichen oder vermeintlichen Gefahren – bei den unheimlich aussehenden Spinnen vor dem Biss oder Stich. Bei der Angst schwingt auch mit, versagen zu können. Unser Körper schärft dann die Sinne, etwa für Geräusche, und aktiviert uns zum Handeln, oft zur Flucht oder zum Kampf.

Angst entsteht wie bei den Spinnen auch bei unbekannten Gefahren, also solchen, die passieren können. In der Schweiz bestand im Zweiten Weltkrieg sehr große Angst, weil in den Nachbarländern Krieg herrschte und man befürchten musste, ebenfalls angegriffen zu werden. Angst lässt sich auch schüren, etwa Angst vor Gott. Darin bestand ein mögliches Machtmittel der Kirchen. Einerseits verursachten sie mit ihren Lehren Angst und andererseits boten sie Gegenmittel wie das Opfern an. Ich greife dieses Thema nochmals in Kapitel 2.3 auf.

Die Neigung zur *Habgier* entstand durch den häufigen Mangel an Essbarem oder an Werkzeugen unserer jagenden Vorfahren. Also wollte man möglichst viel von den Mangelwaren wie zum Beispiel Faustkeile horten. Die genetisch ererbte Habgier wirkt sich auch heutzutage stark aus. Sie zeigt sich etwa beim übermäßigen Streben nach privatem Besitz. Die Habgier findet sich in katholischen Auflistungen von „*Todsünden*", heute auch Hauptsünden genannt. Wir sind zwar in der Regel nicht dem Wirken unserer Gene ausgeliefert, aber sehr anfällig für entsprechende Versuchungen. Auch die übrigen der acht „Todsünden" haben zumindest teilweise evolutionäre Ursprünge. Dazu gehören der Neid, der Stolz, der Zorn, die Unkeuschheit, die Unmäßigkeit und die Trägheit.

Schon die sehr frühen Menschen machten die Erfahrung, dass egoistische Neigungen wie Habgier oder Neid ihr Überleben gefährden können. Demgegenüber brachte es auch erhebliche Vorteile, wenn sich Menschen in Gruppen sozial verhielten: „Sie jagten gemeinsam und konnten es deshalb mit großen Tieren aufnehmen, sie teilten die Beute miteinander, pflegten einander, wenn sie krank oder verletzt waren, kümmerten sich gemeinsam um die Kinder und sorgten dafür, dass die Gruppe als Ganzes erhalten blieb."[18] Da solche menschlichen Erfahrungen bereits vor Hunderttausenden von Jahren entstanden, beeinflussten sie auch unsere Gene. So kommt es, dass sich bereits bei Babys *selbstlose Denk- und Verhaltensweisen* wissenschaftlich nachweisen lassen.[19] Solche Beispiele für Altruismus bringt auch das bereits zitierte Buch von Rutger Bregmann „Im Grunde gut". Diese menschliche Neigung trug im Jahre 2015 zur enormen Hilfsbereitschaft bei, als die große Flüchtlingswelle in Deutschland anbrandete. Auch ich erlebte als Flüchtlingskind eine große Hilfsbereitschaft im Dorf Quenstedt bei Magdeburg, wo wir 1945 als Flüchtlinge mit meiner todkranken Schwester strandeten.

Mit unseren tierischen Verwandten teilen wir ein bestimmtes Rollenverhalten in Gruppen. Bekannt ist, dass eine Herde durch ein „*Alphatier*" angeführt wird. Bei Schafen spricht man vom Leithammel. Der Vorteil solcher Rollen lag und liegt darin, für eine Ordnung im Verhalten zu sorgen. Das bringt Einsparungen von Energie und mehr Sicherheit im Verhalten. Die verschiedenen Rollen, zu denen auch andere Typen wie zum Beispiel die „Betas" als Zuarbeiter der „Alphas" gehören, sind im menschlichen Bereich ebenfalls stark ausgeprägt. Die „Alphas" führen sehr häufig Gruppen, Abteilungen oder auch Bistümer.

In solch einer Rolle gewinnen sie *Macht*. Dazu gesellt sich das Bestreben nach „Status, Einfluss, Kontrolle und Dominanz".[20] Damit in Zusammenhang entsteht auch Lust an der Macht. Menschen, die Macht ausüben, sind für ein gutes Zusammenleben und -arbeiten notwendig. Doch kann es zu einem mehr oder minder starken Machtmissbrauch kommen – auch in den Kirchen. Davon war schon in Kapitel 1.4 die Rede. Der mögliche Machtverlust bereitet Mächtigen oft eine große Angst. Sie wehren sich dagegen häufig mit aller Gewalt. Ein Beispiel dafür bietet der Diktator Lukaschenko in Belarus.

Alle Menschen fürchten sich vor Gefahren und wollen sich davor schützen. Dieses evolutionär entstandene Verhaltensmotiv prägt die Tierwelt und ist in unseren Genen ebenfalls tief verankert. Daraus entstand ein starkes *Streben nach Sicherheit*. Das gilt auch für den Glauben. Im Kapitel 1.2 schilderte ich, wie mich der Verlust von einigen Glaubensüberzeugungen stark verunsicherte und belastete. Das Befolgen von religiösen Geboten und Ritualen scheint demgegenüber Sicherheit zu versprechen, einen gnädigen Gott zu gewinnen. Das nutzte ja auch der Ablasshandel in schamloser Weise aus.

Gefühle wie Angst oder auch Freude beeinflussen in starkem Maße unsere *Erinnerungen*. Das ist ein für das Christentum wichtiges Faktum. Denn Jesus selbst hinterließ uns keine schriftlichen Zeugnisse seiner Botschaft. Die Evangelien basieren daher auf Erinnerungen derjenigen Menschen, die ihn begleiteten und hörten. Der starke Einfluss unserer Gefühle auf das Erinnern hängt mit der Prägung unseres Gehirns durch unsere Vor-Vorfahren, die Jäger und Sammler, zusammen.

So musste das Gehirn der Jagenden, wie bereits angeführt, für die blitzschnellen Entscheidungen zu Kampf oder Flucht geeignet sein. Von unseren Computern kennen wir das Problem, dass diese bei zu vielen eingespeisten Informationen nur noch langsam arbeiten. Aus diesem Grund sorgt unser Gedächtnis dafür, die Menge an Informationen, die aktuell im Bewusstsein sind, stark zu beschränken.[21] Ein Teil wird umgehend gelöscht, ein anderer Teil gelangt in mehreren Filterstufen bis ins Langzeitgedächtnis, darin überwiegend ins Unbewusste.

Die Informationen, die unser Gedächtnis hortet, werden ständig unbewusst bearbeitet und auch unter dem Deckel gehalten. Manches erscheint später in einem milden Licht, anderes wird sogar negativ verstärkt. Unser Gehirnspeicher löscht auch Informationen, um Platz für Neues zu schaffen oder uns von stark belastenden Erlebnissen zu befreien. Wichtige Ereignisse können in unserem Kopf sogar total ausgelöscht sein, weil vielleicht damit Traumatisches verbunden ist.[22] Das gilt z. B. für viele heimkehrende Soldaten, war auch bei meinem Vater nach dem Zweiten Weltkrieg so.

Zudem können Dritte unsere Erinnerung stark beeinflussen. Wenn Eltern uns eine erfundene Geschichte immer wieder erzählen, dann wird diese Teil der eigenen Erinnerung, obwohl wir sie nicht selbst erlebt haben und sie nicht auf Tatsachen beruht.[23] Schließlich neigen wir dazu, uns selbst etwas einzureden, obwohl die Realität nicht so war.

Es liegt auf der Hand, dass solche Einflüsse auch bei den Texten im Neuen Testament eine Rolle spielten.

Mit der Erinnerung verknüpft ist die wunderbare *Fähigkeit* des Gehirns zur *Intuition*. Diese bringt uns oft blitzartig Erkenntnisse und legt uns bestimmte Entscheidungen nahe. Die Wahl erfolgt in Sekundenbruchteilen. Das wiederum zeigt, warum die Intuition für den Menschen eine so große Bedeutung gewann: Sie dient dem schnellen Erfassen einer Gefahr oder einer blitzschnellen Entscheidung beim Kampf. Die Intuition kann auch den Glauben bestärken oder diesen infrage stellen. Dabei weiß man gar nicht, wie einem geschieht, was also zu den Erkenntnissen oder Entscheidungen führte. Die Intuition hilft auch beim mystischen Erleben. Sie unterstützt meditative und kontemplative Erfahrungen.[24]

Was in der Mystik keine Rolle spielen dürfte, bringt in anderen Bereichen Probleme: Die zunächst fehlende und nachvollziehbare Begründung.[25] Ein weiteres Problem liegt darin, dass die Intuition auf Informationen beruht, die in unserem Unbewussten abgespeichert sind. Diese sammeln wir von Kindheit an. In unserem Gehirn werden die abgespeicherten Informationen sehr rasch verarbeitet. Entscheidend ist daher für das Ergebnis durch Intuition, welche früheren Sinneseindrücke, Kenntnisse und Erfahrungen Eingang in das Unbewusste unseres Gehirns fanden. Neben den abgespeicherten positiven Informationen können sich im Unbewussten auch falsches Wissen, lang zurückliegende Verletzungen oder religiöse Indoktrinationen einnisten. Auch diese speisen die Intuition.

„Langsames Denken" – oft großartig, aber anfällig

Nach bereits zwanzig Minuten beendete der Chirurg meine Augenoperation. Der Graue Star, die Trübung meiner Augenlinse, war behoben. In einem ersten Operationsschritt wurde in meinem Auge mittels Ultraschall die vorhandene Linse zertrümmert. Mit der dafür eingesetzten Vibrationsnadel saugte der Chirurg anschließend die Linsentrümmer ab. In einem zweiten Schritt steckte der Chirurg eine winzig kleine Kunstlinse durch einen 2 mm langen Schnitt in meine äußere Augenhornhaut. Dort entfaltete sich diese und nahm nun den Platz der entfernten natürlichen Linse ein. Den ganzen Vorgang unterstützten roboterartige Maschinen.

Dieses persönliche Beispiel zeigt, zu welchen *großartigen wissenschaftlichen Forschungsleistungen und technischen Entwicklungen* das menschliche Denken fähig ist. Weitere Beispiele dafür gibt es zuhauf. Das alles ist eine Frucht des „langsamen Denkens", wie es Daniel Kahnemann nennt. Trotz solcher Leistungen von menschlichen Gehirnen bleibt unser bewusstes Denken in anderen Bereichen sehr begrenzt. Auch ist es anfällig für Störungen und ungünstige Beeinflussungen. Der Grund dafür liegt auch hier darin, dass sich unser Gehirn für die Herausforderungen der Jagenden und Sammelnden evolutionär entwickelte und nicht für die heutigen Lebensumstände.

Unser Denken und Handeln unterliegt ganz bestimmten *Vorprogrammierungen*. Das lässt sich ebenfalls auf die Anforderungen des Jägerdaseins zurückführen. Überlebenswichtig war, aus wenigen Informationen auf das Ganze zu schließen. Sah ein Jäger den Umriss einer Tatze am Baum, so galt es, blitzschnell auf den ganzen Bären zu schließen. Daraus entstand in unserem Gehirn die programmierte Neigung zur Informationsergänzung. In Gesprächen versuchen wir laufend, von den aufgenommenen Informationen auf die nächsten Aussagen des Partners oder der Partnerin zu schließen. Auch ich unterliege immer wieder der Versuchung, angefangene Sätze meines Gegenübers von mir aus fortzusetzen – ein Fehlverhalten. Die Neigung zu Informationsergänzungen spielte auch bei den Evangelisten eine erhebliche Rolle. Darauf geht Kapitel 2.2 nochmals ein.

Zu den Vorprogrammierungen in unserem Gehirn gehört zudem, dass wir automatisch die aktuelle Situation höher gewichten als zukünftige Möglichkeiten. Der Psychologe Dieter Dörner bezeichnet das in seinem Buch „Die Logik des Misslingens" als die Dominanz des „aktuellen Motivs".[26] In kirchlichen Fragen können wir uns aktuell stark über die sehr konservativen Äußerungen eines Bischofs zu Homosexuellen aufregen. Doch die Diskussion der mittelalterlichen Lehre vom Naturrecht, auf dem die Aussage des Bischofs basiert, bleibt aus.

Mit dem Thema des aktuellen Motivs nahe verwandt ist, dass unser Gehirn am liebsten in *konkreten Bildern* denkt und sich von diesen sehr beeindrucken lässt. Die Jagenden und Sammelnden konnten zwar bereits abstrakt denken, doch erfolgte und erfolgt das Begreifen und gegenseitige Verständigen mit Bildern wesentlich rascher und eindrücklicher. Auch das Abspeichern in der Erinnerung geht wirksamer.[27] In diesem Sinne handelte Jesus sehr menschengerecht, wenn er durch die Gleichnisse in Form von bildstarken Geschichten aus dem Leben der damaligen Zeit seine Lehre verdeutlichte.

Dem Wunsch nach konkret vorstellbaren Bildern entsprechen die Engel, bösen Geister oder der Teufel. Ja, man scheute sich in der Vergangenheit nicht einmal, Gott als Mann darzustellen. Die Warnung im zweiten Buch Mose (20, 4) „Du sollst Dir kein Gottesbild machen ... " wurde immer wieder überhört.

Das ist bedenklich, weil Menschen durch Bilder stark beeinflusst, ja manipuliert werden können.[28] Denn solche Darstellungen, etwa zu biblischen Texten in Kirchenräumen, erwecken den Eindruck eines realen Geschehens. Sie verdecken also, dass es sich nicht um historische Begebenheiten, sondern „nur" um Erzählungen handelt. Bilder wirken auch unbewusst auf der Gefühlsebene. Sind bestimmte Szenen einmal im Kopf abgespeichert, dann lassen sich diese nur schwer löschen. Daher erscheint es mir sehr problematisch, wenn die Kardinäle bei der Papstwahl in der berühmten Sixtinischen Kapelle tagen. Denn das von Michelangelo geschaffenen Deckengemälde zeigt einen männlichen Gott mit wallendem Bart, wie er Adam erschuf.

Eine Schwester des bildhaften ist das *konkrete Denken*. Bereits die Babys lernen das als erstes. Sie tasten nach der Mutter, rutschen auf dem Parkett herum und fühlen das Wasser. Es wundert daher nicht, dass das Konkrete uns beim Lernen hilft. Fremdwörter lassen sich zum Beispiel wesentlich rascher und nachhaltiger lernen, wenn Menschen die entsprechenden Gegenstände anfassen, wie wissenschaftliche Experimente zeigten. Lernten die Probanden zum Beispiel das englische Wort „chair", so waren sie erfolgreicher, wenn sie dabei die Lehne eines Stuhles ergriffen. Das muss nicht verwundern, kommt doch das Wort „Begreifen" vom Greifen mit den Händen. Offensichtlich führt die Neigung zum konkreten Denken auch dazu, schriftliche Aussagen wortwörtlich und unzweifelhaft zu verstehen. Das gilt, wie bereits in Kapitel 1 angeführt, für viele Aussagen im Alten und Neuen Testament. Dem entsprach und entspricht teilweise noch, in der Bibel wiedergegebene Worte Jesu konkret zu interpretieren und nicht als symbolisches oder farbiges Bild aufzufassen. Auch in diesem Licht sollte man die folgenden Worte Jesu, sofern er diese überhaupt so gesagt hat, sehen: „Das ist mein Blut des Bundes ... " (Mk 14, 24). Der wörtlichen Interpretation könnte widersprechen, dass gläubigen Juden, zu denen Jesus gehörte, aus religiösen Gründen „Blutgenuss zutiefst zuwider war".[29]

Die Jagenden und Sammelnden verfügten über eine *Routine* von Hunderttausenden von Jahren für alle wesentlichen Vorgänge in ihrem Leben. Auch für uns Heutige gilt, dass sich Vorgänge (etwa bei Operationen) durch Routine gut beherrschen lassen. Man muss dann nicht jedes Mal neu überlegen, wie sich ein Problem am besten lösen lässt. Routine entlastet dadurch auch unser Gehirn, spart Zeit zum Nachdenken und Energie. Doch lauert hier die Gefahr, Routinen auch auf unpassende Situationen zu übertragen. Chirurgen etwa führen eine Routineoperation durch, obwohl diese gar nicht angezeigt ist – eventuell mit erheblichen negativen Konsequenzen für den Patienten. Von einer freien Entscheidung mit einem Abwägen der Vor- und Nachteile kann hier nicht mehr gesprochen werden. Routinen und die „Macht der Gewohnheit" spielen auch in Gottesdiensten, insbesondere in der katholischen Kirche, eine große Rolle. Auch ich machte mit, aber reflektierte gar nicht mehr darüber, welchen Sinn die Sache hat. Wie oft betete ich mit: „Christus ist für unsere Sünden gestorben." Ich dachte über diese Aussage auf der Basis der Opfertheologie gar nicht mehr nach. Mir kamen also nicht die Fragen: Welche Art von Sünde ist es, für die Jesus gestorben ist? Was brachte mir sein Tod, da ich ja weiterhin sündig bin?

Während wir für manches gar nicht nach den Begründungen fragen, unterliegen wir in anderen Bereichen einem starken *Begründungsdrang*. Wir wollen einen uns einleuchtenden Grund dafür haben, warum wir eine Erkältung bekommen oder sich ein Blinddarm entzündet. Wie das Wort Erkältung suggeriert, soll diese Erkrankung durch Kälte entstehen. In Wahrheit handelt es sich aber um eine Infektion. Und als Ursache für Blinddarmentzündungen sah eine Tante von mir den versehentlichen Verzehr von Eierschalen, was mich als Kind sehr beeindruckte. Den Begründungsdrang erbten wir ebenfalls von unseren jagenden Vorfahren. Für diese war sehr wichtig zu wissen, wie sich ein Tier verhält. Auch diente es ihnen herauszufinden, wo zum Beispiel essbare Beeren wachsen und wo nicht. Dabei waren einfache, anschauliche Erklärungen gefragt.[30]

Dort, wo Menschen keine sachliche Begründung finden, neigen sie dazu, sich diese zu konstruieren. Hauptsache ist, man kann eine Ursache benennen. Als im Mittelalter in Europa die Pest ausbrach, erfand man als Grund dafür, dass die Juden daran schuld seien. Sie hätten die Brunnen vergiftet. Die Folge davon waren schreckliche Pogrome. Auch der Hexenwahn entstand teilweise durch den Drang nach Begründungen, etwa für Krankheit und Tod von Menschen.

Natürlich lag es ebenfalls nahe, alles unerklärliche Geschehen Gott, den Engeln oder dem Teufel zuzuschreiben. Hierin sehen ja auch Atheisten, wie bereits beschrieben, einen entscheidenden Grund dafür, dass Menschen an einen Gott glauben. Begründungen entstehen auch in Ketten von Annahmen. So trug die Annahme, dass Jesu als Teil der Trinität Gott ist, dazu bei, Maria konsequenterweise den Titel „Mutter Gottes" zu geben. Im Neuen Testament steht dieses Wort jedoch gar nicht.

Einfluss des menschlichen Umfeldes

Mein Vater trat als Student aus der Kirche aus, weil er ein glühender Nazi war. Er nannte sich nur noch „gottgläubig". Meine Mutter wurde zwar katholisch getauft, Einfluss ihrer polnisch-stämmigen Mutter, später aber von der Stiefmutter und ihrem Vater evangelisch erzogen. Als ich zur Welt kam, war daher meine Taufe nicht selbstverständlich und ein Streitpunkt in der Familie. Schließlich setzte sich mein katholischer Großvater, der die junge Familie finanziell stark unterstützte, durch. In der Folge wurde ich, erst etliche Monate nach der Geburt, in der Herz-Jesu-Kirche in Danzig, katholisch getauft. Nach dem Krieg landeten wir als Flüchtlinge aus dem Osten im hessischen Städtchen Sontra, ein damals evangelisch geprägter Ort. Religion spielte in meinem Elternhaus zunächst keine Rolle. Typischerweise vergaßen meine Eltern, mich zum Kommunionunterricht anzumelden. Als mein Fehlen bemerkt wurde, verschob man die Sache um ein Jahr. Dadurch wurde der örtliche Pfarrer auf mich aufmerksam und ich kam enger mit ihm in Kontakt. Von großem Einfluss auf meine religiöse Erziehung war später der Religionslehrer im Gymnasium. Er blieb nach dem Krieg freiwillig in einem Lager in Sibirien, um dort gefangene Soldaten zu betreuen. Das beeindruckte mich sehr. In der Folge wurde ich ein engagierter Katholik.

Diese persönlichen Beispiele zeigen, wie stark mein *Umfeld* meine *Glaubensentwicklung beeinflusste*. Die starke Wirkung des Umfeldes gilt aber auch für andere Bereiche. Bereits bei kleinen Kindern entsteht die Basis dafür, ob ein Urvertrauen trägt oder ein schwaches Selbstwertgefühl das Leben schwer macht. Beim Heranwachsen kommen weitere Prägungen hinzu. Sie stehen auch in Wechselbeziehung mit den genetischen Vorprägungen. Aus diesem ebenfalls weiten Feld wissenschaftlicher Erkenntnisse zum Umfeld greife ich Themen auf, die Bezug zu den eingangs aufgestellten Thesen kirchlicher Lehren haben.

Die sozialen Gene, die ich bereits schilderte, oder auch andere Gründe lassen uns den Kontakt und die Zusammenarbeit in Gruppen suchen, größere und kleinere. Diese entwickeln oft eine spezifische *Gruppenkultur*. Sie besteht in übereinstimmenden Werten und Gewohnheiten sowie in einem gegenseitigen Verstehen und Bestärken, das Richtige zu denken und zu tun. Durch die Gruppenkultur entwickelt sich eine besondere Kraft, wenn etwas gemeinsam getan wird. Selbst Zweifler können durch das gemeinsame Tun von etwas überzeugt werden.[31] Eine ähnliche Wirkung beschreibe ich noch beim Thema „Rituale".

Wie stark ich von der katholischen Kultur geprägt bin, merkte ich vor nicht langer Zeit bei einer sehr schön gestalteten Taizé-Feier in einer reformierten Kirche. Etwas fehlte mir am Schluss: Das gemeinsame Abend- oder Agapemahl mit Brot und Wein.

Die Gruppenkultur kann auch negative Folgen haben. Dazu gehört der oft *mächtige Gruppenzwang*. Wenn ich mich gegen die vorherrschende Meinung einer Gruppe stelle, dann droht mir eine Strafe durch „Liebesentzug" oder gar Ausschluss. Daher trotten viele gegen ihre Einsicht lieber mit, folgen den Führenden in der Gruppe, als solche Nachteile in Kauf zu nehmen. Der Konsens mit der Gruppe bietet als Ausgleich weiterhin Zuneigung sowie eine Art Sicherheit im Denken und Handeln. Man weiß durch Befragungen von Aussteigern, wie stark der Gruppendruck z. B. in religiösen Gruppen, in der rechtsextremen Szene oder bei den Dschihadisten und speziell im „Islamischen Staat" ist. Das kann sogar so weit führen, dass sich Menschen als Selbstmordattentäter bestimmen lassen.

Es gibt genügend Beweise dafür, wie auch in den Kirchen im Kleinen und Großen Gruppendruck ausgeübt wurde und wird. Das war allerdings früher noch viel ausgeprägter. So erinnere ich mich, als ich als Jugendlicher Ferien bei Verwandten in einem Dorf verbrachte, wie eine Tante von mir unter Gruppendruck geriet. Die Abgesandte einer Gebetsgruppe fragte sie an, aktiv bei Marienandachten mitzumachen. Sie sagte zu und ärgerte sich danach mächtig. Denn sie hatte mit diesen Andachten und dem Marienkult nichts am Hut, wollte aber in der Pfarrei nicht scheel angesehen werden. Ihre Entscheidungsfreiheit litt also darunter.

Rituale können einerseits den Gruppenzusammenhalt und andererseits auch den Gruppendruck deutlich verstärken. Dem Gruppenzusammenhalt dient ein starkes gemeinsames Erleben etwa durch feierliche, festgelegte Abläufe. Sehr eindrücklich berichtete darüber eine Journalistin in der Wochenzeitung „Die Zeit".[32] Verwandte überredeten sie, an einer Wallfahrt nach Mekka teilzunehmen. Sie war zwar gemäß Pass eine Muslima, fühlte sich diesem Glauben aber überhaupt nicht mehr verbunden. Doch weil sie als Journalistin sehr neugierig war, sagte sie schließlich zu. Nach ihrer Rückkehr berichtete sie von der ungeheuren Sogwirkung, welche die Rituale auf der Reise und in Mekka auf sie ausübten. Ähnliche Wirkungen entfalten Rituale, alte und neue, auch in christlichen Gemeinschaften. Das beeinflusst den Glauben oder öffnet vielleicht sogar für bestimmte kirchliche Lehren.

Rituale können aber nicht selten auch abstoßend wirken. Meine Abwendung von der Opfertheologie und Leidensverherrlichung in der katholischen Kirche entstand bereits in der Jugend durch ein Kreuzritual an Karfreitag. Man wurde aufgefordert, wie bei der Kommunion in einer Reihe nach vorne zu kommen und das Kreuz mit der daran hängenden Jesus-Figur zu küssen. Der Sinn leuchtete mir nicht ein, das Küssen widerte mich gar an, und ich verweigerte mich diesem Ritual.

Berechtigte Zweifel an den Thesen?

Zu Beginn dieses Kapitels wählte ich *fünf Thesen* aus, die ich *kirchlichen Lehren* entnahm. Sie betreffen die Natur des Menschen, die starke Sündhaftigkeit, die Entscheidungsfreiheit, das Erinnern und die Jungfrauengeburt Marias. Ziel war, diese Thesen anhand von wissenschaftlichen Aussagen zur Evolution und zu den Prägungen des menschlichen Denkens zu überprüfen. Dazu dienten die Aussagen zur Evolutionsgeschichte des Menschen, zum „schnellen" und „langsamen" Denken sowie zum Einfluss des menschlichen Umfeldes.

Papst Paul VI. verkündete 1968 in der Enzyklika „Humanae Vita", Sex dürfe nur der Absicht dienen, Kinder zu zeugen. Daher seien Verhütungsmittel wie Antibabypillen und Kondome verboten. Das steht auch so im katholischen Katechismus.[33] Weil gleichgeschlechtlicher Sex nicht zu Kindern führen kann, sei er unmoralisch. Die Enzyklika gilt nach wie vor. Dabei beruft sich die katholische Kirche auf das sogenannte Naturrecht. Danach könne man *aus der Natur des Menschen moralische Vorschriften* ableiten. Das Naturrecht entstand in der griechischen Philosophie. Es wurde im Mittelalter vor allem vom „Kirchenlehrer" Thomas von Aquin aufgegriffen und in die christliche Lehre eingepflanzt.

Wissenschaftlich gesehen entstand der Mensch im Zuge der Evolution. Er entwickelte dabei das Bedürfnis, auch ohne Kinderwunsch Sex zu genießen. Die Evolution führte auch zu Menschen mit unterschiedlichen sexuellen Veranlagungen, darunter die Homosexualität. Zudem setzte der Mensch seine Fähigkeiten dafür ein, nützliche Dinge zu entwickeln. Dazu gehören zum Beispiel das Impfen gegen ansteckende Krankheiten oder Medikamente gegen Krebs – ebenfalls Eingriffe gegen „natürliche" Vorgänge. Es ist daher zunächst inkonsequent, in Teilbereichen die Ergebnisse der Evolution zu akzeptieren und in anderen nicht. Zudem kam eine vom Vatikan einberufene Expertenkommission zum grundsätzlichen Ergebnis, dass es falsch ist, aus der Natur des Menschen auf berechtigte moralische Vorschriften zu schließen.[34]

Es gehörte immer wieder zu meinen beruflichen Aufgaben, zusammen mit einer Projektgruppe zwischen verschiedenen Handlungsalternativen auszuwählen. Dazu wurden Zielkriterien entwickelt und damit die Eigenschaften der Alternativen bewertet. In der Regel hatte jede Alternative mehr oder weniger gute und auch mehr oder weniger schlechte Eigenschaften. Mit der Kenntnis verschiedener positiver und negativer Teilbewertungen kam es dann zu einem Gesamturteil. Selbstverständlich schaute man also nicht isoliert nur auf die schlechten Eigenschaften einer Lösung (Kapitel 4.1 greift dieses Thema nochmals auf).

Geht es um die moralische Bewertung menschlicher Handlungen, gilt es einen möglichen evolutionären Einfluss zu berücksichtigen. Im ungesteuerten Unbewussten, also im „schnellen Denken", können sich negative Impulse wie etwa Habgier durchsetzen. In solchen Fällen ist dann die Schuldfähigkeit im moralischen Sinn stark herabgesetzt.

Dass man das gute Handeln von Menschen genauso im Auge haben muss wie das schlechte und dass die Schuldfähigkeit von Menschen im moralischen Sinn oft stark eingeschränkt sein kann, spielt bei den Lehren der Amtskirchen jedoch eine eher untergeordnete Rolle. Bei ihnen *dominiert das Thema von der Sündhaftigkeit des Menschen.*

Hier wirkt sich wohl immer noch die Erzählung im Alten Testament vom „Sündenfall" aus. Dieser findet sich als Begründung für die Sündhaftigkeit weiterhin im katholischen Katechismus.[35]

Die Defizite der Menschen werden von den aus der Reformation hervorgegangenen Kirchen ebenfalls direkt oder indirekt betont. Luther sprach sogar von der „Verkrümmung des Menschen in sich selbst".[36] Auch für Zwingli war der Mensch grundsätzlich verdorben. In diesem Fahrwasser bewegt sich, wenn auch etwas relativierend, die Schrift der Evangelischen Kirche in Deutschland (EKD) mit dem Titel „Sünde, Schuld und Vergebung aus Sicht der evangelischen Anthropologie".[37]

Diese Ausrichtung und Dominanz entsprechender Schriften führten und führen nach Klaus-Peter Jörns zu einer „Schuld- und Sühnekultur".[38] Kurt Flasch kritisiert ebenfalls die überwiegende Konzentration der Kirchen auf die Schwächen der Menschen. Das stehe im Widerspruch zu einem Lob der Schöpfung Gottes.[39] Auch Hubertus Halbfas mahnt eine Korrektur der einseitigen und damit falschen Orientierung der Kirchen an der Sündhaftigkeit der Menschen an.[40]

„Frei wie ein Vogel – im Käfig?" fragt Uwe Schauß in seinem Buch „Sag, wie hast du's mit der Religion?".[41] Hinter dieser Frage steht, ob weitgehend die *Freiheit* besteht, sich für *Gutes und Böses zu entscheiden*. Das bildet nach kirchlicher Lehre die Voraussetzung, um sündig zu werden. Im Kompendium zum katholischen Katechismus heißt es: „Man begeht eine Todsünde, wenn zugleich eine schwerwiegende Materie, die volle Erkenntnis und die freiwillige Zustimmung vorliegen."[42] In abgeschwächter Form gilt das ebenfalls für „lässliche Sünden". Ähnlich, aber etwas vorsichtiger, tönt es bei den aus der Reformation hervorgegangenen Kirchen. Ein Beispiel dazu: „Eine evangelische Rede von der Sünde zielt auf Freiheit, die weder die Fehlerhaftigkeit menschlicher Existenz leugnet, noch der Illusion grenzenloser Selbstbestimmung und Selbstoptimierung verfällt."[43] Im Prinzip bleiben die Kirchen bei der Aussage, dass Menschen weitgehend die Freiheit und notwendige Erkenntnis für Sünden haben.

Demgegenüber kann ich nicht einmal selbst genau wissen, in welchen Fällen ich mich mit „voller Erkenntnis und freier Zustimmung" gegen Gottes Gebote entschieden habe oder entscheide. Die Evolution bewirkt im „schnellen Denken" zum Beispiel eine starke Neigung zu Neid oder Habgier. Man lässt sich von starken Bildern oder konkret wirkenden Aussagen zu schlechtem Handeln verführen. Überwiegende Meinungen in großen Gruppen, etwa im Nationalsozialismus, legitimieren offenbar üble Handlungen wie die Ermordung geistig behinderter Menschen. Und so ist zu folgern: „Überblickt man die Einwände gegen die Annahme eines freien menschlichen Willens, so scheint klar, dass völlige Freiheit nur aus einer sehr idealistischen Perspektive heraus unterstellt werden kann."[44] Diese in den Amtskirchen verbreitete „idealistische Perspektive" ist jedoch, wissenschaftlich gesehen, nicht haltbar.

Was auf jeden Fall möglich bleibt, ist, über das eigene Verhalten zu reflektieren und sich nach schlechten Handlungen ein Fehlverhalten einzugestehen. Daraus lassen sich Konsequenzen ziehen. Im christlichen Sinn an Gott Glaubende sind in der Folge gehalten, gegenüber Gott und allfällig

Betroffenen ihr sündiges Handeln einzugestehen. Man ist zwar frei wie der Vogel im Käfig, doch die Käfigtür lässt sich öffnen.

Hinterher war es mir sehr peinlich und ich entschuldigte mich später. Vorausgegangen war, dass ich mich gegenüber einer Apothekerin ereiferte. Sie forderte die Barzahlung eines Medikamentes. Ich jedoch war felsenfest davon überzeugt, die Krankenkasse würde dieses immer direkt an die Apotheke bezahlen. Nach der Prüfung meiner Unterlagen erkannte ich, dass mich meine Erinnerung trog. Einmal mehr bestätigte sich, wie unzuverlässig das Erinnern ist. Die Gründe dafür schilderte ich bereits im Kapitel über das „Schnelle Denken". Auch im „langsamen Denken" beeinflussen Vorprogrammierungen das Arbeiten unseres Gehirns. Dazu gehören zum Beispiel die Dominanz des „aktuellen Motivs" oder der „Begründungsdrang". Zudem finden immer wieder die gleichen Erzählungen aus dem Umfeld selbst dann Zugang zu unserem Erinnern, wenn sie frei erfunden wurden.

Die frühchristlichen Menschen konnten sich daher kaum weitgehend *zutreffend und abgewogen an Jesu Reden und Handeln erinnern*. Zwar wurde dieses Problem dadurch gemildert, dass sich mehrere Menschen aus der Begleitung Jesu erinnerten und einander austauschten. Auch kursierten lange vor den Evangelien Texte zu den Reden und zum Handeln Jesu. Doch zeigen die Texte des Neuen Testaments zahlreiche Spuren unterschiedlicher und durch den Begründungsdrang ergänzter Erinnerungen. Eklatant ist das zum Beispiel bei den sehr verschiedenen Berichten über das leere Grab Jesu. Weitere Beispiele bringt das Kapitel 2.2 mit dem Thema „Bibel und Wahrheit". Wissenschaftlich gesehen erscheint es daher unverständlich, dass die Amtskirchen dieses Problem nicht oder nur unzureichend aufgreifen. Besonders stark wirkt sich das bei den aus der Reformation hervorgegangenen Kirchen aus, neigen sie doch zu einem „gesetzlich-fundamentalistischen Umgang mit der Bibel".[45]

Rainer Kümmel übernahm in Würzburg eine Professur für Theoretische Physik. Ich lernte ihn bei Tagungen des von ihm zeitweilig geleiteten „Forums für interdisziplinäre Forschung" kennen. Dieser international anerkannte Wissenschaftler schrieb in seinem Buch „Die vierte Dimension der Schöpfung", dass er an die *Jungfräulichkeit Marias bei der Geburt Jesu* glaube.[46] So steht es ja auch im apostolischen Glaubensbekenntnis, was die

Bedeutung dieser Aussage in der kirchlichen Lehre unterstreicht. Für Rainer Kümmel spricht die naturwissenschaftliche Vernunft nicht gegen dieses Credo. Dabei setzte er sich eingehend mit anderen Wissenschaftlern auseinander, die seine Ansicht nicht teilen.

Dennoch lassen sich im Kontext der Aussage zur Jungfrauengeburt Merkwürdigkeiten und Widersprüche nachweisen. So berichten zwei Evangelisten, Markus und Johannes, nichts davon. Demgegenüber kommen für wichtig gehaltene Aussagen, wie selbst der Rangstreit unter den Jüngern, bei mehr als zwei Evangelisten vor. Zudem besteht ein Widerspruch zwischen der Darstellung der Stammlinie Jesu bei den Evangelisten Matthäus und Lukas, die auf den König David zurückgehe, und der Aussage, er sei vom heiligen Geist gezeugt worden. Wenn Letzteres zutraf, dann konnte Jesus ja, biologisch gesehen, nicht von Josef abstammen. Das aber schien als Aussage wichtig, weil der Messias gemäß Altem Testament aus dem Stamm Davids, zu dem Josef wohl gehörte, kommen sollte.[47]

„Da das aufgrund der göttlichen Schöpfung nicht möglich ist, nie möglich sein wird, bleibt der Begriff ‚Ehe' für eine Verbindung von einem Mann und einer Frau reserviert. Definitionen, die aus dem Munde Gottes kommen, kann keine Partei umpolen."[48] Das schrieb ein Christ als Leserbrief an meine Tageszeitung. Ihn werden die wissenschaftlich unterfütterten Aussagen in diesem Kapitel etwa zum Naturrecht nicht überzeugen. Er hängt der „Christologie von oben" an. Das sei dem Leserbriefschreiber unbenommen. Ich plädiere ja in diesem Buch für *Offenheit im Christentum* in jeder Richtung.

Mich überzeugen die wissenschaftlichen Aussagen der „Christologie von unten", die nicht von fixierten kirchlichen Lehren ausgehen. Nur dieser Ansatz entspricht meinem Wissen und Denken. Und dieses führte bei der Beschäftigung mit den ausgewählten Thesen zu kirchlichen Lehren zu dem Ergebnis, dass jene zumindest teilweise falsch oder widersprüchlich sind. Das folgende Kapitel bringt zu dieser Problematik weitere Facetten.

2.2 Bibel und Wahrheit

Auf Wahrheitssuche im Neuen Testament

In einer schönen Barockkirche nahe bei München nahm ich an einer Hochzeitsfeier teil. Es heiratete ein Neffe von mir. Die Braut, eine Ärztin, wollte kirchlich getraut werden. Die Messe zelebrierte ein alter Pfarrer. Vielleicht lag es an der speziellen Atmosphäre dieses Anlasses, dass ich beim Vorlesen eines Textes aus dem Neuen Testament besonders aufmerksam war. Denn ich realisierte bewusst am Schluss des Vorlesens, wie der Pfarrer sagte: *„Wort des lebendigen Gottes."* Erst dachte ich, der alte Pfarrer klebt noch an früher üblichen Formeln. Doch dann entdeckte ich bei Gottesdiensten in der Pfarrei meines Wohnortes, dass auch hier die gleiche Formel „Wort des lebendigen Gottes" ertönte. Schließlich las ich im Jahr 2021 in der katholischen „Schweizerischen Kirchenzeitung" bezogen auf die Bibel, dass sich Gott „… in seinem Wort selbst zu erkennen gibt".[49]

Ähnlich lautet es bei den aus der Reformation hervorgegangenen Kirchen. Es gehört zum protestantischen Selbstverständnis, dass das Neue Testament „… in sich klar, zugänglich, eindeutig und vollständig ist … ".[50] Es berichtet davon, „wie Gott sich den Menschen gezeigt hat … wie er sich geoffenbart hat".[51] Evangelikal ausgerichtete Freikirchen nehmen in der Regel an, von Gott seien auch die einzelnen Worte in der Bibel unmittelbar inspiriert.

„Warum lehrt die Heilige Schrift die Wahrheit?", fragt das Kompendium des katholischen Katechismus.[52] Die Antwort lautet: „Weil Gott selbst der Urheber ist". Der Heilige Geist habe die menschlichen Verfasser inspiriert, die für unser Heil notwendigen Wahrheiten aufzuzeichnen. Allerdings müsse, so der Katechismus, die Heilige Schrift mithilfe des Heiligen Geistes und unter Anleitung des Lehramtes der Kirche gelesen werden.[53] Damit erhebt die katholische Kirche einen biblischen *Wahrheitsanspruch*. Dieser besteht in ähnlicher Weise auch bei den aus der Reformation hervorgegangenen Kirchen.

In diesem Zusammenhang stellt sich die Frage: Können wir die Wahrheit klar erkennen? Auch der römische Statthalter Pontius Pilatus fragte laut Johannes (18, 38) Jesus: „Was ist überhaupt Wahrheit?"
Diese Frage stellt sich auch beim Studium der Bibel. Für eine Antwort auf diese Frage nutze ich die Umschreibung des Agnostikers Kurt Flasch. Ich fuße auf dieser Quelle, weil er als Kritiker des Christentums nicht in Verdacht steht, eine zu sehr vom Glauben beeinflusste, unwissenschaftliche Aussage zu machen. Zudem eignet sich seine Definition besonders gut für das biblische Thema. Nach Kurt Flasch ist zu unterscheiden:[54]
- Wahrheit I als wissenschaftlich-philosophische Antwort mit dem Anspruch auf Objektivität (etwa belegte Forschungsergebnisse);
- Wahrheit II als Zustimmung zu den Aussagen und zum Verhalten einer Person (zum Beispiel Jesus), der wir vertrauen, deren Aussagen aber nicht beweisbar sind;
- Wahrheit III als Ergebnis von Interpretationen poetischer Erzählungen (zum Beispiel Jesu Gleichnisse).

Wenn jemand behauptet, die Erde sei nicht rund, sondern eine Scheibe, dann werde ich das für unwahr halten. Denn ich weiß, dass diese Behauptung dem Stand der heutigen wissenschaftlichen Erkenntnis widerspricht. Zur Wahrheit I, die Kurt Flasch „objektivistisch" nennt, gehört auch, dass Aussagen konsistent sein und den Regeln der Logik folgen müssen.

Mit der Wahrheit II erfolgt ein Sprung in den Bereich des Glaubens, zu dem auch das Vertrauen gehört. Bei dieser Form der Wahrheit kann ich die Aussagen des Propheten Mohammed im Koran zu Gott für wahr halten. Kurt Flasch nennt diese Sicht „idealistisch". Bei Wahrheit III suche ich hinter den Erzählungen, zum Beispiel von Märchen, eine Wahrheit zu erkennen. Kurt Flasch spricht hier vom „quasi-poetischen Wahrheitskonzept". Man kann also jenseits von Fakten Wahrheit erkennen.

Alle drei Formen der Wahrheit unterliegen Einflüssen im Zeitablauf. Zudem spielt eine wichtige Rolle, ob und wie ich Wahrheiten begreife, sie verstehe. Darauf geht dieses Kapitel am Schluss noch ein.

Um *welche Wahrheiten* geht es nach diesen Definitionen in der Bibel, insbesondere *im Neuen Testament*, auf das ich mich in diesem Zusammenhang konzentriere? Bei Wahrheit I stellt sich zunächst die Frage, ob Jesus überhaupt gelebt hat, also eine historische Person ist. Welche Texte im Neuen Testament lassen sich auf Jesus zurückführen und welche nicht? Auch gilt es zu prüfen, ob die verschiedenen Aussagen im Neuen Testament konsistent sind, also in logischen Zusammenhängen stehen, ähnlich oder widersprüchlich ausfallen. Zentral für die Wahrheit II ist, ob Jesus, die Evangelisten und Verfasser von Briefen wie Paulus glaubwürdig erscheinen. Als Nebenfrage stellt sich, warum zum Beispiel das Johannesevangelium in den Kanon des Neuen Testaments aufgenommen wurde, das etwa aus der gleichen Zeit stammende Thomasevangelium aber nicht. Für Wahrheit III muss zunächst geklärt werden, welche Texte historische Tatsachenberichte und welche als poetische Erzählungen einzuschätzen sind. Sodann stellt sich die Aufgabe, aus den poetischen Erzählungen den Wahrheitsnektar herauszusaugen.

Die Antworten auf diese Wahrheitsfragen sollen, so mein Anspruch, *wissenschaftlichen Kriterien* genügen. Die in Kapitel 2.1 angeführte „Christologie von oben" könnte dem nicht genügen. Sie würde ja auf zentralen Glaubensannahmen der Kirchen und nicht durchgehend auf Wissen basieren. Daher kommt hier für mich nur die vorbehaltlose „Christologie von unten" infrage.

Nun können auch wissenschaftliche Aussagen einseitig oder umstritten sein. Oft erweisen sie sich später als falsch. Das gilt zum Beispiel für viele Erkenntnisse in der Medizin, etwa zu den gesundheitlichen Wirkungen von Butter. Auch muss bereits hier erwähnt werden, dass Menschen Wahrheiten nur begrenzt erkennen können.

Trotz notwendiger Vorbehalte lässt sich behaupten: Die bereits in Kapitel 1.2 angeführten *Bibelwissenschaften* brachten und bringen umfangreiche und sehr überzeugende Erkenntnisse zum Neuen Testament. Dafür nutzen sie verschiedene Methoden und Theorien. Besonders wichtig wurde das Kriterium der historischen Plausibilität. Diese Theorie besagt nach Gerd Theissen und Annette Merz in ihrem Lehrbuch „Der historische Jesus", welches sowohl katholische wie protestantische Theologiestudierende als Grundlage nutzen: „Was im jüdischen Kontext plausibel ist und die Entstehung des Urchristentums verständlich macht, dürfte historisch sein."[55] Die Erkenntnisse der Bibelwissenschaften qualifiziert Jörg Lauster in seiner „Kulturgeschichte des Christentums" als „Meisterleistung neuzeitlicher Theologie".[56] Neben den Methoden und Theorien halfen zunehmend auch moderne Hilfsmittel wie Computer. Diese fütterte man zum Beispiel mit Worten und Satzbildungen, die in bestimmten biblischen Texten vorkommen. Eine vom ursprünglichen Autor abweichende Wortwahl oder andersartige Satzbildung nährte den Verdacht, dass hier Hinzufügungen oder andere Veränderungen erfolgten.

Bei den wissenschaftlichen Ergebnissen nutzte ich Aussagen zahlreicher Autoren. Häufig gebe ich mehrere an, um zu belegen, dass es sich hier nicht um isolierte Einzelmeinungen handelt.

Während ich mich bei theologischen und historischen Themen an breit anerkannte Quellen halte, bringe ich aus meiner Berufspraxis das *Sender-Empfänger-Modell* ein. Dieses diente mir insbesondere bei Vorlesungen als Einführung in das wissenschaftliche Arbeiten. Dabei war und bin ich mir bewusst, dass das Modell die Komplexität und Dynamik beim Austausch von Informationen nur unzureichend abbildet. Doch es erlaubt mir, in nachvollziehbarer Weise meine Ausführungen zum Weg von Informationen zu gliedern.

In diesem Sinne gehe ich von der Quelle der Urtexte des Neuen Testaments als „Sender" aus. Hier bestehen zwei: Jesus mit seinen Reden und seinem Verhalten, der aber nichts Schriftliches hinterließ, und die Autoren der biblischen Texte. Das Schreiben geschah vor knapp zweitausend Jahren. Die Texte durchliefen anschließend den „Kanal" der Weitergabe in Form von Abschriften, Ergänzungen, Abänderungen und Übersetzungen. Nach diesem Prozess gelangen die Texte in den heutigen „Empfang" durch die Lesenden, der ebenfalls diversen Einflüssen unterliegt.

„Sender" 1 – Jesu Reden und Handeln

Alles begann mit Jesus von Nazareth. Doch gab es ihn wirklich? Diese Frage beschäftigte die Bibelwissenschaften früher intensiv. Zunächst kamen etliche Wissenschaftler zu dem Schluss, Jesus sei ein Mythos, habe gar nicht gelebt. Doch entdeckte man genügend nichtchristliche und unabhängige Quellen, welche die Existenz Jesu hinreichend klar bezeugen. Darunter ist auch der berühmte römische Historiker Tacitus, der von der

Hinrichtung Jesu unter Pontius Pilatus berichtete. Jesus war also eine geschichtlich *nachweisbare Persönlichkeit*. Das nehmen auch jüdische Autoren sowie bekennende Atheisten an.[57]

Rekonstruieren lässt sich auch, dass Jesus wahrscheinlich im Jahre 30, vielleicht auch 34 n. Chr. hingerichtet wurde. Das öffentliche Wirken Jesu könnte zwischen nur einem oder vier Jahren vor seinem Tod begonnen haben – war also eine relativ kurze Zeitspanne. Das Geburtsjahr Jesu lässt sich historisch nicht genügend sicher ermitteln. Anhaltspunkte gibt es für die Jahre 6–4 v. Chr.[58] Jesus erreichte danach ein Alter von maximal 40 Jahren, wahrscheinlich sogar nur von 34 Jahren.

Jesus wurde als *Jude* geboren, gehörte also zu einem der Völker, die wie die Araber den Vorderen Orient besiedelten. Die Semiten sind ihre gemeinsamen Vorfahren. Das engere Umfeld Jesu war *Galiläa* im Norden des heutigen Israel. Zum jüdischen Gebiet gehörte auch Judäa mit der Hauptstadt Jerusalem. Galiläa war, von Jerusalem her betrachtet, eher ein Randgebiet. Dort lebten vor allem Bauern, aber auch Fischer, Handwerker und Kaufleute.[59]

Das Wirkungsgebiet Jesu unterlag der Oberherrschaft der Römer. Ihnen zu Diensten regierte in Galiläa der machthungrige König Herodes Antipas. Dieser baute am See Genezareth die Stadt Tiberias zu einem seiner Sitze aus. Gemeinsame Sache mit den Römern machten auch etliche reiche jüdische Großgrundbesitzer, die Hohepriester am Tempel zu Jerusalem und die Sadduzäer. Zudem traten viele Juden in den Dienst der Römer wie zum Beispiel Zöllner, um gut bezahlte Arbeit zu finden. Doch die Mehrheit des Volkes verabscheute die Römer als Fremdherrscher sowie deren jüdische Vasallen. Ihr Traum war, diese Fremdherrschaft abzuschütteln.

Religiös sahen sich die *Juden* als auserwähltes Volk Gottes an. Unter diesem gemeinsamen Dach bestanden verschiedene Strömungen, die sich gegenseitig bekämpften. Die Sadduzäer waren eher die Bewahrer des alten Judentums. Sie stellten auch die Priester im Tempel. In Konkurrenz zu den Sadduzäern standen die Pharisäer. Sie wirkten als Reformer. Nach ihnen sollten wieder alle Menschen strenge Gesetze einhalten. Ein noch strengeres Leben setzten die Essener und auch Johannes der Täufer in die Tat um. Dieses Umfeld Jesu zeigt, dass er religiös und auch politisch in einer spannungsreichen Zeit lebte.[60] Daher sehnten sich viele Menschen nach Erlösung, insbesondere vom Joch der Römer und der eigenen Herrschenden. Viele erhofften sich das von einem Messias, den Propheten angekündigt hatten.

Jesus wurde von der *Kultur des Judentums* mit all ihren Werten, Ausdrucksformen, Regeln und Gewohnheiten geprägt.[61] In seinem späteren öffentlichen Auftreten opponierte er allerdings auch stark gegen Erscheinungen der jüdischen Kultur, etwa gegen das sture Regeldenken der Pharisäer. Jesus sprach Aramäisch. Diese Sprache unterschied sich nicht nur in den Wörtern, sondern auch in der geistigen Grundhaltung vom Griechischen, das damals im Mittelmeerraum dominierte. So neigten die damaligen Griechen zu Präzisierungen, während das Aramäische viele Deutungen offen ließ. Ein gutes Beispiel für Unterschiede bietet auch das Verhältnis zu Zeit und Geschichte. Die Juden pflegten eine starke Erinnerungskultur. Dazu gehörte zentral die Geschichte vom Auszug aus Ägypten. Dagegen bevorzugten die Griechen zeit- und geschichtslose Muster, etwa ihre Heldensagen.[62]

Diese Unterschiede machten sich später auch bei Übersetzungen biblischer Texte und in der Entwicklung von Ritualen bemerkbar. Bei den Juden war zum Beispiel das sogenannte „Abendmahl" Teil eines normalen, festlichen Mahles. Dieses begann in der Regel mit dem Brotbrechen und einem Tischgebet. Dann folgte die Hauptmahlzeit. Nach dem Essen reichte man den sogenannten Segensbecher herum und sprach ein Dankgebet. Unter griechischem Einfluss wurde dann im Zuge der Verbreitung des Christentums die Hauptmahlzeit weggelassen. Brotbrechen und der Kelch, der die Runde machte, folgten unmittelbar aufeinander. Aus dem realen Ablauf bei den Juden entstand ein idealisierter Vorgang.[63] Ich greife dieses Beispiel wieder auf.

Dem historischen Jesus sei nicht „auf die Spur zu kommen", schreibt der Bibelwissenschaftler Christoph Böttigheimer.[64] Dennoch müsse man sich darum bemühen. Einige Informationen stehen uns wenigstens als wahrscheinliche Aussage zur Verfügung. Dabei sind in Jesu *Biografie* zwei Teile zu unterscheiden:
- die relativ lange Zeit vor und
- die relativ kurze Zeit während seines öffentlichen Auftretens.

2 Heutiges Wissen und Denken 73

Zu Jesus *vor seinem öffentlichen Auftreten* konnten die Wissenschaftler kaum etwas Zuverlässiges herausfinden. Wahrscheinlich ist: Geboren wurde Jesus von Maria. Sein Vater war Josef. Er begann also auch als schreiender Säugling. Zur Familie gehörten wahrscheinlich vier Brüder und einige Schwestern. Jesus wuchs wohl in dem kleinen Ort Nazareth, ein Dorf mit schätzungsweise 500 Einwohnern, auf. Die Menschen lebten dort vor allem von der Landwirtschaft. Die Bevölkerung litt stark unter der Ausbeutung durch die jüdische Oberschicht und die Römer. Dementsprechend war bittere Armut weitverbreitet.

Als Beruf von Jesu Vater gab der Evangelist Matthäus das griechische Wort „Tekton" an. Darunter muss man sich einen vielseitig tätigen Handwerker vorstellen, der einfache Häuser aus Stein, Lehm und Holz baut.[65] Später übersetzte man das Wort „Tekton" einseitig mit Zimmermann. Vermutlich führte Josef in der ganzen Region Aufträge aus. Er war dadurch möglicherweise häufig abwesend.

In der Folge wurde Jesus als Kind wahrscheinlich vor allem von seiner Mutter Maria erzogen. Es ist anzunehmen, dass Jesus zwar keine allgemeinbildende, wohl aber eine religiös ausgerichtete Schule besuchte. Zudem erlernte Jesus vermutlich den Beruf seines Vaters. Danach behaute Jesus Steine, rührte Lehm an, sägte Balken und kalkulierte Kosten. Darauf deuten auch seine Beispiele aus dem Baubereich in den Gleichnissen, etwa die Fundierung von Bauten oder die Sorge für genügend Mittel vor Baubeginn. Es liegt nahe, dass Jesus wie sein Vater als Bauhandwerker an verschiedenen Orten in Galiläa tätig war.

Jesus beginnt den kurzen zweiten Teil seines Lebens, sein *öffentliches Auftreten*, zunächst bei Johannes dem Täufer. Dieser wird sein religiöser Lehrer. Er geht aber später als Wanderprediger seine eigenen Wege.[66] Von Johannes übernimmt Jesus vielleicht die Naherwartung eines baldigen Weltendes mit dem Gericht Gottes. Später lebt Jesus im Bewusstsein, Johannes den Täufer zu überbieten.[67] Er ist völlig überzeugt davon, in einer außerordentlichen Beziehung zu Gott zu stehen. Das äußert sich auch in seinem Charisma. Dazu trägt bei, dass Jesus nach Josef Imbach ein begnadeter, ja mitreißender Geschichtenerzähler ist.[68] Er gibt also seine Glaubensbotschaften nicht in einer Art Katechismus oder in einer Folge von dogmatischen Aussagen wieder. Vielmehr will er durch seine Erzählungen vor allem in Form von Gleichnissen, die Zuhörenden dazu ermuntern, selbst mitzudenken und Schlüsse zu ziehen. Dazu dient auch das Mittel starker Provokationen. Ein typisches Beispiel dafür bietet das Gleichnis vom barmherzigen Samariter. Die besondere Provokation liegt darin, dass der einzige Helfer aus Samaria kam, deren Bewohner bei den Juden schlecht angesehen waren. Diese Art der Vermittlung von Botschaften entspricht ganz der jüdischen Tradition.[69] Daher liebt er in religiösen Fragen heftige Streitgespräche und scheut keine Extreme. Dazu gehört auch das Drohen mit dem Höllenfeuer.[70] Umgekehrt beweist Jesus eine spezifische Form von Humor.[71] Man denke hier zum Beispiel an das Kamel, das nicht durch ein Nadelöhr hindurchkomme.

Jesu Art, sich zu verhalten, und die Inhalte seiner Botschaft bewegen Menschen, sich ihm als seine Jüngerinnen und Jünger anzuschließen. Zudem findet er Unterstützung in Form von Einladungen und Spenden. Dafür engagieren sich auch etliche Frauen. Jesus hat aber auch zahlreiche Gegner, die er immer wieder provoziert. Weil er die weltlichen Genüsse durchaus zu schätzen weiß, bezeichnen ihn Gegner polemisch als Fresser und Säufer. Sehr menschliche Züge zeigt Jesus nach den Evangelisten in seinem Zorn gegenüber den Händlern im Tempel – er warf deren Tische um – und in seinem Irrtum, dass der Erlöser noch zu Lebzeiten vieler Jüngerinnen und Jünger komme.[72]

Die *Botschaft direkt von Jesus* ist im Kern einfach. In Kapitel 1.2 zählte ich bereits die wesentlichen Aussagen auf. „Nach dem Zeugnis der Synoptiker ist das Reich Gottes Zentralthema der Predigt Jesu von Anfang seines öffentlichen Auftritts an."[73] Die meisten der etwa vierzig Gleichnisse, die wahrscheinlich auf Jesus direkt zurückgehen, widmen sich diesem Thema.[74] Zwar wendet sich Jesus an seine jüdische Zuhörerschaft. Doch richtet sich seine Reich-Gottes-Botschaft inhaltlich an alle Menschen. Danach sei Gott den Menschen wohl gewogen, was Freude, Hoffnung und Trost bedeutet. Im Reich Gottes herrsche die Liebe. Und so verkündigt er im Schwerpunkt auch nicht einen Gott der Vergeltung. Daher spielt bei Jesus der Aspekt der Sündenvergebung nur eine zweitrangige Rolle. Vielmehr

appelliert er an seine Zuhörenden, sich in ihrem Leben neu oder verstärkt auf Gott auszurichten.[75]
All das liegt im Rahmen der traditionellen jüdischen Lehre auf der Basis der Thora.[76] Doch setzt Jesus neue Akzente, verstärkt Aussagen und bekämpft Missdeutungen.[77] Typisch dafür ist die Aussage beim Evangelisten Matthäus (5, 43–44): „Ihr habt gehört, dass gesagt wurde: Du sollst deinen Nächsten lieben und deinen Feind hassen. Ich aber sage euch: Liebt eure Feinde und betet für die, die euch verfolgen." In seinen Botschaften stellt Jesus seine Person nicht in den Mittelpunkt. Er selbst nennt sich nach den Evangelisten Markus, Matthäus und Lukas „Menschensohn" und nicht „Sohn Gottes".[78] Wenn man ihm laut den Evangelisten einen überhöhenden Titel wie „Messias" anträgt, dann lehnt er diesen ab.

„Sender" 2 – Das Neue Testament

Jesus hinterließ uns keinerlei schriftliche Zeugnisse. Haben es da die *Moslems besser als die Christen*? Sie verfügen nach eigenem Glauben mit dem Koran über einen Text, der direkt vom Religionsgründer Mohammed stammt oder stammen soll. Folgt man dem tunesischen Islamwissenschaftler Abdelmajid Charfi, emeritierter Professor an der Universität Tunis, dann gilt das relativierende „soll".[79] Denn der Prophet Mohammed war wahrscheinlich Analphabet. Begleiter von ihm schrieben seine Reden auf. Vom Beginn weg entstanden dabei Varianten und Streit, was die richtigen schriftlichen Zeugnisse seien. Die Moslems haben es also, wissenschaftlich betrachtet, nicht besser als die Christen. Nur die wissenschaftliche Beschäftigung mit dem Koran steckt noch in den Kinderschuhen, weil der Widerstand dagegen groß ist.

Da auch bei den Christen eine Urquelle fehlt, kann man sich zu Jesu Botschaft nur auf das *Neue Testament* stützen. Dieser „Sender" 2 entstand in einem längeren Prozess nach Jesu Tod. Zunächst kam es zu Briefen von mehreren Autoren, allen voran vom Apostel Paulus. Er schrieb den ersten etwa 20 Jahre nach Jesu Hinrichtung. Die Briefe wurden zunächst für einzelne christliche Gemeinden verfasst, dort vorgelesen und auch abgeschrieben. Daneben entstanden in den Gemeinden, die im Römischen Reich verstreut waren, eigene Schriften von diversen Verfassern. Auf denen basierten dann einerseits wiederum die Briefautoren und andererseits, ab etwa 40 Jahren nach Jesu Tod, die Evangelisten.

Der Ausdruck „Neues Testament" für Sammlungen frühchristlicher Schriften tauchte erst ab Mitte des 2. Jahrhunderts auf.[80] Vom Beginn des 3. Jahrhunderts an, also etwa 200 Jahre nach Jesu Tod, kam es zur Bestimmung derjenigen Texte, die im Neuen Testament Aufnahme fanden. Eine vollständige Aufzählung der Schriften in diesem Kanon beschrieb im Jahre 367 erstmals Athanasius in Alexandrien.[81] Nun erkannte man dieser Sammlung göttliche Urheberschaft zu. Der damals fixierte Kanon der 27 Schriften besteht aus 21 Briefen, 4 Evangelien, der Apostelgeschichte und der Offenbarung des Johannes.

Es liegt auf der Hand, dass die Auswahl der Schriften auf die kulturelle Situation und das Verständnis im 4. Jahrhundert abgestimmt war.[82] Schriften, die der „Rechtgläubigkeit" widersprachen, wurden nicht in den Kanon aufgenommen. Das sind recht viele. Sie werden heutzutage von der Forschung als gleichwertige Quelle herangezogen.[83] Dazu gehört das Thomasevangelium, von dem Originale in koptischer Sprache im Jahre 1945 in der ägyptischen Wüste entdeckt wurden. Doch weil der Großteil der wissenschaftlichen Literatur vor allem die Kanon-Schriften zitiert, beschränke ich mich im Folgenden auf das Neue Testament.

Die Apostelbriefe galten als besonders wertvolle Quelle, weil sie teilweise zu den ältesten Texten gehörten. Der früheste uns bekannte war der Brief des Paulus an die Thessalonicher. Die Briefe adressierten die Autoren an bestimmte Gemeinden. Das erfolgte meist auf Anfrage, weil Probleme zu lösen waren. Sie dienten daher der Belehrung und Ermahnung in bestimmten Situationen.[84] Manche waren regelrechte Kampfbriefe zu Konflikten.

Die meisten Briefe wurden Paulus, einem griechisch gebildeten jüdischen Thoralehrer, zugeschrieben. Doch befanden sich darunter auch einige, die nur seinen Namen benutzten, weil er so angesehen war. Die Originalbriefe des Paulus zeigen, dass dieser an eine rasche Wiederkunft Jesu als Messias glaubte. Ebenso war er von der großen Sündhaftigkeit der Menschen überzeugt. Paulus nahm mit den Inhalten seiner Briefe starken Einfluss auf die Entwicklung der christlichen Lehre.[85]

Vermutlich bald nach der Tempelzerstörung in Jerusalem im Jahre 70 n. Chr., also etwa zwanzig Jahre nach dem ersten Brief, schrieb wahrscheinlich Markus das erste *Evangelium*. Der letzte der Evangelisten, Johannes, folgte weitere zwanzig bis dreißig Jahre später. Wie erwähnt, gab es bereits vor dem Wirken der Evangelisten diverse Texte. Man spricht hier vor allem von der „Quelle Q".

Warum aber kam es so lange nach Jesu Tod überhaupt zu den Evangelien? Anlass dafür könnten, wie Jörg Zink in seinem Buch „Vom Geist des frühen Christentums" beschreibt, besondere historische Entwicklungen gewesen sein.[86] Einerseits wuchs die Zahl der Christen, die mehr über Jesus erfahren wollten. Andererseits waren die Zeiten besonders unruhig, weil sich die Juden gegen die Römer erhoben, was mit der Zerstörung Jerusalems und des Tempels endete. Viele Juden verließen nun Palästina. Dadurch wurde auch das Gefüge der christlichen Gemeinden, bisherige Träger der Erinnerung an Jesus und seine Botschaft, erschüttert. Nun bedurfte es wohl neuer Formen, die Erinnerung wachzuhalten, den Glauben weiterzugeben und zu festigen. Dabei entstanden zwei verschiedene Erzählansätze. Die sogenannten „Synoptiker", die Evangelisten Markus, Matthäus und Lukas, stellten dar, wer Jesus war, wie sein Leben und Sterben zu verstehen ist. Dagegen geht der Evangelist Johannes bereits davon aus, dass Jesus Gott sei – ein Diskussionsergebnis der „Johanneischen Schule".[87] Aus dieser Perspektive blickt er in dichterischer Freiheit zurück auf das Leben Jesu.[88] Dabei stand er unter einem besonders starken Einfluss der griechischen Philosophie seiner Zeit. Den synoptischen Evangelisten verdanken wir vor allem die etwa vierzig Gleichnisse Jesu. Dabei kann es aber vorkommen, dass die gleiche Urgeschichte sehr verschieden dargestellt wird. So ist beim Evangelisten Lukas von einem Gastmahl die Rede (14, 15–22), das bei dem Evangelisten Matthäus zu einer Hochzeit mutiert (22, 1–14).

Es entstand also eine „Vielzahl an Bildern, Metaphern, Motiven und Ausdrücken".[89] Damit im Zusammenhang entwickelten die Verfasser der Evangelien keinen Ehrgeiz, voll zutreffende geschichtliche Wahrheiten aufzuschreiben. Das war auch kaum möglich. Denn das, was die apostolischen Briefe und später die Evangelien wiedergaben, fußte auf *Erinnerungen von verschiedenen Menschen zu verschiedenen Zeiten.* Irgendwann schrieb man diese auf.

Auf jede Erinnerung wirken natürlich Einflüsse, wie ich diese in Kapitel 2.1 beschrieb. Dazu gehören die selektive Wahrnehmung unseres Gehirns, die starke Wirkung konkreter Bilder, der Begründungsdrang und die eigenen Ansichten. Hinzu kamen oft starke Beeinflussungen durch Dritte und das Bemühen, einen Bezug zum Alten Testament herzustellen. Wie sich die Erinnerung unter solchen Einflüssen verändert, zeigen die Evangelien bei Jesu letzten Worten am Kreuz. Beim wahrscheinlich frühesten Evangelisten, Markus, sind die letzten Worte (15, 34): „Mein Gott, mein Gott, warum hast Du mich verlassen." Beim spätesten Evangelisten, Johannes, spricht Jesus positiv (19, 30): „Es ist vollbracht." Bei Markus litt Jesus noch ganz als Mensch, bei Johannes ist er bereits im Sterben göttlich.[90]

Dieses Beispiel wirft gleichzeitig aber auch die Frage auf, ob es sich bei den zitierten Worten Jesu überhaupt um Erinnerungen handeln kann. Dagegen spricht, dass die römischen Wachsoldaten im Regelfall niemand nahe an das Kreuz ließen. Die in einigem Abstand ausharrenden Angehörigen, Jüngerinnen und Jünger konnten also vielleicht gar nicht Jesu Worte verstehen. Möglich ist demnach auch, dass die Evangelisten Jesus Worte in den Mund legten, die ihren eigenen Überzeugungen entsprachen. Das war für die Autoren vor fast 2000 Jahren ein normales Vorgehen. Denn die Evangelisten wollten ja ihr Zielpublikum in bestimmten Gemeinden oder aus bestimmten Schichten *von ihrem persönlichen Glauben überzeugen.* Das rechtfertigte aus ihrer Sicht beim Schreiben jedes Mittel.

Also übernahmen sie auch aus anderen Texten und mündlichen Berichten das, was ihnen für ihre Botschaft zweckdienlich schien. Ja, sie schrieben auch gezielte Ergänzungen, welche sie frei erfanden oder aus dem Alten Testament importierten. Ein Beispiel dafür ist die uns so vertraute Weihnachtsgeschichte. Diese kommt mit der Krippe im Stall und den Hirten nur beim Evangelisten Lukas vor. Die Geschichte basiert nach Werner Dahlheim nicht auf historischen Vorkommnissen.[91] Anlass für den Text könnte gewesen sein, dass die wachsende Schar der christlich Getauften mehr über Jesu Menschwerdung wissen wollte. Neben seiner Fantasie und vielleicht bereits bestehenden Legenden bediente sich Lukas beim Alten Testament.

Zu den *Absichten* teilweise der Evangelisten und dann der nachfolgenden Übersetzer und Kopisten gehörte zudem, die Römer von der Schuld an Jesu Tod zu entlasten und diese primär den Juden zuzuschieben. Als wichtigsten Grund dafür gibt der bekannte Bibelforscher Andreas Lindemann in seinem Buch „Glauben, Handeln, Verstehen" an, dass theologisch wichtig war, Jesu Tod nicht auf einen römischen Justizirrtum zurückzuführen, sondern auf die religiös motivierte Ablehnung durch Juden.[92] Hierin spiegelte sich auch die zunehmende Trennung zwischen Juden und Christen wider. Wie wir wissen, hatte die Schuldzuweisung an die Juden später grausame Folgen in der Behandlung dieser Menschen.

Bereits die Schilderung von Jesus als Urquelle suchte die großen *Kulturunterschiede* zwischen den Juden und der griechisch-römisch geprägten Bevölkerung zu zeigen. Diese Unterschiede dauerten auch in der Zeit der Evangelisten an. Es blieb ein erhebliches Spannungsfeld, aber auch eine gegenseitige Beeinflussung, zwischen der griechisch-römischen Kultur und der traditionell jüdischen.[93]

Zudem kam Jesus als Handwerker, wie kurz skizziert, aus der unteren Mittelschicht in einem ländlichen Gebiet. Die Evangelisten entstammten demgegenüber eher der gebildeten Oberschicht und lebten vornehmlich in Städten. Daher war der Redestil Jesu deutlich anders als etwa bei Johannes wiedergegeben.[94] Einzelne Bibelwissenschaftler bezweifeln auch, dass Jesus das Becherwort beim letzten Abendmahl nach Markus (14, 24) „Das ist mein Blut des Bundes" tatsächlich so formulierte. Dagegen spricht, wie bereits berichtet: Blut galt für gläubige Juden als unrein. Da Markus noch am ehesten Jesu Worte getreu wiedergab, vermutet man, dass diese Formulierung nicht von ihm stammt, sondern später vielleicht durch die Übersetzung ins Lateinische hineingeriet. Die heute verwendeten Wandlungsworte sind daher, historisch gesehen, sehr fragwürdig.[95]

Die Evangelien und Briefe der Apostel enthalten zudem viele *Kuckuckseier*, also Texte, die andere Autoren den Aposteln und Evangelisten ins „Nest" schoben. Die Kuckuckseier entstanden, weil weniger bekannte Autoren die Autorität bekannter nutzten, um so ihren Aussagen mehr Gewicht zu verschaffen.

Wie bereits angetönt, bestand als eine andere Vorgehensweise, tradierte Aussagen zum Beispiel von Paulus oder Petrus in Form eines Briefes zu kombinieren. Das gilt wahrscheinlich für den 2. Korintherbrief, angeblich von Paulus.[96] Gleiches lässt sich für den 1. Brief des Petrus annehmen. In ein ähnliches Fach fällt, dass man in Texte bekannter Autoren weitere Aussagen einfügte. Man vermutet das zum Beispiel beim berühmten Wort vom „Lösegeld", welches Jesus für die Menschen zahlte.[97]

Es könnte auch sein, dass die einzige Stelle in der Bibel, auf welche sich die Trinitätslehre relativ konkret berufen kann (Matthäus 28, 19), nachträglich in den Text gelangte oder entsprechend modifiziert wurde. Für diese These spricht neben anderen Gründen, dass diese Formel sonst im Neuen Testament nicht vorkommt. Verwendet wird an anderen Stellen der Spruch Jesu „und taufet sie in meinem Namen".[98]

Nicht üblich war demgegenüber, vorhandene Textteile zu streichen. Man ließ also den Urtext meist stehen, selbst wenn dieser mit der Ergänzung nicht gut zusammenpasste.

Dieses Vorgehen trug dazu bei, dass es im Neuen Testament, zu vielen *Abweichungen*, ja *Widersprüchen* kam. Zu den Abweichungen gehören zum Beispiel die Unterschiede bei den Berichten über Jesu leeres Grab – ein bedeutsames Geschehen. Beim Evangelisten Markus waren es drei Frauen, die das leere Grab sahen, bei Matthäus zwei. Bei Lukas kommt eine unbestimmte Zahl weiterer Frauen dazu. Bei Johannes sieht nur Maria Magdalena als erste das leere Grab. Zu den erheblichen Abweichungen gehören auch vier Fassungen zum „Reich Gottes", vier Fassungen zum Abendmahlbericht, zwei Fassungen zum „Vaterunser" und zwei Fassungen zu den „Seligpreisungen". Auch die Widersprüche in etlichen theologischen Aussagen im Neuen Testament lassen sich nicht übersehen und sind teilweise fundamental. So ist nach dem Evangelisten Matthäus das Tun der Christen entscheidend (5, 16). Er plädiert also für gute Werke. Demgegenüber betont Paulus die rechte Gesinnung, wenn er im ersten Brief an die Korinther schreibt (13, 3): „Und wenn ich meine ganze Habe verschenke und meinen Leib dahingebe, dass ich verbrannt werde, aber keine Liebe habe, so nützt es mir nichts." Auch in Fragen der Versöhnung, Gesetz und Gericht widerspricht der Evangelist Matthäus dem Apostel Paulus direkt. Der bekannte

Bibelwissenschaftler Gerd Theissen spricht von theologisch „unvereinbaren Widersprüchen" im Neuen Testament.[99]

Hier stellt sich bereits die kritische Zwischenfrage, wie die Abweichungen und Widersprüche im Neuen Testament zum kirchlichen Anspruch passen, die Texte seien von Gott inspiriert worden.

Die ersten Generationen von Christen und Christinnen konnten wohl mit den inhaltlichen Unterschieden, ja Widersprüchen des Neuen Testaments gut leben. Es bestand also religionsinterner Pluralismus.[100] Sie verbannten daher in der Regel keine Texte aus dem biblischen Kanon. Damit widerstanden sie dem Versuch, eine einheitliche Theologie als verbindlich zu erklären. Das änderte sich erst, als sich das Christentum etablierte und zur römischen Staatsreligion avancierte. Im geschichtlichen Zusammenhang vertiefe ich diese wichtige Entwicklung in Kapitel 2.3.

Im „Kanal" der Weitergabe

Wenn ich das Fernsehen nutze oder im Radio Musik höre, kann es vorkommen, dass plötzlich das Bild oder der Ton gestört sind. Meist liegt das am *Übertragungskanal* zwischen dem Sender und meinem Empfangsgerät. Solche Störungen geschehen zum Beispiel hin und wieder bei Gewitter. Auch der „gesendete" Kanon der biblischen Texte kam nach Jahrhunderten der Weitergabe in manchem gestört auf der Empfangsseite an. Dieser Prozess nahm damit Einfluss auf das „Patchwork" des Neuen Testaments. Dieser Umstand war früher den meisten gar nicht bekannt, weil das entsprechende Wissen fehlte.

Ja, einige solcher „Störungen" kamen sogar von angesehenen Kirchenlehrern und Reformatoren. Erst mit den Ergebnissen der Bibelwissenschaften wurden die Verzerrungen im Übertragungskanal entdeckt oder bewusst zur Kenntnis genommen.

Bis zur genialen Erfindung der Buchdruckkunst durch Gutenberg erfolgte die Weitergabe der biblischen Texte durch *Abschriften*. Heerscharen von Schriftkundigen, vor allem Nonnen und Mönche, erfüllten diese wichtige Aufgabe. Heute befinden sich noch etwa 5.000 solcher alten Abschriften, teils nur Fragmente, in den Archiven. Dazu zählt auch das bereits erwähnte Thomasevangelium. Die meisten Abschriften erfolgten wortgetreu. Doch gab es auch Ausnahmen, etwa durch Flüchtigkeitsfehler. Diese lassen sich heutzutage in der Regel finden und bereinigen.

Die frühen Texte der Evangelisten und Briefeschreiber lagen zunächst in griechischer Sprache vor. Ende des 4. Jahrhunderts entstand dann eine lateinische Übersetzung, die sogenannte Vulgata.

Zur Zeit der Reformation wurde die Bibel in verschiedene Landessprachen übersetzt und auch durch den Druck in wachsender Zahl verbreitet. Luthers Übersetzung zeichnete sich durch eine für seine Zeitgenossen verständliche Sprache aus. Das förderte deren weite Verbreitung.

Um bei Luther zu bleiben: Er und andere *Übersetzer* ließen sich bei der Wortwahl und den Satzbildungen auch von den *eigenen Überzeugungen* leiten. Dabei trieben Luther seine reformatorischen Anliegen. In seinem Pionierwerk, der Übertragung biblischer Texte ins Hochdeutsche, wurde aus dem griechischen Wort „Erbarmen" das Wort „Gnade". Den „Retter Israels" nannte nun Luther „Erlöser". Eine ganz entscheidende Stelle im Brief des Paulus an die Römer übersetzte er mit „... allein durch den Glauben ...". Das Wort „allein" – also ohne Einfluss von persönlichen Werken – setzte er hinzu, obwohl dieses im griechischen Text nicht vorkommt.[101] Sein Tun, das die Inhalte veränderte, sah Luther als richtig an, weil er sich dafür direkt von Gott inspiriert fühlte. Dieses „allein durch den Glauben" wurde ein theologischer Grundsatz der protestantischen Kirchen.

Anderer Art ist die Verwandlung der von Paulus im Römerbrief hochgelobten Apostelin Junia in einen Mann. Das geschah bei Übersetzungen des Römerbriefes im Mittelalter. Dabei nahm man wohl als selbstverständlich an, dass der Aposteltitel nur einem Mann gelten könne, das Original also an dieser Stelle falsch war. Daher mutierte Junia zu Junias. Die katholische Kirche behielt die falsche Übersetzung bis in die jüngste Zeit bei.[102]

Neben bewussten Veränderungen bei Übersetzungen kam es auch zu ungewollten *Übersetzungs- und Interpretationsfehlern* – manchmal nur Nuancen mit erheblichen Folgen. Von der katholischen Kirche wurde im Jahre 2014 eine Übersetzung beim Einsetzungsbericht zum Abendmahl geändert. Heute heißt es neu: „... mein Blut, das für Euch und für ‚alle' vergossen wird." Früher hieß es offiziell „für die Vielen". Das sind dann nicht alle, sondern Ausgewählte – ein rechter Unterschied in der Aussage. Das „Viele" kam hinein, weil es so in der lateinischen Übersetzung steht („pro multis"). Doch in der griechischen Urfassung kann man das dort verwendete Wort auch mit „alle" übersetzen.

Eine starke Auswirkung hatte nach Josef Imbach eine Übersetzungsnuance durch Augustinus.[103] Das geschah beim schon erwähnten Gleichnis Jesu vom Gastmahl nach Lukas (14, 16–24). In diesem entschuldigen sich die Eingeladenen mit verschiedenen Gründen und kommen nicht. Danach schickt der Gastgeber seine Diener los, Leute von der Straße zum Gastmahl zu drängen, damit sein Haus voll werde. Die lateinische Übersetzung, die Augustinus nutzte, spricht von „compellare", was sowohl „bedrängen" als auch „intensiv zureden" bedeuten kann. Er wählte die Bedeutung „bedrängen" und kam zu dem Schluss, dass die Leute im Auftrag des Gastgebers (womit Gott gemeint war) sogar gezwungen werden sollten. Aufgrund dieser Bedeutungswahl wurde später gefolgert, dass Zwang etwa im Sinne der Inquisition gerechtfertigt sein kann. Auch der oft brutale Zwang, den z. B. kanadische Nonnen auf Kinder und Jugendliche der indigenen Bevölkerung ausübten, ließ sich mit der Auslegung von Augustinus rechtfertigen. Auf einen verhängnisvollen anderen Übersetzungsfehler von Augustinus bei der Frage der Erbsünde komme ich noch in Kapitel 2.3 zu sprechen.

Nicht mit Fehlern, wohl aber mit Sprachentwicklungen hat ein weiteres Problem der Bibeltexte zu tun: Der *Wandel der Wortbedeutungen*. So hat das Wort „Sünde" heutzutage einen anderen Akzent als zur Zeit des Paulus. Damals verstand man unter diesem Wort vor allem eine Trennung von Gott, eine falsche Lebensweise insgesamt. Heutzutage wird das Wort „Sünde" fast ausschließlich für einzelne Verfehlungen wie etwa eine Verkehrssünde verwendet. Auch das Wort „Erlösung" nahm ganz verschiedene Bedeutungen an. Darunter wird auch je nach religiöser Ausrichtung die Errettung, die Befreiung, die Neuschöpfung, die Gnade und Versöhnung verstanden. Wenn also bei Bibellesungen oder in der Liturgie von „Erlösung" die Rede ist, so stellt sich die Frage, ob das Wort noch mit klaren oder verständlichen Inhalten verbunden wird.

So, wie die Texte heute in Übersetzungen vorliegen, müssen diese für Leser der „Guten Nachricht" immer unzureichend bleiben. Entweder versuchen Übersetzende – heute meist Teams mit viel Fachwissen – möglichst nahe beim biblischen Original zu bleiben. Das versucht auch die hier zitierte „Zürcher Bibel". Dann kommt aber die von Jesus in Aramäisch gesprochene Botschaft bereits einseitig in den „Kanal". Dazu gehört, dass uns viele damals geläufige Bilder und Begriffe nicht mehr verständlich sind. Ein plastisches Beispiel dazu findet sich beim Evangelisten Lukas mit dem Text (5, 24): „Ich sage Dir, steh auf, nimm Dein Bett und geh nach Hause." Nach diesen Worten müsste der Gelähmte nach der Heilung ein ganzes Bett schultern. In der damaligen Realität in Palästina bestand aber ein Bett in der Regel nur aus einem leichten Strohsack. Versuchen nun Übersetzende unser heutiges Verständnis von Worten und Vorgängen zu berücksichtigen – ein Beispiel dafür bietet die „Bibel in gerechter Sprache"[104] –, so müssen sie sich vom Original stark entfernen. Ihnen wird dann aber vorgeworfen, sich zum „Herren über die Bibel" aufzuschwingen.[105]

Wir als „Empfangende" der Botschaft

Mit den „Patchwork"-Problemen, die mit den „Sendern" begannen und durch den „Kanal" vermehrt wurden, müssen wir als „Empfangende" der biblischen Botschaften nun klarkommen. Gelingt uns das? Hier bestehen Zweifel.

Mit einer feurigen Predigt ermunterte der von einer Gemeinde eingeladene Pfarrer dazu, vermehrt die Bibel zu lesen. Das beeindruckte viele Zuhörende. Der Ball wurde aufgenommen und man gründete *Bibelgruppen* – dank der großen Nachfrage gleich mehrere. Ich hörte davon durch ein Interview mit dem Leiter dieser Pfarrei und war nun interessiert zu hören, wie die Sache läuft. Eine Bekannte von mir befriedigte meine Neugier durch einen Bericht aus einer der Gruppen. Nach anfänglichem Schwung geriet ihre Gruppe in Schwierigkeiten, weil sich alsbald zwei Fraktionen herausbildeten: Die „andächtig Lesenden" und die „Hintergründler". Die eine Fraktion wollte ausgewählte biblische Texte aufmerksam lesen und auf sich direkt wirken lassen. Die andere Fraktion, die „Hintergründler", interessierte zu den Texten, in welchem historischen Kontext diese entstanden waren, was diese vor diesem Hintergrund vor 2000 Jahren aussagen und bewirken sollten. Davon wollten diese Teilnehmenden der Bibelgruppe Aussagen für unsere heutige Zeit ableiten.

Die Geschichte endete damit, dass die „Hintergründler" den Kürzeren zogen und sich aus der Gruppe verabschiedeten. Diese Episode zeigt praktische Probleme, die beim Empfangen der biblischen Botschaft auftauchen können. Methodischen Anleitungen zum „Sender-Empfänger-Modell" folgend, beschreibe ich diese Fragen mit den Kriterien „Erwartung", „Vorwissen", „Einstellung" und „Motivation".

Den „Hintergründlern" in der oben angeführten Bibelgruppe gibt die Wissenschaft recht. Es wäre eine falsche *„Erwartung"* der Empfangenden des Neuen Testaments, dass die Texte im Sinne von Jesu Botschaft durchgängig eine heutzutage klar verständliche Aussage machen. Das sollte durch die vorangegangenen Ausführungen deutlich geworden sein. Danach entstand auf dem Weg von den „Sendern" bis hin zu den „Empfangenden" eine Textsammlung, die nur noch zu einem kleineren Teil Jesu Botschaft und das Geschehen nach seinem Tod voll zutreffend wiedergeben. Der größere Teil wurde mit erzählerischen und theologischen Absichten verändert, ergänzt oder unzureichend und gar tendenziös übersetzt.

Hinzu kommt die begrenzte Fähigkeit von Menschen, Texte im Inhalt richtig wahrzunehmen. Das fängt mit den Sinnesorganen an, die zum Beispiel beim Lesen oder Hören nicht immer voll aufmerksam sind. Ich schilderte das bereits, dass ich die Formel „Wort des lebendigen Gottes" nach Lesungen gar nicht mehr bewusst wahrnahm. Zudem bauen sich alle menschlichen Gehirne ihre eigene Welt. Das tun sie ganz unterschiedlich. Denn jeder bekommt ja, wie in Kapitel 2.1 gezeigt wurde, eine individuelle genetische Mitgift und erfährt unterschiedliche Prägungen durch sein Umfeld. Das beeinflusst die Möglichkeiten, Wahrheit zu erkennen, färbt diese zumindest.[106] Das gilt natürlich auch für das Hören und Lesen biblischer Texte.

Die Empfangenden der Bibel benötigen auf jeden Fall ein gutes *„Vorwissen"*. Dazu gehören Antworten auf die Fragen: Für wen wurden in welcher Situation vor fast 2000 Jahren die Texte geschrieben? Aus welcher theologischen Haltung heraus formulierten die Autoren die Texte? Können wir die Denkmuster wie etwa bei Paulus noch verstehen, was ja teilweise bezweifelt wird?[107] Was wurde an den Texten später eventuell verändert?

Das Ganze muss im Kontext der Schriften geschehen. Einzelne Stellen herausgepickt und verabsolutiert können zu gefährlichen oder so von Jesus vermutlich nicht gemeinten Schlüssen führen. Das lässt sich an der Aussage, dass die Ehe unauflöslich sei, verdeutlichen. Die Kirchen, vor allem die katholische, fußen dabei auf Aussagen in der Bibel, etwa nach Matthäus (19, 6): „Was nun Gott verbunden hat, darf der Mensch nicht scheiden." Das sind zunächst harte Worte, die zudem ähnlich an anderen Stellen im Neuen Testament stehen. Wenn ich Herbert Haag in seinem Buch „Den Christen die Freiheit" und weiteren Autoren folge, dann ist dazu aber dreierlei zu sagen:

- Das, was die Texte wiedergeben, entspricht so nicht unbedingt dem, was Jesus wirklich sagte oder nur als Appell meinte (etwa die Stärkung der damals schwachen Stellung der Frau).
- Schon im Neuen Testament werden Ausnahmen von der harten Regel genannt (so etwa von Paulus).
- Man darf diese Schriftstellen nicht isoliert interpretieren. Vielmehr sollte man sie auch im Kontext anderer Stellen im Neuen Testament sehen.[108]

Zu diesem Kontext gehört die Aussage Jesu, dass primär die Nächstenliebe gilt und menschliches Versagen von Gott verziehen wird.

Für Empfangende der biblischen Texte spielt auch deren „*Einstellung*" dazu eine große Rolle. Für mich persönlich ist die Bibel trotz aller geschilderten wissenschaftlichen Vorbehalte ein großartiges Werk. Das gilt sowohl für das Alte als auch das Neue Testament. Und das gilt profan für die poetischen Texte und religiös für die wissenschaftlich einigermaßen gesicherten Aussagen. Letztere machen zwar, wie beschrieben, nur den kleineren Teil im Neuen Testament aus, doch das ist immer noch sehr viel und vor allem fundamental. Denn mithilfe des Vorwissens ist es möglich, für das Leben entscheidende Aussagen zu gewinnen. Einige davon lasse ich am Schluss dieses Kapitels aufleuchten.

Diese Möglichkeit, wichtige Aussagen für das eigene Leben zu gewinnen, kann auch zur „*Motivation*" beitragen, sich mit der Bibel, insbesondere dem Neuen Testament zu beschäftigen. Für Gläubige ist das wohl der maßgebliche Beweggrund, in dieser „frohen Botschaft" zu lesen oder entsprechende Lesungen und Erläuterungen dazu mit Aufmerksamkeit anzuhören.

Auch für die eingangs angeführten Bibelgruppen bestehen gute Gründe, am Ball zu bleiben – allerdings mit kompetenter Unterstützung.

Für die Beschäftigung mit der Bibel gibt es auch kulturelle Gründe. Die Kirchen und Museen sind voll mit biblischen Darstellungen. Ein beachtlicher Teil der klassischen Musik basiert auf biblischen Motiven. Man denke hier nur an die Bach-Kantaten. Biblische Erzählungen fanden ihren Niederschlag auch in der Literatur und in Theaterstücken. Um dieses kulturelle Erbe verstehen zu können, sollte man die entsprechenden biblischen Erzählungen kennen.

Wahrheits-Bilanz zum Neuen Testament

Das Bild ging am 21. Januar 2021 durch die ganze Welt: Der neue US-amerikanische Präsident Joe Biden hebt die eine Hand zum Schwur und legt die andere auf eine alte, 12 cm dicke Bibel. Warum stellte er bei seiner Vereidigung den Bezug zur Bibel her? Nach der Verfassung der Vereinigten Staaten könnte ein gewählter Präsident auf diese symbolische Geste verzichten. Doch fast alle Präsidenten machen das. Offensichtlich wollen sie damit neben anderen Gründen die Ernsthaftigkeit und Wahrhaftigkeit ihres Eides bekunden.

Das leitet zu der Frage über, wie weit die Bibel, speziell das Neue Testament, ein Symbol und auch eine Quelle für Wahrheiten sein kann. Dem soll hier, wie oben angekündigt, nachgegangen werden. Kriterien für die *Wahrheits-Bilanzierung* sind die zu Beginn dieses Kapitels definierten Formen der Wahrheit:
- Wahrheit I mit dem Anspruch auf Objektivität (z. B. belegte Forschungsergebnisse, Konsistenz der Aussagen);
- Wahrheit II als Zustimmung zu den Aussagen und zum Verhalten einer Person, die als vertrauenswürdig erscheint;
- Wahrheit III als Interpretationen poetischer Erzählungen.

Zur *Wahrheit I* mit dem Anspruch auf wissenschaftliche Objektivität gehört, dass Jesus tatsächlich eine historische Person ist. Diese Feststellung mag banal klingen, wurde aber früher, wie schon erwähnt, von einigen wissenschaftlich Tätigen bezweifelt. Nicht sicher, aber doch wahrscheinlich, lassen sich die etwa vierzig Gleichnisse im Kern direkt auf Jesus zurückführen. Der Bibelwissenschaftler Gerhard Lohfink geht mit der Feststellung noch weiter: „... Denn in ihnen stehen wir auf festem historischem Boden und sie entwickelten bereits den ganzen Anspruch Jesu."[109] Diese Feststellung erscheint wichtig, weil die Gleichnisse die Botschaft Jesu bereits in wesentlichen Aussagen, vor allem zum Reich Gottes, umreißen. Natürlich sind diese Inhalte nicht als richtig beweisbar. Man kann sie nur glauben.[110]

Zur Wahrheit I gehört auch die Frage der Konsistenz der Aussagen im Neuen Testament. Wie oben gezeigt, mangelt es teilweise daran. Die Evangelisten und Autoren der Briefe machen in vielen Fällen in wesentlichen inhaltlichen Punkten sehr unterschiedliche Aussagen. Das gilt zum Beispiel, wie schon angeführt, für die Frage nach dem Stellenwert guter Werke bei Gott – ein zentrales Thema bei Martin Luther. Es ist schwer vorstellbar, dass ein den Menschen zugeneigter, allmächtiger Gott so unterschiedlich inspirierte. Doch das ist keine wissenschaftliche Frage mehr, sondern eine des Glaubens.

Glaubende können gemäß *Wahrheit II* auch Aussagen zustimmen, wenn diese von Personen kommen, die sie für vertrauenswürdig halten. Dafür infrage kommen Jesus, die Evangelisten und die Autoren von Briefen. Bei Jesus kann zum Vertrauen der Inhalt seiner Botschaft, etwa seine Aussagen zum Liebesgebot, beitragen. Auch Jesu Bereitschaft, für seine Botschaft den Tod zu riskieren und dann auf sich zu nehmen, macht ihn vertrauenswürdig. Da Jesus für meinen Glauben maßgeblich ist, vertiefe ich die Begründungen für mein persönliches Vertrauen in Kapitel 3.1.

Bei den Evangelisten zählt ihr Einsatz für den christlichen Glauben. Nach der Zerstörung des Tempels in Jerusalem verlor, wie oben beschrieben, die dortige christliche Gemeinde ihre Führungsrolle im Erinnern an Jesu Leben und Botschaft. Das war wohl Anlass, die Evangelien zu schreiben. Sie nahmen das Werben für ihre Überzeugungen so wichtig, dass sie ihre Texte mit hoher erzählerischer Qualität schrieben. Dabei kam es ihnen allerdings nicht unbedingt auf exakte historische Beschreibungen an.[111]

Diese Aussage gilt auch für die Autoren der Briefe, allen voran Paulus. Als Vertrauensgrundlage kann bei ihm sein unermüdlicher Eifer als Missionar dienen. Dafür nahm er auch seine Hinrichtung in Rom in Kauf. Paulus genoss hohes Vertrauen in den frühchristlichen Gemeinden, was zum umfangreichen Abschreiben und Verbreiten seiner Briefe führte. Ohne Paulus wäre wohl die Christenheit eine kleine jüdische Sekte geblieben.[112] Doch das geschah für den Preis, die Botschaft Jesu in den Schwerpunkten zu verändern. Ins Zentrum rückte nun das Thema der Erlösung durch das Opfer Jesu. Dagegen war für Paulus das reale Leben Jesu eher uninteressant.[113]

Die Inhalte aller Evangelien und Briefe bieten überwiegend die *Wahrheit III*. Sie entsprechen dort, wo es nicht ohnehin direkt um Glaubensinhalte geht, meist poetischen Erzählungen. Ein Beispiel dafür ist das Gleichnis vom verlorenen Sohn. „Die Wahrheit dieser Erzählungen liegt nicht im Wie des Geschehens, sondern in der Gültigkeit ihrer Bilder."[114] Um diese Wahrheit zu erschließen, bedarf es der Interpretation. Häufig sind mehrere Varianten in der Deutung möglich. Wir können die Texte des Neuen Testaments in ihrem Wahrheitsgehalt also meist nicht als genaue Aussage im wissenschaftlichen Sinn deuten.

Trotz dieser Einschränkungen *bietet die Bibel viele Wahrheiten*. Dazu gehört, dass wir einiges vom Gründer des Christentums wissen (Wahrheit I). Wir kennen dadurch auch, was mit erheblicher Wahrscheinlichkeit auf direkte Aussagen Jesu zurückgeht (Wahrheit II). Und durch die poetischen Erzählungen (Wahrheit III) lassen sich wichtige Umschreibungen wie etwa zum „Reich Gottes" erkennen. Im Sinne der Wahrheit III möchte ich auch nicht auf die Weihnachtsgeschichten verzichten. Daher gilt es auch den derzeit viel gescholtenen Kirchen ein Kränzlein zu winden: Sie haben dafür gesorgt, dass neben vielem anderen auch maßgebliche zentrale Botschaften Jesu zu uns gelangten. Dazu gehören:[115]

- die Botschaft von der bedingungslosen Zuwendung von Gott zu den Menschen (z. B. dargestellt im Gleichnis vom verlorenen Sohn);
- die Verheißung des Reiches Gottes, im Werden bereits auf Erden (z. B. umschrieben im Gleichnis vom Sauerteig, den eine Frau unter das Mehl mischt);
- das Liebesgebot (auch gegenüber Feinden);
- die Gleichheit aller Menschen, insbesondere auch von Männern und Frauen (die Jesus ebenfalls begleiteten);
- das Einstehen für die „kleinen" Leute (zu denen auch die Apostel gehörten, die teilweise Fischer waren) und die Armen;

- das Heilen von Menschen (etwa der vermutlich an Depressionen leidenden Maria Magdalena);
- Texte wie das Vaterunser-Gebet.

Bei diesen Botschaften gilt es im Auge zu behalten: Es geht nicht primär um Einzelaussagen, sondern um ein auf Gott und Jesu Botschaft orientiertes Leben der Menschen.[116]

Daher lassen sich, wie diese Wahrheits-Bilanz zu zeigen versuchte, *aus der Bibel keinerlei Katechismen, Dogmen oder dogmenartige Bekenntnisschriften mit dem Anspruch auf ewige Wahrheit ableiten.*[117] Natürlich darf man deren Aussagen dennoch glauben, hat aber keinen tragfähigen biblischen Beleg dafür. (Konkrete Beispiele zu dieser Aussage bringt das folgende Kapitel 2.3.) Der theologische Grundsatz der Reformatoren, die Heilsbotschaft Jesu lasse sich umfassend direkt aus der Bibel herauslesen, kann nicht mehr überzeugen.[118]

Alle Kirchen sollten auch Zurückhaltung üben, Bibeltexte selektiv zu wählen, um bestimmte Glaubensinhalte und Predigtaussagen zu belegen. Zumindest müssen sie den Kontext und die Zuverlässigkeit der Aussagen der Textstellen beachten. Das gilt auch für die Bibelzitate in meinem folgenden Text.

Kehren wir zum Anfang dieses Kapitels zurück: Ich vertiefte mich in die Frage, was das „Wort des lebendigen Gottes" meint. In der theologischen Literatur erfuhr ich, dass es hier auf zweierlei ankommt: Das weggelassene „e" und den Zusatz „lebendig". Mit „Wort" wird in diesem Zusammenhang eine Botschaft gemeint. Und „lebendig" drückt aus, dass Gott beim Hören der biblischen Texte in irgendeiner Weise gegenwärtig ist. Doch weist die entsprechende theologische Literatur meist sehr nachdrücklich darauf hin, dass es *unbedingt der fachkundigen Interpretation der biblischen Texte* bedarf, diese also nicht wörtlich genommen werden dürfen.[119]

Doch wenn das Kirchenvolk die Feinheiten theologischer Erklärungen nicht kennt – was meist der Fall ist – kann die Formel „Wort des lebendigen Gottes" zu einem starken Missverständnis führen.

2.3 Vom Erfolg bis zur Sackgasse

Das „Raketenfenster"

In Hannover interviewte ich den damaligen Stadtplaner Hans Adrian. Es ging bei meinem Forschungsprojekt um die Frage, wie man Städtebauprojekte zum Erfolg führen kann. Der Stadtplaner von Hannover schaffte das offensichtlich erstaunlich häufig. Er erzählte mir dafür von der Wirkung des „Raketenfensters". In der Raumfahrt müssen *ganz bestimmte Konstellationen* gegeben sein, damit man mit möglichst wenig Energie und Gefährdungen mit einer Rakete das gewünschte Ziel erreichen könne. Dazu zählen neben den Gegebenheiten des Startplatzes und des Wetters die Position zur momentanen Erdrotation, der Sonnenstand etc. Auch bei der Realisierung von Stadtplanungsprojekten sollte man auf Konstellationen achten oder auf diese zuwarten, die für den Erfolg günstig sind. Für das erfolgreiche Handeln sei also im übertragenen Sinn das „Raketenfenster" ausschlaggebend. Dazu gehörten zum Beispiel für das Projekt „Sanierung der Nordstadt" in Hannover die Konstellation der politischen Gegebenheiten und der Finanzierungsbedingungen.

Bestimmte Konstellationen spielten historisch auch bei den Entwicklungen der Kirchen und ihrer Lehren eine ausschlaggebende Rolle. Dabei musste niemand zuwarten, sondern anders als bei der Stadtplanung von Hannover bestanden bestimmte Gegebenheiten im Zeitablauf. Und diese wirkten sich oft als „Raketenfenster" aus. In diesem Kapitel möchte ich das an einigen *historischen Beispielen* aufzeigen. Indirekt schwingt dabei auch die Frage mit, wie sich die derzeitige Konstellation für die Kirchen und ihre Lehren in Zukunft auswirken könnte. Die Auswahl fiel dafür auf folgende Themen:
- Die unglaubliche Kraft zu Beginn
- Von der Frauenkirche zur männlichen Hierarchie
- Das Dogma der Trinität – ein Entscheid des Kaisers
- Der dominante Opferkomplex
- Lernfeld im Umgang mit Sackgassen.

Diese Themen vertiefen gleichzeitig einige Aussagen in den vorangegangenen Kapiteln.

Die unglaubliche Kraft zu Beginn

Der Start für die Verbreitung des Christentums konnte nicht schlechter sein. Der Verkünder der neuen Botschaft und charismatische Jesus erlitt den Kreuzestod. Diese Form der Hinrichtung bedeutete auch größtmögliche soziale Ächtung. Jesu Gefolgschaft, die Jüngerinnen und Jünger waren verzweifelt und total demotiviert. Die Hinrichtung zerstörte all ihre Hoffnungen, dass Jesus der verheißene Messias sei. Die meisten verließen Jerusalem, so auch die zwei Jünger, die nach dem Bericht des Evangelisten Lukas in ihr Heimatdorf Emmaus zurückgingen.

Dann kamen wohl visionäre Erfahrungen und die Überzeugung, Jesus sei von den Toten auferweckt worden. Es schloss sich das an, was im Neuen Testament als Pfingstereignis geschildert wird. Etwas Außergewöhnliches geschah auch historisch gesehen. Der in dieser Frage unverdächtige Agnostiker Kurt Flasch schreibt dazu: „Wichtig ist, was allen Zeugen gemeinsam ist: *Nach der Katastrophe der Hinrichtung begann die Jesus-Bewegung neu. Die Erscheinungen bildeten für die Beteiligten den Wendepunkt zu neuem Leben.*"[120] Die fassten großen Mut und begannen mit einem engagierten Missionieren. Dabei entfalteten die Anhängerinnen und Anhänger Jesu eine unglaubliche Kraft. Folgende bestehende und geschaffene Konstellationen führten zu einer Art „Raketenfenster" bei der nun einsetzenden Mission: Sie konnten die Vorteile des römischen Reiches mit der für damalige Verhältnisse ausgezeichneten Infrastruktur nutzen, sie argumentierten religiös überzeugend, sie pflegten ein attraktives gemeinschaftliches Leben, sie entwickelten ein Programm sozialer Fürsorge, sie gingen flexibel auf die Bedürfnisse der damaligen Menschen ein, sie predigten die Gleichheit aller Menschen und die Frauen konnten sich dementsprechend gleichberechtigt einbringen.[121]

Das Römische Reich erstreckte sich von den Ufern des Euphrat bis nach England und bis zum Rhein. Die Römer bauten in ihrem Reich eine für damalige Verhältnisse *ausgezeichnete Infrastruktur* mit Straßen, Häfen und regem Schiffsverkehr auf. Man konnte sich auch überall entweder mit der Amtssprache Latein oder, im Osten, mit Griechisch verständigen. Das erst ermöglichte die weiten Missionsreisen von Paulus und weiteren Anhängerinnen und Anhängern Jesu. Dadurch war auch ein für viele Menschen verständliches Predigen und Überzeugen möglich.

Die Zeit Jesu und danach war, wie schon in Kapitel 2.2 skizziert, durch viel Unsicherheit geprägt. Das galt auch für religiöse Fragen. Zudem bestand bei vielen Menschen das Bedürfnis nach einer persönlichen Beziehung zum verehrten Gott und nach individueller Erlösung.[122] Dadurch waren nicht wenige Menschen für die neuartigen *religiösen Argumente* empfänglich.

Hier dockt die große Leistung des klugen Paulus für die Verbreitung des Christentums an. Zunächst öffnete er das Christentum, indem er eine bahnbrechende Entscheidung herbeiführte: Die mögliche Mitgliedschaft auch für nichtjüdische Menschen. Sodann erkannte er, dass man das Christentum in einer Art und Weise verkünden muss, welche die Menschen im griechisch-römischen Kulturkreis verstehen und auch interessiert.[123] Dazu gehörten die Botschaften von dem einen Gott (Vielgötterei war noch vorherrschend), von der Gerechtigkeit des Reiches Gottes, von der Auferweckung Jesu sowie von der Aussicht, erlöst zu werden und ein Leben nach dem Tod gewinnen zu können. Die missionierenden Christen redeten darüber mit großem Enthusiasmus.

Das förderte auch das *gemeinschaftliche Leben* der Christen. In einzelnen Gemeinden entwickelte sich eine Art „Urkommunismus".[124] Auch wenn sich dieses Modell mit der Zeit nicht bewährte – Paulus musste die Jerusalemer Gemeinde durch eine Spendenaktion vor dem Ruin bewahren – gestaltete sich das Zusammenleben der Christen meist persönlicher und liebevoller als bei den Heiden.[125] Zudem strahlte es eine Art kollektiver Begeisterung aus. Das wirkte ebenfalls attraktiv auf die heidnische Umwelt. Sichtbares Zeichen dieser Gemeinschaft waren die regelmäßigen gemeinsamen Mahlzeiten. So konnten die Menschen das Christentum auch sinnlich erleben. Das war neu in einer Kultur, in der vom Volk abgehobene Priester im Tempel den Göttern Opfer brachten.

Einen starken Eindruck machte auf Nichtchristen ein *Programm sozialer Fürsorge*, wie es die Welt bis dahin nicht gesehen hatte.[126] Denn im heidnischen Umfeld gab es das kaum. Demgegenüber kümmerten sich Christen um Bedürftige aller Art, insbesondere um Arme und Kranke. Das spielte in den ersten christlichen Jahrhunderten auch organisatorisch eine starke Rolle. Es entwickelte sich die Einsicht, dass man für das diakonische Wirken bestimmten Personen die Verantwortung übertragen müsste.

Die Christen gingen bei ihrer missionarischen Tätigkeit *flexibel auf bestehende Kulturen und Riten* ein. Sehr deutlich zeigte dieses Verhalten Paulus beim Auftreten auf dem Marktplatz in Athen, dem Areopag. Er knüpfte bei seiner Rede an den dort befindlichen „Tempel für einen unbekannten Gott" an. Um ein weiteres Beispiel zu nennen: Um Angehörige des weitverbreiteten Mithraskultes zum Übertritt zum Christentum zu bewegen, wurde das Fest der Geburt Jesu auf den 25. Dezember gelegt – im Mithraskult der Tag des bedeutenden Festes der Wintersonnenwende.[127]

Als besonders starkes Argument wirkte auch die Botschaft von der *Gleichheit aller Menschen*. Jesus verkündete das nicht nur, sondern lebte dieses Verhalten gemäß dem Neuen Testament auch vor.

Die starke Wirkung dieser Botschaft lässt sich ermessen, wenn man die große und tief verankerte Ungleichheit der damaligen Menschen berücksichtigt. Die Gesellschaft gliederte sich streng hierarchisch mit enormen Unterschieden in der sozialen Stellung, im Reichtum und in den Rechten. Auf die unteren Schichten schaute man moralisch herab. Zuunterst standen die völlig rechtlosen Sklaven. Das Christentum setzte sich über diese Unterschiede hinweg und sprach allen Menschen die Würde zu, ein wertvoller und von Gott gleichermaßen geliebter Mensch zu sein.

Damit erschloss das Christentum auch eine zusätzliche starke Kraft: Das, was man salopp die „Frauenpower" nennt. Die Stellung der *Frauen* war in der damaligen religiös-kulturellen Umgebung eher schlecht.[128] Nun begleiteten sie nicht nur Jesus wie etwa Maria Magdalena, sondern beteiligten sich nach seinem Tod auch stark in der Führung der neuen christlichen Gemeinden. Das klang bereits mit der von Paulus hochgelobten Gemeindeleiterin Junia an. Andere bekannte, im Neuen Testament vorkommende Frauen waren Lydia, Phoebe, Priska und Thekla. Paulus schätzte auch trotz vorhandener patriarchalischer Neigungen die Mitwirkung von Frauen sehr und förderte diese. Negativ tönende Passagen in seinen Briefen, etwa, dass die Frauen bei Versammlungen schweigen sollten, waren wahrscheinlich spätere Hinzufügungen beim Abschreiben.[129] Frauen, darunter viele Witwen, leiteten Gemeinden (s. o.), durften in Versammlungen ihre Gabe zu prophetischer Rede einbringen oder übten auch das Amt der „Diaconissa" aus.[130] Missionarisch engagierten sich die Frauen ebenfalls stark. In der Folge starben genauso viele Frauen für ihren Glauben wie Männer.[131]

Diese „Frauenpower" wirkte sich vielleicht am stärksten auf den Erfolg des frühen Christentums aus. Daher prägte auch Hubertus Halbfas für die Zeit des 1. Jahrhunderts n. Chr. das Wort von der „Frauenkirche".[132] Ein Monopol männlicher Priester gab es noch nicht.

Von der Frauenkirche zur Männerhierarchie

Doch diese „Frauenkirche" verlor in den darauffolgenden Jahrhunderten an Bedeutung.[133] Eine der Ursachen lag darin, dass asketisch lebende Theologen an Einfluss gewannen. Sie sahen Frauen oft als Verführerinnen und als eine Gefahr für den Mann.[134] Das hatte auch Einfluss auf die Interpretation der Bibel zum Nachteil von Frauen. Eine weitere Ursache dafür lag – Ironie des Schicksals – auch am erfolgreichen Mitwirken der Frauen.

Denn immer mehr Menschen ließen sich vom Christentum überzeugen. Im ganzen Mittelmeerraum des Römischen Reichs *entstanden und wuchsen Gemeinden*. Dabei blieb jedoch zunächst ein buntes Spektrum sowohl in theologischer als auch in organisatorischer Hinsicht. Die einen waren mehr jüdisch orientiert, häufig sogar eine Art Untergruppe jüdischer Gemeinden, die anderen pflegten eher einen Christuskult, der mehr der griechisch-römischen Kultur entsprach. Im Zentrum stand dort die Erlösungslehre. Diese Richtung dominierte immer mehr.[135] Damit entfremdeten sich die Christen zunehmend vom Judentum. Dieses sah umgekehrt die Christen mit der Zeit als Ketzer an.

Die Naherwartung vom Kommen des Messias nahm allmählich ab. Man richtete sich zunehmend auf Dauer in dieser Welt ein. Dies und das Wachstum der Gemeinden führten zum *Aufbau von Organisationen*, angelehnt an römische Verwaltungsstrukturen.[136] Im Zuge des 2. Jahrhunderts wurden Bischöfe mit erheblichen Kompetenzen ernannt, welche die früheren Leitungsgruppen ersetzten.[137] Das waren wohl immer Männer. Sie erhielten zum Beispiel das Recht, Glaubensstreitigkeiten zu schlichten. Die Bischöfe vernetzten sich regional miteinander. Dabei gewannen diejenigen unter ihnen, die an historisch wichtigen Orten amtierten, eine zunehmende Bedeutung. So entstanden im 3. Jahrhundert Patriachatssitze, von denen Rom allmählich eine Ausnahmestellung beanspruchte.[138] Die straffere Organisation half auch, die weiter anschwellenden Christenverfolgungen besser zu durchstehen. Damit verbunden trugen das Martyrium von Christen und deren Verehrung zur stärkenden Identität bei.[139]

Die Verfolgungen taten der wachsenden Bedeutung des Christentums keinen Abbruch. In der Folge kam es am Anfang des 4. Jahrhunderts zum Toleranzedikt des römischen Kaisers Galerius. Er erkannte den Glauben an den Christengott als gleichberechtigt neben anderen religiösen Vorstellungen an. Bereits 312 n. Chr. erhielt das Christentum unter Kaiser Konstantin Privilegien. Achtzig Jahre später war festzustellen: „Aus der marginalisierten, diffamierten und zeitweilig blutig verfolgten Reich-Gottes-Bewegung war am Ende des 4. Jahrhunderts die mit dem Römischen Reich verbundene Staatskirche geworden."[140] Das hatte enorme Folgen.

Massenweise traten seit Kaiser Konstantin Menschen der christlichen Kirche bei. Sie war ja nun tonangebend im Reich und auch für das persönliche Fortkommen wichtig. Selbst viele ehemals heidnische Priester stießen dazu. Immer mehr glich man nun die Organisation der Kirche an die des römischen Staates an.[141] Die bereits früher begonnene *Hierarchisierung* bekam dadurch einen weiteren starken Schub. Das zeigte sich auch in der Kleidung. Die Bischöfe fanden Gefallen an der Mitra und an den roten Schuhen, welche römische Senatoren und Konsuln auszeichneten – in der katholischen Kirche noch bis in die jüngste Zeit üblich.

Nun wirkte sich auch der römisch-heidnische Opferkult immer mehr aus. Die Hierarchie wurde vermehrt zur Priesterkaste. Darauf gehe ich unter dem Titel „Opferkomplex" noch näher ein.

Die Frauen behielten vor allem im diakonischen Bereich noch wichtige Ämter. Doch zunehmend wurden sie geringgeachtet. Man sah darin sogar Gottes Wille.[142]

Es begann eine *neue Ära*: Die dominante griechisch-römische Kultur und das Staatsverständnis des Römischen Reiches prägten nun nachhaltig das Christentum. Dieses gewann dadurch stark an Macht, entfernte sich aber ebenso stark vom ursprünglichen Geist auf der Basis von Jesu Botschaft.

Das Dogma der Trinität – ein Entscheid des Kaisers

Ravenna – zeitweilig Hauptstadt des Weströmischen Reiches und einst bedeutender Adria-Hafen – ist für seine mit prachtvollen Mosaiken ausgeschmückten Kirchen berühmt. Als ich jüngst die Stadt besuchte, las ich immer wieder den Begriff „arianisch". Das gilt insbesondere für die Kathedrale S. Apollinare Nuovo aus dem 5. Jahrhundert und das Battistero degli Ariani aus dem 6. Jahrhundert. Daneben bestehen aus den gleichen Epochen ebenfalls große Kirchen ohne das Attribut „arianisch". Dazu gehört die überreich geschmückte Zentralkirche San Vitale, gestiftet vom oströmischen Kaiser Justinian.

Die Bauten spiegeln einen *großen christlichen Streit* zwischen den Anhängern von Arius und den Anhängern des Dogmas von der Trinität Gottes wider. Wer waren die Kontrahenten? Wie kam es zu diesem Streit? Warum blieben die Arianer für Jahrhunderte eine starke Fraktion innerhalb des Christentums? Und warum obsiegte schließlich nachhaltig das Dogma von der Trinität, also die Lehre von Gott in drei Personen?

Nach Jesu schmach- und qualvollem Tod am Kreuz stellten sich die Jüngerinnen und Jünger sehr rasch die Frage, wie dieses Geschehen zu deuten sei. In diesem Zusammenhang fragten sie: Wer war dieser Jesus, dem wir vertrauten und nachfolgten, und in welcher Beziehung stand er zu Gott?

Als Antworten entstanden in den Urgemeinden verschiedene *Denkmodelle*, um Jesu Tod einen Sinn zu geben und das Geschehen zu verkraften.[143] Eines dieser Modelle übernahm der einflussreiche Paulus. Er sprach von Jesu stellvertretendem Sühnetod zur Erlösung der Menschen von ihren Sünden. Wenn aber Jesus die Menschen erlösen kann, so war die später nach Paulus sich herauskristallisierende Folgerung, dann muss er auch Gott sein. Und dann gab es ihn seit Ewigkeit, nicht erst seit der Geburt durch Maria. Doch war diese theologische „Beweisführung" keinesfalls unbestritten. Wie bereits am Schluss von Kapitel 2.2 aufgezeigt, fehlte ja für die Ansicht von Gott in mehreren Personen eine eindeutige biblische Grundlage.

In der Folge blieben die theologischen Fragen, wer ist Gott und wer ist Jesus, kontrovers.[144] Eine besondere Heftigkeit bekamen die Streitereien durch eine Schrift, die 318 n. Chr. vom Gemeindeleiter *Arius in Alexandria* verfasst wurde. Er widersprach darin der Ansicht, dass Jesus Gott sei. Er sah ihn „nur" als hocherhabenen Menschen oder untergeordnete Gottheit an. Das entsprach dem Denken im syrischen Kulturraum, aus dem er stammte. Umgehend lehnte Arius' Vorgesetzter, der Patriarch Athanasius von Alexandria, dessen Thesen ab. Ihm folgte darin ein rasch einberufenes regionales Konzil. Dennoch wuchs die Anhängerschaft des Arius wie ein Lauffeuer.

Der Streit unter den Christen tobte nun im ganzen Römischen Reich. Die Heftigkeit hing auch mit der Prägung durch die griechische Philosophie zusammen. Danach wollte man unbedingt das Verhältnis von Gottvater und Jesus rational definieren.[145] Das Gleiche galt für den Heiligen Geist, der nach dem Evangelisten Matthäus in einer Taufformel aufgeführt wird. Ein weiterer, psychologischer Grund für die Heftigkeit lag darin, dass der bisher einigende Feind, der römische Staat, durch das Ende der Verfolgungen entfallen war.

Denn zu dieser Zeit avancierte, wie geschildert, das Christentum zu einer staatlich anerkannten Religion. Ja, Kaiser Konstantin sah nun die Christen in einer staatstragenden Rolle. Diese Funktion schien dem Kaiser durch den heftigen Streit gefährdet. Er lud daher im Jahre 325 n. Chr. alle Bischöfe im Reich zu einem Konzil in Nizäa, in der Nähe von Byzanz, ein. Es kamen jedoch, obwohl der Kaiser die Reisespesen übernahm, nur etwa 300 der damals ca. 1.800 Bischöfe.[146] Diese stritten sich auch in Nizäa heftig. Nun übte der kaiserliche Machtmensch, der noch von der griechisch-römischen Göttermythologie geprägt war, starken Druck aus. So kam es in der Streitfrage zu folgendem *Entscheid*: Es gibt nur ein göttliches Wesen, doch das besteht aus drei Personen, dem Vater, dem Sohn und dem Heiligen Geist. Die Begriffe „Wesen" und „Person" entlehnte man der griechischen Philosophie.

Besonders bemerkenswert an diesem Vorgang war, dass es ausgerechnet bei der zentralen Frage, wie Gott zu verstehen ist, erstmals zu einer

Verquickung von Politik und Dogma kam.[147] Der Entscheid wurde in einem kaiserlichen Dekret verkündet.

Nun avancierte auch der Heilige Geist zu einer Art Person, was aber erst anlässlich eines weiteren Konzils bestätigt wurde. Es besteht die These, der „Heilige Geist" kam hinzu, weil man „naturhaft" die Zahl „3" anstrebte.[148]

Anders als Kaiser Konstantin hoffte, war mit seinem Machtwort der *Streit keinesfalls beigelegt.*[149] Im Gegenteil: Die Lehre des Arius breitete sich weiter aus und er als Person wurde kurz nach dem Konzil rehabilitiert. Etliche römische Kaiser nach Konstantin bevorzugten die Lehre des Arius, dann wieder dominierten die Anhänger des Trinitätsdogmas. Dieses Hin und Her zeigen die eingangs erwähnten Kirchenbauten in Ravenna. Die Germanenstämme nahmen in den folgenden Jahrhunderten zunächst überwiegend den Glauben nach Arius an. Erst machtpolitische und kriegerische Entwicklungen beendeten das. Entscheidend wirkte sich aus, dass die fränkischen Merowinger und Karolinger, die sich auch auf einen trinitätsgläubigen Klerus stützten, die Germanenstämme unterwarfen. Als König Clodwig I. siegte, ließ er sich taufen und erkannte das Trinitätsdogma an.[150] Dennoch mussten bis in das 13. Jahrhundert hinein immer wieder Konzile den Glauben an Gott in drei Personen präzisieren und stützen.

Als dieses Dogma schließlich obsiegte, baute man das Trinitätsgebäude kräftig aus. Maßgeblich daran beteiligte sich im Mittelalter der „Kirchenlehrer" Thomas von Aquin. Gleichzeitig wurden andere theologische Auffassungen zur Trinität, die es weiterhin gab, nicht mehr geduldet, ja teilweise brutal bekämpft.

Interessanterweise galt das auch für die meisten *Reformatoren,* allen voran für Luther, Zwingli und Calvin. Das musste Michael Servetus in Genf bitter erfahren und mit dem Tod bezahlen. Weil er das Dogma von der Trinität anzweifelte, sorgte der Reformator Calvin dafür, dass dieser ehemalige Freund auf dem Scheiterhaufen einen grausamen Tod erlitt. Bemerkenswert daran ist, dass ja die Reformatoren vieles infrage stellten und zudem die Bibel als alleinige Basis des Glaubens betonten. Doch gerade das Neue Testament bietet, wie schon erwähnt, keine Textstellen, aus denen die Aussage von dem einen Gott in drei Personen eindeutig hervorgeht.[151]

Dennoch nannte Luther in einer Predigt anlässlich eines Trinitätstages das Bekenntnis zum dreieinigen Gott den „höchsten Artikel in der Kirche".[152] Zu dieser Aussage trug wohl auch die Überzeugung bei, das „Apostolische Glaubensbekenntnis", das vor allem um das Trinitätsdogma kreist, sei tatsächlich von Aposteln selbst verfasst worden. Wie wir heute wissen, entstand es jedoch wahrscheinlich erst im 5. Jahrhundert.

Der Glaube an den einen Gott in drei Personen sowie die doppelte Rolle Jesu, ganz Mensch und ganz Gott, dominiert nach diesem historischen Prozess bis heute die Lehren der Kirchen. Ein entsprechendes Bekenntnis ist Bedingung für die Aufnahme in den Ökumenischen Rat der Kirchen in Genf. Die katholische Kirche hält dieses Dogma für das „Herzstück" des christlichen Glaubens, wie das in einer „Handreichung der Deutschen Bischofskonferenz" steht.[153] Heerscharen von Theologen beschäftigten und beschäftigen sich mit der Trinität und der Vermittlung dieses „Mysteriums". Dabei kam es zu unzähligen Schriften und Predigten. So schrieb beispielsweise der Theologie-Professor Hans-Martin Barth: „... Glaubende können Gott den Vater, den Sohn und den heiligen Geist erfassen im Symbol der Dreieinigkeit als ein unvorstellbares Zeit und Raum überschreitendes Aggregat von Energien, die miteinander im Austausch stehen, in liebevoller Kommunikation einander ergänzen und gerade damit ihre Einheit vollziehen."[154]

Einem solchen Trinitätsglauben widerspricht heutzutage ein großer Teil der wissenschaftlich tätigen Theologen. Hans Küng schrieb fast sarkastisch von einer „Trinitätsspekulation der Kirchenväter und Theologen".[155] Der katholische Theologe Karl-Heinz Ohlig wies in seinem Buch „Haben wir drei Götter?" besonders detailliert und fundiert nach, dass das Trinitätsdogma „keinerlei biblische Grundlage besitzt".[156] Unberücksichtigt bleiben auch die Briefe des Paulus, der sonst gerne für kirchliche Aussagen herangezogen wird. Dieser sah Jesus zu seinen Lebzeiten nicht als Gott an, sondern erst nach dessen Tod als „göttlicher Mittler".[157] Zudem erwähnt er den heiligen Geist in seinen Grußformeln nicht. Und auch die katholische Bischofskonferenz musste in der bereits zitierten „Handreichung" eingestehen: „Der Gedanke von drei so verstandenen Personen in einer göttlichen Natur kann sowohl logische als auch psychologische Probleme bereiten."[158]

Und dennoch bleibt das Dogma für die kirchlichen Institutionen verbindlich. Es stellt sich die *Frage nach den Ursachen*. Eine Antwort ist, dass Menschen das von den Kirchen intensiv gelehrte Dogma einfach hinnehmen – vielleicht überwiegend aus Gewohnheit. Ihnen kommt entgegen, dass man das Dogma von Gott in drei Personen auch nicht wissenschaftlich widerlegen kann. Zudem bauten Theologen geistige Brücken, dieses Dogma in einem neuen Licht zu sehen.[159] Wissenschaftlich gesehen bleibt es jedoch dabei: Es fehlen für das Dogma tragfähige biblische Belege und dessen Entstehungsgeschichte erscheint sonderbar.

Und diese sonderbare Geschichte prägte ein *fast groteskes Zusammenspiel von Konstellationen*: Eine entscheidende Rolle für das Obsiegen des Trinitätsdogmas spielten die Entscheide und Einflussnahmen des heidnischen römischen Kaisers Konstantin und des kriegerischen Frankenkönigs Clodwig I. sowie die heidnische griechische Philosophie.

Der dominante Opferkomplex

Blut rinnt von den Stufen einer Pyramide. Oben steht ein Mann mit einem Messer. Er hält ein Herz in der Hand. Vor ihm liegt ein Mensch, dessen Brustkorb geöffnet ist. Er wird festgehalten. Wir wissen, dass dieses Bild aus dem „Codex Magliabechiano" eine aztekische Opferszene zeigt, bei der einem Gefangenen bei lebendigem Leib das Herz herausgeschnitten wurde. Überall in der Welt gab es und gibt es Opferrituale, blutige und unblutige. Man fand Hinweise darauf in frühen Kulturen, etwa in Mesopotamien, und findet sie noch zum Beispiel im Hinduismus, Islam, Judentum und Buddhismus. Im ersten Kapitel schilderte ich bereits Opferaltäre meiner buddhistischen Schwägerin in Thailand. Bei den blutigen Opferungen kann es sich wie ehemals bei den Azteken um Menschen handeln. Andere Formen bestehen in Tieropfern, wieder andere in Opferungen etwa von Nahrungsmitteln.

Immer geht es bei den *Opferritualen* um das Bestreben, eine *übergeordnete metaphysische Macht, etwa Götter*, für Menschen positiv zu beeinflussen. Dabei glaubte man, dass die metaphysische Macht maßgeblich ist für den Sieg bei Kämpfen, für reiche Ernten, für den Schutz vor Naturgewalten, für die Vergebung von Untaten etc. Auslöser für die Opferrituale waren und sind die Angst vor Ungewissheit und Gefahren, die angenommenen Ursachen für eigene oder fremde Schuld, welche die metaphysische Macht erzürnt, der Drang zum Handeln, um nicht dem Schicksal ausgeliefert zu sein, sowie die Gemeinschaft bildende Kraft von Ritualen.[160] Auf solche menschlichen Motive und Ursachen ging bereits Kapitel 2.1 ein.

Wer einmal den Opferaltar des griechischen Königs Hieron II. in Syrakus gesehen hat, kann die Bedeutung erahnen, die das Opfern für Menschen hatte und teilweise noch hat. Der Altar erstreckte sich auf eine Länge von etwa 300 m. Nach der Sage wurden dort an einem Tag bis zu 450 Stiere geschlachtet. Auch den Römern und Juden war das Opfern von Tieren wichtig. Sie zelebrierten das auf einem Altar vor den Tempeln.

Es verwundert daher nicht, dass den frühen Christen nach Jesu Hinrichtung als eines der *Erklärungsmodelle* in den Sinn kam, er habe sich für die Sünden der Menschen geopfert.[161] Sein grausamer Tod am Kreuz verheißt dadurch den Menschen, mit Gott versöhnt zu werden, verheißt Erlösung. Nach dieser Auffassung zürnte Gott den Menschen wegen der Sünde Adams. Paulus schreibt im Römerbrief zu diesem Gedankengang über Jesus (5, 9): „Nun, da wir gerecht gemacht sind durch sein Blut, werden wir durch ihn erst recht bewahrt werden vor dem Zorn." Dieses Erklärungsmodell für Jesu grausame Hinrichtung dominierte immer mehr.

Dabei kam in der Zeit nach Paulus die Furcht hinzu, dass das stellvertretende Opfer Jesu nicht reiche, sondern die sündigen Menschen für die Vergebung Gottes ebenfalls Opfer erbringen müssten. Aus diesem und weiteren Gründen stilisierte man ab dem 2. Jahrhundert das gemeinsame *Abendmahl* zunehmend als *Opfervorgang*.[162] Das geschah, obwohl Jesus zumindest teilweise Opferkulte infrage gestellt hatte. Nach dem Evangelisten Matthäus sagte er (9, 12): „Barmherzigkeit will ich und nicht Opfer." Dem entspricht, dass Jesus jüdische Kreise provoziert, „die auf den Heilmitteln des Kultes bestehen ... ".[163] Man umging diesen Vorbehalt, indem man nun vom unblutigen Opfer im Gegensatz zum heidnischen blutigen Opfer sprach.

Als das Christentum römische Staatsreligion wurde, fand der Opferkult auf breiter Front Eingang in die christliche Praxis. In diesem Zusammenhang entwickelte sich auch die Ansicht, dass die Wandlung von Brot und Wein zum Leib und Blut Christi von Priestern zu vollziehen sei. Das förderte das Entstehen einer Priesterkaste, der das Opfern vorbehalten war. Überspitzt ausgedrückt ergab sich so als mögliche Interessenlage: Je sündiger die Menschen, desto wichtiger die Hilfe der Priester für die Vergebung durch den Opferkult.[164]

Diese Entwicklung verstärkte *Augustinus* mit seinen Argumenten. In jungen Jahren führte er ein ausschweifendes Leben und zeugte auch einen unehelichen Sohn. Dann berief man den begabten jungen Mann als Rhetoriklehrer nach Mailand. Im Jahre 386, mit 32 Jahren, überkam Augustinus eine starke Gotteserfahrung. Fortan lebte er wie ein asketischer Mönch, verdammte alle weltlichen Genüsse und sexuelle Beziehungen zu Frauen. Er wurde Bischof in Nordafrika. Seine hohe Kunst beim Reden und Schreiben sowie sein logisches Denken, geschult durch das Studium der griechischen Philosophie, verhalfen ihm zu großem Einfluss auf die Christenheit – damals und bis in die jüngste Zeit. Das gilt insbesondere für die Lehre von der Erbsünde, die er auf der Basis des Schöpfungsberichtes entwickelte. Augustinus schrieb auch, dass die Erbsünde im sexuellen Akt durch den männlichen Samen übertragen werde. Und wen Gottes Gnade nicht von der Erbsünde befreie, der erleide in der Hölle ewige Qualen. Ungetaufte seien auf jeden Fall durch die Erbsünde verdammt.

Die radikale Lehre des Augustinus, alle Menschen für die schwere Sünde von Adam als haftbar anzusehen, basierte, wie schon in Kapitel 2.2 erwähnt, auf einem Fehler. Dieser geschah beim Übersetzen des Römerbriefes des Paulus vom Griechischen ins Lateinische. Paulus schrieb, dass „alle Menschen" sündigen (5, 12). Weil in dem Text von Paulus danach immer wieder Bezug auf Adams Sünde genommen wurde, ergänzte Augustinus zum scheinbar besseren Verständnis, dass „alle Menschen in ihm", also durch Adam sündigen. Dadurch folgerte er wiederum fälschlich, dass alle Menschen von Adam dessen Sünde erben.[165]

Den zugespitzten Lehren des Augustinus wurde bereits zu seinen Lebzeiten und auch danach heftig widersprochen. In der Ostkirche übernahm man die Erbsündenlehre nicht. Dennoch wirkten sie sich in der Folgezeit stark auf das Denken der westlichen Kirchen und deren Theologen aus. Dazu trug bei, dass Augustinus' Lehren der Kirche sehr willkommen waren, weil er diese als unverzichtbare Mittlerin zwischen Gott und den Menschen ansah.[166]

In der Logik des Augustinus lagen im frühen Mittelalter auch die *Kreuzzüge* sowie eine besondere *Kreuzesverehrung*. Um vor dem Bösen bewahrt zu werden und als Erlöster in den Himmel zu kommen, wurden, wie geschildert, Opfer für wichtig gehalten.[167] Einen besonders hohen Stellenwert erhielten menschliche Blutopfer im Einsatz für das Christentum. Vorbild war dafür der gekreuzigte Jesus. In diesem Geiste vertraten die Päpste die Ansicht, durch die kriegerische Vertreibung der Muslime aus Jerusalem erfülle man in besonderem Maße Gottes Willen und erreiche die Reinwaschung von Sünden, also die Bewahrung vor Höllenstrafen. Der entsprechende Ruf der Päpste zeitigte bereits Ende des 11. Jahrhunderts große Wirkung. Aus dem ganzen Abendland ließen sich Ritter motivieren, zum ersten Kreuzzug aufzubrechen und Jerusalem einzunehmen. Doch immer wieder gelang es den islamischen Herrschern, die Ritter aus Jerusalem zu vertreiben, und immer wieder kam es auf Betreiben der Päpste zu erneuten Kreuzzügen – schließlich sieben an der Zahl. Dabei gewannen das Abenteuer, wirtschaftliche und strategische Ziele an Bedeutung. Doch das religiöse Motiv blieb dominant. Als es Kaiser Friedrich II. im Jahre 1229 gelang, Jerusalem durch einen Vertrag mit dem Sultan friedlich zu „erobern", tobte angeblich Papst Gregor IX., weil ihm das Blutopfer fehlte.

Die Kreuzzüge brachten auch einen starken Schub für die Kreuzesverehrung. Kreuzesdarstellungen mit dem toten Jesus gab es zwar bereits im 5. Jahrhundert – vorher jedoch nicht. Sie standen zunächst optisch nicht im Mittelpunkt. In der Zeit der Kreuzzüge vor etwa tausend Jahren wurden dann aber Darstellungen des Gekreuzigten zunehmend ins Zentrum der Verehrung und optisch ins Zentrum der Kirchenräume gerückt.[168] Dazu dürfte auch beigetragen haben, dass für die mittelalterlichen Menschen das Leiden und Sterben durch die Pest und andere Seuchen besonders schrecklich erfahrbar wurde. Da bot der Anblick des leidenden Gekreuzigten Trost. Ihm konnte man das eigene Ungemach quasi zu Füßen legen.

Neue und verschärfende Akzente setzte im Opferkomplex der Kirchenlehrer *Thomas von Aquin*, geboren 1226. Er war nach dem Stand der Zeit hochgebildet und wirkte an mehreren Universitäten in Italien und Frankreich. Er schrieb in strenger Logik und Systematik zu theologischen Themen wie die Trinität, das Abendmahl, die Gnade Gottes und die Sündhaftigkeit der Menschen. Großen Einfluss auf den Glauben und die Kirche gewann er auch mit seiner Natur- und Höllenlehre.

In der Naturlehre, die ich bereits in Kapitel 2.1 als These anführte, nutzte Thomas von Aquin verschiedene Quellen: Die griechische Philosophie und die mittelalterliche Sicht der Welt. Er gab dieser Lehre einen neuen, besonders nachhaltigen Schub. In diesem Zusammenhang sah er den Wert der Frauen vor allem in der Gebärfähigkeit und Eignung für die Hausarbeit.[169] In der Höllenlehre nahm er die radikalen Gedanken des Augustinus auf und verstärkte sie noch.[170] Er zog eine scharfe Grenze zwischen den von Gott Geretteten und den Verdammten. Zur zweiten Gruppe gehörten für Thomas von Aquin all diejenigen, die nicht getauft und Mitglied der Kirche sind. Dazu zählten vor ihrer Taufe auch Kinder. Er sah diese Gruppe der Verdammten, die in das ewige Feuer der Hölle geworfen wird, als sehr groß an. Damit in Zusammenhang machte er sich sogar Gedanken darüber, ob die Hölle, die im Erdinneren angenommen wurde, auch genügend Kapazität habe.

Das beeindruckende Gesamtwerk des Thomas von Aquin führte dazu, dass er zu einem der einflussreichsten Kirchenlehrer avancierte. Heerscharen von Theologen wurden bis in die Neuzeit in ihrer Ausbildung mit seinen Lehren vertraut gemacht. Da die Kirche und ihre Theologen die Lehren von Augustinus und Thomas von Aquin zur Sündenfrage nicht nur übernahmen, sondern auch verbreiteten, verursachten sie bei vielen Menschen starke Ängste, zu den Verdammten zu gehören. Als ein Mittel, nicht in das ewige Feuer zu geraten, propagierte die kirchliche Institution das materielle Opfer für gute Werke.

Der dadurch entstandene Ablasshandel nahm enorme Ausmaße an. Berühmt ist der Werbespruch des sehr erfolgreichen Ablasshändlers Johann Tetzel: „Sobald das Geld im Kasten klingt, die Seele in den Himmel springt."[171] Dieser Missbrauch empörte den Mönch *Martin Luther*. Auch er wurde von Ängsten vor Gottes Strafe geplagt. Doch machte er einen radikalen Schwenk in die entgegengesetzte Richtung: Keinerlei gute Werke helfen beim richtenden Gott. Einzig dessen Gnade kann von der Sünde erlösen. Doch Augustinus' und Thomas' Sündenideologie stellte er in keiner Weise infrage. Auch für ihn war der Mensch durch die Erbsünde total verdorben.[172]

In der Frage der Sexualität erkannte Luther zwar an, dass diese zur menschlichen Natur gehöre, und genoss diese auch. Dennoch hielt er die Sexualität für eine Kraft, die rasch zur Sünde führen könne. Als besondere Gefahr sah Luther in dieser Hinsicht die Frauen an. Schließlich sei Eva mit ihren Verlockungen die Hauptverantwortliche für den Sündenfall gewesen. Die Sündigkeit des Menschen musste nach Luther mit aller Kraft bekämpft werden. Dafür rückte für ihn das Opfer Jesu durch seine Kreuzigung in den Mittelpunkt des Denkens.[173]

Auch in der *Gegenwart* halten die Kirchen zumeist an der Opfertheologie fest. So ist im Jahre 2015 eine 190-seitige Schrift mit dem Titel „Für uns gestorben" erschienen. Herausgeber ist die Evangelische Kirche in Deutschland (EKD).[174] Darin wird weiterhin die Ansicht vertreten, dass Menschen in einer heillosen Situation seien und Jesus für unsere Sünden gestorben ist. Auch das Abendmahl wird in dieser Schrift mit der Sündenvergebung in Beziehung gesetzt. Das tun die kirchlichen Vertretungen der Reformierten nicht, bleiben aber ebenfalls meist bei der Opfertheologie, nach der Jesus für unsere Sünden starb.

Im Kompendium zum Katechismus der katholischen Kirche von 2005 wird nach wie vor das ganze Programm des Opferkomplexes vertreten, auch Adam und die Erbsünde. Vor dem Abendmahl (Kommunion) ertönt weiterhin beim Gabengebet: „Betet Brüder und Schwestern, dass mein und euer Opfer Gott, dem allmächtigen Vater, gefalle." Die katholische Liturgie ist trotz aller möglichen Vorbehalte von der Opfertheologie durchtränkt.[175]

Geht man vom Neuen Testament aus, so fällt auf: Jesus verurteilte Sünder und Sünderinnen nie, sondern wandte sich ihnen liebevoll zu. Anders als Augustinus und Luther sprach er auch nicht im feudalen Sinn vom gnädigen Gott, sondern von „Abba", dem fürsorglichen Vater. Für andere Menschen Opfer zu bringen, kann etwas Gutes sein, wenn das notwendig erscheint. Demgegenüber relativierte er, wie oben schon angeführt, den Opferkult. Stattdessen steht für Jesus die Botschaft vom Reich Gottes im Mittelpunkt.

Zahlreiche Theologen und Theologinnen kritisieren heute die *Opfertheologie*. Josef Imbach schreibt, dass Gott keine Opfer benötige, denn „Gott kennt keine käufliche Liebe".[176] Der Theologe Böttigheimer fragt: „Warum soll seine als Opfertod interpretierte Ermordung die Bedingung der Vergebung durch den Gott der Liebe sein, eines Gottes, der bedingungslos in sein Reich einlädt?"[177] Und die feministische Theologin Doris Strahm zitiert eine Frau: „Wie soll ich meinem Kind erklären, was ich selbst als Mutter nicht akzeptieren kann, nämlich, dass ein Vater seinen Sohn zur Schlachtbank führt."[178] Bibelwissenschaftler bezweifeln auch, dass Jesus beim letzten Abendmahl von sich als Opfer gesprochen habe. Vielmehr nehmen sie eher eine „nachösterliche Neudeutung des letzten Mahles" an.[179]

Es erscheint auch angesichts dieser Stimmen von bekannten Theologen und Theologinnen erstaunlich, wie der jahrtausendealte Hang der Menschen zu Opferritualen auch das Christentum prägte. Maßgeblich sind dafür nicht bestimmte einmalige Konstellationen wie etwa beim Dogma der Trinität der Entscheid eines Kaisers, sondern *eine Art historischer Urstrom.*

Aber natürlich gilt auch beim Opferkomplex, dass der Glaube, Jesus sei für unsere Sünden gestorben, wissenschaftlich nicht widerlegt werden kann. Zudem entwickelten Theologen zu dieser kirchlichen Lehre geistige Brücken für neue Interpretationen.

Dennoch geben die geschilderten historischen Abläufe und das weitgehende Fehlen tragfähiger biblischer Belege zu großen Zweifeln Anlass.

Lernfeld im Umgang mit Sackgassen

Als wir im Sommer 1989 nach Danzig, Gdansk im heutigen Polen, reisen konnten, suchte ich dort mein Geburtshaus. Das Quartier, in dem ich es vermutete, ließ sich trotz der polnischen Straßennamen – ich hatte einen Stadtplan aus deutscher Zeit mit – leicht finden. Doch mein Geburtshaus entdeckte ich zunächst nicht. Nach meiner Erinnerung aus Kinderzeit lag es am Ende einer *Sackgasse*. Dieser Ort hatte sich mir eingeprägt, weil ich dort so gerne spielte. Dann fiel es mir wie Schuppen von den Augen: Das Ende der Sackgasse existierte nicht mehr, weil die polnischen Straßenbauer hier einen Durchbruch und damit den weiteren Weg frei machten. Ohne die Sackgassenprämisse konnte ich nun bald mein Geburtshaus entdecken.

Das Bild von einer Sackgasse taucht in letzter Zeit immer wieder in Büchern und Artikeln auf, die sich mit der heutigen Situation der Kirchen und der Christenheit befassen. Ich denke hier zum Beispiel an die Bücher von Martin Werlen „Raus aus dem Schneckenhaus", Gispert Greshake „Kirche wohin?" und Daniel Bogner „Ihr macht uns die Kirche kaputt".[180] Der ehemalige Missionar Bernd Pehle schreibt in einem Artikel dazu: „Dieses zentrale Unverständnis [Anm. d. V.: gemeint ist der Einfluss der Säkularisierung] macht die Verantwortlichen unfähig und unwillig, die Kirche aus der Sackgasse zurückzuholen, um sie zu reformieren."[181]

Mein Beispiel von der ehemaligen Sackgasse in Danzig zeigt: Statt „zurückzuholen" oder der Forderung nach Umkehr gibt es auch das Durchbrechen des Sackgassenendes, um einen neuen Weg zu bahnen. Das „Durchbrechen" gefällt mir besser, weil es nicht um ein Wenden oder Umkehren der Entwicklung von Christentum und Kirchen geht. Nicht vor der Sackgasse gilt es wieder zu landen. Vielmehr geht es um das Bahnen neuer Wege, um dem Wissen und den Bedürfnissen heutiger Menschen gerecht zu werden. Dazu liefert die Geschichte der Kirchen und christlicher Akteure ein interessantes Lernfeld. Immer wieder gab es Menschen, die neue Wege beschritten und dafür auch starke innere und äußere Widerstände überwanden. Das zeigt eine Fülle von Beispielen. Ich wähle darunter solche aus verschiedenen historischen Perioden, von Frauen und Männern sowie aus verschiedenen Bereichen christlicher Engagements aus.

Die heilige *Fabiola von Rom* verfügte über große Entschlusskraft. Das zeigte sich bereits dadurch, dass sie sich von ihrem zwar zur römischen Oberschicht gehörenden, aber nach Berichten lasterhaften Mann scheiden ließ. Damit handelte sie sich den Rausschmiss aus der christlichen Gemeinde in Rom ein. Sie tat später Buße und wurde danach wieder aufgenommen. Ihre Pioniertat bestand darin, dass sie etwa 380 n. Chr. zusammen mit dem ehemaligen römischen Senator Pammachius das erste zivile Spital im Weströmischen Reich gründete.[182] Zwar kannte das Militär bereits Spitäler für verwundete Soldaten. Doch für zivile Personen war nur die Pflege zu Hause möglich. Für arme Kranke und Menschen, die auf der Straße lebten, bestand diese Möglichkeit nicht. Diese Menschen konnten nun in ihrem Spital, für welches sie ihr Vermögen verbrauchte, unterkommen. Das Spital von Fabiola brachte einen Durchbruch in der Krankenpflege. Sie setzte damit die seit den christlichen Anfängen bestehende Tradition, sich in der *Diakonie* zu engagieren, in innovativer Weise fort. Die Kirchen blieben bis in die Neuzeit die größten Gründer und Träger von Spitälern, Altersheimen und Waisenhäusern.

Hildegard von Bingen, eine Nonne, wirkt noch heutzutage zugkräftig. So lässt sich erklären, dass nach ihrem Namen benannte Produkte angeboten werden. Was sie aber zu ihrer Zeit neben Naturwissen auszeichnete, war ihre weibliche Ausstrahlung und Durchsetzungskraft.[183] So erreichte sie, dass ein exkommunizierter Edelmann dennoch kirchlich beerdigt wurde. Umgeben von patriarchalisch orientierten Männern im 12. Jahrhundert verschaffte sie sich Gehör, machte das, was sie für richtig hielt. Dabei hörte man sie nicht nur, sondern las sie vor allem. Ihre Leser*innen von zahlreichen Briefen und einigen Büchern waren mehrere Päpste und Bischöfe, Kaiser Friedrich I. Barbarossa, Heinrich II. von England und die Kaiserin Irene von Byzanz. Besonderes Renommee und auch Freiräume gewann sie durch ihre mystischen Visionen, die sie anschließend niederschreiben ließ. Das erste Buch dazu hieß „Scivias", was „wisse die Wege" bedeutet. Insgesamt schuf sie das größte mittelalterliche Textwerk. Die *Mystik*, die Hildegard von Bingen so enorme Kraft verlieh, war im Mittelalter weitverbreitet.

Die Kirchen geben dieser religiösen Form bis heute Raum. Das spirituelle, intuitive Erleben etwa in der Beziehung zu Gott (vgl. Kapitel 2.1), kann beglückende Erfahrungen bescheren. Mystikerinnen und Mystiker sagen von sich, dass sie Spannungen gut aushalten sowie mit Paradoxien und Widersprüchen gut umgehen können.[184]

Hildegard von Bingen verdankte ihre hohe *Bildung* dem Aufwachsen in einem Kloster. Sie war auf diese Weise privilegiert. Die besondere Leistung von *Philipp Melanchthon* bestand darin, Bildung für alle zu fordern und zu organisieren. Damit schaffte er einen Durchbruch. Auslöser dafür war die Überzeugung der Reformatoren, dass alle Christen selbst in der Bibel lesen können sollten. Daher sorgte Melanchton für laufende Schulgründungen. Am Ende seines Lebens 1560 verlieh man ihm bereits den Titel „Lehrer

Deutschlands". Dabei strahlte er mit seiner Initiative weit über Deutschland hinaus aus. Das schaffte er durch seine große Energie und Intelligenz. Hinzu kam, dass er bereit war, Kompromisse selbst mit den katholischen „Altgläubigen" einzugehen. Das brachte ihm die Gegnerschaft reformatorischer „Heißsporne" ein.

Die Kirchen hatten durch Klosterschulen, Universitätsgründungen und dann die vielen Schulgründungen nach der Reformation großen Anteil an der Entwicklung von Bildungsangeboten. Zwar übernahmen inzwischen die Staaten und andere Trägerschaften überwiegend diese Funktion. Doch engagieren sich die Kirchen in diesem Bereich weltweit immer noch erheblich.

Auf meiner Fernwanderung von Basel nach München machte ich einen Umweg von zwei Tagen, nur um die Wieskirche bei Steingaden einmal mehr aufsuchen zu können. Dabei bedeutete mir die Kunst des Rokokos eigentlich nicht viel. Doch dieses UNESCO-Kulturerbe entfaltet eine so starke Anziehungskraft, dass fast eine Million Menschen jährlich dorthin pilgert, darunter viele aus dem Ausland. Die Wieskirche bietet ein Gesamtkunstwerk, bei dem Architektur, Plastik und Malerei eine Einheit bilden. Von jedem Ort im Innenraum aus lässt sich erleben, wie diese Elemente schwungvoll ineinander fließen. *Dominikus Zimmermann* schuf unter Beteiligung seines Bruders Johann Baptist dieses räumliche Wunderwerk. Er arbeitete bei seinen Aufträgen stets sehr zielgerichtet. Er wird als lebensfreudiger Erfolgsmensch beschrieben. Diese Freude und auch das Gottvertrauen bewahrte er sich trotz aller schweren Schicksalsschläge. Als Vater von elf Kindern starben neun noch zu seinen Lebzeiten. Die Wieskirche ist sein großes Alterswerk. Dafür entwickelte er auch neue Stilelemente, etwa die geschweiften Fenster. Das ganze Unternehmen „Wieskirche" war ein erhebliches Wagnis, denn man begann ohne gesicherte Finanzierung, hatte enorme bautechnische Schwierigkeiten und andere Probleme zu bewältigen, bis die Kirche nach neun Jahren Bauzeit eingeweiht werden konnte.

Die Wieskirche zählt zu der fast unendlichen Reihe von *Kunstwerken*, bei denen die Kirchen Auftraggeber oder Animatoren waren. Dazu gehören neben den Bauten auch die Plastiken, Malereien und die Musik. Erinnert sei hier an weltberühmte „Auftragnehmer" wie den Renaissancekünstler

Michelangelo Buonarroti oder, im 20. Jahrhundert, an den Komponisten Benjamin Britten und den Architekten Le Corbusier.

Im März 1966 versammelten sich in der Dortmunder Westfalenhalle etwa 20.000 Menschen. Sie wohnten einer Protestveranstaltung gegen den „Vormarsch der Gottlosigkeit" bei. Zielscheibe des Protestes war der *Bibelwissenschaftler* und Professor an der Universität Marburg *Rudolf Bultmann*. Er erregte Ärgernis mit seinen Ausführungen zum Thema „Neues Testament und Mythologie". So schrieb er im Text zu einem Vortrag 1941 in Frankfurt: „Man kann nicht elektrisches Licht und Radioapparat benutzen, in Krankheitsfällen moderne medizinische und klinische Mittel in Anspruch nehmen und gleichzeitig an die Geister- und Wunderwelt des Neuen Testaments glauben."[185] Dieser Ansicht blieb er treu und vertrat diese in seinen weiteren Vorträgen und Büchern. Dabei sah er es als Aufgabe der Theologie, die befreiende Wahrheit des christlichen Glaubens hinter den Mythen zu entdecken. Er war keineswegs der erste und einzige, der in dieser Richtung dachte. Doch verhalf er durch seine konsequente und verständliche Argumentation in Büchern und Vorträgen der wissenschaftlichen Beschäftigung mit der Bibel, den Bibelwissenschaften, an den Hochschulen zum Durchbruch. So entstand die „Bultmann-Schule", aus der wiederum bekannte Bibelforscher hervorgingen. Sie legten und legen eine wichtige Basis für einen christlichen Glauben, der mit unserem heutigen Wissen und Denken kompatibel ist.

Die Bibelforschung profitierte und profitiert davon, dass uns das Neue Testament in einer Weise vorliegt, die eine Grundlage für wissenschaftliche Erkundungen bietet. Die Bibel als Text-Schatz gehütet zu haben, ist ein Verdienst der Kirchen, in früher Zeit speziell auch der Klöster mit ihren Schreibstuben.

Angenommen, ich wirke 1940 in der „Dogmatischen Arbeitsgemeinschaft" der „Bekennenden Kirche" in Berlin-Dahlem mit. Angenommen auch, es herrscht seit sieben Jahren ein immer stärker werdendes Kesseltreiben gegen Juden, denen man in einer Verschwörungstheorie anhängt, Volksfeinde der deutschen Arier zu sein. Nun fragt eines der wenigen männlichen Mitglieder der Gruppe von etwa zwanzig Personen, Patentanwalt Dr. Franz Kaufmann, wer bereit wäre, Juden zu helfen. Es ginge darum, aus Stettin nach Lublin in Polen verschleppten Juden mit Lebensmittel- und Kleidungspaketen zu helfen. Die Aktion ist nach geltendem Recht der „Nürnberger Gesetze" kriminell. Das Ganze muss im Untergrund geschehen, ohne dass die Polizei davon Wind bekommt. Es ist auch unsicher, ob alle Mitglieder des Arbeitskreises dichthalten und sich zudem nicht verplappern. Fliegt die Sache auf, kommen die betreffenden Personen vor Gericht. Ich fürchte, bei mir hätte die Angst obsiegt. Doch fünf Mitglieder des Arbeitskreises gaben Franz Kaufmann eine positive Antwort und durchbrachen die Mauer ihrer persönlichen Angst. Die Leitung dieser Gruppe und des daraufhin entstehenden Netzwerkes übernahm *Helene Jacobs*, eine Mitarbeiterin in Franz Kaufmanns Anwaltsbüro.[186]

Alsbald wurde die Gruppe noch mehr gefordert. Ab 1941 ging es darum, als Juden geltende Menschen, die von Deportation und Ermordung bedroht waren, zur Flucht zu verhelfen. Für die Ernährung und die Flucht benötigte man Lebensmittelkarten und diverse Ausweise. Das besorgte der untergetauchte und talentierte Grafiker Cioma Schönhaus. Er wurde von der Geheimpolizei Gestapo steckbrieflich gesucht und von Helene Jacobs in ihrer Wohnung versteckt. Im Jahr 1943 verpfiff jemand die Gruppe. Franz Kaufmann kam ins KZ Sachsenhausen und wurde dort getötet. Helene Jacobs, der man nur wenig nachweisen konnte, saß bis Ende des Krieges im Zuchthaus. Dem Grafiker gelang eine abenteuerliche Flucht in die Schweiz.

Die Kirchen und Christen gehörten in der Geschichte leider immer wieder zu denen, die Menschen verfolgten oder gar auf übelste Weise ermordeten. Doch es waren auch in vielen Fällen Kirchen und Christen, die *Verfolgten* halfen, zu überleben oder auch ihre Lebensverhältnisse zu verbessern.

Am 1. Dezember 1955 benutzte die Afroamerikanerin Rosa Parks in Montgomery in den US-Südstaaten einen Bus. Sie wurde aufgefordert, einen für Weiße reservierten Platz zu räumen. Sie weigerte sich und wurde deshalb verhaftet. Daraufhin kam es zu einem Boykott der Busse durch Schwarze. Ein junger farbiger Pfarrer in Montgomery, *Martin Luther King*, hörte angesichts der Ereignisse eine innere Stimme sagen: „Stehe auf für die Gerechtigkeit."[187] Nun setzte sich der charismatische Pfarrer an die Spitze der Boykottbewegung, obwohl sogleich seine Familie von weißen Rassisten bedroht wurde.

Ihm gelang es anschließend mit anderen, eine Bürgerrechtsbewegung zu organisieren, die sich die Gleichheit aller Menschen auf die Fahnen geschrieben hatte. Berühmt wurde seine Rede „I have a dream" (1963), in der er davon sprach, dass bald die Söhne der ehemaligen Sklaven mit den Söhnen früherer Sklavenhalter am Tisch der Brüderlichkeit sitzen können. Ein erster Durchbruch in dieser Richtung gelang, als in den USA im Jahr 1964 per Gesetz die Rassentrennung aufgehoben wurde. Doch vier Jahre später, gerade einmal 39 Jahre alt, erlag Martin Luther King einem Anschlag.

Es war kein Zufall, dass mit Martin Luther King ein engagierter Christ für die Gleichheit aller Menschen eintrat. Auch heute engagieren sich Kirchen, Christen und Christinnen für dieses Anliegen, zum Beispiel auch für die Rechte von Flüchtlingen.

Alle hier geschilderten Beispiele zeigen, wie zwar immer wieder Sackgassen den Weg zu versperren drohten. Doch immer wieder auch gelangen *in Jesu Geist Durchbrüche*. Die Konstellationen waren ganz unterschiedlich, doch der christliche Glaube zündete. Er sorgte für die Überwindung von Angst und machte Mut, weckte Tatkraft und Kreativität, ließ Klugheit und auch Kompromissbereitschaft wirksam werden.

Das sind Eigenschaften von Menschen, die notwendig erscheinen, trotz des in Kapitel 1.3 geschilderten Abseits der Kirchen für das Christentum eine Zukunft zu ermöglichen. Das Ende von Sackgassen lässt sich durchbrechen und in einen weiterführenden Weg umwandeln, der einen Aufbruch möglich macht.

2.4 Schlacke und Feuer

Viel Schlacke

In der Schmiede musste ich auf der Esse mit einem Feuerhaken immer wieder die Schlacke zur Seite räumen. Diese verhinderte sonst, dass genügend Hitze entstand, um den Eisenrohling zum Glühen zu bringen. Tagelang bestand meine Aufgabe darin, Mauerhaken zu schmieden. Nach dem Abitur hatte es mich an diesen Arbeitsort verschlagen, weil ich vor dem Studium ein Praktikum zu absolvieren hatte. An meinem Kampf mit der Schlacke erinnerte ich mich, als es darum ging, die Quintessenz aus diesem Kapitel 2 zu ziehen. Es versuchte der Frage nachzugehen, wie kompatibel heutiges Wissen und Denken mit den Lehren der Kirchen sind. Dabei entstand das *Bild von der hinderlichen Schlacke.*

Bei dieser Feststellung muss ich mich hüten, hochnäsig über den Glauben früherer Generationen zu urteilen. Auch ich erkannte die Schlacke erst in einem längeren Prozess, den ich in Kapitel 1.1 kurz schilderte.

Im Ganzen gilt es sich zu vergegenwärtigen: Die kirchlichen Lehren entstanden *unter ganz anderen Zeitumständen* als heute. Früher verfügten die Menschen nur über einen Bruchteil unseres heutigen Wissens und dachten auch ganz anders. Gottes ständiges und sichtbares Eingreifen in dieser Welt glaubten die Menschen täglich zu erleben. Jeder Sturm und jedes Gelingen schienen direkt von Gott bewirkt zu sein. Das nahm man auch für die biblischen Texte an. Es bestand die Überzeugung, Gott selbst „diktierte" den Evangelisten Aussagen und Worte im Neuen Testament. Dabei nahm man auch an, dass die Evangelisten mit einzelnen Aposteln, die Jesus noch erlebt hatten, identisch seien.[188] Das gilt auch für das Glaubensbekenntnis, dessen eine Fassung daher „apostolisch" heißt. Ein kritisches Befragen solcher Texte schloss man daher aus. Es fehlte ja auch das historische Wissen, um solche Annahmen in Zweifel zu ziehen. Selbst die Reformatoren waren fest davon überzeugt, dass Gott durch sie Wahrheiten verkündet. Das galt auch für ihre – teils unterschiedlichen – Auslegungen biblischer Texte. Man vertraute zudem den Aussagen von „Kirchenlehrern" wie Augustinus. Dessen Erbsündenlehre anzuzweifeln, kam daher auch für die Reformatoren keinesfalls infrage.

Das änderte sich auf breiter Front erst mit dem Zeitalter der Aufklärung. Nun folgte ein Prozess zunehmender kritischer Beschäftigung mit der Bibel und auch mit den Lehren der Kirchen. Das geschah mit heutigem Wissen und Denken.

Auf dieser Basis konnte in diesem Kapitel 2 mit verschiedenen wissenschaftlichen Ansätzen gezeigt werden:
- Das Neue Testament gibt nicht oder nicht genau zutreffend wieder, was Jesus wortwörtlich sagte, konkret tat und wollte.
- Kulturell, im Wissen und in den Fragestellungen wurde das Neue Testament nicht für unsere Situation heute geschrieben, sondern für Menschen, die vor etwa 2000 Jahren lebten.
- Die Aussagen im Neuen Testament weisen viele Widersprüche auf, sind also teilweise nicht konsistent.
- Das Neue Testament ist weder in sich klar und noch für Menschen ohne Hintergrundwissen in den Aussagen überall eindeutig erkennbar.
- Der Ausschluss von Frauen von geweihten Ämtern widerspricht Aussagen im Neuen Testament (z. B. Junia als Apostelin).
- Aus der Natur lassen sich kein Recht und auch kein richtiges Verhalten etwa von Homosexuellen ableiten.

Für Dogmen und dogmenartige Bekenntnisse bietet das Neue Testament keine eindeutigen Belege. *Entsprechende kirchliche Aussagen* sind daher, *wissenschaftlich gesehen, nicht haltbar.*

Neben wissenschaftlich eindeutig nicht haltbaren Aussagen bestehen begründete Zweifel an vielen weiteren kirchlichen Lehren.

Ein genereller Grund dafür ergibt sich aus der Tatsache, dass die Texte des Neuen Testaments auf Erinnerungen von Menschen basieren. Wie oben beschrieben wurde, kommt es dabei automatisch zu Verfärbungen.

Im Einzelnen besteht Anlass zu Zweifeln, wenn Aussagen zum Beispiel von Paulus nur eine ganz bestimmte Situation in frühchristlichen Gemeinden betreffen oder gar Briefe nachweislich gar nicht von diesem Apostel stammten. Anlass zu Zweifeln verursachen auch deutliche Widersprüche in den Aussagen verschiedener Evangelisten. Zudem erscheinen Zweifel angebracht, wenn kirchliche Lehren auf Textstellen basieren, die eventuell nachträglich verändert oder eingefügt wurden. Anlass zu Zweifeln besteht schließlich auch, wenn eine kirchliche Lehre erst in einem längeren historischen Prozess nach Jesu Tod und infolge bestimmter Konstellationen entstand. Bei den folgenden besonders wichtig erscheinenden Lehraussagen von Kirchen bestehen dementsprechend *wissenschaftlich begründete Zweifel*:

- Bestimmte Texte und Aussagen im Neuen Testament sowie die Textauswahl des Kanons aus einer Vielzahl von Schriften wurden von Gott inspiriert.
- Gott besteht gemäß dem Dogma der Trinität aus drei Personen, die individuell handeln und separat angebetet werden können.
- Jesus war von Anfang an ein Teil der Trinität, also Gott, aber auch auf Erden ganz Mensch.
- Menschen sind überwiegend sündhaft.
- Die Sünde von Adam und Eva rief bei Gott nachhaltigen Zorn über die Menschen hervor.
- Es war der Opfertod Jesu notwendig, um Gott wieder mit den sündigen Menschen zu versöhnen.
- Jesus schenkte den Menschen durch seinen Opfertod die Erlösung.
- Maria war Jungfrau bei Jesu Geburt und blieb das auch danach.
- Die Priesterhierarchie der katholischen Kirche lässt sich auf biblische Aussagen und das Handeln der Apostel zurückführen.

Wenn auch gut begründbare, starke Zweifel an den oben aufgezählten kirchlichen Lehren bestehen, so kann man diese dennoch glauben. Wer das möchte, dem bieten etliche Theologen auch geistige Brücken, um trotz der Zweifel daran festzuhalten. Dazu kann veranlassen, dass bestimmte Dogmen wie etwa der Opfertod Jesu bei vielen Gläubigen sehr tief verankert sind und auch eine Art Glaubenssicherheit geben.

Doch für die Mehrheit selbst der Kirchenmitglieder sind die oben angeführten kirchlichen Lehren ein Grund, sich zu distanzieren oder gar aus der Kirche auszutreten. Sie sehen zu viel Schlacke, die das christliche Feuer teilweise oder gar ganz zudeckt.

Feuer befreit von Schlacke

Diejenigen, für die das christliche Feuer weiterhin ein Anliegen ist, müssen geistig einen Feuerhaken in die Hand nehmen und die Schlacke in ihrem Glauben entfernen. Bereits der berühmte Humanist und Priester Erasmus von Rotterdam sprach im Mittelalter vom *notwendigen Entschlacken*. Das schrieb er etwa 1520 an den Dichter Ulrich von Hutten.[189] Dieses Bild vom Entschlacken überdauerte in unseren Breitengraden bis in die Gegenwart, obwohl es kaum noch Schmiedewerkstätten mit Essen zu sehen gibt. Es wird heute für verschiedene Anliegen und Angebote benutzt. So heißt es in einer aktuellen Werbung: „Entschlacken – Überschuss muss weg". Und weiter steht im Text: „Eine zunehmende Verschlackung zieht verschiedenste Beschwerden nach sich." Also sollte man gegen diese angehen. Das gilt auch für den christlichen Glauben.

Doch was bleibt dann noch vom christlichen Glauben übrig? Sehr viel Fundamentales für den Glauben, das persönliche Verhalten und Hoffen. Wie gezeigt werden konnte, lassen sich *folgende Aussagen* aus der Geschichte und aus dem Neuen Testament *unzweifelhaft* erkennen:
- Jesus war mit allen Höhen und Tiefen ganz Mensch.
- Die meisten Gleichnisse im Neuen Testament gehen mit ihren Aussagen mit Sicherheit auf Jesus zurück.
- Auch in vielen übrigen Texten des Neuen Testaments lassen sich Wahrheiten in Jesu Geist erkennen.
- Die zentrale Botschaft Jesu handelt vom Reich Gottes, von Gottes Kümmern um die Menschen und vom bedingungslosen Liebesgebot.

Jesu Botschaft ist demnach zumindest auf den ersten Blick recht einfach. Sie beinhaltet, wenn man vom Glauben an Gott absieht, keinerlei Aussagen vom Typ „Katechismus". Sie will vielmehr ein Feuer des Vertrauens in Gott und ihn, Jesus, entfachen.

Das Entschlacken legt das Wesentliche des christlichen Glaubens frei. Es beseitigt Ablenkungen durch die theologischen Zutaten der kirchlichen Lehren. Daher trifft hier zu: „Weniger kann mehr sein".

Die durch das Entschlacken freigelegte Botschaft Jesu belässt sehr viel *Offenheit* in den einzelnen persönlichen Glaubensinhalten und vor allem auch im Handeln.

Allerdings bringt diese Offenheit auch eine große Herausforderung: Man muss selbst die Konsequenzen aus den Glaubensinhalten ziehen und das Umsetzen in die Praxis gestalten. Das benötigt mehr Energie und Mut, als einfach den Lehr- und Handlungsanweisungen von Kirchen zu folgen.

Wie ich persönlich meine Glaubensinhalte ausgestalte und Folgerungen für meine religiöse Praxis ziehe, zeigen die folgenden Kapitel.

3 Entschlackter und offener Glaube

Nun verlasse ich das Wissen und wechsle zum Glauben. Doch bleiben für mich die Aussagen in Kapitel 2 und das darauf aufbauende Denken starke Stützen.

Die folgenden Darlegungen entsprechen einem persönlichen Glaubensbekenntnis. Dabei habe ich nicht den Anspruch, die Wahrheit gepachtet zu haben. Man kann im persönlichen Glauben auch zu anderen Schlüssen kommen.

Doch dürfte es gleich oder ähnlich Gesinnte geben, die sich in meinen Aussagen wiederfinden. Diese gliedern sich in die Kapitel:
- *Die Basis: Jesus*
- *Bestärkungen*
- *Mein Dennoch-Glaube*
- *Herausforderung Liebe*
- *Tun und Lassen*

3.1 Die Basis: Jesus

Herrn J. vertrauen?

In einer mittelgroßen Stadt führte Herr J. zusammen mit seinem Vater und einem Bruder ein kleines Bauunternehmen. Dabei legte er auf der Baustelle selbst Hand an. Die Firma hatte gut zu tun. Sie war bekannt dafür, Kostenangebote seriös zu kalkulieren, Termine einzuhalten und eine solide Bauausführung zu bieten.

Für das Umfeld überraschend warf Herr J. plötzlich alles hin und verließ sowohl die Firma als auch seine Familie. Er schloss sich einer Sekte an, die einiges Aufsehen erregte. Deren Anführer, ein Verwandter, ernährte sich nur von Abfällen. Auch die Mitglieder der Gruppe führten ein sehr asketisches Leben und gingen von Haus zu Haus, um das Weltende anzukündigen. Die Menschen sollten sich daher auf Gottes Gericht vorbereiten.

Nach einer Weile verließ Herr J. diese Sekte und bildete eine eigene Gruppe. Weiterhin ging auch er vom baldigen Ende der Welt aus und hatte keinen festen Wohnsitz. Doch der extremen Askese frönte er nicht mehr. Herr J. blieb zwar weitgehend besitzlos, folgte aber gerne Einladungen zu guten Mahlzeiten. Das geschah immer wieder, weil er rasch als sehr interessante Person wahrgenommen wurde. Es hieß, dass er eine Reihe von kranken Menschen, etwa von starken Depressionen Betroffene, geheilt habe. Dabei wirkten wohl sein Charisma, seine Worte und Berührungen. Als Voraussetzung für das Heilen forderte Herr J. Vertrauen in seine Person und seinen Auftrag durch Gott. Infolge seiner Heilungen und der starken Wirkung seiner Persönlichkeit lud man ihn zu Events, Vorträgen und Round-Table-Gesprächen ein. Zeitungen berichteten ebenfalls von ihm. Zudem hatte Herr J. eine wachsende Zahl an Followern auf Facebook und Twitter. Auch begleitete ihn immer wieder eine Gruppe von Anhängerinnen und Anhängern.

Über alle möglichen Kanäle äußerte er sich mit vielen Variationen über zwei zentrale Themen: Die Liebe und das anbrechende Reich Gottes. So forderte er eine Nächstenliebe, an die man keine Bedingungen, etwa Wohlverhalten, knüpft. Auch einem mobbenden Chef sollte man mit Liebe begegnen. Zudem verkündigte er, dass Arme, Unterdrückte, Verfemte und sonst Geplagte von Gott in besonderer Weise geliebt würden. Es blieb dabei nicht beim Reden. Herr J. lud auch Bettler, Prostituierte und gerade aus dem Gefängnis Entlassene zum Essen ein. Wider alle vorherrschenden Meinungen behauptete er, dass das Reich Gottes sich bereits jetzt auf Erden entwickle. Alle seien eingeladen, daran mitzuwirken, indem sie Gottes Willen erkennen, ernst nehmen und in die Tat umsetzen. Dazu gehöre vor allem, sich vom Gebot der bedingungslosen Liebe leiten zu lassen.

Zu seiner beachtlichen Popularität trugen seine hohe Erzählkunst sowie heftige Angriffe auf Personen aus Wirtschaft und Politik bei. Herr J. stellte zwar nicht das Politik- und Wirtschaftssystem infrage, machte aber auf die vielen Benachteiligten und armen Menschen in drastischer Weise aufmerksam. Er prangerte mit oft giftigen Worten die hemmungslose Gewinnsucht vieler Wirtschaftsführer, die Bestechlichkeit und Verlogenheit etlicher Politiker sowie die Herzlosigkeit vieler anderer Prominenter an. Besonders stark geißelte er die Feindlichkeit gegenüber Ausländern und Farbigen in der Bevölkerung, die Politiker für ihr Machtstreben zu nutzen suchten. Sehr hart ging er auch mit den Führenden der etablierten Religionsgemeinschaften um. Sie hätten den Kern ihres Glaubens mit starren Regeln, leeren Ritualen und gesetzesartigen Dogmen zugedeckt. Sie bildeten eine selbstverliebte Kaste, der es nur um die Machtausübung ginge.

Es liegt auf der Hand, dass die so Attackierten sich heftig wehrten und viele sogar mit Hass reagierten. Dazu nutzten sie ihre zahlreichen Möglichkeiten in Presse, Radio und Fernsehen sowie in den sozialen Medien. Sie bezeichneten Herrn J. als Scharlatan, der die Bevölkerung aufhetze. Er sei ein undisziplinierter Fresser und Säufer. Zudem wurde er mit Anklagen bei Gerichten wegen übler Nachrede und anderer, teils erfundener, Delikte eingedeckt. Nicht wenige Menschen ließen sich davon beeinflussen und wandten sich wieder von ihm ab. Eine kleine Gruppe hielt jedoch, teils von Angst geplagt, weiterhin zu ihm. Aufgrund der Anklagen verurteilten Gerichte Herrn J. zu Gefängnis und hohen Geldbußen. Auf dem Weg ins Gefängnis erlag er einem tödlichen Anschlag.

An dieser Stelle lasse ich den Versuch enden, mir Herrn J. als Jesus real in unserer heutigen Zeit vorzustellen. Dabei beschäftigt mich die Frage: Hätte ich mich entgegen dem Mainstream Herrn J. angeschlossen oder zumindest seine Botschaft aufgenommen und akzeptiert? Hätte ich ein starkes Vertrauen in ihn, der behauptete, von Gott einen Auftrag zu haben, entwickelt? Ich fürchte nein, obwohl seine Kritik am häufigen Verhalten von Führenden in Wirtschaft, Politik und Kirchen oft auch meinen Ansichten entspricht.

Doch kann ich mich bei der Vertrauensfrage trösten. Selbst Jesu Anhängerschaft, die ihn ja mit seinem Charisma, seinen Predigten und seinen Taten „live" erlebt hatte, zweifelte immer wieder an seinen Aussagen oder fühlte sich vor den Kopf gestoßen. Nach der Kreuzigung als verfemter Verbrecher bekamen die Zweifel neuen Schub. Stand er wirklich in einem besonderen Verhältnis zu Gott? Warum rettete dieser ihn nicht? Dabei hatten sich Teile von Jesu Gefolgschaft die Zukunft mit ihm ganz anders vorgestellt. Sie wollten zum Beispiel, dass er mit seiner Bewegung das System der römischen Herrschaft abschaffte, nicht nur die Zöllner in römischen Diensten zur Ehrlichkeit ermahnte. Es rief Kopfschütteln hervor, als er sogar den Diener eines römischen Hauptmanns, also einen Akteur der verhassten römischen Besatzung, heilte. Das Vertrauen in ihn wurde daher immer wieder auf eine harte Probe gestellt.

Erst das Oster- und Pfingstgeschehen, das seine kleine verbliebene Anhängerschaft gewaltig packte, brachte deren Vertrauen voll zurück. Dieses entwickelte sich nun so kraftvoll, dass seine Jüngerinnen und Jünger furchtlos zu missionieren begannen. Mein Vertrauen kann sich also heute nicht nur auf die Botschaft direkt von Jesus, sondern auch auf die ungeheure Wirkung der Oster- und Pfingstereignisse stützen. Diese für mich entscheidende Aussage konkretisiere ich im Folgenden.

Gründe für das Vertrauen in Jesus

„Vertrauen ist gut, Kontrolle ist besser." Diesen Satz hört man viel in Wirtschaft, Verwaltung und Politik. Doch beim christlichen Glauben kann man nichts kontrollieren. Prüfen lässt sich als Faktum nur, was ich in Ausschnitten in Kapitel 2 zu unserem Wissen und Denken anführte. Ob aber die entsprechenden Werte „richtig" sind, entzieht sich der Wissenschaft und Kontrolle. Ich kann nur in mich hineinhorchen, ob diese für mich stimmen.

Daher stellt sich die Frage: *Was stimmt für mich bei Jesus*, der für meinen Glauben entscheidend ist? Was spricht mich in seiner Lehre und in seinem Verhalten an, stützt mein Vertrauen?[1] Es sind dies insbesondere seine Aussagen und sein Handeln:
* im Stil des Boten
* wider den Zeitgeist
* zur Gleichheit aller Menschen
* zur Freiheit der Menschen
* wider Glaubenssätze à la Katechismus
* der todesmutige Einsatz für die Menschen.

Überzeugend wirkt auf mich bereits *Jesu Stil als Bote*.[2] Er stellt sich nicht selbst in den Mittelpunkt, sondern seine zentrale Botschaft vom Reich Gottes. An ihn herangetragene Ehrentitel wie „Messias" lehnt er ab. Nur „Menschensohn" will er genannt werden. Dabei bescheinigt ihm auch der Rabbiner Walter Homolka, dass er ein „bedeutender Mann für seine Zeit" war.[3]

Zu Jesu Stil gehört seine umfassende Gastfreundschaft allen Menschen gegenüber: Arme, Frauen, nicht zum Volk Israels gehörende Ausländer*innen und verhasste Vertreter der römischen Besatzungsmacht wie Zöllner. Typisch für Jesu Stil ist auch seine Lust am klärenden Streit, oft verbunden mit einem speziellen Humor. Bei ihm geht nach Markus nicht nur kein Kamel durchs Nadelöhr (10, 25), sondern man wirft auch nach Matthäus keine Perlen vor die Säue (7, 6).[4] Was in Predigten kaum vorkommt: Jesus zeigt auch Bereitschaft, seine Meinung zu ändern. Ein Beispiel dafür bildet nach Matthäus eine Frau aus einem außerhalb von Israel liegenden Gebiet, also eine Ausländerin. Diese bittet Jesus, ihre Tochter zu heilen. Er verweigert ihr das zunächst mit dem Hinweis, dass er nur für Menschen aus Israel da sei. Die Frau bleibt hartnäckig. Da ändert Jesus seine Meinung und heilt die Tochter.

Auch Jesu Herkunft, Reden und Handeln *wider den Zeitgeist* wirken auf mich überzeugend. Zum damaligen Zeitgeist gehört die Meinung, jemand müsse, um mit dem Anspruch Jesu auftreten zu können, in weltlicher Weise herausragen. Jesus hätte also zum führenden Adel gehören, eine hohe Bildung aufweisen oder aus reichem Hause entstammen sollen. All das trifft für ihn, wie bereits geschildert, nicht zu. Auch wenn die Weihnachtsgeschichten der Evangelisten Matthäus und Lukas erfunden wurden, entsprachen sie doch sehr gut dem Kern eines Geschehens wider den Zeitgeist: Jesus liegt als Kind einfacher Leute in einer Futterkrippe. Er ist auch als Erwachsener kein Herrscher. Darin unterscheidet er sich deutlich von Mohammed, dem Gründer des Islam.

Wider den Zeitgeist ist auch Jesu Appell an die menschliche Einsicht in religiösen Fragen. Er folgte nicht einfach Vorgaben, sondern entwickelte abweichende Meinungen, die er aber klar begründet. So widerspricht er dem damals üblichen, formalistischen Verständnis vom Sabbatgebot. Klar sagt das Jesu Ausspruch nach Markus (2, 27): „Der Sabbat ist um des Menschen willen geschaffen, nicht der Mensch um des Sabbats willen." In diesem Geist heilt er auch am Sabbat. Eine ähnliche Haltung zeigt Jesus nach Andreas Lindemann gegenüber den Reinheitsgeboten. Jesus hinterfragt, ob es überhaupt unreine Speisen geben kann.[5] Darauf komme ich nochmals in Kapitel 4.2 zurück.

Sehr beeindruckt mich auch Jesu Botschaft von der *Gleichheit aller Menschen*. Paulus schreibt dazu die klare Aussage (Gal 3, 28): „Da ist weder Jude noch Grieche, da ist weder Sklave noch Freier, da ist nicht Mann und Frau." Besonders eindrücklich zeigt sich die Gleichheitsforderung Jesu bei seinem Umgang mit Frauen. Man muss sich einmal konkret vorstellen, was Jesus den Männern seiner Zeit zumutet. In den damals patriarchalischen Verhältnissen gehören Frauen dem Mann. Er kann sich, so schreibt Klaus Mertes in seinem Buch „Verlorenes Vertrauen", von seiner Frau durch einen einfachen Brief scheiden, denn sie ist sein Eigentum.[6] Geht eine Frau mit einem anderen Mann fremd, so verletzt sie die Eigentumsrechte ihres Ehemannes und er darf sie durch Steinigung töten lassen. Umgekehrt: Wenn ein Mann fremdgeht, dann ist das kein Ehebruch, sondern sein Recht. Zudem: Eine Frau darf in der Öffentlichkeit gegenüber einem Mann nicht das erste Wort ergreifen. Damit bricht Jesus nun total. Er geißelt Männer, die fremdgehen, als Ehebrecher und lässt sich von Frauen in aller Öffentlichkeit ansprechen. Und wider die Konvention begleiten ihn auch Jüngerinnen, allen voran Maria Magdalena.

Zum Vertrauen trägt auch Jesu *Botschaft von der Freiheit der Menschen* bei. Er selbst beeindruckte seine Anhängerschaft und ärgert seine Gegner durch seine Unbefangenheit und unkonventionellen Handlungsweisen.[7] Er lobt die Unbefangenheit von Kindern und verzichtet persönlich auf Besitz. Jesu Freiheitsbotschaft lässt sich mit Erlösung gleichsetzen. Herbert Haag schreibt dazu: „Erlösen hat ja mit lösen zu tun: lösen von Fesseln, lösen von Bindungen, lösen von Zwängen, die uns nicht Gott auferlegt, die vielmehr Menschen uns auferlegen: andere Menschen oder wir selber."[8] Paulus prägt dafür die kurze Formel (Gal 5, 1): „Zur Freiheit hat uns Christus befreit." Es geht also um die Freiheit in unserem persönlichen Innenraum.

Das heißt auch, dass wir uns von den Folgen unserer biologischen Entwicklungsgeschichte, so schwer das fällt, befreien können und müssen. Wie schon beschrieben, geht es um die Akzeptanz von notwendigen Veränderungen oder wider die Neigung zu Fremdenfeindlichkeit und Gier.

Wie bereits in den vorherigen Kapiteln anklang: Mit Glauben meint Jesus *nicht die Kenntnis und das Akzeptieren von Glaubenssätzen à la Katechismus*. Vielmehr lobt er Menschen, die ihm voll vertrauen. Jesus ermuntert zudem dazu, mit ihm unterwegs zu sein, von ihm zu lernen.[9] Das steht deutlich im Gegensatz zum damals vorherrschenden Denken in Regeln und Gesetzen etwa der Pharisäer – und heute zum Beispiel der katholischen Kirche.

Es kann angesichts des Verhaltens Jesu und seiner Reden nicht wundern, dass er bei der religiösen Elite von Galiläa und Judäa Anstoß erregt, ja Feindschaft auf sich zieht und man ihm droht. Doch lässt er sich davon nicht abschrecken.

Das Glaubhafte für mich ist daher *Jesu todesmutiger Einsatz für die Menschen* – und auch zugunsten von mir. Er hatte zwar den Tod nicht gewollt, fürchtete ihn gar, nahm ihn aber doch als Risiko bewusst in Kauf.[10] Das „nicht gewollt" kommt klar im von Matthäus überlieferten Gebet Jesu angesichts der Todesgefahr zum Ausdruck (26, 39): „Mein Vater, wenn es möglich ist, so gehe dieser Kelch an mir vorüber." Damit lässt sich ein Weiteres erkennen: Jesus nimmt Leiden und Tod ernst. Doch er sucht beides nicht.

Jesu Aussagen zu Gott

Bei diesem für mich entscheidenden Thema tauchen zunächst *Zweifel* auf: Kann überhaupt Jesu Bild und Reden von Gott vor 2000 Jahren für mich noch gelten? Jesus lebte in einer noch stark mystisch geprägten Welt mit einem sehr konkreten Verständnis für das Eingreifen Gottes selbst in das kleinste Detail. So sagte er nach Matthäus (10, 9): „Kauft man nicht zwei Spatzen für einen Fünfer? Und nicht einer fällt vom Himmel, ohne dass Euer Vater bei ihm ist." Wir denken bei herunterfallenden Spatzen wohl eher an die Schwerkraft und die mögliche Ursache des Fallens. Unsere Welt erscheint auch nicht mehr konkret zweigeteilt in Himmel und Erde. Daher kommt Hubertus Halbfas zu dem Schluss, dass *Jesu Gottesverständnis vor 2000 Jahren* nicht mehr das unsere sein kann.[11] Diese Aussage rüttelt an meinem Glaubensverständnis. Ist nicht Jesus das Maß aller christlichen Dinge, also auch das Maß für unser Verständnis von Gott? Daher erkunde ich hier, welche Aussagen Jesu zu Gott für mich weiterhin gelten können. Dabei fuße ich auf zwei Grundlagen: auf das Vaterunser und auf Jesu Gleichnisse.

Das *Vaterunser* stammt als Anleitung zum Beten wahrscheinlich direkt von Jesus. Inhaltlich steht es in der jüdischen Tradition und nutzt Aussagen, die bereits im Alten Testament stehen. Jesus spricht das Gebet, das er seiner Begleitung lehrt, in aramäischer Sprache. Diese Sprache ist eher orientalisch-blumig und lässt viele Interpretationen offen. Aus dem Aramäischen wird dann das Gebet ins Griechische, das zum Präzisieren neigt, übertragen.

Am Anfang des Vaterunsers steht das aramäische Wort „Abba". Man übersetzte dieses im Griechischen mit „Vater" oder gar in die Koseform „Väterchen". Das drückt zunächst einmal eine ungewöhnlich persönliche Beziehung zwischen Gott und den Menschen, hier Jesus, aus. Man kann persönlich zu Gott beten und seine Zuwendung erwarten, hat aber auch dem „Vater" mit Respekt zu begegnen und ihm zu folgen. Diese Haltung entspricht dem jüdischen Glauben von damals und heute.[12] Nun scheint das Wort „Abba" im Aramäischen geschlechtsneutral gewesen zu sein, zumindest nicht eindeutig männlich.[13] Das widerspricht dem, was später oft angenommen und in der Kunst dargestellt wird: Gott als patriarchalische, männliche Vaterfigur.

3 ENTSCHLACKTER UND OFFENER GLAUBE

Im Vaterunser heißt es auch „Dein Reich komme". Das *Reich Gottes* steht im Zentrum von Jesu Lehre. Mit seinen *Gleichnissen* verdeutlicht er, was darunter zu verstehen ist und wie wir Gott sehen können. Dabei bleiben in den Berichten der Evangelisten im Neuen Testament verschiedene Alternativen offen: Das Reich besteht bereits oder wird noch kommen, es ist nur im Himmel oder auch auf Erden.[14] Was ich dazu in meinem Glauben annehme, beschreibe ich in Kapitel 3.3.

Die Gleichnisse umschreiben Gott nicht präzis, sondern breiten Bilder vor uns aus. Damit hält sich Jesus an das im Alten Testament wiedergegebene Verbot, sich Gott konkret auszumalen. In der Tora, die auch für Jesus die Basis bildet, wird Gott auf Hebräisch JHWH oder Jahwe genannt. Eine mögliche Übersetzung lautet schlicht: „Ich bin da." Das Gottesbild bleibt also offen – auch für unsere Zeit.

Zentral in Jesu Rede ist das Geschenk der *Zuwendung von Gott zu den Menschen*. (Warum ich das Wort „Liebe" in diesem Zusammenhang vermeide, erläutere ich in Kapitel 3.4.) Etliche Gleichnisse verdeutlichen diese Zuwendung. So lässt der Hirte seine Herde allein, um ein verlorenes Schaf zu suchen. Und er freut sich nach Matthäus sehr, wenn er das Schaf findet (18, 12). Gott tut das nicht erst seit dem Auftreten Jesu, sondern von Anfang der Welt an.[15] Auch die Bergpredigt verweist auf das entsprechende Verhalten Gottes. Dort heißt es zum Beispiel nach Lukas (6, 20–21): „Selig ihr Armen – euch gehört das Reich Gottes. Selig, die ihr jetzt hungert – ihr werdet gesättigt werden. Selig, die ihr jetzt weint – ihr werdet lachen."

Mit solchen Aussagen korrigiert Jesus auch das zu seiner Zeit noch verbreitete Bild vom eher fordernden und strafenden Gott. Vielmehr verkündet er die bedingungslose Vergebung Gottes.[16] In diesem Sinn geißelt Jesus das damals populäre Vergeltungsdogma, nach dem Opfer selbst schuld an ihrem Ungemach sind. Das demonstriert er an zwei damals aktuellen Katastrophen: Das Niedermetzeln galiläischer Pilger durch römische Soldaten des Statthalters Pilatus und der Tod von Menschen durch das Einstürzen eines Turmes (Lk 1, 1–4).

Dennoch spielt Gottes Gericht für Jesus eine deutliche Rolle. Allerdings ist das für ihn eine Frage der *Gerechtigkeit* gegenüber den Opfern von Lieblosigkeit. Weil es die Sünde und Schuld gibt, kann Heil nur durch Gottes Gericht entstehen. In diesem Zusammenhang gebraucht Jesus vielleicht auch das drohende, damals übliche, Bild von der Hölle. Es steht aber mit der Forderung nach Umkehr zum liebevollen Denken und Handeln in Verbindung.

Die bei Gott verzeihende Wirkung der Umkehr beschreibt Jesus eindrücklich mit verschiedenen Erzählungen. Dazu gehört die bekannte Geschichte vom verlorenen Sohn, von der Lukas berichtet (15, 11–32). Nachdem sich der in eine Negativspirale geratene Sohn aufrafft heimzukehren, empfängt ihn der Vater freudig. Ihm wird keine Standpauke gehalten, sondern ein Festmahl bereitet. In ähnliche Richtung zielt das Gleichnis vom Pharisäer und Zöllner beim Beten, das ich in Kapitel 1.1 schildere.

Das Zuwenden und Vergeben Gottes geschieht also nach anderen Maßstäben als bei Menschen üblich. Jesu Gleichnis von den Arbeitern im Weinberg, das Matthäus schildert, verdeutlicht ebenfalls die Güte Gottes – und das ohne Vorleistung von Menschen (20, 1–16). Die Arbeiter, die seit dem frühen Morgen im Weinberg schuften, bekommen nach 11 Stunden den gleichen Lohn wie diejenigen, die am Abend nur eine Stunde arbeiteten. Dagegen protestieren Erstere. Doch Gott belohnt nicht nach Leistung, sondern schenkt auch denjenigen, die wenig vorzuweisen haben, seine uneingeschränkte Zuneigung.

Solche anderen Maßstäbe lassen *Gottes Handeln oft unergründlich* erscheinen. Das muss selbst Jesus trotz seiner so engen Beziehung zu Gott erleben. Dieser ließ ihn im wahrsten Sinne des Wortes hängen, rettet ihn nicht. Laut Markus (15, 34) klagte der fürchterlich leidende Jesus, von Gott verlassen zu sein – eine für Menschen unverständliche Situation. Kapitel 3.3 greift diesen dunklen Faden wieder auf.

Am Anfang stellte sich die Frage: Kann das von Jesus verkündete Gottesbild mir heutzutage noch etwas sagen und soll ich ihm vertrauen? Ich glaube schon. Natürlich fällt mir beim Flug und Herunterfallen der Spatzen nicht mehr unmittelbar Gott ein. Meist stehen für solche Vorgänge als Begründungen an erster Stelle die Erkenntnisse aus den Naturgesetzen. Doch letztere lassen sich Gott dem Schöpfer zuordnen. Mir passt auch das sowohl mütterliche als auch väterliche Wort „Abba" im Vaterunser.

Jesu Lehre von der Zuwendung Gottes zu den Menschen glaube ich gerne. Allerdings tauchen hier auch störende Gedanken – Stichwort: „Auschwitz" – auf. Jesu Rede von Gottes Gericht verbinde ich mit dem Hoffen auf Gerechtigkeit.

Vertrauen durch die Nachwirkungen Jesu

Bisher führte ich Gründe an, warum die direkten Botschaften Jesu, seine Lehre und sein Leben, bei mir Vertrauen erwecken. Doch auch nach seinem grässlichen Tod geschehen Dinge, die Stützen für meinen Glauben sind. Die Nachwirkungen Jesu zeigen sich bei seinen Jüngerinnen und Jüngern, allen voran Maria Magdalena und weiteren Frauen. Ich überquere damit die in Kapitel 1.2 beschriebene Bruchlinie zwischen der direkten Botschaft Jesu und der Lehre über Jesus, entstanden nach seinem Tod. Doch beschränke ich mich bei der Lehre über Jesus auf die *unmittelbaren Nachwirkungen nach seiner Kreuzigung*, auf das Oster- und Pfingstereignis.

„Es muss also etwas geschehen sein. Etwas, das Anlass gab für das phantastische Gerücht, Jesus sei von den Toten zurückgekehrt." So schreiben der Anthropologe Carel van Schaik und der Historiker Kai Michel in ihrem Bestseller „Tagebuch der Menschheit".[17] Und auch der Agnostiker Kurt Flasch, den ich zu Beginn von Kapitel 2.3 zitierte, stellt staunend fest, dass etwas Außerordentliches passiert sein muss. Nun sahen die Jüngerinnen und Jünger Jesu Botschaft in einem neuen Licht. In seinem Buch „Auferweckt ins Leben" umschreibt Georg Langenhorst diesen Vorgang mit einem Vergleich: „Wenn sich Menschen ineinander verlieben, ändert sich ihr Leben radikal. Alles, was gestern den Alltag bestimmte, steht heute unter neuem Vorzeichen. Der ganze Zugang zur Wirklichkeit, der Blick auf plötzlich erahnbare Möglichkeiten ist anders. Absolut, allumfassend und real."[18]

Jesu Anhängerschaft erlebte nun, dass sich sein Versprechen erfüllt, wenn es in der Bibel nach Matthäus heißt (28, 20): „Und ich bin bei Euch alle Tage bis an der Welt Ende." Das wird für mich zu *Ostern* gefeiert.

Die starke Wirkung Jesu auf seine Anhängerschaft, ihre Erfahrung nach seinem Tod, stärkt auch mein Vertrauen, meinen Glauben. Dabei ist Auferstehung für mich vor allem ein Symbol dafür, dass Hoffnung und Liebe letztlich siegen.[19] Zudem bin ich ermuntert, geistig eine lebendige Begegnung mit Jesus zu suchen.

3 ENTSCHLACKTER UND OFFENER GLAUBE

Als weitere Wirkung Jesu nach seinem Tod sehe ich auch das *Pfingstereignis*. Die verbliebene Anhängerschaft Jesu traf sich nach seinem Tod wahrscheinlich immer wieder in Jerusalem. Ein abermaliger Anlass ist wohl das wichtige jüdische Schawuot-Fest. Dieses findet sieben Wochen nach dem Pessach-Fest, bei den Christen Ostern, statt. Die Juden gedenken bei diesem Fest der Zehn Gebote, die Moses laut Altem Testament auf dem Berg Sinai empfangen hatte. Auch dankt man für die ersten Ernteerträge, die in Palästina früh im Jahr kommen.

Bei diesem Anlass, den auch die Anhängerschaft Jesu voll in der jüdischen Tradition feiert, geschieht abermals etwas Besonderes.[20] In mystischer Sprache schildert das der Evangelist Lukas in der Apostelgeschichte. Die Rede ist von einem plötzlich aufbrausenden Sturm und von Feuerzungen, die sich auf die Versammelten senken. Es folgt der Impuls, den Saal, in dem sie sich zurückgezogen hatten, zu verlassen. Sie gingen nach draußen, mischten sich unter das vorbeilaufende Volk und sprechen über Jesu Botschaft. Nach der jüngst erfolgten schmählichen Hinrichtung Jesu als Verbrecher erfordert dieses Verhalten großen Mut, also die Überwindung von Angst. Das bewirkt, so das Neue Testament, der Heilige Geist Gottes. Dieser befähigt auch die kleine versammelte Gruppe, eindrücklich von Jesus zu sprechen – verständlich auch für Menschen anderer Sprachen. Etliche können sie danach für ihre Gemeinschaft gewinnen. Am Anfang von Kapitel 2.3 schilderte ich bereits als Faktum die unglaubliche Kraft, die nun die Anhängerschaft Jesu entfaltet. Auch diese Nachwirkung Jesu stützt meinen Glauben.

Das Pfingstereignis wird auch als *Geburtsstunde des Christentums* bezeichnet. Doch das Wort „Christ" entstand nicht als direkte Nachwirkung Jesu. Da aber das Wort „Christentum" auch im Titel dieser Schrift steht, nutze ich an dieser Stelle die Möglichkeit einer Klärung: Nach Jesu Tod entstanden, wie schon angeführt, verschiedene Modelle, um dieses für seine Anhängerschaft unbegreifliche Ereignis zu deuten. Stark verbreitet war die Meinung, Jesus sei der den Juden verheißene Messias gewesen. Die meisten Menschen in Israel gingen jedoch von einem anderen Messiasbild aus. Dazu gehörte zur Zeit Jesu auch die weltliche Befreiung von der Herrschaft der Römer, von Hass und Unterdrückung. Das sollte durch einen neuen König David geschehen, der nach jüdischem Verständnis ein „Gesalbter" ist.[21] Diese Bezeichnung übernahm man nun auch für den als Messias angesehenen Jesus. Im Altgriechischen heißt „Gesalbter" *Christos*. Als sich die Anhänger und Anhängerinnen Jesu teilweise vom jüdischen Glauben entfernten, tauchte für sie im griechischen Sprachgebiet als Unterscheidung der Begriff „Christen" auf. Dieser erscheint dann im 2. Jahrhundert auch in schriftlichen Zeugnissen und setzte sich für die neue Glaubensrichtung durch.[22]

Von meinen Überzeugungen her bin ich, strenggenommen, ein „Jesuaner", Anhänger des Menschen aus Nazareth. Doch weil sich das Wort „Christentum" für Jesu Botschaft durchsetzte, übernehme ich dieses auch für meine Schrift.

3.2 Bestärkungen

Eine Art Rückenwind

„Glück gehabt" bietet sich als die naheliegende Erklärung dafür an, dass ich überlebte. Als Präsident der katholischen Studentengemeinde Hannover fuhr ich noch zu DDR-Zeiten zu einer Konferenz nach Berlin. Weil mir die Stadt so gut gefiel, verlängerte ich trotz winterlicher Kälte meinen Aufenthalt. Dabei gab ich so viel Geld aus, dass ich mir keine Rückfahrt mit dem Zug mehr leisten konnte. Aus diesem Grund stellte ich mich in Berlin an den Anfang der Autobahn. Es dauerte nicht lange, bis mich ein Autofahrer mitnahm. Bald nach dem DDR-Grenzübergang wurde es dunkel. Mein Fahrer hatte eine lange Reise bis ins Ruhrgebiet vor sich und gab kräftig Gas. Der Tacho zeigte 120 Stundenkilometer.

In der flachen Ebene bei Brandenburg kam unser Auto auf einer spiegelglatten Fläche ins Rutschen und drehte sich dann um 180 Grad. Mit fast ungebremster Geschwindigkeit prallte es mit dem Heck gegen einen Baum am Autobahnrand. Der Baum schleuderte das Auto wie eine große Feder zurück auf die Fahrbahn. Durch die Wucht des Aufpralls brach die Baumkrone weg. Das Auto wurde durch den Baum von hinten bis zu unseren Vordersitzen in zwei Teile gespalten. Nach dem Unfall lag ich zunächst benommen im Autowrack. Dann rappelte ich mich auf und stieg durch ein zerbrochenes Fenster hinaus. Nun dämmerte mir, dass ich außer ein paar Schnittwunden den Unfall heil überstanden hatte. Ich konnte dann auch den Fahrer, der ebenfalls kaum verletzt war, aus dem Wrack befreien.

Mein Überleben erscheint mir noch heute wie ein Wunder. Nur weil das Auto exakt mit der Mitte des Hecks gegen den Baum prallte und so die Wucht durch den Kofferraum, die Hinterachse, die Rücksitze mit meinem darauf liegenden Koffer sowie durch unsere Rücklehnen abgebremst wurden, kamen wir mit dem Leben davon. Ein seitlicher Aufprall oder gar von vorne – es gab damals noch keine Sicherheitsgurte – wäre wohl tödlich gewesen.

Dieses Erlebnis weckte bei mir den Gedanken, dass Gott mich vorerst lebend will. Daraus entstand ein starker zusätzlicher Impuls, mich christlich zu engagieren.

Mein Erleben bot und bietet *keinen Beleg für die Existenz Gottes.* Aber es stärkt die Gefühlsseite meines Glaubens, sorgt für eine Art Rückenwind. Dazu tragen auch andere Geschehnisse und historische Persönlichkeiten bei. In diesem Sinne wirkt auf mich das Judentum mit dem jahrtausendealten Glauben an den einen Gott. Aus dieser Welt heraus wirkte auch Jesus. Es beeindrucken mich zudem Personen, die wegen ihres Glaubens, ihrer Lehre und ihres konsequenten Handelns verfemt oder gar hingerichtet wurden.

Zeugnisse der Menschen jüdischen Glaubens

Die *jüdische Glaubensentwicklung* begann mit Naturreligionen und dann Vielgötterei. Allmählich bildete sich heraus, dass jeder Stamm einen eigenen Schutzgott verehrte. Das könnte auch so beim Stamm von Abraham gewesen sein. Zudem bestanden regional heilige Stätten, etwa in Höhlen. In der frühen Königszeit vor 3000 Jahren, gewann dann der Gott El, vielleicht identisch mit Baal, in der Verehrung immer mehr die Oberhand. Eine große Rolle spielte dabei König David. Es folgte eine lange Geschichte der weiteren Glaubensentwicklung, die mit dem babylonischen Exil etwa 600 Jahre v. Chr. einen markanten Höhepunkt erreichte. Hier in der Fremde und Gefangenschaft bildete sich der jüdische Glaube an den einen Gott klar heraus.[23]

Dazu entstanden viele Sagen – man denke etwa an den Auszug aus Ägypten –, Mythen und Berichte über Propheten, teils wunderschön und teils von abstoßender Grausamkeit. Diese wurden etwa 250 v. Chr. in der Hebräischen Bibel, dem jüdischen Tanach, zusammengefasst. Es folgte eine griechische Übersetzung in mehreren Etappen. Abgeschlossen wurde diese erst etwa 100 n. Chr.

Für das Alte gilt natürlich das Gleiche wie für Teile des Neuen Testaments. Die Erzählungen drücken auf ihre Weise Wahrheiten aus. Ihr Entstehen geschah in einem *evolutionären Prozess,* in dem das jüdische Volk religiös reifte. So wandelte sich das Bild vom rächenden und harten Gott zu dem, den Jesus mit „Abba", den Vater, anbetet. Dieses Gottesbild spiegelt der wunderbare Psalm 23 wider:

„Der Herr ist mein Hirte, mir mangelt nichts,
er weidet mich auf grünen Auen,
zur Ruhe am Wasser führt er mich,
neues Leben gibt er mir."

Im Glauben darf man bei solchen Bekenntnissen annehmen, dass der Dichter durch Gott inspiriert wurde. Neben der Schönheit und Glaubensstärke zeigen viele Texte in der Hebräischen Bibel Reife, indem sie menschliche Erfahrungen und das Ringen mit dem Glauben an den einen Gott anschaulich beschreibt. Nach Johann Baptist Metz zeigt die Hebräische Bibel auf, „wie denn überhaupt zu reden sei angesichts der abgründigen Leidensgeschichte der Welt, ‚seiner Welt'".[24] Er nimmt dabei insbesondere darauf Bezug, dass Menschen jüdischer Religion auch Gott anklagen. Berühmt dafür ist das Hadern mit Gott durch Hiob.

Das tat auch, ganz *im Sinne der Hebräischen Bibel, Jesus*. Selbst wenn sein Gebet im Garten Getsemani angesichts der Todesgefahr ein frommer Mythos ist, lässt er doch sein Hadern gegenüber Gott erahnen.

Jesus ist nach dem Zeugnis der Evangelisten ein ausgezeichneter Kenner der Hebräischen Bibel. Und er bestätigt laufend ihre Aussagen – immer wieder jedoch in besonderer Weise. Das wohl prominenteste Beispiel dafür bietet das Liebesgebot. Dieses steht bereits in der Hebräischen Bibel und gehört sogar zu den älteren Texten. Auf die Frage der Schriftgelehrten „Welches Gebot ist das erste von allen", zitiert Jesus nach Markus (12, 28) einfach aus dem Alten Testament. Allerdings fügt er dabei zwei verschiedene Passagen zusammen. Wenn ich mich also im vorangegangenen Kapitel zum Glauben an Jesu Botschaft bekenne, so akzeptiere ich auch die Hebräische Bibel als wichtige Glaubensquelle.

Es besteht bei mir noch ein weiterer Grund für die besondere Wertschätzung der Hebräischen Bibel und des Judentums: Die *Standhaftigkeit der Menschen jüdischen Glaubens*. Sie waren die ersten in der uns bekannten Weltgeschichte, die konsequent den Glauben an den einen allmächtigen Gott hochhielten. Sie taten das als kleines Volk umgeben von anderen und mächtigeren Völkern und Kulturen, die der Vielgötterei anhingen. Sie blieben bei ihrem Glauben, als ca. 70 n. Chr. die Römer den zentralen Tempel in Jerusalem zerstörten und sehr viele ihre Heimat Palästina verließen. In allen neuen Heimatländern mussten sie immer wieder Diskriminierungen, Zwangsbekehrungen, Verfolgungen und Pogrome erleiden. Dennoch hielten sie über Jahrtausende an ihrem Glauben fest.[25] Wir wissen oder vermuten auch, dass sie auf den schrecklichen Fahrten im Güterwagen nach Auschwitz und in den Gaskammern zu ihrem allmächtigen Gott beteten, von ihm also auch in größter Not und Verlassenheit nicht abließen.

Einsatz und Verfolgung für den christlichen Glauben

Die Zahl der Menschen, die sich für ihren christlichen Glauben einsetzten, ihn tatkräftig umsetzten und dafür leiden mussten, ist sehr groß. Das fängt mit Frauen und Männern, die ein Martyrium erlitten, an und setzt sich fort bis in die Gegenwart. Zum Beginn des Christentums fallen mir der unermüdliche Paulus, der Sprecher der Apostel, Petrus, und der erste Märtyrer, Stephanus, ein. Aktuell denke ich hier an die große Zahl der in Pfarreien und Kirchengemeinden Tätigen und an Ordensleute, die sich für Mitmenschen einsetzen, ihnen dienen. Sie verzichten auf Vieles und häufig zerbrechen sie fast unter der Last der kirchlichen Realität. Dazu gehören auch von den kirchlichen Leitungen zumindest zeitweilig verfemte Theologen.

Als besonders *bekräftigend für meinen Glauben* erwiesen sich *drei Menschen*: der wissenschaftliche Türöffner Teilhard de Chardin, der unerschütterliche Dietrich Bonhoeffer und die todesmutige Sophie Scholl.

Der französische Jesuit *Teilhard de Chardin* wirkte als *Türöffner*, indem er die modernen Naturwissenschaften, insbesondere die Evolutionstheorie, mit der christlichen Lehre in Einklang bringen wollte. Wissenschaftlich profilierte er sich als Anthropologe und Paläontologe, arbeitete also zu Fragen der menschlichen Entwicklung. In China half er, den sensationellen Fund des Pekingmenschen auszugraben – ein fast 800.000 Jahre altes Skelett. Teilhard de Chardin war aber auch Theologe und Jesuit. Er schrieb über theologische Fragen wie etwa die Erbsünde. Sein zentrales Werk handelte von den Menschen im Kosmos. Darin entwickelte er die optimistische Theorie, dass die Menschheit immer einsichtiger und damit auch christlicher wird. Er sah also alles in Entwicklung und das positiv-dynamisch im

Sinne des Reiches Gottes.[26] Diese Sicht passte aber der kirchlichen Obrigkeit überhaupt nicht. So war noch vor gut 60 Jahren Papst Pius XII. fest davon überzeugt, dass die Menschen als Adam und Eva erschaffen wurden, wie es in der Bibel steht. In der Folge verlor Teilhard de Chardin seinen Lehrstuhl in Paris und bekam von der Kirche Publikationsverbot. Im Jahre 1951 verbannte ihn sein Jesuitenorden aus Frankreich und versetzte ihn nach New York. Der nun 70-Jährige fügte sich der Ordensdisziplin. Doch die Spannung mit Rom zehrte an seiner Gesundheit. Vier Jahre nach seiner Verbannung starb er in der Fremde.

Was für ein bedeutendes Potenzial für die kirchliche Entwicklung wurde da vergeudet! Erst nach seinem Tod konnten seine Bücher gedruckt werden. Sie erreichten in kurzer Zeit Millionenauflagen, weil sie einem Bedürfnis so vieler Menschen entsprachen. Auch ich begeisterte mich für seine Verknüpfung von Wissenschaft und Religion. Dazu besuchte ich mehrere Vorträge. Teilhard de Chardin ist für mich auch heute noch ein Zeuge großer Hoffnung, selbst wenn einzelne seiner Thesen zu spekulativ erscheinen mögen.

Dietrich Bonhoeffer verbinde ich mit dem Bild der *Unerschütterlichkeit* im Glauben. Bei ihm saßen die Verfolger nicht auf kirchlichen Stühlen, sondern in den Büros der Nazis. Diese provozierte er zunächst als profiliertes Mitglied der Bekennenden Kirche, später auch durch sein aktives Mitwirken im Widerstand gegen die nationalsozialistische Herrschaft. Bereits zu Beginn dieser Herrschaft wandte er sich klar und öffentlich gegen die Judenverfolgung. Auch kritisierte er nach Klaus Koziol in dessen Buch „Entschieden Christ sein" den Führerkult mit den Worten: „Führer und Amt, die sich selber vergotten, spotten Gottes."[27] Kein Wunder, dass er immer stärker unter die Repression der Nazis geriet. Dazu schreibt Klaus Koziol: „Aber er entschied sich anlässlich seiner letzten USA-Reise 1939 bewusst für ein Leben und Handeln in Deutschland, obwohl ihm klar sein musste, dass diese Entscheidung seinen Tod bedeuten könnte."

Von nun an engagierte sich Dietrich Bonhoeffer aktiv im Widerstand in der Gruppe des Admirals Canaris. Er nutzte vor allem sein Beziehungsnetz für Verbindungen zum Ausland. Davon bekamen die Nazis Wind. Im Jahre 1943 wurde er verhaftet und in mehreren Gefängnissen und Konzentrationslagern gefangen gehalten. Kurz vor Kriegsende, im April 1945, erfolgte auf ausdrücklichen Befehl Hitlers seine Hinrichtung durch Erhängen. Aus seiner Zeit der Gefangenschaft gelangten wunderschöne Zeugnisse seines unerschütterlichen Glaubens an Gott und Jesus nach außen. Dazu gehört das Gedicht „Pro Nobis", zu Neujahr, drei Monate vor der Hinrichtung geschrieben. Ich zitiere die letzte Strophe:

„Von guten Mächten wunderbar geborgen,
erwarten wir getrost was kommen mag.
Gott ist mit uns am Abend und am Morgen
und ganz gewiss an jedem neuen Tag."

Sophie Scholl bescherte ihr Glaube *Todesmut*. Sie engagierte sich als Studentin in der Gruppe „Weiße Rose" an der Münchner Universität gegen das Naziregime. Man muss sich plastisch vorstellen, was das für die junge Studentin hieß: Sie wirkte in einem totalen Überwachungsstaat. Umgeben war sie von vielen dem Regime treu ergebenen Menschen und dem Wirken der Gestapo. Dennoch gelang es der Studierendengruppe, immer wieder Flugblätter gegen die Nazis zu drucken und an öffentlichen Orten auszulegen. Wie dabei konspirativ vorgegangen wurde, schildert sehr anschaulich der Franzose Jean-Claude Mourlevat in seinem Buch „Sophie Scholl. Nein zur Feigheit".[28] Als vom sechsten Flugblatt, es wurde in 1.700 Exemplaren gedruckt, noch einige Blätter übrigblieben, ließ Sophie Scholl diese zusammen mit ihrem Bruder von der Empore im Lichthof der Münchner Universität herunterflattern. Dabei beobachtete sie der anwesende Hausmeister, ein Mitglied der Naziorganisation SA, und zeigte sie an. Kurz danach erfolgte eine Verurteilung zum Tode durch den berüchtigten Reichsrichter Roland Freisler. Gleichentags, am 22. Februar 1943, wurde Sophie Scholl zusammen mit ihrem Bruder Hans und ihrem Kommilitonen Christoph Probst hingerichtet.

Wie brachte Sophie Scholl zusammen mit ihrem Bruder und weiteren Studierenden den Mut auf, sich durch Taten gegen die Naziherrschaft zu stellen? Der Widerstandsgeist und Impuls zur Tat wuchsen erst allmählich. Noch 1934 begeistert sie sich als junges Mädchen für den Nationalsozialismus. Sie führte eine Nazimädchengruppe. Doch dann erkannte sie Widersprüche zu ihren christlichen Werten, die sie vom Elternhaus her mitbekommen hatte. Diese Werte vertiefte sie durch Literaturstudien. Durch ihren Bruder Hans, der als Student Soldat in der Wehrmacht war, erfuhr sie von den deutschen Gräueltaten in den besetzten Ländern im Osten. Hans berichtete von der massenhaften Ermordung von Juden in Polen. Nun wollte sie der „Weißen Rose" beitreten und aktiv gegen die Nazis kämpfen. Vergeblich versuchte ihr Bruder, sie wegen der Gefahren davon abzuhalten. Doch im Bewusstsein der Lebensgefahr pochte sie auf ihr Mitwirken. Der Gefängnisseelsorger berichtete später davon, wie gefasst Sophie Scholl und ihr Bruder zum Schafott gingen. Kurz vorher feierten die beiden noch mit dem Gefängnispfarrer das Abendmahl.

3.3 Mein Dennoch-Glaube

Zweifel und Glaube

„Gott, ich vergebe dir alles, was Du mir angetan hast", so stand es in einem ausliegenden Buch in der romanischen Kirche St. Ottilien auf dem Tüllinger Hügel nahe bei Basel. In jenem Buch konnten Besuchende der Kirche ihre persönlichen Anliegen eintragen.[29] Der Eintrag erinnert an Hiobs Hadern mit Gott. Die Frau fühlt sich von Gott ungerecht behandelt. Doch sie glaubt an Gott und nimmt ihn ernst.

Auch ich glaube an Gott. Dafür spricht für mich die Botschaft Jesu, bestärkt durch die Geschehnisse, die ich im vorangegangenen Kapitel beschrieb. Doch steigen bei mir *immer wieder starke Zweifel* hoch. Den scheinbar felsenfesten Glauben des Jesuiten Alfred Delp, der noch 1945 wegen seiner Widerstandstätigkeit von den Nazischergen hingerichtet wurde, habe ich nicht. Auf dem Weg zum Galgen soll er zum Gefängnispfarrer gesagt haben, dass er in wenigen Augenblicken mehr als er wisse.

Zu den großen Zweifelsbereichen gehört für mich und sehr viele andere das *Leiden der Menschen*. Verursacht wird das Leiden durch Handlungen von Menschen, Naturkatastrophen, Krankheit und Tod. Vertretungen der Kirchen versuchten zu diesem Theodizeeproblem immer wieder intelligente Erklärungen, verweisen etwa auf das Mitleiden von Gottes Sohn am Kreuz.[30] Doch bleibt selbst für Jesus Gott in der Stunde des Todes abwesend. Da hilft auch nicht sein Schreien am Kreuz, von dem berichtet wird. Den Juden in den Viehwaggons auf der Fahrt nach Auschwitz zeigte sich Gott ebenfalls nicht. Und wenn ein 11-jähriger Bub in unserer Nachbarschaft an Knochenkrebs erkrankte, schmerzvolle Operationen über sich ergehen lassen musste, aber dennoch starb, dann nagt der Zweifel an einem Gott, der angeblich die Menschen liebt.

Es trösten auch keine Erklärungsversuche von Philosophen. So schrieb der bekannte Slavoj Žižek: „Gott ist weder gerecht noch ungerecht: Er ist ohnmächtig."[31] Doch was ist das für ein allmächtiger Gott, der ohnmächtig wirkt?[32]

Mich lassen auch das Geschehen und die *Auswirkungen der Evolution* zweifeln. Dazu gehört bereits die Erkenntnis, dass sich scheinbar alles nach wissenschaftlich erkennbaren Regeln entwickelt, es also Gott als Erklärung nicht braucht. Die Meinung vertrat auch der bereits zitierte berühmte Stephen Hawking.

Die Evolution brachte einen sehr unvollkommenen Menschen hervor, oft getrieben von Neid, Gier, Hass, extremen Machtstreben und Unmäßigkeit im Umgang mit der Natur. Vom Ebenbild Gottes erkennt man kaum etwas. Die Versuche selbst von Papst Franziskus, das Böse des Menschen auf das Wirken des Satans zurückzuführen, finde ich unlogisch. Denn wenn es einen Satan gäbe – ich halte diese Figur für eine menschliche Projektion für das Böse –, hätte ja der allmächtige Gott ihn geschaffen und im Wirken zugelassen. Grausam sind auch die Gesetze der Natur, welche die Evolution hervorgebracht hat. Man kann es in den großartigen Naturfilmen sehen: Fressen und gefressen werden regieren das Geschehen. Selbst die herzige, wohlgenährte Hauskatze liebt es, Mäuse so einfach aus ihrem Jagdinstinkt zu verfolgen und zu töten.[33]

In Nachbarschaft mit der Evolutionstheorie stellt sich die Frage, ob nicht Gott eine *Erfindung der Menschen* ist. Diese benötigen, wie in Kapitel 2.1 begründet wurde, Erklärungen für alles, was ihnen in ihrem Leben begegnet, zu dem sie Fragen haben. Das bietet ihnen dort, wo keine wissenschaftlichen Kenntnisse vorliegen, wahrgenommen oder akzeptiert werden, die Annahme von Gottes Wirken. Gott dient auch der Bekräftigung von menschlichen Regeln wie zum Beispiel die Zehn Gebote, die als jüdische Stammesregeln entstanden.

Menschen suchen zudem eine Projektionsfläche für ihre Bedürfnisse und Wünsche. Dazu gehören der Traum von einem glücklichen Leben und die Unsterblichkeit. Daher nennt auch der Sozial- und Evolutionsbiologe Robert Trivers die Religion „ein Rezept für die Selbsttäuschung".[34] Er beschreibt rationale Gründe, warum sich Religionen dennoch halten können. Dazu gehöre eine einheitliche, privilegierte Ansicht über die Welt für die eigene religiöse Gruppe. „Entweder ist man das Gründervolk, und alle anderen sind verwahrloste Hunde, oder man ist aufgrund der ethnischen Zugehörigkeit (Juden) oder weil man Anhänger dieses oder jenes Propheten ist (Jesus, Mohammed), das ‚auserwählte' Volk." Andere Evolutionsbiologen sprechen von einem Religionsgen, weil in der Entwicklung der Menschheit religiöse Gruppierungen besser überlebt hätten. Psychologen wie Sigmund Freud sahen und sehen im Glauben an Gott eine Art Sehnsucht nach einem allmächtigen und Schutz spendenden Vater. Sie deckten auch auf, wie Religion als Instrument für die Machtausübung und den Machtmissbrauch eingesetzt wird.

Mein christlicher Glaube erscheint mir *ein Zufallsprodukt* zu sein. Ich schilderte bereits, wie der Großvater den Ausschlag dafür gab, dass ich katholisch getauft wurde. Ebenso zufällig hätte ich als Hindu ins Leben treten können. Wenn mir mein christlicher Glaube nun gut für mein Leben und den Lebenssinn erscheint: Warum trat Gottes Bote Jesus nur in Palästina auf, warum nicht in China oder Südamerika? Warum kommt mit ihm nur der kleinere Teil der Menschheit so in Berührung, dass er verstanden, angenommen und gelebt wird? Theologen wie der berühmte Basler Karl Barth meinten dazu, es gehöre halt zu Gottes Freiheit, dem einen die Gnade des Glaubens zu schenken und dem anderen nicht. Doch wo bleibt da Gottes Gerechtigkeit?

Ein Grund für Zweifel sind für mich schließlich auch die *Lehre von Kirchen*, ihre Aussagen seien direkt vom Heiligen Geist inspiriert worden und dieser stände ihnen bei bestimmten Aussagen und Handlungen immer noch bei. Dazu zählen Aussagen von Reformatoren ebenso wie solche vom Papst. Wie kommt es dann, dass das Neue Testament, die Grundlage des Christentums, so viele Aussagen enthält, die wissenschaftlich gesehen, nicht stimmig sind oder sogar unglaubwürdig erscheinen? Beispiele brachte ja das Kapitel 2. Warum entstanden Dogmen und Aussagen in Bekenntnisschriften, die wissenschaftlich nicht mehr haltbar sind?

Für viele Menschen reicht bereits eines der kurz dargestellten Argumente, die Vorstellung eines übernatürlichen, allmächtigen Gottes, der auf die Welt einwirkt, zu verwerfen. Dafür habe ich volles Verständnis. Denn die geschilderten Situationen, Erkenntnisse, Erklärungen und Geschehnisse lassen sich nicht beiseiteschieben, bleiben sehr sperrig bestehen.

Ich muss, wenn ich mich zu einem allmächtigen Gott bekenne, die zum Zweifel Anlass gebenden *Argumente einfach stehen lassen*. Geistige Klimmzüge mit dem Versuch einer Entkräftung der aufgeführten Argumente gegen die Existenz und Eigenschaften von Gott überzeugen mich nicht. Daher folge ich auch beim Thema des Leidens in der Welt dem Theologen Johann Babtist Metz, der in seinem Buch „Memoria Passionis" schreibt: „Wie narzisstisch muss eigentlich ein Glaube sein, der angesichts des Unglücks und der abgründigen Leiden in der Schöpfung, in Gottes Schöpfung, nur Jubel kennen will und keinen Schrei vor dem Antlitz Gottes."[35] In seinem Buch „Einfach zu glauben" schreibt auch Xaver Pfister ratlos: „Und so muss damit gerechnet werden, dass wir auf diese Fragen nie theoretisch befriedigende Antworten erhalten werden."[36] Christen und Christinnen bleibt also nur anzunehmen: Es gibt keinen Gott nach unseren Vorstellungen, nach unserem Verstehen und unseren Erwartungen. Das ist das einzige Argument, das für mich zählt.

So obsiegt bei mir ein „Dennoch" im Glauben an Gott. Maßgeblich dafür ist das Vertrauen in die Botschaft Jesu. Hinzu kommen die geschilderten Bekräftigungen und mein Erleben, dass mir meine Sicht des Christentums guttut. Schließlich wirkt bei diesem Bekenntnis zu Gott ein tief verankertes, intuitives Gefühl.

Ein schlichtes Gottesbild

„Grüß Gott" sagen die Bayern und ich sagte es auch tausende Male, als ich in München lebte. Eigentlich steckt hinter dieser Grußformel der Wunsch „Grüße Dich Gott". Irgendwie kommt mir dieser Gruß so vor, als spreche man von einem bekannten Kumpel. Gott ist dabei selbstverständlich und meint es nur gut mit Allen.

Doch wer ist Gott für mich wirklich? Welche Eigenschaften verbinde ich mit ihm? Was fordert Gott von mir und was hat er vielleicht mit mir vor? Die letzten beiden Fragen sind ja *für meine Existenz entscheidend*. Eigentlich müssten mich Gedanken dazu außerordentlich stark beschäftigen, ja erschüttern. Eher unbewusst ist das manchmal auch so.

Unheimlich wirkt für mich zudem der Gedanke, welch unvorstellbare Größe ein allmächtiger Gott haben muss und nach meinem Glauben auch tatsächlich hat. Das Universum umfasst eine enorme Anzahl von Galaxien, vermutlich viel mehr als 100 Milliarden. Eine davon ist die Milchstraße mit ebenfalls mehr als 100 Milliarden Sternen. Einer wiederum davon ist die Sonne, die von unserer kleinen Erde umkreist wird. Es erscheint mir durchaus möglich, dass irgendwo im Universum auch Wesen mit einem Bewusstsein wie Menschen leben. Wenn alles irgendwie vom allmächtigen Gott stammt, dann gehören zu seiner *Schöpfung* auch die mehr als 100 Milliarden Nervenzellen in meinem Kopf.

Ein wenig kann man die Menschen beneiden, die von unseren heutigen wissenschaftlichen Erkenntnissen noch nichts wussten. Für sie schuf Gott den Menschen mit Adam und Eva sowie den ganzen Sternenhimmel direkt – so, wie man das dem Alten Testament entnehmen kann.

Wir Heutigen stehen jedoch *im Bann der kosmischen Entwicklungen und der Evolution.* Seit fast 14 Milliarden Jahren entwickelte sich das Universum. Es entstanden die Schwarzen Löcher, Sonnensysteme, Planeten, die Erde, Meere, Kontinente, Gebirge, Bäume, Fische, Mücken, Affen und Menschen. Diese Vorgänge schildert in einem Zeitraffer sehr anschaulich der Physiker Reiner Kümmel in seinem Buch „Die vierte Dimension der Schöpfung".[37] All das lässt sich heute wissenschaftlich erklären. Die kosmischen Entwicklungen und die Evolution gelten als Ergebnis von Naturgesetzen, Selektionen und Zufällen. Dabei muss man allerdings sehr staunen. Denn es war, wissenschaftlich gesprochen, schon ein sehr großer Zufall, dass überhaupt Leben auf der Erde entstand und die Evolution in Gang kam.[38] Und diese Entwicklungen gehen weiter. Wir und unsere Welt bilden nur ein momentanes Zwischenstadium. Gemäß dieser Annahme kann der heutige Stand der Schöpfung nur unvollkommen sein. Ihre weitere Entwicklung ist noch offen. Doch Gott kennt und bestimmt, so mein Glaube, das Ziel.

Dieser *allmächtige Gott* wirkt nach meinem Glauben in einer gänzlich anderen Dimension. Er ist unabhängig von Raum und Zeit. Wegen der Zeitlosigkeit erübrigt sich auch die Frage: „Wer schuf Gott?" Ich kann nur darauf vertrauen, dass es ihn gibt.[39]

Es fehlt dennoch nicht an menschlichen Versuchen, Gott gedanklich in seiner Allmacht zu beschränken. Da werden Bilder von einer Art Uhrmachergott entwickelt, der nach der Schöpfung von Kosmos und Evolution alles nach eigenen Gesetzen laufen lässt. Andere verbannen Gott ganz ins Jenseits, sehen ihn also nur inmitten der himmlischen Heerscharen. Wieder andere vergöttlichen die Welt, lokalisieren Gott nur in uns und in der Natur. Mein Bild vom allmächtigen Gott, basierend auf Jesu Aussagen, kennt keine Zuordnungen und Begrenzungen. Jesus hatte für Gottes „Zuständigkeit" und Kümmern um jedes Detail nicht nur das bereits zitierte Bild der Spatzen, sondern auch das der menschlichen Haare auf dem Kopf. Abstrakt gesprochen: Gott ist die alles bewirkende Kraft überall im Kosmos. Wesentlich konkreter werde ich nicht. Mich überzeugt die jüdische Tradition, Gott nicht mit konkreteren Beschreibungen „festnageln" zu wollen.

Bereits aus diesem Grund kommt für mich eine Aufteilung von Gott in drei Personen, auch Trinität und Dreifaltigkeit genannt, nicht infrage. In Kapitel 2.3 beschrieb ich Gründe, warum dieses Dogma meinem Wissen und Denken widerspricht. Dabei ist mir bewusst, dass in den Amtskirchen nach wie vor davon gepredigt und danach gehandelt wird. Man denke nur an das Kreuzzeichen der Katholiken mit den Bedeutungen „Im Namen des Vaters und des Sohnes und des Heiligen Geistes".

Möglich ist für mich demgegenüber das Bild von „Gott mit den zwei Händen".[40] Jesus wirkte historisch direkt unter den Menschen und hinterließ uns seine Botschaft. Der Heilige Geist steht für das laufende Wirken Gottes, das aber von Menschen, speziell den Kirchen, nicht einfach durch bestimmte Handlungen herbeigerufen werden kann. Ich verwerfe auch in meiner *ganzheitlichen Sicht*, wie schon begründet, eine Aufteilung von Gott in den Barmherzigen und in den Widersacher, den Satan. Der allmächtige Gott gibt auch dem Bösen Wirksamkeit und überlässt die Menschen der Versuchung. Das gehört zur gottgewollten Freiheit des Menschen.

Menschen haben heutzutage Mühe, an einen *persönlich ansprechbaren Gott* zu glauben. Ein überwiegender Anteil von befragten Katholiken in Deutschland bestätigte diese Aussage. Auch ich mache mir Gedanken darüber, ob der unendlich große Gott für mich Winzling gesprächsweise zur Verfügung steht. Zu fragen ist auch, ob die 2000 Jahre alte Botschaft Jesu vom persönlich ansprechbaren Vater, von ihm „Abba" genannt, noch heutzutage gelten kann. Dazu sage ich für mich „Ja".

Gott ist natürlich keine Person wie wir Menschen. Er ist auch kein Übermensch oder kein belastendes Über-Ich.[41] Vielmehr hat Gott, um ein Bild zu verwenden, bei jedem Einzelnen ständig sein Zelt aufgeschlagen.

Und er will eine Beziehung zu uns. Diese ist nur möglich, wenn wir Gott nach Art der Menschen persönlich ansprechen können. Dabei gilt es aber nicht zu vergessen: Gott ist für uns Menschen unverfügbar.

Die Zuwendung Gottes

Als ich im Jahr 2018 auf meiner Wanderung von Basel nach München die Wallfahrtskirche auf dem Peißenberg besuchte, kam bei mir Abscheu auf. Im Kirchenraum zählte ich fünf unübersehbare Darstellungen der Kreuzigung Jesu, manche sehr realistisch mit viel Blut. Wird damit dem „liebenden" Gott gehuldigt? Ich fürchte, ja. Denn Jesu Tod am Kreuz wird nach dem ersten Brief des Johannes, etwa 70 Jahre nach diesem Ereignis entstanden, so interpretiert (4, 10): „... dass er uns geliebt und seinen Sohn gesandt hat als Sühne für unsere Sünden." Die *„Liebe" Gottes* wird also *recht blutig inszeniert.*

Für mich und auch für andere ist das sehr abstoßend. Daher pflichte ich dem preisgekrönten Schriftsteller und Moslem Navid Kermani bei, der im Buch über das Christentum zur Darstellung des Gekreuzigten schrieb: „Gerade, weil ich ernst nehme, was es darstellt, lehne ich das Kreuz rundweg ab. Nebenbei finde ich die Hypostasierung (Anm. Vergöttlichung) des Schmerzes barbarisch, körperfeindlich, ein Undank gegenüber der Schöpfung, über die wir uns freuen, die wir genießen sollen ..."[42]

Auch ich verweigere mich solcher „Liebe" Gottes und setze daher das Wort in Anführungszeichen. Und ich frage mich, wie ich mir die „Liebe" Gottes zu den Menschen überhaupt vorstellen kann. Das führt zur anschließenden Frage: Was meint überhaupt das Wort „Liebe"?

Die freie Enzyklopädie „Wikipedia" im Internet nennt bei diesem Stichwort dreierlei Bedeutungen: Eine „Empfindung", ein „Gefühl" und eine „Haltung".[43] Bei der Empfindung geht es vor allem um sexuelle Anziehung und Handlungen. Hier schießt Amor seinen Pfeil. Beim Gefühl spielen Sympathie, Freundschaft, Fürsorge und Emotionen eine große Rolle. Der Impuls zu Handlungen der Nächstenliebe dockt hier oft an. Man spendet zum Beispiel für Erdbebenopfer in Indonesien. Auch die mystische Liebe gehört in diese Kategorie. Bei der Haltung geht es um die innere Einstellung gegenüber Personen, denen ich um ihrer selbst willen Wohlergehen und Glück wünsche. Eine solche Haltung fordert zum Beispiel Paulus, wenn er im 1. Korintherbrief schreibt (13, 3): „Und wenn ich alle meine Habe verschenke ..., aber keine Liebe habe, so nützt es mir nichts."

Betrachte ich diese drei Kategorien, so passt mir nichts, wenn ich mir die „Liebe" Gottes vorstellen möchte. Das ist kein Wunder, denn Gott lässt sich nicht mit menschlichen Begriffen fassen. Daher ist es für mich *irreführend, von der „Liebe" Gottes zu sprechen*, was Kirchen unentwegt tun. Das klingt für mich zu sehr nach einer Art „Kuschelgott".[44] Umso mehr müssen diese dann erklären, wie die „Liebe" Gottes zum Leid in der Welt und auch zu den Versuchungen durch das Böse passt. Ich bevorzuge daher, von der Zuwendung Gottes zu den Menschen zu sprechen.

Dabei halte ich mich an *Jesu direkte Botschaft* und nicht an das, was die Kirchen und ihre Theologen später daraus gemacht haben. Jesus gebraucht nach den Evangelisten nur zwei Mal den Terminus vom „lieben Gott" – und selbst das ist angesichts des Patchworks des Neuen Testaments fraglich.[45] Wahrscheinlich sind demgegenüber die vielen Erzählungen Jesu über Gott, in denen er

- sich um alle Menschen kümmert, niemanden vergisst,
- um die Bedürfnisse der Menschen wie das „täglich Brot" weiß,
- den Menschen die Freiheit lässt,
- gegenüber Menschen barmherzig ist und ihnen vergibt,
- jedoch auch Menschen in Versuchung geraten lässt,
- das Böse und menschliches Leid zulässt,
- Menschen straft, aber auch vergibt.

Und: Gott richtet an die Menschen das Liebesgebot. Gott ist der Bezugspunkt und die geistige Quelle der menschlichen Liebe. Diese bildet – im Sinne des Reiches Gottes bereits auf Erden – nach meinem Verständnis den Kern vom Christentum. Daher gehe ich auf dieses facettenreiche Thema in Kapitel 3.4 nochmals vertiefend ein.

Ich greife die vielen Kreuzesdarstellungen in der Wallfahrtskirche auf dem Peißenberg nochmals auf. Die Vorstellung, dass der allmächtige und zeitlose Gott Opfer für die Versöhnung mit den Menschen benötigt, leuchtet mir nicht ein. Die Gründe dafür schilderte ich in Kapitel 2.3 beim Thema „Opferkomplex".

Davon zu unterscheiden ist, wenn Menschen sich für andere opfern. Ich denke hier zum Beispiel an den polnischen Priester Maximilian Kolbe im KZ Auschwitz, der sich anstelle eines willkürlich ausgewählten Familienvaters – eine Vergeltungsmaßnahme – töten ließ.

Jesu Gleichnisse zeigen, dass *Gott uns bedingungslos verzeiht*, wenn wir bereuen und uns um Besserung bemühen. Daher braucht es keine Opfer für unsere Sünden, auch keine unblutigen. Und weil Gott keine Opfer braucht, erübrigt sich eine Stellvertretung durch Jesu mit seinem Tod am Kreuz. Die in den Kirchen ausgiebig zelebrierte Opfertheologie lehne ich in der Folge ab. Gut verstehen kann ich jedoch, dass bei Leiden eine Betrachtung vom gekreuzigten Jesus vielen Menschen Trost spendet.

Gegen die Opfertheologie einzuwenden ist zudem, dass Gott offensichtlich keine demütige Abhängigkeit von uns will. Die Menschen sollen vor ihm nicht „zu Kreuze kriechen", um sein Wohlwollen zu erwirken. Die demütige Abhängigkeit entspricht nicht der bedingungslosen Zuwendung von Gott und auch nicht der Haltung, die Jesus uns zum Beispiel im „Vaterunser" gelehrt hat. Vielmehr will Gott nach Jesus einen aufrechten Menschen, der über einen *freien Willen* verfügen kann. Dieser ist zwar, wie in Kapitel 2.1 beschrieben, durch unsere meist unbewusst wirkenden genetischen Anlagen und Prägungen eingeschränkt. Doch besteht die Chance zu erkennen, was, gemessen am Liebesgebot, richtig oder falsch lief oder aktuell läuft. So lassen sich Fehler vermeiden und vielleicht ausbügeln.

Menschen sollen also über ihre existenziellen Fragen selbst entscheiden und erhalten dadurch auch ihre besondere Würde. Das zeigt sehr anschaulich das schon angeführte Gleichnis vom verlorenen Sohn. Und es ist klar: Nur freie, ungezwungene Menschen können sich von Gott anstiften lassen, zu ihm eine Beziehung aufzubauen. Damit in Zusammenhang ist die christliche Freiheit nach Xaver Pfister „zunächst und zuerst eine Befreiung von Zwängen und nicht eine Einbindung in neue Zwänge und Gebote".[46] Das aber erweist sich als anspruchsvoll, anspruchsvoller als das sture oder blinde Einhalten von Geboten. Der Zöllner im Gleichnis Jesu ist darin das Vorbild, nicht der gesetzestreue Pharisäer.

Ich kann mich in Freiheit von Gott abwenden, Böses tun und Gutes unterlassen. Und das tue ich leider immer wieder und tun andere Menschen auch. Es entspricht der Botschaft Jesu vom Gericht, dass Gott im Sinne einer ausgleichenden Gerechtigkeit etwas mit mir vorhat. Was das konkret ist, darüber spekuliere ich nicht. Ich vertraue auch bei der *Frage des Gerichtes* lieber darauf, dass Gott mir letztlich verzeiht.[47]

Damit ist die Hölle, von der Jesus nach den Evangelisten mehrfach spricht, noch nicht vom Tisch. Für mich gehört das jedoch zu den Bildern, die insbesondere die Menschen früher, die sich alles konkret vorstellen wollten, für ihr eigenes Verstehen entwarfen. Der Wanderprediger Jesus nutzte solche Bilder, um seine Zuhörenden aufzurütteln. Es war ja für ihn außerordentlich schwer, die Menschen für seine Botschaft zu öffnen. Vielleicht haben aber auch die Zeitzeugen, dann die Evangelisten und schließlich manche Übersetzer das Bild von der Hölle in stärkeren Farben gemalt, als Jesus davon sprach.

Luther, der ja die Bibel noch wortwörtlich verstand, muss fürchterliche Angst vor Gottes Gericht und vor der Hölle gehabt haben. Den Teufel sah er in seiner lebhaften Fantasie leibhaftig vor sich. Nach der Legende soll er auf der Wartburg in seinem Arbeitszimmer mit dem vollen Tintenfass nach ihm geworfen haben. Den dadurch entstandenen angeblichen Tintenfleck zeigt man noch heute den Besuchern.

Luthers Angst vor Gottes Gericht beeinflusste wohl auch seine Lehre von der *Rechtfertigung des Menschen*. Es geht dabei um die Frage, ob Menschen allein durch Gottes Gnade gerechtfertigt werden, also ihr Heil im Himmel erlangen, oder ob auch menschliche Leistungen wie etwa Spenden oder andere gute Taten zur Rechtfertigung beitragen können. Aus heutiger Sicht ist der Streit völlig müßig. Mein Glaube an sich fordert von mir, Menschen in Liebe zu begegnen und Leistungen für sie zu erbringen. Es bleibt dem Urteil Gottes überlassen, wie weit diese zu meinem Heil beitragen.

Da Gott allmächtig ist und auch die Zeit in seinen Händen hält, weiß er in der Konsequenz alles im Voraus, auch was mit der Welt und mir geschieht. Dieses Vorauswissen des zeitlosen Gottes, belässt mir als Mensch in der Zeit das freie Handeln, begrenzt durch die in Kapitel 2.1 geschilderten Faktoren. Es ist zudem eine Frage der Logik gepaart mit dem Glauben, dass der allmächtige Gott in das kosmische und weltliche Geschehen eingreift. Die

3 ENTSCHLACKTER UND OFFENER GLAUBE

Wandlung des Saulus vor Damaskus zum Paulus, sehe ich als ein solches Eingreifen Gottes an.

Es gibt also nach meiner Überzeugung eine *Vorsehung*. Nun ist dieser Begriff leider ziemlich kontaminiert. Einerseits wurde er von Machtmenschen, allen voran Adolf Hitler, grässlich missbraucht. Andererseits haben auch die Kirchen und ihre Theologen an Gottes Vorsehung herumgebastelt und diese für bestimmte Aussagen in Beschlag genommen. Ich denke hier an Augustinus und Calvin mit der verhängnisvollen Lehre von der Vorherbestimmung des Menschen (Prädestination) oder an die blumigen Umschreibungen und Spekulationen im katholischen Katechismus.

Im Zusammenhang mit der Vorsehung stellt sich die Frage, ob wir unsere *Seele* direkt von Gott empfangen. Nach dem katholischen Katechismus aus dem Jahre 2005 ist das so. In dieser Quelle steht: Es wird die Seele „im Tod vom Leibe getrennt, und sie wird sich bei der Auferstehung von neuem mit dem Leib vereinen".[48]

Vor gut 100 Jahren gab es in New York einen Arzt, der das Gewicht der Seele messen wollte. Er meinte, dass die Seele materiell in unserem Gehirn wohne. Und da die Seele nach dem Glauben dieses Arztes beim Tod den Leib verlässt, musste ein Toter leichter sein als ein lebender Mensch. Er wog also Sterbenskranke vor und direkt nach dem Tod. Dadurch kam er zum „wissenschaftlichen" Ergebnis, dass eine Seele 21 Gramm wiege. Ähnliche Vorstellungen bewogen Menschen in den Alpen, in den Räumen, in denen Tote aufgebahrt wurden, ein immer offenes Seelenfenster einzubauen. Das sollte es der Seele der gerade Verstorbenen ermöglichen, augenblicklich und ungehindert den Raum zu verlassen und zu entkommen. Doch entspringen solche Vorstellungen von der Trennung von Leib und Seele nach dem Tod nicht der Bibel, sondern der griechischen Philosophie.[49]

Von Jesus direkt bekamen wir jedoch keine Aussagen zur Seele überliefert. Nüchterne Wissenschaftler umschreiben die Seele heutzutage als die Gesamtheit aller Gefühlsregungen und geistigen Vorgänge eines Menschen. Dazu gehören auch das intuitive und unbewusste Fühlen, Denken und Wollen.[50] Es geht also um den ganzen menschlichen „Innenraum". Seele wird auch mit Psyche oder Geist gleichgesetzt. Und man muss hinzufügen: Die umschriebene Gesamtheit ist aufs Engste mit unserem Körper verbunden.

So großartig, einmalig und unvollkommen wir sind, so ist es in diesem Verständnis auch unsere Seele. In diesem Sinn ist auch die Seele für mich ganz individuell und auf mein jetziges Leben bezogen. Aus diesem Grund glaube ich auch nicht an die Wiedergeburt meiner Seele in anderen Menschen oder gar Tieren, genannt Reinkarnation. Die Vorstellung, dass sich Menschen nach Gottes Willen durch viele Erdenleben nach oben durcharbeiten müssen, ist mir fremd.

Zwei Reiche Gottes

„Wenn wir vom Reich Gottes reden, dann treffen wir den Kernbestand von Jesu Botschaft (Mk 1, 15). Doch sollen wir konkretisieren, was der Begriff meint, dann geraten wir entweder ins Stocken oder wir fangen an, Geschichten zu erzählen von den menschenfreundlichen Taten Jesu … ", schreibt ein etwas frustriert wirkender Religionspädagoge.[51] Das kann ich nachvollziehen. Wie bereits angeführt, bestehen im Neuen Testament zur zeitlichen und räumlichen Verortung des Reiches Gottes mehrere Alternativen. Mal ist es gemäß den verschiedenen Evangelien im Kommen, mal bereits bestehend. Mal ist es auf Erden, mal im Himmel; mal entsteht das Reich Gottes mit einem großen Paukenschlag und unter Posaunenklängen, mal ist es allmählich im Werden. Zudem entspricht es einer biblischen Alternative, verkündet von Propheten, die uns heute fremd ist: Es stand für die Hoffnung auf ein göttliches Königreich in Israel unter der Herrschaft eines Nachkommen Davids, eines Messias.

Wofür entscheide ich mich in meinem Glauben? Ich bleibe trotz aller Bedenken beim Begriff „Reich Gottes". So steht es im „Vaterunser" und so wird es auch in der Literatur gehandhabt. Zudem verwerfe ich alle Alternativen, die Zeitvorstellungen zum Kommen des Reiches andeuten. Denn Gott handelt jenseits unserer menschlichen Zeit und ist stets präsent als Jahwe „Ich bin da". Auch glaube ich, dass es zwei Reiche Gottes gibt, das noch unvollkommene auf Erden und das vollkommene im Jenseits. In beiden Fällen ist es kein Raum, sondern bildet eine Existenzweise.[52]

Das *Reich Gottes auf Erden* besteht in Menschen, die Gottes Liebesgebot so gut wie möglich umzusetzen suchen. Darin setzt Jesus – durchaus im Rahmen jüdischer Tradition – einen starken Akzent und verdeutlicht das mit vielen Gleichnissen. Erinnert sei zum Beispiel beim Evangelisten Lukas an den Sämann (13, 3–8), an die Frau, die Sauerteig in das Mehl rührt (13, 33), und an die Aufforderung, dass jeder seine Talente für das Reich Gottes auf Erden einsetzen solle (25, 14–30).

Ein weiterer Akzent besteht darin, dass Jesus keine Messias-Erwartung weckt.[53] Das stand im Gegensatz zum weit verbreiteten jüdischen Glauben, es vergehe noch Zeit und dann komme ein Messias, die alte Welt gehe unter und das Reich Gottes entstehe. Demgegenüber verkündigt Jesus nach Lukas (17, 21): „Denn seht, das Reich Gottes ist mitten unter euch." Das eine „… Reich Gottes meint also die alltägliche Welt, in der sich die Menschen je und je befinden".[54]

Jesus versprach beim Bemühen um Gutes und Verbesserungen im diesseitigen Reich Gottes auch Erfolg, wenn er nach dem Evangelisten Markus das Beispiel vom Senfkorn bringt (4, 31–32). Dieses besonders kleine Samenkorn wächst nach dem Säen so stark, dass große Zweige entstehen, in deren Schatten Vögel nisten können. Jesus setzt also, ausgehend von kleinen Anfängen, auf dynamische Entwicklungen, angetrieben durch das Liebesgebot. Dankbar darf ich in diesem Zusammenhang feststellen: Neben vielem Ungutem verbessert sich auch viel in unserer Welt. Dabei nehmen die meisten Menschen eher das Ungute wahr. Dem gegenüber steht in der angesehenen Wochenzeitung „Die Zeit" zu lesen: „Die Welt ist sehr viel besser, als die meisten Menschen glauben."[55] Als eines der Beispiele nennt die Zeitung unter sehr vielen die internationale Solidarität bei natürlichen und kriegerischen Katastrophen. Doch bleibt die Welt eine Dauerbaustelle und in Bewegung. Ich bin aufgefordert mich im Sinne des Liebesgebotes laufend einzubringen.

Das zweite *Reich Gottes* besteht im *Jenseits*. In ihm herrscht nach Jesu Aussagen die Allgegenwart der Liebe. Alle Menschen – das ist natürlich ein diesseitiger Begriff – sind gleich und gerecht. Im jenseitigen Reich Gottes gibt es keine Kriege, keine Naturkatastrophen, keine Krankheit und keinen Tod mehr. Alles Leiden ist vorbei. In der Offenbarung des Johannes heißt es dazu poetisch (21, 4): „Und abwischen wird er jede Träne von ihren Augen, und der Tod wird nicht mehr sein, und kein Leid, kein Geschrei und keine Mühsal wird mehr sein … " Das ist, was „Erlösung" wirklich meint.[56]

Die Chance, in das jenseitige Reich Gottes zu gelangen, verspricht Jesus allen Menschen. Ich denke in diesem Zusammenhang an die Szene am Kreuz mit dem reuigen Räuber. Selbst wenn der Evangelist Lukas die folgenden Worte, seiner Überzeugung folgend, Jesus nur in den Mund gelegt haben sollte, drücken sie für mich eine Wahrheit aus (23, 43): „Heute noch wirst du mit mir im Paradies sein."

Diese Verheißung galt für Menschen bereits vor Jesus und gilt auch jetzt und in Zukunft. „Das Leben, Sterben und Auferstehen Christi ist demnach nicht die Verrichtung eines Erlösung bewirkenden Werkes, das ein vorher nicht verfügbares Gut – nämlich Heil – zugänglich gemacht hätte, sondern die Offenbarung des immer schon vorhandenen und zu allen Zeiten wirksamen Heilswillens Gottes", schreibt der bekannte katholische Theologe Michael Seewald.[57] Einfacher ausgedrückt: Auch schon dem jüdischen Urvater Abraham stand das Reich Gottes im Jenseits offen. „Erlösung" in diesem Sinn gibt es nicht erst seit Jesu Tod am Kreuz. Das mindert keinesfalls die Bedeutung Jesu für den entschlackten christlichen Glauben.

3.4 Herausforderung Liebe

In drei Richtungen

„Manche Menschen bekommen glasige Augen, wenn sie das Wort ‚Liebe' hören", lästert Kurt Flasch in seinem Buch „Warum ich kein Christ bin".[58] Und an anderer Stelle spricht er von den „maßlos übertriebenen Stärken wie die Liebesethik und die Bergpredigt". Hier, so meine ich, hat der kritische Autor einfach eine andere Werthaltung als die von Jesus verkündete. Doch ich kann mir vorstellen, dass selbst für Christen das Gebot der Liebe etwas ausgeleiert wirkt. Zuviel wird davon geredet und zu wenig, so scheint es oft, in die Tat umgesetzt. Es gibt auch Stimmen, die das *Liebesgebot* als unmenschlich bezeichnen. Dieses sei ein Ideal, das sich nicht erreichen lasse und der Natur der Menschen widerspreche. Diese Meinung vertrat zum Beispiel der berühmte Philosoph Friedrich Nietzsche. Umgekehrt können auch Atheisten die Nächsten- und Selbstliebe als hohen Wert anerkennen.[59]

Für Christen bildet das Liebesgebot den *Angelpunkt des Glaubens*. Das machen die Evangelien deutlich. Am klarsten schreibt dazu Markus (12, 30–31): „... du sollst den Herren, deinen Gott, lieben mit deinem ganzen Herzen und mit deiner ganzen Seele und mit deinem ganzen Verstand und mit all deiner Kraft. Das zweite ist dieses: Du sollst deinen Nächsten lieben wie dich selbst. Höher als diese beiden steht kein Gesetz."

Dieses Gebot hat eine große Wucht und ist sehr herausfordernd. Es fällt oft viel leichter, Jesus anzubeten oder an Opferritualen teilzunehmen, als das Liebesgebot konkret umzusetzen.

Jesus hat das Liebesgebot nicht erfunden. Dieses kam schon im Alten Testament vor. Zudem wurde die Nächstenliebe bereits bei den Griechen und in der Neuzeit vom Philosophen Kant als „Goldene Regel" gefordert. Neben dem Juden- und Christentum kennen auch andere Religionen, insbesondere der Islam, die göttliche Aufforderung zur Nächstenliebe. Doch verknüpft Jesus die drei Richtungen des Liebesgebotes, die Gottes-, Nächsten- und Selbstliebe, zu einer Einheit, weil alle miteinander zu tun haben.[60] Das soll noch deutlich werden. Auch weitete Jesus das Liebesgebot bis an die Grenzen des Menschenmöglichen aus.[61] Nun werden alle Menschen *unter-*

schiedslos mit einbezogen. Auch gilt: Die Liebe muss *bedingungslos* sein. Es erfolgt also eine Radikalisierung. Besonders deutlich wird das durch die Forderung nach Feindesliebe. Ich werde noch zeigen, was das konkret heißen kann.

Liebe steht nach Jesus auch klar über religiösen Gesetzen. Das demonstriert er mit Heilungen von Frauen und Männern am Sabbat. Er nimmt mit dieser Lehre in Kauf, die Schriftgelehrten und Pharisäer aufs Äußerste zu provozieren.

Mit dem Stichwort von den religiösen Gesetzen verbunden ist, dass Jesus die Liebe gerade *nicht als starre Regel* sieht. Ich muss nicht bestimmte Liebes-Zielpunkte erreichen. Vielmehr soll ich von der Liebe möglichst viel im Denken und in den Taten umsetzen. Dabei darf und muss ich meine Möglichkeiten und die jeweilige Situation berücksichtigen. Doch bin ich aufgefordert, nicht nachzulassen und auch möglichst viele Ideen für die Umsetzung zu entwickeln. Sogar von der Klugheit von Schwindlern sollen wir dafür lernen, was Jesus nach Lukas mit der Geschichte des unehrlichen Verwalters vor Augen führt (16, 1–8). Weil diese Aussagen so wichtig für die Liebespraxis sind, vertiefe ich dieses Thema in Kapitel 4. Hier geht es zunächst um einen Überblick.

Unabdingbare Selbstliebe

Jesus setzt die Selbstliebe in der Tradition des Alten Testaments wohl scheinbar voraus. Ist dieser Eindruck richtig? Die Selbstliebe stand lange Zeit in einem schlechten Ruf. Man verwechselte diese mit Selbstsucht und Egoismus. Ja, es bestand die Meinung, Selbstliebe gehe zulasten von Nächsten- und Gottesliebe.

Zwei berühmte Psychoanalytiker, Erich Fromm und Arno Gruen, vertraten demgegenüber die Ansicht, dass das Gegenteil der Fall sei: Nur wenn Menschen zu genügend Selbstliebe fähig sind, können sie auch andere Menschen voll lieben. Besonders eindrücklich beschrieb das Erich Fromm in seinem Buch „Die Kunst des Liebens".[62] Fehlt Menschen eine reife Selbstliebe, so neigen diese dazu, andere madig zu machen. Um ein krasses Beispiel dafür nach Arno Gruen zu nennen: Fremdenhass sei immer auch von Selbsthass gespeist.[63] Es geht also darum, die Mitte zu finden

3 ENTSCHLACKTER UND OFFENER GLAUBE 155

zwischen der extremen Selbstverwirklichung, der eigenen Überheblichkeit und dem Narzissmus auf der einen sowie der Selbsterniedrigung und Opferhaltung auf der anderen Seite. Wilhelm Schmid schlägt dafür den Begriff „Selbstfreundschaft" vor.[64] Ich bleibe jedoch in diesem Zusammenhang beim Begriff Selbstliebe. Wie man es auch nennt: Es geht um eine große laufende Herausforderung.

Auch wenn *Jesus* die Selbstliebe mit dem „wie dich selbst" vorauszusetzen scheint, so achtet er diese keinesfalls gering. Im Gegenteil: Es gibt genügend Anhaltspunkte, dass Jesus seinen eigenen Bedürfnissen genügend Raum gibt, aber weder zur Überheblichkeit noch zur Opferhaltung neigt. Grundsätzlich verdeutlicht Jesus: Gott nimmt jeden einzelnen Menschen ohne Unterschied wichtig, kümmert sich um ihn. Daher dürfen auch wir uns selbst ohne Abstriche wertschätzen.

Jesus weiß um seine wichtige Aufgabe, vertraut aber auch darauf, dass er ihr gewachsen ist. Er zeigt dabei ein gutes Maß an Selbstwertgefühl und Selbstvertrauen. So gönnt er sich den Genuss von gutem Essen und Wein. Auch wehrt er sich gegen Überforderungen. Die Evangelisten berichten davon, wie er sich, wenn Überanstrengung droht, zurückzieht. Jesus buhlt auch nicht um Lob und Anerkennung oder um Bewunderung durch andere Menschen. Er redet ihnen in keiner Weise nach dem Mund. Doch macht er sich selbst auch nicht schlecht. Zudem will er, wie schon beim Thema „Opfertheologie" vermerkt, kein Opfer sein.

Wie Jesus benötigen wir also ein gutes Maß an Selbstwertgefühl und Selbstvertrauen. Doch bei *Narzisten* kommt es in dieser Hinsicht zu Übertreibungen: Sie sind selbstverliebt und halten sich für wichtiger und wertvoller als andere Menschen. Im Verhalten gegenüber anderen benehmen sie sich wie Egoisten. Sie versuchen ihre Interessen einseitig durchzusetzen. Wenn eine entsprechende Veranlagung dazukommt, können solche Menschen recht rücksichtslos ihre Macht entfalten. Auf andere Menschen blicken Narzissten oft herab. Sie wirken selbstgefällig und wichtigtuerisch. Häufig besteht auch eine Gier nach Bewunderung. Der amerikanische Ex-Präsident Trump scheint mir dafür ein Musterbeispiel zu sein.

Doch indem ich so auf andere mit dem Finger zeige, kommt mir in den Sinn, dass auch ich immer wieder von narzisstischen Anwandlungen befallen werde. Bekämpfen kann ich das durch Selbstüberprüfungen und selbstkritische Reaktionen auf Feedbacks anderer Menschen. Es hilft ebenfalls, Verhaltensweisen anderer Menschen mir gegenüber, etwa ein Schwinden von Kontakten, wahrzunehmen und kritisch zu reflektieren.

In Teilen verwandt mit dem Narzissmus ist die Neigung zu *Übertreibungen*. Konkurrenz etwa durch Berufskollegen wird übermäßig wahrgenommen. In der Folge entstehen Sperren, ein gutes Verhältnis aufzubauen. Wie schon in Kapitel 2.1 beschrieben, entwickeln Menschen oft, teilweise unbewusst, eine übertriebene Angst. Diese kann einen selbst plagen, aber auch davon abhalten, in der Nächstenliebe tätig zu werden. Vor nicht langer Zeit sah ich eine teilweise gelähmte Frau, die mit erstaunlicher Geschwindigkeit wanderte. Ich wollte ihr ein Kompliment machen, doch die Angst vor falschem Verhalten hielt mich zurück.

Nicht ein berechtigter, wohl aber ein übertriebener Optimismus kann meinem Selbstvertrauen ebenfalls Schaden zufügen. Wenn ich Probleme verniedliche und dadurch immer wieder auf die Nase falle, droht ein Schaden in der Selbstliebe. Selbstverständlich trifft das nicht bei den kleinen täglichen Übertreibungen zu, beim eigenen Erzählen oder wenn Schriftsteller etwas ausmalen. Auch Jesus nutzt in der Tradition des Judentums das Mittel der Übertreibung – ich erinnere an die Drohung mit der Hölle –, um für seine Botschaft wachzurütteln.

Einen Spezialfall der Übertreibungen bilden *Selbsterniedrigungen und -vernachlässigungen*. Diese entstehen vor allem durch ein stark beeinträchtigtes Selbstwertgefühl, durch zu wenig Selbstvertrauen. Ursachen liegen vor allem in den Prägungen durch die frühe Kindheit, etwa durch Überforderungen und zu wenig bedingungslose Zuwendung durch die Eltern.[65] Die Selbsterniedrigungen äußern sich durch starke Selbstzweifel und Gefühle, niemals etwas richtig zu machen und keine Anerkennung zu verdienen. Selbsterniedrigungen können die Lebensfreude stark beeinträchtigen, auch zu Depressionen führen oder eine Folge von Depressionen sein. Wenn das Selbstwertgefühl beeinträchtigt ist, kommt es bei vielen Betroffenen zu einer Vernachlässigung ihrer selbst. Sie achten oft zu wenig auf ihre Gesundheit und verzichten auf mögliche Therapien etwa durch Ärzte oder Psychologen. Häufig vernachlässigen sie auch ihr Aussehen.

3 ENTSCHLACKTER UND OFFENER GLAUBE

Anders, als es manchen scheinen mag, sind Selbsterniedrigungen und -vernachlässigungen unchristlich. Denn wir sollen ja danach trachten, auch uns selbst zu lieben. Das sind wir unserem Status als Geschöpfe Gottes schuldig. Daher gehört es zum Liebesgebot, alles Vertretbare daran zu setzen, die falsche Haltung oder gar Erkrankung zu überwinden. Erst mit einem gesunden Selbstwertgefühl können wir anderen Menschen mit voller Kraft liebevoll helfen und zu Gott ein gutes Verhältnis haben.

Wie aber steht es mit der Opferrolle? Gilt diese nicht als christlich? Ist es nicht gut, sich für andere aufzuopfern? Ist darin nicht Christus sogar Vorbild? Hier gilt es zu erkennen, dass es zwei Formen der *Opferhaltung* gibt: Für andere Opfer zu erbringen oder sich selbst für ein Opfer zu halten. Für andere Opfer zu erbringen, kann tatsächlich der Nächstenliebe entspringen.[66] Doch viele opfern sich für die Pflege der Eltern oder anderer Menschen fast auf, wirken bis zur persönlichen Erschöpfung.[67] Oder Eltern verlangen von ihren Kindern – meist von den Töchtern – für behinderte Geschwister restlos da zu sein. Aufopfernd sind auch viele Mitarbeitende für ihre Arbeitgeber. In der sozialen Freiwilligenarbeit begegnet man ebenfalls vielen Menschen, die sich aufopfern. In starken Formen steckt dahinter das sogenannte „Helfersyndrom". Ursachen dafür liegen auch hier oft in einem zu schwachen Selbstwertgefühl. Man sucht daher ersatzweise Dankbarkeit und Anerkennung – und wenn nicht auf Erden möglich, so wenigstens im Himmel. Doch sind psychische und körperliche Erkrankungen oft die Folgen dieser Fehlhaltung.

Das gilt auch für die andere Form der Opferhaltung. Man empfindet sich selbst als Opfer Dritter.[68] Manche glauben etwa, von ihren Nachbarn verfolgt zu werden. Oder man nimmt an, ein Opfer der sozialen Verhältnisse zu sein, und klagt darüber. Auch hier geht es oft um die Sucht nach Zuwendung und Anerkennung infolge eines zu schwachen Selbstwertgefühls. Es liegt auf der Hand: Mit den skizzierten Opferhaltungen gewinnt man weder die reife Selbstliebe als Geschöpf Gottes, noch die Basis, um die Nächsten wirklich zu lieben.

Um dem von Jesus verkündeten Liebesgebot zu entsprechen, müssen wir uns daher um die *reife Selbstliebe* bemühen. Diese Herausforderung kann sehr *anstrengend* sein, weil sie von uns verlangt, schlechte Prägungen aus der Kindheit zu überwinden, immer wieder über uns selbst zu reflektieren und uns von anderen Menschen kritisieren zu lassen. Denn Neigungen zum Narzissmus, zur Übertreibung, zur Selbsterniedrigung und Opferhaltung stecken in uns allen drin. Diesen Neigungen gilt es nicht zu erliegen, sondern als ständig Lernende einen guten Mittelweg zu finden. Der Lohn dafür ist, dass wir unsere Autonomie und unseren Wesenskern behalten oder immer wieder neu gewinnen. Das befähigt uns auch zur bedingungslosen Liebe gegenüber den Nächsten und zur „Liebe" gegenüber Gott.

Kluge Nächstenliebe

Ein Pfarrer berichtete mit leuchtenden Augen von seinem Erfolg, in großer Zahl Kleider für die Menschen in Afrika zu sammeln. Stolz zeigte er auf etliche Säcke im Pfarrhaus. Ich fragte ihn, ob er von möglichen Nebenwirkungen der Verschickung von Kleidern nach Afrika erfahren habe. Er schaute mich entgeistert an, hörte mir dann aber zu. Ich erzählte ihm von Berichten, dass vielerorts in Afrika Weber, kleine Textilfabriken und Schneider keine Arbeit mehr fänden, weil die billigeren oder gar kostenlosen Kleider aus Europa ihre Absatzmöglichkeiten drastisch reduzierten. Der Pfarrer war betroffen und es tat mir leid, seine Aktion mit Fragezeichen zu versehen.

Hierbei handelt es sich nur um ein Beispiel unter sehr vielen dafür, dass Aktivitäten der Nächstenliebe *klug bedacht* werden müssen. Gewiss braucht es als Voraussetzung Gefühle, die zu spontanen Impulsen führen, und Haltungen der Nächstenliebe. Doch anschließend ist unser Nachdenken, unser „Kopf", gefragt.

Was heißt das? Vom Schriftsteller Erich Kästner soll der christlich anmutende Spruch stammen: „Es gibt nichts Gutes, außer man tut es." Doch was ist gut? Womit erreiche ich Gutes? In meiner beruflichen Praxis lernte ich, wie wichtig es ist, *Ziele sowie Handlungen*, diese zu erfüllen, auseinanderzuhalten. Mit den Zielen sage ich, in welche Richtung ich mich bewegen und was ich bewirken möchte. Danach gilt es, die möglichen Handlungen zu prüfen, wie diese Ziele bestmöglich zu erfüllen sind. Oft gibt es dafür mehrere Möglichkeiten. Dieses Vorgehen fällt den meisten Menschen

3 ENTSCHLACKTER UND OFFENER GLAUBE 159

schwer. Sie bevorzugen daher oft den Sprung in direkte Handlungen, weil das ihrer Tendenz zu Konkretem entspricht. Kapitel 2.1 nennt dazu Gründe. Auch bei der Nächstenliebe scheint es sehr wichtig, zunächst zu fragen, was für die Nächsten erreicht werden soll. Dabei muss es den anderen guttun, nicht primär mir. Erst danach stellt sich die Aufgabe, die besten Mittel zum Erreichen der Ziele zu finden und einzusetzen.

Wie bereits erwähnt: Ich werde in Kapitel 4.1 dieses auch für Jesus sehr wichtige Thema für kluges christliches Handeln noch vertiefen. Dabei spreche ich auch die zahlreichen Herausforderungen und Probleme in der Umsetzung des Liebesgebotes an.

Bereits an dieser Stelle möchte ich betonen, dass wir von Jesus aufgefordert werden, die ganz *persönliche Liebes-Verantwortung* zu übernehmen. Hinter diesem etwas ungewöhnlichen Begriff steht, dass sich das Gebot der Liebe an mich ganz persönlich richtet. Es ist menschlich und weitverbreitet, irgendwelchen Systemen die Schuld an Missständen zu geben. Man macht dafür die Regierungen, die Wirtschaft, unsere Gesellschaft oder die Kirchen verantwortlich. Die Systeme müssten daher geändert werden, damit Besserungen möglich werden – aus meiner Sicht oft verständliche oder gar berechtigte Forderungen, doch auch eine Versuchung, sich aus der persönlichen Verantwortung herauszuschleichen.

Demgegenüber entlässt uns Jesus nicht aus unserer ganz persönlichen Verantwortung, erlaubt kein Verstecken hinter der Systemfrage. Er prangert zum Beispiel nicht die römische Herrschaft an. Versuche, ihn zum Anführer politischer Veränderungen zu machen, erteilt er eine klare Absage. „Gebt dem Kaiser, was des Kaisers ist, und Gott, was Gottes ist", spricht Jesus nach Markus (12, 17). Gott fordert von uns die ganz persönliche Umsetzung seines Liebesgebotes, unter welchen Umständen und Systemen auch immer.

Besonders stark ist unser *kluges Nachdenken* bei der Lösung von Konflikten und bei der *Feindesliebe* gefragt. Letztere fordert Jesus laut Matthäus (5, 43–44) von uns. Das Ganze soll bedingungslos erfolgen. Jesus benennt klar, was hier „normalem" menschlichem Verhalten entspricht. Nun verlangt er, sich wider das „normale" Denken und Handeln zu stellen.

Durch ein simples Erlebnis merkte ich, was das heißt. Mit jemanden aus der Nachbarschaft lag ich seit langem im Streit. Alle meine Gesprächsbemühungen, diesen zu beenden, waren vergeblich. Da stellte ich dieser Person zu Weihnachten eine Tüte mit Pralinen in den Briefkasten. Daraufhin antwortete sie nett, um mich jedoch in der Folgezeit wieder zu provozieren. Nun beschloss ich, den Pralinen-Weihnachtsgruß zukünftig zu unterlassen. Mein jüngerer Sohn, dem ich die Sache erzählte, widersprach mir. Er machte mich darauf aufmerksam, dass ich unbewusst eine Bedingung gestellt hatte: Zukünftiges Wohlverhalten. Um bedingungslos zu sein, wiederholte ich den süßen Weihnachtsgruß weiterhin. Mein Ziel ist, trotz des Streites diesen Menschen als Geschöpf Gottes irgendwie zu lieben und das zu zeigen. Damit verwandt ist das Bestreben nach Versöhnung. Dabei bedeutet Verzeihen bewusstes Verzichten. Ich muss damit Schluss machen, anderen ihre Handlungen und Unterlassungen aufzurechnen, gar darüber zu jammern und zu klagen. Darauf geht Kapitel 4.2 nochmals vertiefend ein.

Zum Stichwort „Verzichten" gehört der laufende *Kampf gegen den inneren Schweinehund*. Jener muss an diversen Fronten erfolgen. Diese verursachen oder verstärken unsere archaischen Vorprogrammierungen im Gehirn, die ich in Kapitel 2.1 schilderte. Dazu gehört die Neigung zur Vergeltung von empfundenem Unrecht. Nach Jesus besteht die Herausforderung, auf Vergeltung zu verzichten. Oft entdecke ich bei mir das Gegenteil: Die Lust, auf Menschen, die mich plagen, zumindest mit der verbalen Keule einzuschlagen. In meiner Fantasie entwickle ich dazu voll ins Herz des „Feindes" treffende Attacken. Doch die Nächstenliebe flüstert dagegen: Lass das, vergib dem Plagegeist. Manche Menschen sind mir unsympathisch. Ein Kontakt mit ihnen weckt unangenehme Gefühle. Vielleicht kam dieser Mensch mir ziemlich in die Quere. Oft sind es auch Menschen, von denen ich mich ungerecht behandelt oder angegriffen fühle. Das erzeugt bei mir starke Antigefühle. Wenn nun solch ein Mensch mich um etwas bittet, fordert das Gebot der Nächstenliebe von mir, die negativen Gefühle zu ignorieren oder zumindest zu bekämpfen.

Auch muss ich all meine Möglichkeiten nutzen, gegenüber anderen nicht ungerecht auf meinem Vorteil bedacht zu sein oder diese gar zu schädigen. Das gilt selbst gegenüber so abstrakten Institutionen wie einer Versicherung.

Wir sind Rangordnungen unter den Menschen gewohnt. Diese kann zum Beispiel durch die soziale Stellung, durch das Geschlecht oder durch das Alter entstehen. Doch hält Jesus ganz klar dagegen, wenn er nach Matthäus in einem Gerichtsbild kundtut (25, 45): „Was ihr einem dieser Geringsten nicht getan habt, das habt ihr mir nicht getan." Zur Gesinnung der Nächstenliebe gehört zudem, meine Hilfe anderen nicht aufzudrängen, auch wenn ich noch so sehr der Meinung bin, dass das gut für diese Person wäre. Liebe heißt hier, die Freiheit des anderen Menschen zu respektieren. Dieser soll auch nicht das Gefühl bekommen, dass ich über ihn Macht ausüben will.

Der innere Schweinehund stört mich nicht nur in der aktiven Nächstenliebe, er bellt auch andere an, ohne dass diese es hören. Genauer: Er spielt gerne Richter über andere Menschen. Laufend bilden wir uns ein Urteil über die Nächsten, die Freunde und Bekannten, die Berufskollegen oder Politiker. Ich neige zum Beispiel dazu, Menschen, die ein sehr großes Auto fahren, innerlich der schweren Umweltsünde zu bezichtigen. Dass diese Neigung, ein Urteil über andere Menschen zu fällen, durch die Überlebensbedingungen unserer archaischen Vorfahren entstand – Schnell-Erkennung von Freund oder Feind – rechtfertigt unser *selbstgefälliges Richten* leider nicht.

Ich muss mich demgegenüber bemühen, dem immer wieder entstehenden Impuls nicht nachzugeben, also auf Urteile über andere Menschen zu *verzichten*. Hart und eindeutig heißt es dazu nach Lukas (6, 37) von Jesus: „Richtet nicht, und ihr werdet nicht gerichtet. Verurteilt nicht, und ihr werdet nicht verurteilt." Wir wissen zu wenig über die Voraussetzungen und Motive anderer Menschen. Einzig Gott kann ein gerechtes Urteil fällen – was ich auch, auf mich bezogen, als tröstlich empfinde.

Voraussetzung der klugen Nächstenliebe ist, gut hinzuschauen und mich zuzuwenden. Dann erkenne ich, was los ist, was die Nächsten benötigen und wie ich darauf am besten reagiere. Albert Nolan formuliert dazu wichtige Fragen zu Personen, denen ich helfen möchte: „Wie muss sie sich in ihrer Situation fühlen? Wie sieht die Welt aus ihrer Perspektive aus?"[69] Um begrifflich etwas zu provozieren: Gefordert ist *Nächstenliebe-Marketing*. Bei diesem Ansatz geht es nicht, wie fälschlich immer wieder unterstellt wird, einzig um Werbung für ein Produkt. Vielmehr kümmert sich gutes Marketing um die Bedürfnisse von Menschen, um Kommunikation dazu, und um gute Angebote zur Befriedigung von Bedürfnissen. Wenn viele Flüchtlinge in unsere Länder strömen, dann fordert ein gutes Marketing: Sprecht mit ihnen, findet heraus, was diese gerade oder auch längerfristig besonders nötig haben und macht dafür Angebote.

Wie wichtig das ist, lernte ich auf einer Inspektionsreise für die Schweizer Entwicklungshilfe in Mosambik kennen. Ein Entwicklungshelfer berichtete davon, dass seine Mannschaft drei Jahre lang mit viel Einsatz geholfen hatte, in verschiedenen Dörfern Brunnen zu bohren. Doch am Ende seiner Einsatzzeit wurde deutlich: Die „zuständigen" Frauen säuberten und unterhielten die Brunnen nicht. Nun suchten die Entwicklungshelfer nach den Gründen dafür und erfuhren: Vorher holten die Frauen das Wasser in schweren Tonkrügen zwar von weit her, doch auf dem beschwerlichen Marsch konnten sie sich immerhin miteinander unterhalten. Auch galt das Wasserholen als heilige Handlung. Diese nahm man ihnen nun mit der „guten Tat". Hätten sich die Entwicklungshelfer besser vor Ort erkundigt und mit den Frauen geredet, so wäre ihnen die Enttäuschung erspart geblieben und vielleicht eine gute Lösung zusammen mit den Betroffenen gefunden worden. Auch dieses Thema vertiefe ich in Kapitel 4.1.

Für die Taten der Nächstenliebe sollte auch die *Ökonomie* eine wichtige Rolle spielen. Ich weiß, dass dieses Wort für viele, insbesondere sozial Engagierte, ein „rotes Tuch" ist. Doch kann ökonomisch Denken sehr liebevoll sein. Es leitet zum Beispiel dazu an zu überlegen, wie man mit begrenzten Mitteln möglichst viel Gutes für andere Menschen erreichen kann. Zunächst geht es dementsprechend darum, dass ich in Bereichen tätig werde, für die ich Talent und Wissen habe. Da ich ein Sprachenmuffel bin, vermeide ich Engagements, bei denen Fremdsprachenkenntnisse von besonderem Nutzen sind – etwa bei Treffen mit Flüchtlingen in einer Kaffeerunde. Dafür kann ich Flüchtlingsprojekte aufgleisen helfen, weil ich im Projektmanagement Erfahrungen sammelte.

Die soziale Bewegung vom „effektiven Altruismus", mit der ich sympathisiere, geht noch weiter. Sie fragt: Soll eine talentierte Mathematikerin nicht lieber in einer Versicherung gut verdienen und das Geld für talentierte Entwicklungshelfer*innen spenden, statt sich selbst persönlich in Afrika zu engagieren?[70]

Schon Jesus wurde gefragt, wer der Nächste ist, den man lieben soll. Die Frage war insofern heikel, weil zu seiner Zeit die Liebe auf die Stämme Israels begrenzt wurde. Mit dem Beispiel vom barmherzigen Samariter hob Jesus diese Grenze auf, denn Samaria gehörte nicht zu Israel. Zudem schauten die Menschen jüdischen Glaubens auf die Samariter verächtlich herab, weil diese andersgläubig waren und als Ausländer galten.

Damit steht die *Auswahl der Nächsten* vor dem Problem der Grenzenlosigkeit. Mir wurde das in Marokko sehr bewusst. Auf Schritt und Tritt traf man auf zerlumpte Bettler, darunter viele Blinde und Verkrüppelte sowie bettelnde Kinder. Sollte ich den Vielen, denen ich begegnete, etwas geben? Nach meinem Gefühl tat ich das viel zu wenig – trotz aller Berichte über ein fast gewerbsmäßiges Bettlertum. Tröstlich ist hier die Praxis Jesu: Er half ebenfalls nur dort, wo er mit Kranken, Armen oder Verfemten unmittelbar in Kontakt kam und ihre Hilfsbedürftigkeit offensichtlich war. Immer wieder wehrte er Hilfsbegehren ab. Da man nicht überall helfen kann, besteht eine Möglichkeit darin, Kriterien oder ein Spendenprogramm zu formulieren. Darin steht, wo man schwerpunktartig helfen möchte. Bei mir sind es zum Beispiel Flüchtlinge, weil ich selbst dieses Schicksal erlebte.

Auch wenn meine Taten der Nächstenliebe sehr bescheiden sind, bringen sie mir dennoch *Gewinn von Lebensfreude*. Das entschädigt in der Regel voll für die Anstrengungen oder gar auch Gegnerschaft bei manchen Taten. Die Lebensfreude ergibt sich durch das starke und gute Gefühl, etwas Sinnvolles zu tun. Das erlebte auch der Holocaustüberlebende Viktor Frankl im KZ Auschwitz. Selbst an diesen Ort des Schreckens fragte er sich: „Was kann ich beitragen, die Situation zu verbessern."[71] Diese innere Haltung sei nicht nur hilfreich für andere, sondern auch für ihn selbst gewesen. Denn sein Verhalten bescherte ihm automatisch positive Gefühle.

Gott „lieben"?

In mir sträubte es sich dagegen, mein Verhältnis zu Gott mit „Liebe" zu umreißen. Denn, wie schon geschrieben, ist Gott nicht nur von unvorstellbarer Allmacht, sondern auch unbegreiflich und unsichtbar. Besser schienen mir die Worte „Zuwendung", „Zuneigung" oder „Vertrauen". Vielleicht sind Mystiker wie der mittelalterliche Meister Eckhart oder der moderne Autor und Mönch Albert Nolan zur Liebe zu Gott aus vollem Herzen in der Lage. Mir jedoch fehlt die entsprechende Fähigkeit. Fundamental fragte ich mich auch, warum ich überhaupt Gott lieben soll, sogar mit all meiner Kraft, mit der Seele und dem Verstand, wie das Jesus als Forderung bestätigt. Ist Gott auf meine Wertschätzung und Zuneigung angewiesen? Meine Antwort lautet klar: Nein. *Der allmächtige Gott benötigt meine Liebe nicht.* Diese Erkenntnis blockierte mich eine Weile.

Dann dämmerte mir: Durch mein Bemühen um Selbstliebe und Nächstenliebe bin ich *auf dem direkten Weg*, Gott zu „lieben". Das bestätigt Johannes in seinem ersten Brief (5, 3): „Denn darin besteht die Liebe zu Gott: dass wir seine Gebote halten ... " Ein paar Zeilen zuvor drückt er das in Umkehrung aus (4, 20): „... denn wer seinen Bruder, den er vor Augen hat, nicht liebt, kann nicht Gott lieben, den er nicht vor Augen hat." Wie oben gezeigt, tut uns die Selbst- und Nächstenliebe in mehrfacher Weise gut. Da diese beiden ein entscheidender Teil der „Liebe" zu Gott sind, kann ich in diesem Bereich meine Kraft und den Verstand einsetzen.

Jesu Aufforderung, Gott zu lieben, bedeutet aber auch eine *Wertschätzung für mich.* Denn Liebe kennt nach Gerd Theissen im Buch „Glaubenssätze" keine Hierarchie.[72] Ich bin es also wert, den allmächtigen Gott zu „lieben". Als Teil seiner Schöpfung akzeptiert dabei Gott meine Unvollkommenheit. Umgekehrt soll ich diese Wertschätzung auch gegenüber Gottes Schöpfung im Kopf und mit Taten walten lassen. Das gilt für den Umgang mit Tieren und Pflanzen ebenso wie für die Sorge für unsere sonstige Umwelt.

Indem letztlich aber Gott für seine Schöpfung, die unermesslichen kosmischen und evolutionären Entwicklungen, verantwortlich ist, *darf* ich bei ihm auch *abladen*. Ich bin nicht für alles verantwortlich, was durch mich und andere in der Welt geschieht. Zu meiner Schwäche darf ich stehen.

Hiob und auch die zitierte Frau mit ihrem Bucheintrag in der Kirche auf dem Tüllinger Hügel nahmen sich sogar das Recht heraus, Gott anzuklagen. Gott verübelte Hiob laut dem Alten Testament dieses Verhalten nicht (und wird das, so meine Überzeugung, dementsprechend bei der zitierten Frau ebenfalls nicht tun). Vielmehr nahm und nimmt er das als Form der „Liebe" zu ihm an.

Gott „lieben" heißt schließlich, für die gebotenen Möglichkeiten, die ich hier anführe, zu *danken*: der Gewinn an Lebensfreude durch Selbst- und Nächstenliebe, die Wertschätzung durch Gott und das Abladen-dürfen. Das erleichtert es mir, nicht als Griesgram durch das Leben zu gehen, sondern zumindest ein wenig christliche Freude auszustrahlen.

3.5 Tun und Lassen

Ungehemmtes Beten zu Gott

Auf der Fernwanderung von Weimar nach Mainz durchquerte ich das vulkanische Mittelgebirge der Rhön. Dort, im Ort Eiterfeld, wohnen Verwandte von mir. Sie luden mich ein, mit ihnen den Sonntagsgottesdienst zu besuchen. Doch warnten sie mich im Voraus, dass der Pfarrer sehr konservativ sei. Also erwartete ich nicht viel für mich persönlich, als das Predigtthema „Beten" angekündigt wurde. Unerwarteterweise fesselte mich die Predigt. Der Pfarrer zeigte sehr lebendig auf, in welcher *Vielfalt* man beten kann und was das einem selbst bringt. Auf der Fortsetzung der Wanderung gingen mir die Predigt und die Erkenntnis, dass man auch von „Konservativen" lernen kann, nicht aus dem Kopf.

Doch in sehr vielen Punkten folge ich „Konservativen" nicht. Dazu gehört: Mein Gebet richtet sich an *Gott allein*. Jesus machte das vor. Er betete einzig zu Gott, den er Vater nannte. Den Heiligen Geist beschwor er als Geschenk Gottes, betete aber nicht zu ihm. Kinderverse wie „Lieber Jesus mach mich fromm, dass ich in den Himmel komm" oder Lieder wie „Komm Heiliger Geist kehr bei uns ein, erfreu das Herz der Kinder dein" sind für mich nur eine ferne Erinnerung, entsprechen nicht meinem Glauben.

Als Katholik erlebte und erlebe ich hautnah die *Marien-* und *Heiligenverehrung*. Mein Verhältnis zu Jesu Mutter beschreibe ich noch in einem kommenden Kapitel.

Zum Zirkus des Vatikans mit den Heiligsprechungen kann ich nur den Kopf schütteln. Zwar betont die katholische Kirche das Wort „Verehrung" im Gegensatz zur „Anbetung", lässt aber zu, dass in der Praxis die Grenze fließend ist. Das geschieht vor allem dadurch, dass Heilige wie etwa der heilige Antonius angerufen werden, bei Gott ein gutes Wort einzulegen, statt selbst Gott um etwas zu bitten. Wie entstanden die Heiligsprechungen? Offensichtlich hatten bereits die frühen Christen und Christinnen ein Bedürfnis, Märtyrer*innen oder herausragende Führungspersonen in besonderer Weise zu verehren. Der starke Reiz lag darin, dass man sich konkret einen Menschen vor Augen führen kann. Zusätzlich glaubte und glaubt man,

Heilige ließen sich als Fürsprecher am „königlichen Hofstaat" von Gott einsetzen. Da es mit der Zeit zu einer Inflation von verehrten und angeflehten heiligen Menschen kam, deckelte die katholische Kirche das Ganze durch das Verfahren der Heiligsprechung. Trotz dieser zunächst bremsenden Maßnahme liegt die offizielle Anzahl von Heiligen, Seligen und Märtyrern, verzeichnet im „Martyrologium Romanum", derzeit bei etwa 14.000. Historisch und vom Bedürfnis von Menschen her gesehen, scheint die Sache verständlich. Ich kann jedoch auf heilige Fürsprecher am „himmlischen Hofstaat" verzichten.[73]

Der direkte Zugang zu Gott steht mir jederzeit offen. Auch die Form des Gebetes kann ich selbst gestalten. Das erlaubt mir, meinen Gedanken, gerichtet an Gott, freien Lauf zu lassen. Eine andere Form besteht darin, Gebete in bewusst gewählten Worten zu formulieren oder bereits gestaltete Gebete zu übernehmen. Dazu gehört prominent das von Jesus empfohlene „Vaterunser".

Das *Wann und Wie beten* steht mir also frei, kann ich wählen oder einer Situation überlassen – etwa dem gemeinsamen Gebet zu Beginn einer Sitzung. Möglich ist mir auch, für das Beten besondere Orte wie Kirchenräume aufzusuchen. Mich kann auch das Anzünden einer Kerze oder eine Weile der Stille in besonderer Weise einstimmen. Vor allem aber komme ich beim Wandern mit Gott in eine Art Gespräch. Zu den Situationen, die zum Beten Anlass geben können, zählen natürlich Gottesdienste, das Mittag- und Abendessen, das Aufstehen oder Zubettgehen. Ich selbst neige vorwiegend zum spontanen Beten.

Das kann in eine mystische Versenkung münden. Manche verbinden das Beten mit Meditation. Eine Form dafür bietet das Rosenkranzgebet. Doch das ständige Wiederholen von gleichen Gebetstexten wie das „Gegrüßet seist Du, Maria" ist nicht meine Sache.

Frei bin ich auch in den *Gebetsthemen*. Ich kann für mich beten oder für andere Fürbitten an Gott gerichtet formulieren. Das Urthema des Gebetes ist – daher das Wort – die Bitte an Gott. Ich bat zum Beispiel auch um Beistand, in diesem Text nicht auf falsche Wege zu gelangen. Wichtig ist auch die Bitte um Vergebung, wenn mir klar wird, dass ich gegen das Liebesgebot verstoßen habe. In diesem Zusammenhang kann ich auch meine

Hilflosigkeit, Schwäche und Bedürftigkeit vor Gott tragen. Dabei weiß Gott um meine Unvollkommenheit als (Zwischen-)Ergebnis der Evolution.

Jesus macht uns viel Hoffnung, dass Gott unsere Gebete erhört. Es fällt geradezu auf, wie er in dieser Richtung insistiert. So heißt es bei Lukas (11, 9): „Und ich sage euch: Bittet, so wird euch gegeben; sucht, so werdet ihr finden; klopft an, so wird euch aufgetan."

Und Jesus ermuntert zudem zur Ausdauer beim Bitten. Dazu erzählt er die Geschichte von der hartnäckigen Witwe, die immer wieder beim Richter Gerechtigkeit einfordert. Schließlich verhilft dieser ihr in dieser Geschichte zu ihrem Recht, um die ihm lästig werdende Frau zum Schweigen zu bringen. Dazu kommentiert Jesus nach Lukas (18, 7–8): „Sollte nun Gott seinen Auserwählten, die Tag und Nacht zu ihm schreien, nicht Recht verschaffen, und sollte er ihre Sache aufschieben? Ich sage Euch: Er wird ihnen Recht verschaffen, und zwar unverzüglich ... "

Doch die Gebetspraxis zeigt ernüchternd: Die Trefferquote im Sinne der Erfüllung einer Bitte liegt wahrscheinlich nicht über dem, was auch der Zufall bringen würde. *Unerfüllte Gebete,* auch sehr intensive Gebete, sind Legion. Warum will dann Gott gemäß Jesu, dass wir bitten? Nach Josef Imbach stellt hier Gott die Vertrauensfrage. Diese lautet: „Traust du mir zu, dass ich dein Heil auf einem anderen Weg verwirklichen kann, als auf dem, den Du jetzt einschlagen möchtest?"[74] Diesem guten Willen Gottes vertraut auch Jesus, als er am Ölberg Gott darum bittet, nicht Marter und Tod erleiden zu müssen. Er schließt seine Bitte um Verschonung mit dem Bekenntnis nach Markus ab (14, 36): „Doch nicht, was ich will, sondern was du willst."

Gott fordert also via Jesus in starkem Maße dazu auf, ihn zu bitten, behält sich aber die Art der Erfüllung vor. Vielleicht steckt dahinter, dass das Bitten an sich mir bereits einen *persönlichen Nutzen* bringt, sogar einen doppelten.[75] Zum einen veranlasst mich das Gebet, das, was mir ein starkes Anliegen ist, vor meinem geistigen Auge zu formulieren. Damit wird mir selbst klarer, worum es eigentlich geht. Indem ich mein Anliegen vor Gott trage, reflektiere ich über die Art und Bedeutung meines Anliegens. Vielleicht verwerfe ich dieses sogar wieder. Ein Gebet kann darüber hinaus auch mediativ wirken. Zum anderen mache ich mir klar, dass ich Gottes

Kümmern um mich vertrauen muss. Hierbei handelt es sich um das A und O des Glaubens, den Jesus gelehrt hat. Wie weit ich das immer schaffe, bleibt allerdings offen – wohl bis an mein Lebensende.

Nachahmung Jesu?

Einige Evangelisten berichten von *Jesu radikalen Forderungen*, wenn es darum geht, ihm nachzufolgen. So schildert Lukas zu einem entsprechenden Wunsch (9, 61–62): „Ich will dir folgen, Herr; zunächst aber erlaube mir, Abschied zu nehmen von denen, die zu meiner Familie gehören. Jesus aber sagte zu ihm: Niemand, der die Hand an den Pflug legt und zurückschaut, taugt für das Reich Gottes." Ich denke in diesem Zusammenhang auch an das bereits zitierte Beispiel des Jünglings, dem Jesus für die Nachfolge den Verzicht auf das eigene Vermögen zumutet.

Wie diese Beispiele einmal mehr zeigen, konnte Jesus sehr schroff sein und Menschen vor den Kopf stoßen. Dahinter erkennt man jedoch sein Anliegen, dass Menschen sich für seine Botschaft öffnen, nach vorne schauen und nicht am Bisherigen, vor allem nicht am Besitz, hängen bleiben – ein Thema, das ich in Kapitel 4.2 wieder aufgreife.

Die Frage der *Nachahmung* von Jesus beschäftigte die Gläubigen von Anfang an. Genau genommen hieße das jedoch, Jesus als heimatloser Wanderprediger nachzueifern. Er fand diese Art zu leben für sich richtig und bekannte gemäß Lukas (9, 58): „Die Füchse haben Höhlen, und die Vögel des Himmels haben Nester, der Menschensohn aber hat keinen Ort, wo er sein Haupt hinlegen kann." Nachahmer in dieser Lebensweise gab es zu Jesu Zeit und danach durchaus. Berühmt ist in dieser Hinsicht der heilige Franz von Assisi. Auch viele Klostergemeinschaften ließen und lassen sich vom Gedanken der Nachahmung Jesu leiten.

Doch den meisten Christen entspricht diese Lebensweise nicht. Das galt schon zur Zeit Jesu und gilt in verstärktem Maße für heutige Menschen in einer völlig anderen Umwelt.

Es gab und gibt immer noch *Strömungen, Jesus* vor allem *in seinem Leiden nachzuahmen*. So kam es im Mittelalter zur Bewegung der Flagellanten, die sich selbst geißelten. Und noch heute fügen sich auf den Philippinen

Männer am Karfreitag Wunden zu, lassen sich sogar für kurze Zeit an ein Kreuz nageln. Ich halte Versuche zu solchen Nachahmungen für einen Fehler, ja teilweise für abstoßend. Darin folge ich der Ansicht von Johann Baptist Metz in seinem dem Leiden gewidmeten Buch „Memoria Passionis", dass die Nachfolge des gekreuzigten Jesus, die Kreuzestheologie, einem falschen Verständnis entspricht.[76]

Richtig scheint mir im Sinne des zitierten Autors: Wir müssen unsere Leiden und die Leiden anderer Menschen wahrnehmen, tragen und zu bewältigen suchen. Darin ist Jesus Vorbild. Es geht hier also um das alltägliche Kreuz der Menschen. Diese Sicht kam sehr prägnant in einem Artikel zum Ausdruck: „Liebe kann heilen, Leiden nicht."[77] In diesem Sinne habe ich auch etwas gegen das groß angelegte „Feiern" der Passion.

So bleibt für mich als Schluss, dass heutzutage für Christen nicht eine Nachahmung, sondern in der Regel „nur" ein Leben entsprechend den *Zielsetzungen Jesu* Sinn macht. Zentral sind für mich daher seine Botschaften vom Reich Gottes und der Liebe bereits im Diesseits. Für deren praktische Umsetzung muss ich mich kräftig einsetzen. Wichtig dabei ist, offen und aufmerksam zu sein. Dogmen als Leitplanken für mein Verhalten benötige ich jedoch nicht.

Zu den Zielsetzungen im Geiste Jesu gehören für mich auch, das Leben zu genießen und Freude zu haben. Ich darf zudem Gutes von anderen Menschen annehmen. Auch Jesus lehnte den finanziellen „Zuschuss" von Freunden und Freundinnen nicht ab.

Marienverehrung durch die Hintertüre

Als ich wieder einmal vom norditalienischen Domodossola aus auf einem alten Passweg wanderte, begegnete ich zahlreichen *Marienschreinen*. Vor der Brücke über eine tiefe Schlucht wurde sogar nachgedoppelt: Zwei Marienschreine vor der Brücke und zwei gleich danach. Zusätzlich sah ich auf der Wanderung Grotten und Höhlen, die ebenfalls mit Maria zu tun hatten, reich mit künstlichen Blumen verziert waren und durch flackerndes elektrisches Licht, Kerzen nachempfunden, erhellt wurden. Das ist nur ein Beispiel unter vielen in Italien. Dort findet man Madonnendarstellungen auch in Hausnischen oder an großen Bäumen. Viele dieser Schreine und Darstellungen sind neuesten Datums. Doch wird auch beispielsweise in Bayern Maria hoch verehrt. Man erkor sie zur Patrona Bavariae. In diesem Sinn gab man vielen Kirchen und Institutionen den Namen Maria. Meine Wanderung von Basel nach München beendete ich auf dem zentralen Marienplatz. Auch der ehemals zweitgrößte evangelisch-lutherische Sakralbau der Welt in meiner Geburtsstadt Danzig, heute Gdansk, hieß und heißt weiterhin Marienkirche.

Gemäß dem Dogma der Trinität war Jesus sowohl Mensch als auch Gott. Diese Überzeugungen pflegen noch offiziell alle größeren Kirchen, auch die evangelisch-reformierten, wie ich in Kapitel 2.3 belegte. Aus diesem Glauben heraus entstand für Maria der Titel „*Mutter Gottes*". Erhebliche Unterschiede bestehen in der Intensität der Verehrung Marias. Gegen eine starke Verehrung oder gar Formen der Anbetung wandten sich die Reformatoren. Im Gegenzug wuchs die Stellung Marias in der katholischen und orthodoxen Kirche.

Zu Jesu Zeiten und in den Jahrzehnten danach genoss Maria keine spezielle Verehrung. Paulus nennt sie in seinen Briefen nicht einmal mit Namen. Parallel zum Prozess der Vergöttlichung Jesu wuchs dann die Stellung seiner Mutter. Schon zu Mohammeds Zeiten um das Jahr 600 muss in der christlichen Gemeinde von Mekka (!) die Verehrung sehr stark gewesen sein. Denn Mohammed gewann den Eindruck, Maria würde als Göttin angebetet. Weil er dies und das Dogma von der Trinität als Vielgötterei einstufte, kritisierte er das Christentum heftig. Dennoch erhielt die Mutter Jesu einen Ehrenplatz im Koran (Sure 3).

Mit dem Titel „Mutter Gottes" wurde Maria zwar insbesondere in der katholischen Kirche eine besondere Stellung verliehen, sie als Fürsprecherin bei Gott hervorgehoben, nie aber eine Anbetung sanktioniert. In diesem Sinne können auch bereits zitierte Wissenschaftler wie Rainer Kümmel an Maria als „Mutter Gottes" und an die Jungfrauengeburt durchaus glauben.[78] Denn für die Allmacht Gottes, die nicht im Widerspruch zum wissenschaftlichen Denken steht, erscheint alles möglich. Mir jedoch sagen die Schilderungen von der Gottesmutter und der Jungfrauengeburt überhaupt nichts für meine Glaubenspraxis. Mich stört auch die theologische Konstruktion, die mit der wahrscheinlichen Geschichte von Maria herzlich wenig gemein hat.

Unser gesichertes *Wissen über Maria* ist gleich Null.[79] Nimmt man die Bibel zur Hand, dann kann einiges als wahrscheinlich angenommen werden. Dazu gehört, dass Maria mit Jesus schwanger wurde. Er wuchs dann als Sohn von Maria und Josef auf, bekam wohl auch manchmal eines auf den Hosenboden, wie das der Maler Max Ernst respektlos darstellte. Maria gebar wahrscheinlich weitere Kinder – Jesus hatte also Geschwister.

Die Wandlung des erwachsenen Jesus zum Wanderprediger verstand Maria nicht mehr und das bereitete ihr Sorgen. Ja, die Familie meinte, Jesus sei verrückt, wie Markus berichtet (3, 20). Jesus umgekehrt distanzierte sich von seiner Familie, wahrscheinlich auch von seiner Mutter. Das legt eine harte Aussage nach Markus nahe (3, 32–34): „Und das Volk saß um ihn herum, und sie sagten zu ihm: Schau, deine Mutter und deine Brüder und Schwestern sind draußen und suchen dich. Und er entgegnete ihnen: Wer ist meine Mutter, und wer sind meine Geschwister? Und er schaut, die im Kreis um ihn herumsitzen, einen nach dem anderen an und spricht: Das hier ist meine Mutter und das sind meine Brüder und Schwestern." Auch die vielen Kreuzesdarstellungen mit Maria dürfen nicht darüber hinwegtäuschen, dass einzig der eher idealisierende Johannes davon berichtet, Maria hätte neben dem Kreuz gestanden. Das war, wie bereits angeführt, nach historischen Erkenntnissen wahrscheinlich gar nicht möglich, weil Soldaten den Kreuzigungsbereich absperrten. Zudem: Die anderen Evangelisten erwähnen Jesu Mutter nicht, nur Jüngerinnen wie Maria Magdalena. Doch gibt es Hinweise darauf, dass sich Maria nach Jesu Tod der ersten Christengemeinde in Jerusalem anschloss. Später wurde diese wahrscheinlich von einem Bruder Jesu namens Jakobus geleitet.

Dieses Wissen mit erheblicher Wahrscheinlichkeit von Marias Geschichte und Verhältnis zu Jesus steht im Gegensatz zum Inhalt der kirchlichen und volkstümlichen Verehrung.

Für mich ergibt sich jedoch ein ganz anderer, natürlicher Grund für Marias *Verehrung*. Dieser kommt quasi *durch die Hintertür*: Es erscheint mir wahrscheinlich, dass die Erziehung und damit Prägung Jesu vor allem durch Maria geschah, wie ich bereits in Kapitel 2.2 vermutete. Josef war ja als Bauhandwerker viel auswärts unterwegs. Und diese Erziehung durch Maria könnte dazu beigetragen haben, dass Jesus eine starke Beziehung zu Gott aufbaute, die Gleichstellung der Frauen als Wert erkannte und sich zu einem sehr freien, liebevollen Menschen entwickelte. Auch seine Erzählkunst könnte von Maria gefördert worden sein. Mit diesen Vermutungen entstand bei mir das Bild einer starken, selbstbewussten Frau. Da dieser Jesus für meinen Glauben zentral ist, schätze ich auch seine Mutter, die ihn zusammen mit Josef prägte, hoch ein.

Es passt zur so motivierten Verehrung, dass *in unserem Wohnzimmer eine Marienstatue* steht. Doch reicht das als Begründung? Was bewog meine Frau und mich, diese Statue eines polnischen naiven Künstlers in Bremen zu kaufen? Vermutlich schwang beim Kauf auch noch Unbewusstes mit. Maria bildet vielleicht eine Projektionsfläche für Gedanken, Verehrungsformen und Anliegen, die im kirchlichen Rahmen zu kurz kommen: die Darstellung der Mütterlichkeit, die liebevolle Zuneigung, die tief empfundene Trauer oder bestimmte Sehnsüchte. Diese Frau spricht auch seelische Tiefenschichten und archetypische Bilder von Menschen an.[80] Maria bildet zudem einen Gegenpol zu den immer noch stark patriarchalischen Machtstrukturen der Kirchen und dem unsinnigen Bild, Gott sei ein Mann.

Am Schluss dieser Gedanken zu Maria freue ich mich, dass diese Frau Künstler zu großartigen Werken inspirierte. Man denke etwa an das Gemälde „Maria im Rosenhag" von Stephan Lochner oder die Messe zu Mariä Lichtmess von Johann Sebastian Bach – einem Lutheraner.

Begegnungen mit anderen, Jesus und Gott

Noch immer habe ich ein Erlebnis vor Augen: Wir verbrachten als Pfarreirat ein Wochenende auf einem ehemaligen Bauernhof im Schwarzwald. Ein Moderator leitete die Diskussion und gab uns Anregungen für unsere Tätigkeit als Beratungsgremium des katholischen Pfarrers. In diesem Rahmen kamen auch persönliche Sorgen und Nöte der Teilnehmenden zur Sprache. So berichte eine Frau mit fünf Kindern, dass einer ihrer Söhne tief in den Drogen stecke. Am nächsten Morgen hatten wir einen Gottesdienst im Freien. Wir standen dazu im Kreis. Es kam zu spontan formulierten Gebeten mit Themen vom Vortag. Für die Mahlfeier nutzte der Pfarrer Landbrot aus der Gegend. Dann kreiste der Kelch mit Wein unter uns. Am Schluss fielen sich alle um den Hals, ergriffen von der gegenseitigen Öffnung und der Besonderheit dieses Gottesdienstes.

Dieses Beispiel zum Thema „Begegnungen mit anderen, Jesus und Gott" soll illustrieren, was für mich inhaltlich und im Ablauf von Bedeutung ist: *Neue Formen und Verhaltensweisen*, kombiniert auch mit überkommenen Riten und Sakramenten. Solche Ereignisse finden bereits in beachtlicher Zahl an verschiedenen Orten mit unterschiedlichen Themen und Ausgestaltungen statt – aber dennoch für mich viel zu wenig. Denn mir scheint dringend geboten, kirchliche Routinen zu durchbrechen und neue Wege zu gehen, also teils neuen Wein zu keltern und in neue Schläuche zu füllen.[81] Dieses Thema vertiefe ich in den Kapiteln 5.2 bis 5.5.

Das neue Denken und Handeln entspricht dem *Geist Jesu*, wie wir diesen im Neuen Testament erkennen können. Jesus hält sich zwar überwiegend an die jüdische Tradition, bricht aber aus, wenn ihm anderes wichtiger erscheint. Berühmt dafür ist die bereits zitierte Aussage zum Ruhetag Sabbat, dieser sei für den Menschen geschaffen worden, nicht der Mensch für den Sabbat.

Im Zentrum von Jesu Auftreten stehen *Begegnungen*. Typisch dafür ist zunächst, dass er sich mit einem Kreis von Jüngerinnen und Jüngern umgibt und ständig mit ihnen im Gespräch ist. Die Evangelien sind zudem voll von Berichten zu einzelnen Begegnungen: Frauen, Zöllner, Pharisäer, Kranke und größere Menschenmengen. Dabei redet nicht nur Jesus, sondern er sucht den Dialog.

Nach dem Neuen Testament unterzog sich Jesus vermutlich auch *Ritualen* wie der Taufe und sandte seine Anhängerschaft aus, andere Menschen zu taufen. Zudem kam es zu *symbolischen Handlungen*. Dazu gehörten die Fußwaschung seiner Jüngerinnen und Jünger oder das Handauflegen bei Kindern und Kranken. Auch sind symbolische Handlungen überliefert, bei denen Jesus in den Sand schrieb oder eine Mischung aus Sand und Speichel machte. Im gleichen Geist sind wir aufgefordert, die ganze mögliche Palette sinnlicher Wahrnehmungen und Verbindungen zur Natur zu nutzen. Dieses konkrete Umsetzen von Glaubensüberzeugungen ist außerordentlich wichtig für Menschen, wie Kapitel 2.1 „Zum Denken, Verhalten und

Glauben" erkennen lässt. Dazu gehören menschliche Berührungen, Feuer, Licht, Wasser, die Sonne, der Wind, Tiere und Pflanzen.[82]

Wohl aus der katholischen Tradition heraus, aber auch aus eigener Überzeugung ist mir die *Mahlfeier*, die auch Abendmahl oder Eucharistie genannt wird, sehr wichtig. Doch lehne ich die katholisch-dogmatische Lehre dazu, wie schon begründet, ab. Ganz in meinem Sinne fand in der Offenen Kirche Elisabethen in Basel 2018 ein ökumenischer Pfingstgottesdienst statt. Dieser war für alle Menschen, die kommen wollten, offen. Die Teilnehmenden in der großen Kirche versammelten sich dabei nicht vor dem Altar, sondern um einen langen Tisch im Mittelgang. Darauf standen Becher mit Wein und lagen Brotlaibe. Zur Mahlfeier erfolgte eine Segnung von Brot und Wein. Anschließend brachen Teilnehmende Brocken aus den Brotlaiben und gaben diese einander in die Hand, um sie zu essen. Auch griffen Teilnehmende nach den Bechern, um diese zum Trinken weiterzureichen.

Jesus fordert dazu auf, auf diese Weise Gemeinschaft im Glauben zu erleben, seiner zu gedenken und mit ihm in Beziehung zu treten. Doch was Jesus wirklich im Einzelnen sagte, lässt sich nicht mehr eindeutig feststellen. Die biblischen Berichte sind dazu nicht nur zu unterschiedlich in den Aussagen, sondern wurden später wahrscheinlich auch im Sinne der Oberhand gewinnenden Opfertheologie verändert oder ergänzt. Das schreiben namhafte Wissenschaftler und Wissenschaftlerinnen.[83] Fraglich erscheint auch einzelnen von ihnen, ob Jesus wirklich vom Brot zu seinem Leib und vom Wein zu seinem Blut die Brücke schlug. Möglicherweise diente Jesus das Brot vor allem als Symbol des Lebens und der Wein als Symbol der Gemeinschaft, des Bundes mit ihm und Gott. Mit dieser Bedeutung hoffe ich auf vermehrte Angebote solcher Mahlfeiern. Weil mir dieser Ritus so wichtig ist, greifen die Kapitel 4 und 5 dieses Thema im jeweiligen Kontext nochmals auf.

Gut fand ich beim Anlass in der Offenen Kirche Elisabethen auch, dass die Mahlfeier in einen „kompletten" *Gottesdienst* eingebettet war. Dazu zählen für mich die Bibellesungen, die Interpretationen dieser Texte für unsere heutige Zeit, die Gebete, der Gesang und auch zwischendurch Gespräche mit den Teilnehmenden links und rechts von mir. Das entspricht frühchristlicher Praxis. Diese Kurzbeschreibung lässt auch erahnen, warum eigentlich das Wort „Gottesdienst" für mich und andere nicht ganz richtig ist.[84] Hinter der Wortaussage steht wohl der Gedanke, dass das Abendmahl – nach katholischer Lesart die Eucharistie – als Dienst für Gott angesehen wird. Entstanden ist diese Vorstellung vermutlich durch die Dominanz der in Kapitel 2.3 beschriebenen Opfertheologie. Danach bringt man im Rahmen des Abendmahles als Dienst ein Opfer dar. Doch braucht, wie bereits begründet, Gott keine Opfer und dementsprechend keinen Dienst.

Ich bleibe dennoch bei diesem Wort, weil es eingebürgert ist. Man kann sich dabei ja auch mit dem Gedanken einer Umdrehung behelfen: Es ginge um Gottes Dienst für uns.

Wichtiger als eine Wortänderung ist für mich, diesen Anlass an heutige Vorstellungen und Bedürfnisse anzupassen. Zudem sollten verstärkt verschiedene Gruppen wie Frauen, Männer, Kinder und Jugendliche einen eignen Gottesdienst haben, wobei diese Gruppen bei der Gestaltung zu beteiligen sind. Das öffnet die Türe für lebendige Abläufe und Themen, welche die Gruppe interessieren, sowie für eine zeitgemäße Sprache.

Der Brasilianer Leonardo Boff, bekannt durch sein Wirken im Rahmen der Befreiungstheologie, schrieb eine „Kleine Sakramentenlehre".[85] Darin bringt er das Bild vom abgenutzten Wasserbecher aus Aluminium, den er neben anderen als Kind benutzte. Von außen betrachtet ist ein solcher Becher ein Trinkgefäß. Doch entwickeln zu ihm Menschen, die ihn benutzen, persönliche Beziehungen. Er erzählt vielleicht von der Kindheit, als er half, einen großen Durst zu löschen. Oder er erinnert an einzelne Menschen, die ihn benutzten. Daher geht die Wirkung eines solchen Bechers weit über die eines Trinkgefäßes hinaus. Wir haben also nach Leonardo Boff einen „inneren Blick" auf einen solchen Gegenstand. So ähnlich wirken nach ihm *Sakramente*.

Das gilt auch für Handlungen wie das Brotbrechen, das Benetzen mit Wasser oder das Handauflegen. Sie befördern Inhalte in mein Inneres. Dazu gehören Elemente der Beziehungen zu Gott, zu Jesus und anderen Menschen. Daher machen für mich Sakramente wie die Taufe, die Firmung und Konfirmation, die Mahlfeier und die Eheschließung Sinn. Auch die Krankensalbung, ein Vergebungsakt oder die Weihe von kirchlich besonders Engagierten kommen für mich als sakrale Handlungen infrage. Das gilt jedoch nicht für die Priesterweihe im katholisch-dogmatischen Sinn. Diese unterstellt ja, für mich fälschlich, dass einzelne Menschen vor Gott eine Sonderstellung haben.

Bereits heute finden in Kirchen neben sakramentalen Handlungen und Gottesdiensten verschiedenste *andere Aktivitäten und Begegnungen* statt. Zu den Aktivitäten gehört das diakonische Wirken für Frauen mit Kindern, Arme, Flüchtlinge, Kranke und hilfsbedürftige ältere Menschen oder Kontaktsuchende. Die Palette bei Begegnungen reicht von kleinen Gebets- und Bibelgruppen über kirchliche Gremien bis hin zu Großveranstaltungen in Messehallen, wie ich diese bereits als Beispiel erwähnte. Ich habe auch die Hoffnung, dass viel mehr Initiativen aus dem „Kirchenvolk" kommen werden. Beispiele für das erhebliche Potenzial, das hier besteht, bringt Kapitel 5.5.

Vor allem sollten die Angebote für Jugendliche ausgeweitet werden. Es geht dabei nicht nur darum, für christlichen „Nachwuchs" zu sorgen – was bereits bitter nötig ist –, sondern schlicht auch um ein christliches Engagement für oft „heimatlose" Heranwachsende. Es braucht für Jugendliche geistige und örtliche Räume, in denen sie sich entfalten können.[86]

Mein persönliches Glaubensbekenntnis

Es drängt sich am Schluss dieses Kapitels 3 auf, meinen *entschlackten und offenen Glauben zusammenzufassen*. Gehe ich derzeit in einen Gottesdienst der sogenannten Amtskirchen, dann verstumme ich, wenn vom Pfarrer die Aufforderung kommt: „Nun bekennen wir gemeinsam unseren Glauben." Gebetet wird in der Regel das „Apostolische Glaubensbekenntnis". Doch fehlen mir darin wesentliche christliche Kerngedanken und anderes erscheint mir völlig antiquiert.

Das „Apostolische Glaubensbekenntnis" stammt ja auch weitgehend aus der Antike. Es gibt Hinweise darauf, dass schon bald nach Jesu Tod mit wenigen Sätzen Glaubensbekenntnisse niedergeschrieben wurden. Man las diese vor allem bei Taufen vor. Wichtig war den damaligen Menschen alles, was sie vom andersgläubigen Umfeld, insbesondere aus dem dominanten griechischen Kulturkreis, unterschied. Betont wurden gegenüber den

Zweiflern auch Christi Todesumstände, seine Auferstehung und die Aussicht auf Erlösung.[87] Wahrscheinlich im 4. Jahrhundert entstand schrittweise das „kleine" Glaubensbekenntnis, genannt das „Apostolische". Diesem Namen erhielt es später durch die falsche Annahme, der Text stamme noch direkt von den Aposteln.[88] Es folgte zur gleichen Zeit oder später das ausführlichere „große" Glaubensbekenntnis. Dieses trägt den fast unaussprechlichen Namen „Nizäno-Konstantinopolitanum". In den Jahrhunderten danach kam es immer wieder zu kleinen Anpassungen. Doch wurde das „Apostolische Glaubensbekenntnis" auch von den Reformatoren nicht angetastet, vielleicht weil auch sie annahmen, es stamme wirklich von den Aposteln.

Daher war es 1970 möglich, mit kleinen Änderungen ein gemeinsames ökumenisches Glaubensbekenntnis für Katholiken, Lutheraner und Reformierte zu verkünden. Basis blieb der alte griechische Text aus dem 4. Jahrhundert, der neu übersetzt wurde. Dennoch gab es in den Kirchen viel Protest gegen das Entstehen der Neufassung, die doch im Kern ein *alter Zopf* war. Trotzdem wollten viele Konservative nichts davon wissen, dass zum Beispiel der Passus „abgestiegen in die Hölle" ersetzt wurde durch „hinabgestiegen in das Reich des Todes".

Warum spreche ich so despektierlich von einem „alten Zopf"? Im „Apostolischen Glaubensbekenntnis" steckt, wie auch Hans Küng in seinem Buch „Credo" anführt, ein antikes Weltbild.[89] Danach stellte man sich das Universum dreistöckig vor: Der Himmel, in den Jesus auffährt, die Erde sowie die Unterwelt, in die Jesus hinabsteigt. Sehr menschlich gedacht war auch die Annahme, dass der zeitlose Gott seinen Sohn Jesus drei Tage in der Unterwelt warten lässt, bis er ihn zu sich holt. Wohl aus der Vorstellung eines römischen Kaisersaales stammt der Passus: „Er sitzt zur Rechten Gottes." Neben diesen Antiquitäten bestimmt das Dogma der Trinität den Aufbau des Glaubensbekenntnisses. Dementsprechend gliederte man es in die Teile „Gott", „Jesus Christus" und „Heiliger Geist" – damals ein kämpferisches Bekennen, wie Kapitel 2.3 schildert.

Im Detail klebt das Glaubensbekenntnis an wörtlichen Übernahmen aus der Bibel. Dazu gehört die „Jungfrau Maria". Auch werden heute unverständliche Formulierungen wie „eingeborener" Sohn verwendet. Der Text benennt zudem Gott nur als männliches Wesen.

Mein *wichtigster Grund gegen das „Apostolische Glaubensbekenntnis"* resultiert aber aus dem schon geschilderten „Loch": Jesus wird im Text nur geboren, um als Opfer zu sterben. Es fehlen gänzlich Jesu Botschaften vom Reich Gottes und vom Liebesgebot.

Ich kann mich nur sehr darüber wundern, dass 1970 dieser zwar kunstvoll geflochtene, aber dennoch alte Zopf des „Apostolischen Glaubensbekenntnisses" als ökumenisches Werk von den Amtskirchen akzeptiert wurde. Erst recht ist mir unbegreiflich, dass solch ein Text als Glaubensbekenntnis in den Kirchen noch immer gebetet wird. Mit diesem Wundern und Urteilen bin ich nicht allein. Daher gab es einerseits Bemühungen, das Glaubensbekenntnis für unsere Zeit zu erklären.[90] Andererseits formulierten *verschiedene Autorinnen und Autoren neue Glaubensbekenntnisse*. Dazu gehören im deutschsprachigen Raum bekannte Namen wie Dietrich Bonhoeffer, Kurt Marti, Karl Rahner, Dorothee Sölle, Norbert Scholl und Jörg Zink.[91] Hinzu kommen viele Gruppen, etwa in Pfarreien, die gemeinsam ein Glaubensbekenntnis erarbeiteten. Sie folgten teilweise in der Gliederung dem „Apostolischen Glaubensbekenntnis", sind teilweise sehr umfangreich oder konzentrieren sich auf einzelne Themen wie zum Beispiel das Reich Gottes.

Zwar fand ich unter bestehenden Angeboten keinen Text, der meine Schwerpunkte und Aussagen in diesem Kapitel 3 voll wiedergibt, doch entstand so der Mut, mein entschlacktes und ergänztes *persönliches Glaubensbekenntnis* selbst zu formulieren:

„Ich glaube an Gott, den Allmächtigen, den raum- und zeitlosen
Schöpfer des Kosmos, aller Entwicklungen und des Lebens.
Ich glaube, dass sich Gott wie eine Mutter und ein Vater
um jeden einzelnen Menschen kümmert,
letztlich das Gute für uns will,
und uns gebietet, den Nächsten wie auch uns selbst zu lieben.
Ich glaube an das Bestehen der Reiche Gottes,
an das Reich im Diesseits, für das wir mit Liebe wirken sollen,
und an das bestehende vollendete Reich im Jenseits.

Ich glaube an den Menschensohn Jesus,
der in besonderer Beziehung zu Gott stand
und kraftvoller Verkünder der Reiche Gottes und der Liebe war.
Er lebte diese Botschaft konsequent vor
und nahm als Folge den Kreuzestod auf sich.
Ich glaube, dass Gott Jesus zu sich holte
und uns damit ein Zeichen der Hoffnung setzte.
Ich glaube an den Auftrag, in Jesu Geist zusammenzukommen,
uns gegenseitig im Glauben zu stützen und als Kirche für das diesseitige
Reich Gottes zu wirken.
Ich glaube, dass uns dabei der von Gott ausgehende Heilige Geist
helfen kann.
Ich glaube an Gottes Vergebung und meine Chance,
nach meinem Tod in das jenseitige Reich Gottes zu gelangen.
Dabei bleibt es dem Urteil Gottes überlassen,
wieweit ich meine Freiheit nutzte,
das Liebesgebot in Gedanken und Taten zu erfüllen."

4 Glaubenspraxis

Ich knüpfe an mein Glaubensbekenntnis an: In Liebe soll ich im Diesseits für das Reich Gottes wirken. Was heißt das nun praktisch und konkret?
Jesus, der vor 2000 Jahren in einer völlig anderen Situation lebte, können wir nicht direkt im Handeln nachahmen. Doch es ist uns gut möglich, seine Grundhaltung und Zielsetzungen zu übernehmen. Wie wir diese in konkreten Situationen in unserer Zeit am besten umsetzen, gilt es selbst herauszufinden.
Zunächst versuche ich dieses Vorgehen grundsätzlich darzustellen. Sodann vertiefe ich die Aussagen anhand von Beispielen. Das geschieht in folgender Gliederung:
- *Wünsche, Absichten und Handeln*
- *Asketisch und zurückhaltend leben?*
- *Wirtschaft und christliche Werte*
- *Handeln in Staat und Gesellschaft*
- *Umgang mit dem Lebensende.*

4.1 Wünsche, Absichten und Handeln

Gut und gut gemeint

„Seid neugierig! Und ganz egal, wie schwierig euch euer Leben vorkommt: Es gibt immer etwas, das ihr tun – das ihr erfolgreich tun könnt. Gebt nie auf, das ist am wichtigsten! Lasst eurer Phantasie freien Lauf! Gestaltet die Zukunft!" Das schrieb der bekennende Atheist Stephen Hawking, den ich bereits als Wissenschaftler zitierte, kurz vor seinem Tod.[1]

Jesus könnte wohl diesen Worten gerne zustimmen. Doch er würde diesen Apell auf das *Wirken für das Reich Gottes und die Umsetzung des Liebesgebotes* beziehen.

Auch setzte Jesus noch konkretere Akzente, vor allem was das Wollen und die Haltung beim Handeln angeht. Denn er wusste aus seiner beruflichen Erfahrung als Bauhandwerker, und durch das Studium des Alten Testaments, der Hebräischen Bibel: Hier bestehen erhebliche *Herausforderungen,* die immer wieder zu wenig beachtet werden. Denn leider bewahrheitet sich in der Praxis oft der Spruch, der auf den Dichter Gottfried Benn zurückgeführt wird: „Das Gegenteil von gut ist gut gemeint."

Daher verdeutlichte Jesus intensiv, was zu bedenken ist, um wirklich gut für das Reich Gottes zu handeln. Er tat das vor allem in Form von Gleichnissen, also bildhaften Erzählungen. Um damit hautnah an seine Zuhörenden heranzukommen, greifen diese Vorgänge das Alltagsleben in Israel vor 2000 Jahren auf. Dabei scheute er sich auch nicht, von „Vorbildern" wie Spekulanten, Betrüger, Diebe oder Attentäter zu berichten.

Anhand seiner Erzählungen argumentiert Jesus, setzt also auf das bewusste Mitdenken. Er appelliert in der Sachaussage nicht an das Gefühl, nutzt dieses aber, um Aufmerksamkeit zu gewinnen.

Mich als Unternehmensberater beeindruckte sehr, was Jesus im Einzelnen empfahl oder gar forderte, wie man für das Reich Gottes erfolgreich wirken soll. Denn seine Aussagen entsprechen einem modernen Leitfaden, wie Herausforderungen auch in unserer Zeit gut zu bewältigen sind. Zu entdecken ist also, dass sich der wahrscheinliche Bauhandwerker Jesus in den Vorgehensweisen und Bedingungen für ein erfolgreiches Planen und

Realisieren auskannte. Übersetzt in unsere heutige Sprache und Systematik spricht er von
- der notwendigen Einstellung,
- der realistischen Einschätzung von Situationen,
- Wünschen und Absichten in Form von Zielen,
- in der Regel bestehenden Handlungsalternativen,
- der umsichtigen Bewertung verschiedener möglicher Handlungen,
- der notwendigen konsequenten Umsetzung.[2]

Die notwendige Einstellung haben

Jesus machte es vor: Für das Reich Gottes und das Umsetzen des Liebesgebotes ist ein großer Einsatz, ein *hohes Engagement* geboten. Dieses erwartete er von seiner Anhängerschaft damals und erwartet es auch heute von den Menschen, die sich zu ihm bekennen.

Das veranschaulicht Jesus mit dem Gleichnis vom „anvertrauten Geld", über das Matthäus berichtet (25, 14–30). In der Erzählung ist ein vermögender Arbeitgeber für längere Zeit abwesend. Er übergibt als eine Art Test drei Angestellten eine erhebliche Summe Geldes. Deutlich ist, dass diese damit klug umgehen sollen. Zwei der Angestellten trachten nach Vermehrung des überlassenen Kapitals. Sie spekulieren damit, gehen erhebliche Risiken ein, und können die überlassene Summe verdoppeln. Der dritte Angestellte fürchtete sich, von dem anvertrauten Geld etwas zu verlieren, sicherte dieses daher nur. Als der vermögende Arbeitgeber zurückkehrt, lobt er die beiden Angestellten, die das Geld stark vermehrt hatten. Den dritten Angestellten, der das Geld nur sichernd bewahrte, aber nicht vermehrte, entlässt er mit Schimpf und Schande.

Mit diesem auf den ersten Blick abstoßenden Beispiel verdeutlicht Jesus: Sperrt euren Glauben nicht ins „stille Kämmerlein" ein, sondern bewirkt mit diesem „Kapital" möglichst viel für das Reich Gottes, geht auch Risiken ein.[3] Es ist also demnach grundfalsch, der Versuchung zu erliegen, den christlichen Glauben nur in einer eng begrenzten Privatsphäre zu leben.[4]

Dieser Rückzug ins Private kann verlockend sein. Denn die Kirchen sind im Schwinden und sich zum Christentum zu bekennen, verlangt zunehmend

Mut. Demgegenüber gilt es, *Hemmungen nicht aufkommen zu lassen oder gar zu überwinden*, sich konkret für das Reich Gottes einzusetzen. Diesen wichtigen Aspekt verdeutlicht Jesus nach Lukas (15, 17–18) mit einem wichtigen Teil im Gleichnis vom verlorenen Sohn. Denn dieser muss sich zunächst ehrlich seine elende Situation eingestehen.[5] Dazu gehört auch, dass er mit dem Verprassen des überlassenen Vermögens gegenüber dem Vater total versagt hatte. Dennoch überwindet er seine Hemmungen und macht sich auf, um zum Vater zurückzukehren. Zu unseren Einstellungen muss nach Jesus also gehören, uns immer wieder selbstkritisch zu besinnen und neu auf den Weg zu machen.

Zu den starken Hemmfaktoren gehörten zur Zeit Jesu und gehören auch heutzutage die *Vorurteile*, oft gespeist aus Ideologien.

Ich schilderte bereits kurz, dass es zur Haltung der damaligen Juden gehörte, die Samaritaner, die in einem Gebiet nördlich von Jerusalem siedelten, zu verachten. Jesus spießt diese Ideologie im Gleichnis vom „barmherzigen Samariter" auf. Ausgerechnet dieser hilft den von Räubern zusammengeschlagenen Menschen. Davor gingen gemäß dieser Erzählung nach Lukas (10, 30–35) ein Priester und ein Levit achtlos an dem stark Verletzten vorbei. Denn dieser gehörte ja nicht zum Volk des damaligen Israel.

Vorurteile gegen andere Menschen dürfen also nicht davon abhalten, Nächstenliebe zu schenken. Im übertragenen Sinn gilt auch immer, sich vor ideologischen Feindbildern zu hüten. Ich denke hier zum Beispiel an das pauschale Schimpfen auf die „Sozialisten", „Neoliberalen", „Großbanken", „Sozialhilfeempfänger" oder „Reiche". Vielmehr stellt sich die Aufgabe, in realen Situationen zu klären, was Sache ist und was als Handeln gut sein kann.

Die Forderung, ideologische Scheuklappen abzulegen, unterstützt auch dabei, *Umsicht* walten zu lassen. Jesus verdeutlicht, dass man dafür realistisch eine Situation analysieren soll. Das illustriert das Doppelgleichnis vom „Turmbau und Krieg führen", das Lukas wiedergibt (14, 28–32). Im ersten Teil des Gleichnisses geht es darum, beim Planen für den Bau eines Turmes zunächst sorgfältig die Kosten zu kalkulieren. Andernfalls besteht die Gefahr, dass das Geld nicht für die Fertigstellung reicht und man als Bauherr verspottet wird. Der zweite Teil des Gleichnisses handelt von einem König, der in den Krieg gegen einen anderen Herrscher ziehen will. Doch bevor er das tut, sollte er erkunden, ob nicht der Feind wesentlich mehr Soldaten aufbieten kann als er. Bevor er also eine Niederlage riskiert, wäre es klug, als Alternative Friedensgespräche ins Auge zu fassen.

Jesu Forderung, umsichtig das Handeln zu planen, ist heutzutage noch wichtiger geworden. Unser Umfeld nahm und nimmt in der Komplexität weiterhin zu. Daher droht, wenn man eine Situation nicht hinreichend klärt und die Zusammenhänge erkennt, zwar Gutes anzustreben, aber per Saldo eher das Gegenteil zu bewirken. So können unbeachtete Nebenwirkungen von Handlungen den Erfolg zunichtemachen.

Um umsichtig sein zu können, bedarf man der *Kompetenz* dort, wo man handeln möchte. Man muss also über entsprechendes fachliches Wissen verfügen, etwa zum Funktionieren wirtschaftlicher Prozesse. Man sollte aber auch über Kompetenz verfügen, wie man Probleme bestmöglich lösen kann. Der „betrügerische Verwalter" im Gleichnis nach Lukas (16, 1–13) macht das vor. In dieser etwas schockierenden Geschichte kündigt ein Großgrundbesitzer, der weiter entfernt von seinem Gutshof wohnt, einen Kontrollbesuch bei seinem Verwalter an. Dieser weiß, dass er schlecht gewirtschaftet hatte und ihm Entlassung droht. Nun kommt er auf die Idee, sich rasch Freunde zu schaffen, die ihm nach einer Entlassung helfen könnten. Dazu streicht er einigen einen Teil der Schulden, die diese beim Großgrundbesitzer haben. Am Schluss kommt die überraschende Wende in der Geschichte: Der Großgrundbesitzer erkennt zwar den Betrug, reagiert aber nicht mit moralischer Empörung. Vielmehr lobt er die Klugheit des Verwalters, wie dieser in einer fast aussichtslos erscheinenden Situation handelt.

Jesus drückt mit dieser Erzählung aus: Ihr erreicht etwas für das Reich Gottes, „wenn ihr euren Verstand einsetzt, eure Klugheit, eure Phantasie, eure Leidenschaft ... ".[6] Man muss sich die notwendige Kompetenz im Fach- und Lösungswissen selbst aneignen oder Personen beiziehen, die über eine entsprechende Kompetenz verfügen. Dagegen versündigen sich immer wieder kirchliche Vertretungen, wenn sie in Unkenntnis von Zusammenhängen ihr Urteil zu wirtschaftlichen, politischen und sozialen Vorgängen öffentlich kundtun.

Eine besonders große Diskrepanz zwischen dem Ist und dem Soll orte ich in der Lösungskompetenz. Während der Wert von Fachwissen meistens noch offenkundig ist, weil man selbst auf einem Gebiet fachlich Bescheid weiß, scheint mir der Wert des Wissens, wie man Probleme gut lösen kann, oft unterbelichtet zu sein. Daher vertiefe ich dieses Thema, zumal ich auch hierfür viel Anschauungsmaterial in Jesu Gleichnissen vorfinde.

Realistisch Situationen einschätzen

Ein eigentlich banaler Hinweis Jesu zum „knospenden Feigenbaum" zeigt, worum es geht. Bei Markus (13, 28–29) lesen wir dazu: „Vom Feigenbaum aber lernt das Gleichnis: Sobald sein Zweig saftig geworden ist und Blätter treibt, wisst ihr, dass der Sommer nahe ist." Man muss aber gut hinschauen, um das zu erkennen. Im Sprachgebrauch von Planern heißt das, eine *Situation umsichtig zu analysieren*. Das gilt auch für das Umsetzen des Liebesgebotes. Wie notwendig das ist, verdeutlicht Jesus anhand des Beispiels von der „überreichen Ernte" (Mk 4, 3–9). Diese darf man dann erwarten, wenn die Saat auf fruchtbaren Boden fällt. Auf Wegen, felsigem Boden oder unter Büschen geht die Saat nicht auf. Im übertragenen Sinn muss man zum Beispiel in der Analyse einer Situation erkennen, wo Widerstände gegen ein gut gemeintes Vorhaben entstehen können.

Damit spricht Jesus das wichtige *Vorausschauen* an. Dieses ist auch Thema im Gleichnis von den „zehn Jungfrauen". Diese gehen nach Matthäus (7, 24–27) bei anbrechender Nacht einem potenziellen Bräutigam entgegen. Die „törichten Jungfrauen" nehmen zwar Fackeln mit, aber kein Reserveöl. Die „klugen Jungfrauen" denken auch daran, dass sie in der Nacht vielleicht lange warten müssen. Sie verfügen daher über Reserveöl für die Fackeln. Tatsächlich wird die Nacht lang und die „törichten" müssen umkehren, um Ersatzöl zu besorgen. Sie verpassen dadurch den Bräutigam. Die „klugen" dagegen treffen ihn.

Das Vorrausschauen, sich mit zukünftigen Anforderungen auseinanderzusetzen, fällt Menschen schon wegen ihres genetischen Erbes schwer. In Kapitel 2.1 machte ich darauf aufmerksam, dass unser Denkvermögen maßgeblich durch die Jahrhunderttausende als Jäger und Sammler geprägt wurde. Für diese war der Blick in die Zukunft sekundär. Wie schwer das

Vorausschauen selbst Aktiven in der Entwicklungshilfe fällt, erlebte ich mit einer Projektgruppe, die im Auftrage der eidgenössischen Direktion für Entwicklungszusammenarbeit tätig wurde. Ihr Auftrag war, für entstandene organisatorische Konflikte Lösungsvorschläge zu erarbeiten. Es ging zum Beispiel um die Aufgaben- und Kompetenzverteilung zwischen den Koordinationsbüros in ausgewählten Entwicklungsländern und der Zentralverwaltung in Bern. Als Moderator schlug ich vor, sich zunächst mit wesentlichen zukünftigen Herausforderungen in der Entwicklungszusammenarbeit zu beschäftigen und dazu Szenarien auszuarbeiten. Doch die Gruppe hielt mir entgegen: Lösen wir lieber erst die aktuellen Probleme, statt über die Zukunft zu spekulieren. Nach einer längeren Diskussion ließ sich dann die Gruppe davon zu überzeugen, dass aktuelle Problemlösungen auch zukünftigen Anforderungen genügen müssen.

Wünsche und Absichten durch Ziele ausdrücken

Unsere oben angeführten Vorvorfahren mussten noch keine Ziele formulieren. Die Jagenden und Sammelnden vererbten uns, sich alles möglichst konkret vorzustellen. Daher denken Menschen lieber in konkreten Handlungen und Maßnahmen als in Zielen. Doch das kann schwerwiegende Nachteile haben. Denn oft gibt es nicht nur die eine richtige Handlung, sondern Alternativen, um Ziele zu erfüllen. Darum sollte man unbedingt erst über Ziele nachdenken und diskutieren, dann erst Handlungen bestimmen.

Es besteht im Falle der Aufträge, Wünsche und Absichten Jesu noch einen wichtigen zweiten Grund, den ich bereits in Kapitel 3.5 anführte: Wir können sein Handeln vor 2000 Jahren in der Regel nicht direkt in unsere Zeit übertragen. Wohl aber lassen sich die *Zielsetzungen Jesu erkennen* und dafür geeignete Handlungen für heutige Situationen finden.

Ein bereits mehrfach gebrachtes, aber mir besonders wichtiges *Beispiel* aus dem Neuen Testament soll das zeigen: Das *Abendmahl*, nach Lukas das „letzte Mahl". Dabei muss ich vorausschicken, dass sämtliche Berichte dazu nach Jesu Tod geschrieben wurden und bereits Interpretationen seines Todes enthalten. Wissenschaftler schälten aber heraus, welche zwei Aussagen im Kern wahrscheinlich auf Jesus zurückzuführen sind. In Lukas' Bericht steht, als Jesus das Brot brach und den Becher mit Wein kreisen ließ (22, 19–20): „Dies tut zu meinem Gedächtnis." Zusätzlich sprach Jesus vermutlich in Zusammenhang mit dem Brot und Wein vom neuen Bund mit Gott, den es zu feiern gelte.[7] Er gab damit die Ziele vor, in Form eines gemeinsamen Mahles seiner zu gedenken und den Bund mit Gott zu bekräftigen. Damals war ohnehin das gemeinsame kultische Mahl bei den Juden die wichtigste Form gelebter Religion.[8] Zu diesem Mahl brachten die frühen Christen die Speisen von zu Hause mit. Darunter waren gewiss auch Brot und Wein – damals mit hohem Symbolgehalt bei den Juden, Griechen und Römern. Dann mutierte dieses Mahl, wie bereits in Kapitel 2.3 geschildert, zum ritualisierten Opfermahl. Doch wurden im Zuge der Ausbreitung des Christentums das Abendmahl in anderen Kulturen auch mit den Speisen gefeiert, die dort zur Verfügung standen oder zur Kultur gehörten, zum Beispiel mit Bier in Skandinavien und Reis in Südostasien. Es kam in der Neuzeit in Afrika dazu, das Abendmahl mit Cola statt Wein und Maniok statt Brot zu feiern.[9] Auch damit entsprach man voll den wahrscheinlichen Zielvorgaben Jesu.

Die alte und dann katholische Kirche jedoch entfernte sich von diesen Zielen, bei denen ein gemeinsames Mahl im Mittelpunkt des Geschehens steht. Sie verabsolutierte im Rahmen des Opferkultes eine Handlung: Die sogenannte Wandlung von Brot und Wein in Jesu Fleisch und Blut. Auf diesem Weg ging der Vatikan so weit, genau vorzuschreiben, wie das „Brot" in Form von Hostien zu backen ist. Die Handlungen verselbstständigten sich also, losgelöst von den Zielsetzungen Jesu.

In einem anderen Zusammenhang mahnt Jesus dazu, von den *richtigen Zielsetzungen* zum Reich Gottes auszugehen. Im bereits angeführten Gleichnis vom „Pharisäer und Zöllner" wird das besonders gut erkennbar. Der Pharisäer führt in seinem Gebet im Tempel die Handlungen an, die er für Gott erbringt: Zwei Mal in der Woche fasten und laufendes Spenden des Zehnten. Der Zöllner schlug sich nur an die Brust und sagt nach Lukas (18, 13): „Gott sei mir Sünder gnädig." In diesem Gleichnis verfolgt der Pharisäer nach Jesus das falsche Ziel, sich Gottes Zuwendung durch seine Leistungen zu sichern. Der Zöllner dagegen setzt auf das richtige Ziel: Gott um Gnade zu bitten.

Die Aufforderung, richtige Ziele zu setzen, verdeutlichte Jesus auch mit dem bereits zitierten Spruch: „Der Sabbat ist um des Menschen Willen geschaffen, nicht der Mensch um des Sabbats willen." Es geht also nicht darum, bestimmte Handlungen in Form von festen Regeln einzuhalten, sondern darum, sich an den Zielen zum Sabbatgebot zu orientieren. Dazu gehören, zu sich selbst zu kommen und sich Zeit für die Beziehung zu Gott zu nehmen.[10]

Statt einer Zieldiskussion kommt es häufig zu *Versteckspielen hinter Maßnahmen*. Zum Beispiel diskutierte man bei der Eidgenössischen Technischen Hochschule Zürich zwanzig (!) Jahre über eine dritte Ausbauetappe an einem Außenstandort auf dem Hönggerberg – ohne Erfolg. Immer wieder bekamen bekannte Architekten den Auftrag, Bebauungsvorschläge für die neue Etappe vorzulegen. Und jedes Mal wurden die Vorschläge von der Professorenschaft der Hochschule abgeschossen. Mal gefiel scheinbar dieses nicht und mal jenes.

Die Wende kam durch einen externen Berater, der im Rahmen einer Situationsanalyse erkannte, dass die Ursache der Ablehnungen gar nicht in den vorgelegten Bebauungsvorschlägen lag. Vielmehr fürchteten die Professoren, ihr Departement könnte ausgewählt werden, die Innenstadt zu verlassen und in den Neubauten am Außenstandort zu landen. Daher wollte man das Bauen am Außenstandort grundsätzlich verhindern. Nun wurde zunächst eine Zieldiskussion durchgeführt. Diese zeigte für einige Departements wie zum Beispiel die Chemie: Sie haben eigentlich Ziele zur Qualität des Raumangebotes, die nur in Neubauten gut erfüllbar sind und die viel wichtiger sind als diejenigen, die für einen Standort in der Innenstadt sprechen. Mit dieser Erkenntnis aus der Zieldiskussion konnte die lange Blockade der dritten Ausbauetappe überwunden werden.

Ähnlich wie bei der Hochschule in Zürich finden auch im kirchlichen Bereich in der Zielfrage oft Versteckspiele statt. Das war insbesondere bei der „Bewältigung" der zahlreichen Missbrauchsfälle durch Bischöfe zu beobachten. Diese hofften, auf diese Weise *Zielkonflikte* umgehen zu können. Einerseits bestand auf der Basis des Liebesgebotes für die Bischöfe als Ziel, den Opfern des Missbrauchs zu helfen und ihnen Gerechtigkeit zu verschaffen. Andererseits entstand eine Konkurrenz zu Zielen der Kirche als Institution. Hier ging es den Bischöfen darum, die Priester vor Strafverfolgung zu schützen, diese weiter beschäftigen zu können und den Ruf der Kirche vor Schaden zu bewahren. Dabei war wohl nach Jesu Zielvorgaben klar: Die Sorge für die Opfer hätte die erste Priorität bekommen müssen – bekam sie aber leider zunächst nicht.

Kreativ Handlungsalternativen suchen

Jesus lässt immer wieder offen, mit welchen Handlungen Menschen seine Zielvorgaben umsetzen sollen. So verzichtet er darauf, dem betrügerischen, aber reuigen Zöllner Zachäus genau vorzuschreiben, wie er das begangene Unrecht wieder gut machen kann. Dieser gelobte dann nach Lukas (19, 1–10) aus eigenen Stücken, die Hälfte seines Vermögens den Armen zu geben und seine Erpressungen wiedergutzumachen.

Gerne auch zeigt Jesus auf, dass *Alternativen zu üblichen Handlungen* die Ziele besser erfüllen können. So heißt es nach Matthäus (5, 38–39): „Ihr habt gehört, dass gesagt wurde: Auge um Auge und Zahn um Zahn. Ich aber sage Euch: Leistet dem, der Böses tut, keinen Widerstand." Das ist eine ziemlich radikale Alternative, zu der das Ziel der Selbstliebe in Konkurrenz stehen kann.

Wichtig erscheint, davon auszugehen, dass es *fast immer Alternativen* im Handeln gibt. Diese gilt es zu suchen und alle in gleicher Weise sich geistig vorzustellen oder nachvollziehbar darzustellen. Nur wenn man sich in dieser Weise öffnet und vorgefasste Meinungen hintenanstellt, findet man die beste Möglichkeit für das Handeln.

Das wurde beim Versuch, dem afghanischen Flüchtling Khalil zu helfen, deutlich. Ihn und seinen Bruder nahm ein Pfarrerehepaar auf. Nachdem Khalil recht gut Deutsch gelernt hatte, ging es nun darum, einen Weg für seine berufliche Zukunft in der Schweiz zu finden. Die naheliegende Alternative war, dass der junge Bursche eine Lehre macht. In dieser Richtung bemühte sich das Ehepaar auch intensiv. Viele Möglichkeiten wurden durch Schnupperlehren geprüft. Doch im Moment wollte Khalil keine Lehre machen. Vielmehr träumte er davon, irgendwo selbstständig zu sein und rasch Geld zu verdienen. In Afghanistan arbeite er bereits nach kurzer Schulzeit auf einer Hühnerfarm und verdiente so viel Geld, dass er sich ein Motorrad leisten konnte. Was war in dieser Situation das richtige Handeln? Ich beriet das Ehepaar. Doch weil meine Kompetenz für das Problem unzureichend war, fragte ich eine Psychologin, die beruflich mit jugendlichen Flüchtlingen zu tun hatte. Sie schlug alternativ zu unseren Überlegungen vor: „Macht mit Euren Bemühungen für Khalils berufliche Zukunft Schluss. Er muss seinen eigenen Weg suchen und finden. Erst wenn es ihm ganz dreckig geht und er um Hilfe bittet, sollt ihr wieder für ihn handeln." Wir waren zunächst geschockt. Doch dann überzeugte uns diese Alternative.

Für Jesus sind Handlungsalternativen dann besonders vielversprechend, wenn diese einen *Multiplikationseffekt* haben. Das verdeutlicht er im Hinblick auf das Reich Gottes mit dem einfachen Beispiel vom „Sauerteig". Diesen mischt eine Frau nach Lukas (13, 20–21) in einer großen Schüssel unter das Mehl. Und die kleine Menge Sauerteig vermag, das Ganze zu durchsäuern. In die gleiche Richtung zielt das bereits zitierte Gleichnis vom „Senfkorn". Aus diesem kleinen Korn kann ein umfangreiches Gewächs entstehen.

Beim Suchen nach Handlungsalternativen gilt es auch, kreativ *besondere Chancen* zu entdecken. Dazu zählen förderliche Konstellationen, die ich in Kapitel 2.3 als „Raketenfenster" schilderte. So öffnete Jesu Botschaft von der Gleichheit aller Menschen für die Chance, dass Frauen sich in die jungen christlichen Gemeinden voll einbringen, sich auch leitend und in der Mission engagieren konnten.

Umsichtig Alternativen bewerten

Da Jesus vermutlich lange Zeit als Bauhandwerker arbeitet, sammelt er Erfahrungen, Kosten und Nutzen von einzelnen Handlungsmöglichkeiten abzuwägen. Das zeigt bereits das Gleichnis vom Turmbau, für den man vor Baubeginn die Kosten sorgfältig kalkulieren sollte. In die gleiche Richtung zielt das Gleichnis vom „Hausbau auf Fels oder Sand", das Lukas und Matthäus bringen (6, 48; 7, 24–27). Es würde von mangelndem Nachdenken und Vorausdenken zeugen, wenn man ein Haus auf Sand errichtet. Im Moment bringt das vielleicht auch Vorteile, weil der Boden eben und der Standort gut erreichbar ist. Doch könnte es sich bei einer solchen Standortentscheidung als fatal erweisen, wenn es zu einem starken Wolkenbruch kommt. Daher ist es besser, das Haus auf Felsen zu bauen. Natürlich bezieht sich dieses Gleichnis auf die Fundierung des eigenen Glaubens. Doch zeigt es auch allgemein eine *notwendige Denkweise*, die mögliche Gefahren miteinbezieht.

Es gilt also jede Handlungsalternative umsichtig in den *Vor- und Nachteilen* zu prüfen. Dabei muss man davon ausgehen: In komplexen Situationen – und die sind häufig gegeben – bringt keine Alternative nur Vorteile oder nur Nachteile. Man sollte daher die verschiedenen Aspekte analysieren und in der Bedeutung gewichten, um zu einem ausgewogenen Urteil zu kommen. Dabei lässt das Beispiel vom Haus auf Sand oder Fels erkennen, dass es wichtig ist, nicht nur kurzfristig, sondern auch mittel- und langfristig zu denken. Auf diese Weise kann man auch negative Nebenwirkungen von gut gemeintem Handeln entdecken. Ich erwähnte in Kapitel 3.4 bereits das Beispiel von Kleidersammlungen für Afrika, die dem dort ansässigen Gewerbe schaden können, oder den Bau von Brunnenanlagen in Mosambik, der den Frauen die „heilige" Handlung des Wasserholens raubte.

In Basel entstand für mich das Entscheidungsproblem, Bettelnden aus Rumänien etwas zu spenden oder nicht. Das Gefühl drängte mich, den jämmerlich aussehenden Frauen, die überall verteilt in der Innenstadt hockten, etwas zu geben. Doch ich wusste aus Berichten, dass männliche „Bettel-Zuhälter" das Ganze organisierten und die Spenden abkassierten. Wenn ich spendete, unterstützte ich, so hieß es, die Ausbeutung dieser Frauen.

Wenn man ein Zuviel an negativen Nebenwirkungen erkennt, so ist es ein großer Vorteil, das Handeln verändern zu können. Die *Korrekturmöglichkeiten* sind so wichtig, weil sich dann nötigenfalls neue Erkenntnisse berücksichtigen lassen.

Jesus hatte die Ziele, das Vertrauen der damaligen Menschen zu gewinnen und von seiner Botschaft zum Reich Gottes zu überzeugen. Er folgte dabei keinem starren Plan, blieb aber ständig in Bewegung. War kein Erfolg zu erzielen, wie etwa in seiner Geburtsstadt Nazareth, zog er mit seinen Anhängerinnen und Anhängern in andere Dörfer. Er wechselte auch das Vorgehen. So teilte er seine Begleitung zwischendurch auf, um jeweils zu zweit von Haus zu Haus zu gehen und seine Botschaft weiterzugeben.

Auch im Gleichnis vom „Festmahl" nach Lukas (14, 16–24) verändert der Hausherr seinen Plan. Er lädt zunächst ihm bekannte wohlhabende Gäste zu einem Festmahl ein. Doch er muss erleben, dass sich alle wegen anderer Verpflichtungen entschuldigen. Nun ändert er sein Vorhaben und lässt von der Straße Krüppel, Blinde und Lahme in seinen Festsaal hereinholen.

Die Beispiele zeigen schließlich einmal mehr, wie wichtig es sein kann, neben den Korrekturmöglichkeiten auch über *Kompetenz* in der Sache und im Lösungsprozess zu verfügen. Man muss zum Beispiel wissen, wie man die Kosten für einen Turmbau kalkuliert. Wenn man selbst nicht kompetent genug ist, sollte man so klug sein, sich Rat zu holen oder ein Team mit entsprechenden Fachleuten zu bilden.

Es ist auch wichtig, sich die Sicht derer, denen man Gutes tun möchte, zu vergegenwärtigen. Abermals gilt: Gut gemeint ist nicht unbedingt gut für den anderen.

Konsequent umsetzen

Ein zunächst besonders abstoßend wirkendes Gleichnis Jesu heißt in der Fachliteratur „der Attentäter". Es findet sich im sogenannten Evangelium nach Thomas, das Bibelwissenschaftler heutzutage den anderen Evangelien gleichstellen.[11] In dieser Erzählung übt ein Attentäter, der jemand töten will, zunächst mit seinem Schwert, bevor er zur Tat schreitet. Dazu stößt er seine Waffe immer wieder in eine Wand.[12] Ähnlich irritierend ist das Gleichnis von der „Überwältigung des Starken" nach Markus (3, 27). Danach erzählt Jesus: Wenn man ein Haus ausrauben möchte und darin ein starker Mann wohnt, dann müsse es zunächst gelingen, diesen zu fesseln.

Natürlich wählt Jesus solche unmoralischen Beispiele, um Neugierde bei den Zuhörenden zu wecken. In der Aussage aber geht es darum, für Kompetenz und *Entschlossenheit* beim Handeln für das Reich Gottes zu werben.

Dabei darf man zunächst durchaus ablehnend, kritisch oder zögerlich sein. Entscheidend ist nach einer solchen Phase, die richtige Überzeugung zu gewinnen und danach *mit Engagement zu handeln*. Das verdeutlicht Jesus an der kurzen Erzählung von den „ungleichen Söhnen", überliefert von Matthäus (21, 28–31). Der eine Sohn lehnt zunächst die Forderung des Vaters, im Weinberg zu arbeiten, ab. Er besinnt sich jedoch dann eines Besseren und übernimmt die Arbeit. Der andere Sohn antwortet dem Vater auf dessen Anfrage: „Selbstverständlich, Herr". Doch dann geht er doch nicht in den Weinberg arbeiten. Jesus warnt mit dem Gleichnis vor schönen Worten. Auf die Taten kommt es schließlich an.

Besonderes Engagement erfordert auch die Erfolgskontrolle und die Korrektur erkannter Fehler.

Ausgedrückt mit einem bekannten Spruch heutzutage gibt Jesus noch einen weiteren Rat: „Tue Gutes und rede davon." Davon handelt das Gleichnis „Lampe auf dem Lampenständer". Es wäre demnach falsch, eine Lampe etwa unter einen großen Bottich zu stellen. Damit sie ihr Licht maximal verbreiten kann, gehört sie auf einen Ständer.

So geht es auch heute darum, etwa *gutes Handeln* aus Liebe nicht zu verstecken, sondern das auch *publik zu machen*. Zu den Vorteilen gehört, dass auch Nachahmer motiviert werden können. Wichtig erscheint zudem, Jesu Botschaft mit allen geeigneten modernen Mitteln zu verkünden. Daran gemessen haben die Christen, insbesondere die Vertretungen der Amtskirchen, noch einen sehr großen Nachholbedarf, wie diverse aktuelle Studien zeigen.

Ausgewählte Beispiele

Das *Feld* möglicher konkreter Beispiele in der Glaubenspraxis ist *weit*. Es reicht von meinem persönlichen Verhalten, von Themen der Gemeinschaft mit anderen Menschen wie Freundschaft und Ehe, bis hin zum Wirtschaften im Kleinen und Großen, zu gesellschaftlichen und politischen Fragen. Dabei geht es, wie schon angemerkt, um das Realisieren einer bestimmten Verhaltenseinstellung und Lebenspraxis.[13] Wie sieht diese aus oder wie sollte diese aussehen?

Um nicht uferlos zu werden, musste ich für die folgenden Kapitel eine Auswahl an Themen treffen. *Meine Wahl* fiel auf Fragen, die mich stark beschäftigen, an denen ich mich auch reibe.

4.2 Asketisch und zurückhaltend leben?

Reiche und das Nadelöhr

Das absurde Bild brachte ich bereits als Beispiel für den speziellen Humor Jesu: Das Kamel, gemeint sind Reiche, gelangt nicht durch das Nadelöhr, das für den Zugang zum himmlischen Reich Gottes steht. Auch wenn Jesus nach Meinungen in der Bibelwissenschaft vielleicht von einem Schiffstau spricht, was fälschlich als Kamel übersetzt wurde, bleibt die humorvoll verpackte, aber harte Aussage gleich.

Hat tatsächlich Jesus grundsätzlich etwas gegen Reiche oder gar gegen jeden Besitz? Das fragt sich auch seine Begleitung. Jesu Forderung an den Jüngling, der vollkommen werden will, all seinen Besitz zu verkaufen und den Armen zu geben, beunruhigt sie sehr. Der Spruch vom Kamel steigert dieses Gefühl noch, da seine Begleitung nach eigener Einschätzung nicht zu den Armen gehört. So heißt es bei Matthäus (19, 25): „Als die Jünger das hörten, waren sie bestürzt." Denn einige von ihnen verfügen über Besitz wie etwa Häuser und Fischerboote. Wie wir im biblischen Text weiterlesen können, beruhigt sie Jesus. Er zeigt ihnen auf, dass letztlich das Urteil darüber bei Gott liege. Doch lassen sich bei Jesus *Anhaltspunkte* dafür in Form von folgenden Zielsetzungen finden:
- Beherrscht die Habgier!
- Macht euch nicht vom Besitz abhängig!
- Gebt vom eigenen Vermögen und Einkommen Teile an Bedürftige!

Die Habgier steckt, wie wir in Kapitel 2.1 gesehen haben, in den menschlichen Genen. Für die Jäger und Sammler bot sie zum Überleben große Vorteile. Doch wirkt sie sich, seitdem Menschen sesshaft geworden sind, direkt oder indirekt zulasten der Mitmenschen aus. Wenn der Zöllner Zachäus Menschen erpresst, so fügt er ihnen in seiner Habgier direkten Schaden zu. Indirekt können Menschen geschädigt werden, wenn etwa eine Bank hab- und gewinngierig riskante Geschäfte macht, dadurch in Konkurs gerät und Sparguthaben verloren gehen.

Neben Fällen, die klar sind, gibt es bei der Habgier auch viele Grauzonen. Genießen wir etwa unseren Wohlstand durch Ausbeutungen in Afrika und Südamerika? Verdiene ich mein gutes Gehalt zulasten weniger verdienender Mitarbeitenden? In meiner Beratungsfirma ist die Sachlage dazu eigentlich durchsichtig. Wer ein höheres Gehalt bekommt, muss finanziell höhere Stundensätze mit Kunden verrechnen. Diese akzeptieren das nur dann, wenn eine entsprechende Leistungsfähigkeit etwa durch Erfahrungen zu erwarten ist. Dennoch fanden manche Mitarbeitende, dass ich auf ihren Kosten mehr verdiene – eine Form von Habgier. So gehört zum *Beherrschen von Habgier*, sich laufend zu fragen, ob mein Zugreifen auf Verdienst- und Gewinnmöglichkeiten nicht ungerechterweise zulasten anderer geht. Wenn dem eindeutig so ist, sollte ich nach Jesu Zielsetzung mein Verhalten korrigieren.

Mit dem zweiten Ziel fordert Jesus, im Verhalten *nicht vom Besitz abhängig* zu sein. Der Ausrichtung auf das Reich Gottes und dem Liebesgebot gehört die erste Priorität. Dazu heißt es nach Lukas (16, 13) recht radikal: "Kein Knecht kann zwei Herren dienen. Denn entweder wird er den einen hassen und den anderen lieben, oder er wird sich an den einen halten und den anderen verachten. Ihr könnt nicht Gott dienen und dem Mammon." Müssen wir daher für eine christliche Lebensführung arm sein oder werden? Gemäß der Bergpredigt scheint das nach Lukas (6, 20) so zu tönen: "Selig ihr Armen – euch gehört das Reich Gottes." Und für den Wanderprediger Jesus war Besitzlosigkeit tatsächlich die beste Form, nicht dem Reiz des "Mammons" zu erliegen und sich voll auf Gott auszurichten. In der Folge hielten unter anderen einige Mönchsorden und auch der heilige Franziskus Armut für eine erstrebenswerte Lebensweise.

Doch bildet Armut für Jesus, wie wir oben gesehen haben, keine absolute Zielsetzung. Vielmehr deuten auch andere Bibelstellen darauf hin, dass das Streben nach guten Lebensbedingungen und Wohlstand, durchaus dem Liebesgebot entsprechen kann. Das bedeutet nicht, sich dem "Konsumwahn" zu ergeben. Ich folge in meiner Ansicht gerne Winfried Blasig in seinem Buch "Christ im Jahr 2000", das mir eine Offenbarung war, wenn er schreibt: "Der Christ ist nicht zu einem Leben der Genügsamkeit berufen."[14] Solche Aussagen helfen mir bei meinem tendenziell schlechten Wohlstandsgewissen. Zusätzlich sage ich mir: Es entspricht einer berechtigten Selbstliebe, ein gewisses Vermögen als Vorsorge für Krankheit, einen allfälligen Pflegeheimaufenthalt oder für mögliche Rentenkürzungen zu haben. Auf diesem Feld kann ich keine echte Sorglosigkeit, zu der Jesus ja ebenfalls ermunterte, walten lassen. Mich tröstet dabei auch, dass selbst die Gruppe um Jesus über Geldvorräte, also eine von Judas verwaltete Kasse, verfügte.

Die genannte dritte Zielsetzung verlangt von mir, von meinem Einkommen und Vermögen *einen Teil für Bedürftige* oder *Geld für andere gute Zwecke* abzuzweigen. Dazu sagt Jesus nach Lukas (12, 33): „Macht euch Geldbeutel, die nicht verschleißen, zu einem unerschöpflichen Schatz im Himmel, wo kein Dieb naht und keine Motte frisst." Der schon erwähnte Zachäus verspricht Jesus, die Hälfte seines Vermögens an Arme zu verteilen. Das ist einerseits sehr viel, doch andererseits längst nicht alles. Denn er will die andere Hälfte seines großen Vermögens behalten. Dennoch lobt ihn Jesus außerordentlich.

Auch meine Frau und ich zweigen aus unserem Einkommen und Vermögen Gelder für gute Zwecke ab. Doch liegen wir im Anteil viel tiefer als der Zachäus. Zudem streuen wir in der Regel nicht, sondern konzentrieren uns auf Empfänger, bei denen wir die Bedarfssituation und gute Verwendung von Mitteln zu durchschauen glauben. Es bleibt der Stachel mit der Frage: Setzen wir, meine Frau und ich, genug vom gemeinsamen Einkommen und Vermögen für gute Zwecke ein?

Blutwurst an Karfreitag

An einem Karfreitag fuhr ich als Jugendlicher mit meinem Moped über Land, um bei Osnabrück Verwandte zu besuchen. In Paderborn machte ich Rast und suchte ein Gasthaus auf. Nach dem Studium der Speisekarte entschied ich mich für einen Aufschnittteller mit Blutwurst. Doch der Kellner bedauerte, diese Bestellung nicht annehmen zu können. Am Karfreitag gäbe es kein Fleisch, nur Fisch oder vegetarische Gerichte. Da ich aus dem evangelischen Kassel kam, kannte ich diese allgemeine *Abstinenzregel* im Rahmen der Fastenzeit, die im damals katholischen Paderborn befolgt wurde, nicht. Im traditionell katholischen München lernte ich als Student eine andere Auswirkung der Fastenzeit kennen: Ab dem Festtag für den heiligen Josef, dem „Josefitag", gab es zwei Wochen lang ein Starkbier mit 18 %

Stammwürze. Mönche erfanden dieses besondere Bier, um ihr „Fasten" mit einem kalorienreichen Gerstensaft zu erleichtern.

Was haben diese beiden Erlebnisse zum Fasten und zur Abstinenz mit dem Christentum, speziell mit der *Lehre von Jesus direkt* zu tun? Die Antwort lautet für mich schlicht: Gar nichts. Seit alters her war Fasten jedoch sehr üblich, etwa aus religiösen Motiven wie Trauer, Buße oder der Wille zur inneren Reinigung. Konfrontiert mit den jüdischen Reinheitsgeboten sagt Jesus nach Markus (7, 18–19): „Begreift ihr denn nicht, dass alles, was in den Menschen von außen hineingeht, ihn nicht unrein machen kann? Denn es geht nicht ins Herz, sondern in den Bauch, und von dort in die Grube." Damit erklärt er alle Speisen für „rein". Dementsprechend ist auch die Blutwurst am Karfreitag rein.

Zum Fasten macht Jesus zudem deutlich, dass dieses nicht als stures Handeln nach religiösen Gesetzen, die man auch mit Starkbier raffiniert unterlaufen kann, zu sehen ist. Fasten erscheint ihm nur dann gut, wenn dieses freiwillig geschieht und *persönlichen Zielen* dient. Dazu gehört, sich voll auf Gott auszurichten. So fastet Jesus nach Lukas (4, 1) in der Wüste, bevor er sein Handeln als Wanderprediger beginnt. Ansonsten ist Jesus, wie wir aus dem Neuen Testament recht zuverlässig zu wissen glauben, der Askese abhold. So lässt er sich zum Beispiel von reichen Zeitgenossen zu festlichen Gastmählern einladen.[15]

Trotz der klaren Aussagen Jesu, ja Warnungen, entwickelten die *Kirchen* mit großem Eifer *Handlungsanweisungen für das Essen und Trinken* – neben dem Sex das zweitwichtigste Feld, um Vorschriften zu erfinden. So bekam ich auch in Paderborn am Karfreitag keine Wurst. Die katholische Kirche schreibt bis heute das Fasten vor.[16] Das gilt insbesondere für den Aschermittwoch und Karfreitag. Auch soll man vor allem an den etwa 40 Werktagen vor Ostern den Konsum von Nahrung und Getränken einschränken.

Die aus der Reformation hervorgegangenen Kirchen lehnen zwar solche Fastengebote vehement ab. Dafür entwickelten sie aber eine Art mäßiges Dauerfasten. Denn Luther hielt es für sinnvoll, „Maß [zu] halten beim Essen, Trinken und Kleiden, den eigenen Leib im Zaum [zu] halten."[17]

Für mich gelten die *Zielaussagen Jesu.* Ich halte mich daher an keine religiösen Essensgebote mehr. Vielmehr genieße ich gutes Essen und Trinken in vollen Zügen zu jeder Zeit, auch am Karfreitag. Fasten als freiwillige Übung zu einer selbst bestimmten Zeit wäre eigentlich auch eine Option für mich. Es kann dem Körper und Geist guttun. Da ich aber als Kind eine Art Zwangsfasten erlebte – wir Flüchtlinge litten zeitweilig an Hunger – stellt sich mein Gefühl bei dieser geistigen Übung quer.

Andere Motive veranlassen mich aber, beim Essen und Trinken Ziele zu beachten. So esse ich zwar Fleisch, reduziere aber meinen Konsum aus gesundheitlichen Gründen und der Umwelt zuliebe. Zudem ist mir wichtig, dass die Tiere vor dem Schlachten nicht leiden müssen. Daher kaufen meine Frau und ich nur Fleisch aus artgerechter Tierhaltung.

Vergebung geben und genießen

Leicht geht es vielleicht über die Lippen, schwer ist es oft, den folgenden Satz im Vaterunser in Handeln umzusetzen: „Wie auch wir vergeben unseren Schuldigern." Und das ist in diesem von Jesus überlieferten Gebet die einzige konkrete Aussage, die sich *an alle Menschen als Forderung* richtet. Mich störte bereits lange, dass jemand häufig zwei Reihen vor mir in der Kirche saß, demgegenüber ich schlechte Gefühle hatte. Der Grund lag in einer Attacke, die er anlässlich einer Kirchengemeindeversammlung ritt. Ich amtierte als Protokollführer und verlas, wie bereits mehrmals geschehen, das Protokoll nur in mir wichtig erscheinenden Ausschnitten, um auf diese Weise Zeit zu sparen. Den vollständigen Text konnten alle Teilnehmenden als Kopie beim Betreten des Saales nehmen. Nun warf mir der heftige Kritiker vor, dass ich wichtige Aussagen im Protokoll unterschlagen würde. Mich traf der Vorwurf schwer, weil ich diesen als Fußtritt empfand und dies meine letzte Sitzung in der Funktion als Protokollführer war.

Eine Predigt ermunterte mich, an der Situation etwas zu ändern. Es ging um eine Stelle im Neuen Testament nach Matthäus (5, 22–24): „Wenn du nun deine Opfergabe zum Altar bringst und dir dort einfällt, dass dein Bruder etwas gegen dich hat, dann lass deine Gabe dort vor dem Altar liegen und geh, versöhne dich mit deinem Bruder." Da keine Gelegenheit bestand, ihn nach dem Gottesdienst direkt anzusprechen, schrieb ich ihm. Ich schilderte ihm in dem Brief meine Gefühle, griff ihn aber nicht persönlich an. Das Ganze war versöhnlich formuliert. Nach einer Weile kam seine Antwort, in der er seine Vorwürfe erneuerte. Ich fragte mich: Habe ich etwas falsch gemacht? Der Weg in Richtung Versöhnung erschien mir blockiert.

Ich tröstete mich aber damit, dass ich zumindest nach langem Zögern *zum Vergeben* bereit war. Das fordert Jesus im Namen Gottes mit Nachdruck. Daher fand das *Vergeben* auch Eingang in das Vaterunser. Im Neuen Testament gehen zudem weitere Stellen auf dieses Thema ein. Klar wird darin ausgesagt, dass Gott mir nur vergibt, wenn auch ich vergebe. Und als Petrus nicht ganz davon überzeugt Jesus fragt, ob er sogar siebenmal vergeben müsse, antwortet Jesus nach Matthäus (18, 22): „Nicht bis zu siebenmal, sondern bis zu siebenundsiebzigmal."

Um das Ziel des Vergebens zu erfüllen, gilt es, in mir innerlich selbst zu wirken und zu erreichen, dass ich bedingungslos auf Schuldvorwürfe oder gar Rachegedanken verzichte. Dabei gibt es ja den Spruch: „Rache ist süß." Demgegenüber verlasse ich innerlich die Position des Opfers, das Genugtuung sucht. Von meinem Vergeben muss die betreffende Person oder Gruppe gar nichts wissen, keine Einsicht oder Reue zeigen. In meinem Beispiel gelang es mir, trotz der negativen Reaktion des heftigen Kritikers meine Gefühle der Verletzung zu überwinden.

Das ursprüngliche Ziel der *Versöhnung* blieb jedoch bei meinem persönlichen Beispiel unerfüllt. Dazu hätte es mir gelingen sollen, den anderen ins gemeinsame Boot zu holen und das Geschehen im Dialog anzuschauen. Für das ganze Vorhaben wäre daher wohl besser gewesen, nicht einen Brief zu schreiben, sondern um ein persönliches Gespräch zu bitten. Das Ziel der Versöhnung bedingt ja zweierlei: Ich muss bereit sein zum Vergeben, aber auch die Sicht der anderen Seite kennenlernen und berücksichtigen.

In beeindruckender Weise leistete das ein Vater gegenüber einem Traktorfahrer, der in einem Augenblick der Unachtsamkeit seinen Sohn tötete. Dieser war auf einem Motorrad mit Vorfahrt auf einer Kreuzung und wurde vom Traktorfahrer übersehen. Wenige Zeit nach dem Unfall traf sich der Vater mit dem jungen Bauern, tauschte sich über das Geschehen aus und vergab ihm dann. Dieser Vorgang war es der „Neuen Zürcher Zeitung" wert, auf zwei Seiten darüber zu berichten.[18]

Dazu gehört auch die Bereitschaft, die *Vergebung von Menschen* zu suchen, die *von mir verletzt* wurden. Diesen umgekehrten Fall spricht das Vaterunser nicht direkt an. Eine entsprechende Schuldvergebung wird „nur" von Gott erbeten. Diese ist ohne Frage wichtiger als die Vergebung, die ich von Menschen, die ich verletzt habe, bekommen kann. Sie „funktioniert" auch, wenn die betroffene Person nicht erreichbar ist, sich keine Gesprächsgelegenheit ergibt oder Vergebung verweigert wird. Doch entlastet es mich besser von Schuldgefühlen, wenn ich Vergebung von der betreffenden Person direkt erlebe.

Ich denke hier zuallererst an meine Kinder, bei denen ich einiges falsch machte. Zum Glück zeigten sie liebevolle Offenheit, darüber zu sprechen. Mir kommen aber auch einzelne Mitarbeitende in den Sinn, die ich verletzte. Zumindest konnte ich hier, wie schon geschrieben, Fehlverhalten eingestehen. Auf keinen Fall reicht es, sich mit dem heute gängigen Spruch „Ich stehe dazu" zu begnügen.

Für mich nicht unwichtig ist auch, *mir selbst verzeihen zu können.* Immer wieder steigen bei mir Erinnerungen an Szenen auf, bei denen ich Fehler machte und Schuld auf mich lud. Dann neige ich dazu, mich wiederholt geistig „selbst zu ohrfeigen". Doch kann ich mir klar machen, dass mir Gott mein Fehlverhalten vergibt, zumal mich Gott in der Evolution unvollkommen entstehen ließ. Damit verscheuche ich diese Gedanken.

Am Schluss stellt sich bei diesem Thema die Frage: Warum fällt uns das Vergeben so schwer? Warum war es für Jesus erforderlich, dem Petrus mit Nachdruck zu sagen, dass er nicht nur siebenmal, sondern siebenundsiebzigmal bereit sein müsse zu vergeben? Zu vermuten sind dafür vor allem genetische Einflüsse. In Kapitel 2.1 schilderte ich, dass die große Herausforderung unserer jagenden Vorfahren war, sich in einer eher feindlichen Umwelt zu behaupten. Sie waren also auf Kampf und Siegen „programmiert". Im Kampf flüsterte ihnen ihr Gehirn laufend bestärkend zu: Dein Handeln ist richtig. Um zu vergeben, gilt es also, den Kampfmodus zu verlassen. Wir müssen also *hohe emotionale Hürden* überwinden.

Das unterstützt das Liebesgebot mit dem Ziel der Vergebung. Dieses dient einerseits der Nächstenliebe. Oft fast noch wichtiger ist aber die Vergebung für unsere Selbstliebe. Es gilt, eine innere Plage etwa durch blockierende Wut oder Rachegefühle los zu werden. Durch die Vergebung oder gar Versöhnung gewinnen wir zudem Selbstachtung und Energie. Es lohnt sich also sehr, sich dafür zu motivieren.[19]

4.3 Wirtschaft und christliche Werte

Ein vermintes Gelände

Ein Bekannter von mir, ein ehemaliger Mönch, schrieb in einem Buch: „Ein Ökonom wollte mit mir Gespräche führen über Theologie und Wirtschaft. Er erklärte mir, es gäbe kein Problem mit dem Reichtum, denn die Reichen würden ja ihr Geld wieder investieren und so Arbeitsplätze schaffen."[20] Der Bekannte brachte in diesem Kapitel Beispiele für den Luxus von Reichen wie etwa „millionenteure Jachten" und behauptete, der Ökonom hielt das alles für richtig. Am Schluss brandmarkte er die Aussagen des Gesprächspartners als „zynisch". Der Ökonom, der das Gespräch mit ihm suchte, war ich. Allerdings hatte ich das nicht so gesagt, wie das der Bekannte behauptete. Als ich seine Version las, stellte ich ihn dann auch zur Rede. Dabei wurde deutlich, dass er, als ich beim Stichwort „Reiche" auch mögliche positive Wirkungen nannte, nur noch „rot" sah und mir gar nicht mehr richtig zuhörte. Mir ging es bei meinem Votum keinesfalls um eine grundsätzliche moralische Rechtfertigung des Verhaltens von Reichen, sondern um wirtschaftliche Mechanismen.

Dieses Erleben bestätigte die Erfahrung auch sonst: Theologisch Ausgebildete sehen Wirtschaftsfragen sehr oft durch *eine moralisch-negative Brille.*[21] Gründe dafür könnten sein:
- Wirtschaftsfragen sind in den Auswirkungen für Menschen elementar, wobei Theologen wohl häufig eher mit negativen Auswirkungen auf Menschen in Berührung kommen.
- Das Wissen über Wirtschaftsfragen ist bei Theologen oft kaum vorhanden, wodurch in ihrem Denken eine sehr einseitige moralische Sicht dominiert.
- Damit in Zusammenhang: Es besteht eine Neigung, bestimmte (negative) Teilaspekte herauszupicken und zu verabsolutieren, ohne die Zusammenhänge zu sehen.

Vor diesem Hintergrund besteht bei Wirtschaftsfragen häufig ein vermintes Gelände mit *vielen gegensätzlichen Argumentationen* und sogar gegenseitigen Verletzungen. Dahinter steht eine grundsätzliche Frage: Soll das Wirtschaftssystem eher marktwirtschaftlich ausgestaltet werden oder eher in Richtung einer Planwirtschaft mit der Möglichkeit einer direkten Lenkung im Sinne von Werten?

Die Befürworter der Marktwirtschaft sagen mit Hinweis auf biblische Aussagen, dieses System diene der Freiheit des Menschen, dem vernünftigen Handeln und einer möglichst guten Wohlstandsentwicklung.[22] Den Gegnern empfehlen sie, sich doch das arme planwirtschaftliche Kuba oder das verarmte Venezuela anzuschauen.

Befürworter von mehr planwirtschaftlichem Lenken führen an, dass auf diese Weise den Armen mehr geholfen werden könne, mehr Gerechtigkeit möglich sei und sich auch Klimaziele zur Bewahrung von Gottes Schöpfung besser erreichen ließen. Sie kritisieren den marktfreundlichen „Neoliberalismus", gar den „Kasino- und Heuschreckenkapitalismus".[23] Dem setzte Papst Franziskus noch die Krone auf, wenn er schrieb: „Wir dürfen nicht mehr den blinden Kräften und der unsichtbaren Hand des Marktes vertrauen."[24]

Solche sehr verschiedene Positionen werfen die Frage auf, was *Jesus* nach den Evangelisten zum *Thema Wirtschaftssystem* sagt. Das zu seiner Zeit voll marktwirtschaftliche und kapitalistische System kennt er recht gut. Als wahrscheinlicher Bauhandwerker muss er im Rahmen dieses Systems Aufträge akquirieren, die Kosten kalkulieren und sich darum kümmern, dass seine Auftraggeber ihn auch für seine Leistungen bezahlen können. Das bereits angeführte Gleichnis vom Turmbau lässt das gut erkennen. In einem anderen Gleichnis schildert er, wie jemand in einen neuen Weinberg investiert, um diesen dann gegen Zinsen zu verpachten (Mk 12, 1). Auch beschreibt er die Abhängigkeit von Sklaven von ihren Besitzern (Lk 17, 7–10).

Zwar ist klar ersichtlich, dass Jesus diese Gleichnisse nicht bringt, um das herrschende Wirtschaftssystem umfassend darzustellen oder gar zu befürworten. Vielmehr sind sie für ihn ein Mittel, um auf teilweise schockierende Art Aussagen zum Reich Gottes zu machen. Doch indem er solche Szenen schildert, wirft er Licht auf bestehende Missstände.

Dennoch findet sich bei Jesus nirgends ein direkter Aufruf zur Änderung des damaligen Wirtschaftssystems. Er fordert zwar dazu auf, den Armen zu helfen und für Gerechtigkeit zu sorgen, benennt aber außer den

Spenden kein geeignetes Handeln, um Missstände zu beheben. Er warnt zwar vor den Gefahren für Reiche, sich falsch zu verhalten – ich schilderte das bereits – verlangt aber nicht deren höhere Besteuerung oder gar Enteignung. Selbst die Abschaffung der menschenunwürdigen Sklaverei bildet für Jesus, folgt man den Evangelisten, kein Thema.

Vielleicht scheut Jesus die *Komplexität des Themas Wirtschaft*. Er weiß ja bereits als Bauhandwerker, dass hier vieles mit vielem zusammenhängt. Inzwischen nahm diese Komplexität enorm zu. Dabei bestehen vielfältige Zusammenhänge und Abhängigkeiten. So beeinflusst zum Beispiel im marktwirtschaftlichen System mein und anderer Leute Einkaufsverhalten den Absatz von Kleidern. Darauf reagieren wiederum Handelsunternehmen. Das wiederum beeinflusst das Produktionssortiment und die Absatzchancen von Kleiderfabriken in unseren Breitengraden oder auch in Asien. Das Ganze verändert sich laufend in dynamischen Prozessen. Die Coronakrise warf ein besonders schrilles Licht darauf.

Als ich bald nach der Wende in Deutschland Dresden besuchte, fuhr ich mit dem Taxi zu einem Gespräch in der Technischen Universität. Der junge Fahrer schwärmte davon, dass er nun endlich Taxiunternehmer sein darf. Das verdanke er der neu eingeführten Marktwirtschaft. Auf der Rückfahrt schimpfte ein anderer Fahrer just über diese Marktwirtschaft. Zu DDR-Zeiten dirigierte der Staat das Dienstleistungsangebot mit Taxis. Nur wenige Fahrer wurden zugelassen. Daher hatte er stets gut zu tun und keine Auslastungsprobleme. Nun sei die Konkurrenz mächtig gewachsen und er müsse lange auf Kunden warten. Sein Verdienst sei stark gesunken.

Dieses einfache Beispiel beleuchtet eine Grundregel: *Komplexe Systeme* haben *neben Vorteilen immer auch Nachteile*. Diese variieren je nach Betroffenen und Betrachtungsweise. Es ist daher nicht möglich, ein Wirtschaftssystem zu entwickeln, das nur Vorteile bringt und alle Betroffenen zufriedenstellt. Als Herausforderung besteht, die Vorteile eines Wirtschaftssystems für eine Gesellschaft zu maximieren und die Nachteile zu minimieren.

Im Folgenden soll daher auch kein Patentrezept für ein gutes Wirtschaftssystem verkündet werden. Vielmehr geht es mir darum, für die Komplexität von Wirtschaftsfragen zu sensibilisieren und *Beispiele für zu berücksichtigende Aspekte* zu bringen. In der Gliederung folge ich den Analyse- und Planungsschritten gemäß Kapitel 4.1.

Notwendige Analysen von Situationen

Am 24. November 2012 brannte in Bangladesch eine Textilfabrik. Mehr als 100 Menschen kamen dabei ums Leben. Dieser Vorfall rief in Bangladesch, aber auch sonst in der Welt Entsetzen hervor. In diesem Zusammenhang wurden die Arbeitsbedingungen in vielen Fabriken in der Dritten Welt sowie ihre westlichen Auftraggeber stark kritisiert. Es reiste auch eine Delegation von Nationalrät*innen der Schweiz nach Bangladesch, um sich ein Bild vor Ort zu machen. Und sie sahen tatsächlich, unter welch miserablen Bedingungen dort die Menschen in Textilfabriken schuften. Eine Nationalrätin, Elisabeth Schneider-Schreiter, hatte auch Gelegenheit, mit dem Vater einer Fabrikarbeiterin zu sprechen. Er formulierte den Wunsch: „Fordert nicht, solche Fabriken zu schließen. Dann verliert meine Tochter ihre Arbeitsstelle und verdient nichts mehr. Ich bin in der Folge gezwungen, meine Tochter zu verheiraten, um sie zu versorgen."

In der Regel zeigen also Analysen, dass *Situationen*, die man gerne verbessern möchte, *mehrere Seiten* haben. Diese gilt es bei einer Meinungsbildung und beim Handeln zu berücksichtigen. Nur einen der Aspekte im Auge zu haben, kann ungewollte oder gar überstarke Nebenwirkungen erzeugen.

In der ehemaligen DDR wunderten sich die Wirtschaftsplaner, weshalb Kinderwagen, wenn diese mal wieder angeboten wurden, umgehend über den „Ladentisch" gingen. Man errechnete, dass auf diese Weise doppelt so viele Kinderwagen nachgefragt als Kinder geboren wurden. Wie Untersuchungen zeigten, entstand der Effekt durch typische Hamsterkäufe. Man wusste in der DDR ja nie, ob man im Bedarfsfall einen Kinderwagen bekommen konnte. Also legte man einen Vorrat von eventuell knappem Gut an. Diesen Effekt erzeugte ebenfalls das Coronavirus. Berühmt-berüchtigt wurden die Hamsterkäufe von Toilettenpapier. Der Hinweis auf das Verhalten von Hamstern verdeutlicht, dass es um ein Horten geht, welches auch im Tierreich anzutreffen ist. Menschen erbten dieses Verhalten durch die Evolution.

Angeborenes Verhalten von Menschen ist tief verankert und beeinflusst dementsprechend stark das Funktionieren von Systemen, wie Kapitel 2.1 erkennen ließ. Das berücksichtigten Karl Marx, Lenin und die nachfolgenden sozialistischen Planer zu wenig. Versuche, das Habgierverhalten, aber auch die Lust am Tausch von Dingen mit Gewalt zu unterdrücken – man wollte ja den neuen kommunistischen Menschen erziehen – scheiterten, wie schon erwähnt, dadurch weitgehend. Auch im marktwirtschaftlichen System wirkt sich die Gier aus. Das geschah in besonders schädlichem Umfang, als in den USA die Bush-Regierung, also der Staat, in großem Stil Restriktionen für Bankgeschäfte aufhoben. Das führte auf privater Seite beim Streben nach möglichst viel Gewinn zu abenteuerlichen Bankgeschäften und schließlich im Jahr 2008 zur Bankenkrise. Genetisch verankert ist bei Menschen zudem das Denken in familiären Clans. Regiert ein solcher Clan in einem Land, etwa in Afrika oder in Südamerika, so werden staatliche Posten oft nicht nach der Fähigkeit dafür, sondern nach Clanzugehörigkeit vergeben. Eine in vielen Bereichen inkompetente Verwaltung ist häufig die Folge.

Wenn man also Wirtschaftssysteme verbessern will, sollte man unbedingt das angeborene potenzielle Verhalten von Menschen im Auge behalten und sich in dieser Hinsicht keine Illusionen machen.

Verwandt mit dem angeborenen Verhalten sind auch *Kultureinflüsse*. Zum großen Wirtschaftsaufschwung von China trugen die nach wie vor wirksamen philosophischen Lehren des Konfuzius bei. Dieser lehrte den hohen Wert der Bildung, einer stabilen Ordnung und der Strebsamkeit. Zu den Kultureinflüssen gehört auch, ob Korruption toleriert oder wirksam bekämpft wird.

Starken Einfluss auf Kulturen üben zudem Religionen aus. Beim Wirtschaften können sie Ehrgeiz wecken – Calvinisten glaubten zum Beispiel, durch persönlichen wirtschaftlichen Erfolg die Gnade Gottes erkennen zu können – oder auch lähmen. So ist in islamischen Ländern teilweise die Haltung verbreitet, dass doch alles von Gott bestimmt werde und wirtschaftliche Anstrengungen für Menschen nicht lohnen. Will man in solchen

Ländern Verbesserungen der wirtschaftlichen Entwicklung erreichen und die Armut bekämpfen, so muss man auch auf die Kultur Einfluss nehmen.

In vielen Ländern bestehen sehr ungerechte Strukturen, die auch viel Gewalt erzeugen. Aufgrund solcher Ursachen kam es zur Entwicklung der Befreiungstheologie in Mittel- und Südamerika.[25] Diese zeigte und zeigt starke Sympathien für die Lehren von Karl Marx. Richtig erscheint dessen Erkenntnis, dass die *gesellschaftlichen und politischen Verhältnisse* Einfluss auf die wirtschaftliche Entwicklung und auch auf den Umfang von Armut haben – jedoch nicht ganz so, wie er sich das dachte. So profitiert die Schweiz von relativ liberalen Bedingungen für die Privatwirtschaft, von stabilen politischen Verhältnissen und einem funktionierenden Rechtsstaat. Das wirkt sich hier sehr positiv auf die Investitionen, das Arbeitsplatzangebot und das Lohnniveau aus.

Umgekehrt führen labile politische Verhältnisse, Rechtsunsicherheit und hemmende staatliche Regelungen zum Unterbleiben von privaten Investitionen. Will man in solchen Ländern Verbesserungen erreichen, so gilt es in erster Linie, die politischen, kulturellen und rechtlichen Verhältnisse zu ändern – vielerorts ein langwieriges Unterfangen.

Maßgebliche Ziele

Ein Pfarrer am Zürcher Grossmünster sagte in einem Streitgespräch zur Botschaft Jesu: „Daraus folgt das Wächteramt, also unsere Aufgabe als Kirche, die Ursachen von Leid und Unrecht zu benennen."[26] Wie die kurze Skizze zur Analyse von komplexen Situationen, in denen Handlungen erfolgen, zeigen sollte, benötigt man für das Benennen von wirklichen Ursachen von Leid und Unrecht umfassende Kompetenzen. Zudem bedingen überlegte Urteile zu Leid und Unrecht Kriterien, mit deren man das Problem umreißt. Entsprechende Kriterien basieren auf Wertvorstellungen, die man mit Zielen ausdrücken kann.

Wie *wichtig Zieldiskussionen* angesichts von Leid und Unrecht wären, zeigt sich an der Uneinigkeit in solchen Fragen. Die einen meinen, ein bescheidenes Leben ohne Besitz, jedoch mit viel Gerechtigkeit, sei ein christliches Ziel.[27] Sie sehen hierfür Jesus als Vorbild. Die anderen folgen aus dem Gebot der Nächsten- und Selbstliebe, dass nicht nur die Überwindung von Armut, sondern auch ein wirtschaftlich gutes Leben anzustreben sei.[28]

Ich neige zur oben genannten zweiten Interpretation christlicher Ziele *zur Wirtschaft*. Davon ausgehend sehe ich folgende *Oberziele* für die Gestaltung von *Wirtschaftssystemen* und für das Lösen wirtschaftlicher Einzelfragen (die Reihenfolge stellt keine Gewichtung da):
a. Erreichen und Erhalten wirtschaftlicher Wohlfahrt,
b. Sorge für Arme und Schwache,
c. Annäherungen an gerechte Verhältnisse,
d. Öffnen von Entwicklungschancen,
e. Schutz der Umwelt.

Beim Oberziel a. „Erreichen und erhalten wirtschaftlicher Wohlfahrt" geht es darum, dass möglichst viele Menschen einen wünschenswerten Lebensstandard erreichen oder halten können. Dafür spricht das Gebot der Selbst- und Nächstenliebe. Bereits oben zitierte ich Winfried Blasig mit der Aussage, Christen seien nicht zu einem Leben in Genügsamkeit berufen.

Das Oberziel b. „Sorge für Arme und Schwache" nimmt Menschen, die in Armut hineingeboren wurden oder in ihrem Leben hineingeraten sind, ins Blickfeld. Dieses Oberziel spielt bereits im Alten Testament eine große Rolle. Auch Jesus kümmert sich stark um Arme und Schwache. So sagt er nach Matthäus (25, 40): „Was ihr einem diesem meiner geringsten Brüder getan habt, das habt ihr mir getan."

Das Oberziel c. „Annäherungen an gerechte Verhältnisse" ist mit dem Ziel „Sorge für Arme und Schwache" nahe verwandt. Doch hier liegt der Akzent auf einer fairen Verteilung von Gütern und Chancen. Dazu gehört auch der Kampf gegen alle Formen von Diskriminierungen, Ausbeutungen oder gar Unterdrückungen. Mit dem Wort „Annäherungen" soll ausgedrückt werden, dass Gerechtigkeit im Konkreten oft schwer zu definieren ist und viel subjektives Empfinden mitspielt.

Beim Oberziel d. „Öffnen von Entwicklungschancen" geht es auch im Wirtschaftsbereich um einen ganzen Strauß verschiedener Einzelanliegen. Besonders wichtig erscheint mir, dass Menschen Arbeitsplätze finden, die ihren Wünschen und Fähigkeiten entsprechen.

Oberziel e. „Schutz der Umwelt" postuliert, unsere ökologischen Lebensbedingungen voll im Auge zu haben und mit Gottes Schöpfung, Resultat der Evolution, verantwortungsvoll umzugehen. Auf dieses Thema gehe ich nochmals in Kapitel 4.4 unter politisch-sozialen Gesichtspunkten ein. Nur so viel sei unter primär wirtschaftlichen Aspekten gesagt: Es ist möglich, dass Wohlstandsverluste für die Zielerfüllung in Kauf genommen werden müssen, also eine Konkurrenz mit dem Ziel „Wohlfahrt" entsteht.

Solche *Zielkonflikte* kann man durch Gewichtungen der Ziele entsprechend ihrer Bedeutung lösen. Dabei gilt es immer, von begrenzten Ressourcen auszugehen – ob man ökonomisches Denken mag oder nicht. Dazu gehören zum Beispiel genügend gut ausgebildete Arbeitskräfte, um eine bestimmte Aufgabe bestmöglich erfüllen zu können – in Entwicklungsländern oft ein großer Engpass. Mit einer Gewichtung der Ziele lässt sich bestimmen, welche von ihnen vorrangig zu erfüllen sind. Dazu bedarf es in christlicher Verantwortung intensiver Diskussionen. Erst dann lässt sich in der Regel ein zielgerichtetes, gemeinsames Handeln erreichen.

Hier orte ich große Defizite bei den Kirchen, die Konflikte lieber mit schönen Worten umnebeln oder sich moralisch aufgeladen nur um eines von mehreren wichtigen Zielen kümmern.

Handlungsalternativen für die Wirtschaft

„Alle Glaubenden aber hielten zusammen und hatten alles gemeinsam. Güter und Besitz verkauften sie und gaben von dem Erlös jedem so viel, wie er nötig hatte." So beschreibt Lukas die Jerusalemer Urgemeinde in der Apostelgeschichte (2, 44–45). Man glaubte, mit dieser Handlungsalternative Jesu Zielsetzungen besonders gut umzusetzen. Allerdings war die Urgemeinde, alsbald von finanziellen Zuwendungen anderer christlicher Gemeinden abhängig, weil sie nach einiger Zeit schlicht pleite war. Es reicht also nicht, sich nur auf das Verteilen von Vorhandenem zu konzentrieren. Man muss auch dafür sorgen, dass Nachschub erarbeitet wird.

Was gibt es nun für *Handlungsalternativen in heutiger Zeit*? Grundsätzlich bestehen idealtypisch drei Alternativen:
- Systeme der Wirtschaftsplanung und -lenkung,
- Systeme der Marktwirtschaft mit Privateigentum,

- Systeme der Selbstversorgungswirtschaft.

Bei diesen Alternativen bestehen viele Subvarianten. Auch kann man jeweils Teilelemente miteinander kombinieren.

In Systemen der *Wirtschaftsplanung und -lenkung* verteilen Institutionen Waren und Dienstleistungen. Idealtypisch kauft man nicht ein Auto beim Händler, sondern es wird einem zugeteilt. In der Regel legen die planenden und lenkenden Institutionen, etwa der Staat, auch die Löhne und andere Erträge oder Berechtigungen fest, wenn überhaupt Geld eine Rolle spielt. Auf Besitz kann oder muss verzichtet werden. Daher erlauben solche Systeme Lohngleichheit oder eine direkte Annäherung an das Ziel der Verteilungsgerechtigkeit. Auch können Investitionen nach politischen Zielen gesteuert werden. Diese sind zudem an Orten oder für Zwecke möglich, die sich privatwirtschaftlich nicht rechnen würden. In Monopolsituationen lässt sich auf diese Weise Preiswucher verhindern. Man denke etwa an Kläranlagen für Siedlungsgebiete oder die Verteilung von Corona-Impfstoffen. Diskutiert wird als Folge von zeitweiligen Versorgungsengpässen in westlichen Ländern auch, dass Staaten etwa in die Antibiotikaproduktion investieren. Es geht diesen darum, nicht völlig von Importen, etwa aus Indien, abhängig zu sein.

Das System von Wirtschaftsplanung und -lenkung ist jedoch längst nicht auf staatliches Handeln beschränkt. Vielmehr dient es auch dem Handeln innerhalb privatwirtschaftlicher Unternehmen. So waren die Mogeleien bei den Dieselmotoren von VW eine Folge interner Planvorgaben, die legal nicht eingehalten werden konnten.

Systeme der Marktwirtschaft sind auf Austausch von Waren und Dienstleistungen angelegt. Sie bauen auf dezentralen Entscheidungs- und Handlungsrechten von Eigentümern, etwa Privatpersonen oder Unternehmen, auf. Dabei regulieren Marktpreise die Austauschprozesse. Wissenschaftlich gesehen handelt es sich um dynamische kybernetische Systeme.

Dabei streben die Anbieter von Waren und Dienstleister danach, nach Möglichkeit Profite zu erwirtschaften, also mehr einzunehmen als sie Kosten haben. Diese Überschüsse benötigen sie, um Kapital etwa als Reserve zu bilden oder Kapitalgebern eine Verzinsung zu ermöglichen. Die Aussicht auf Profit veranlasst zudem zu Innovationen und entsprechenden Investitionen, um die Konkurrenzfähigkeit zu erhalten oder neue Ertragsmöglichkeiten zu erschließen. Löhne und andere Formen von Erträgen regelt idealtypisch der Arbeitsmarkt. Es liegt auf der Hand, dass daraus große Unterschiede resultieren können. Es gibt sehr gut Verdienende und auch Niedriglöhne. Im persönlichen Vermögen erlaubt das marktwirtschaftliche System Reichtum, kann aber auch Besitzlosigkeit verursachen.

Schließlich gibt es idealtypische Systeme der *Selbstversorgungswirtschaft*. Dann wird nur für den Eigenbedarf produziert. Solche Systeme sind in Entwicklungsländern noch häufig anzutreffen. Sie können auch das Ideal von „Aussteigern" sein.

In der Realität bestehen meist *Kombinationen* der idealtypischen Systeme. So steuert etwa der Staat die Marktwirtschaft in der Regel über die Festlegung von Rahmenbedingungen. Er kann auch gezielt Teile der Wirtschaft subventionieren, etwa die Bauern für ihre Landschaftspflege honorieren. Ein Mittel sind auch Festlegungen auf der Einkommensseite, etwa von Mindestlöhnen. Zudem investieren marktwirtschaftlich orientierte Staaten in die öffentliche Infrastruktur. Planwirtschaftliche Systeme in Staaten können umgekehrt auch den Preismechanismus von Märkten nutzen, um die Komplexität von Verteilungen zu reduzieren. In der ehemaligen DDR kaufte man daher die meisten Waren in Läden, wobei aber die Preise staatlich reguliert blieben.

In Mitteleuropa bildet sich als Kombination die soziale Marktwirtschaft heraus. Sie sorgt für soziale Abfederungen negativer Markteffekte, etwa durch eine Arbeitslosenunterstützung. Typisch für die soziale Marktwirtschaft ist auch, dass zum Beispiel in der Schweiz ein Drittel der Ausgaben vom Staat direkt geleistet oder gesteuert wird. Ein Viertel der Arbeitsplätze bietet hier zudem der planwirtschaftliche Staat.

Vor- und Nachteile

Alle Wirtschaftssysteme sind in Bewegung. Denn es besteht *laufend ein Druck zum Handeln*. Dazu veranlassen allein schon die technologischen Entwicklungen oder jüngst die Coronapandemie. Also muss über Anpassungen oder gar größere Veränderungen entschieden werden. Hier kommt, wie bereits oben angeführt, die christliche Verantwortung ins Spiel. Es geht um die Frage, was das bestmögliche Handeln ist. Um das herauszufinden, sind nüchterne und möglichst umfassende Analysen und intensive Diskussionen nötig. Zu Recht weist dabei der Theologe Hans Küng in seinem Buch „Was bleibt" auf eine Gefahr hin: „Für die Allgemeinheit moralische Forderungen bar aller ökonomischer Rationalität zu erheben, ohne also die Gesetzmäßigkeiten der Wirtschaft zu beachten, bedeutet keine Moral, sondern Moralismus."[29]

Zu den Gefahren gehört auch die häufige Vermischung von menschlichem Fehlverhalten und Wirtschaftssystem. Habgier etwa ist nicht nur in marktwirtschaftlichen Systemen anzutreffen, sondern ebenfalls in planwirtschaftlichen. Man erinnere sich nur daran, wie sich in der ehemaligen DDR die Funktionäre bereicherten, Luxusvillen bewohnten und über illegale Kanäle teure Produkte aus dem Westen bezogen. Ähnliches gilt auch für Machtmissbrauch und Fehlentscheidungen. Wichtig ist in diesem Zusammenhang zu analysieren, in welchen Systemen man menschliches Fehlverhalten gut entdecken und rasch korrigieren kann.

Es liegt nach den Aussagen oben auf der Hand: Um das bestmögliche Handeln herauszufinden, dienen in erster Linie formulierte und diskutierte Ziele sowie Analysen der möglichen Erfüllung von Zielen. Das sollen einige Beispiele verdeutlichen.

So lässt sich gesamtwirtschaftlich feststellen, dass das Oberziel a. *„Erreichen und Erhalten von wirtschaftlicher Wohlfahrt"* von überwiegend marktwirtschaftlichen Systemen besser erfüllt wird als von überwiegend planwirtschaftlichen – allerdings zum Preis von teils erheblichen Ungleichheiten. Der Nobelpreisträger Alvin Roth begründet die bessere Zielerfüllung in seinem Buch „Wer kriegt was warum" mit folgenden Argumenten: Marktwirtschaftliche Systeme berücksichtigen besser menschliche Verhaltensweisen, gehen besser auf menschliche Bedürfnisse ein, nutzen besser Entwicklungschancen und korrigieren rascher Fehlentwicklungen.[30] Global betrachtet lässt sich auch nüchtern feststellen, dass eher marktwirtschaftlich orientierte Staaten wie China, Taiwan, Südkorea oder Singapur eine enorme wirtschaftliche Entwicklung zu verzeichnen hatten. Es gibt kein einziges eher planwirtschaftlich orientiertes Land, das ähnliche Erfolge aufzuweisen hat.

Doch lassen sich wachsende Probleme überwiegend marktwirtschaftlich organisierter Staaten nicht leugnen.[31] Die Globalisierung sorgte zwar für ein großes Wirtschaftswachstum weltweit, aber auch teilweise für ein wachsendes Wohlstandsgefälle. Laut Schätzungen gehören in unseren Breitengraden zwar zwei Drittel zu den Gewinnern der Marktwirtschaft, aber auch ein Drittel zu den Verlierern. Dazu zählen zum Beispiel Alleinerziehende, Kinderreiche und Langzeitarbeitslose. Ein spezielles Problem ist, dass Fabriken in westlichen Ländern schließen und die Arbeitsplätze in Billiglohnländer verlagert werden. Solche Effekte verschärft ein zunehmend anonymes Finanzkapital, welches sich rein an der kurzfristigen Rendite orientiert.

Sehr unterschiedliche Ansichten können sich bei der Erfüllung des Oberziels b. *„Sorge für Arme und Schwache"* ergeben. Theoretisch eignen sich dafür planwirtschaftliche Systeme besser. Durch diese ist es möglich, Armen und Schwachen durch mehr Gleichheit in den Löhnen zu helfen. Doch wenn es in der Planwirtschaft gesamthaft schlechter läuft als in eher marktwirtschaftlich orientierten Staaten, dann können solchen Ländern die Steuermittel etwa für erwünschte Sozialleistungen fehlen. Sind diese dennoch sozial großzügig, so müssen sie sich stark verschulden, was zu einem wirtschaftlichen Kollaps führen kann. Ausgerechnet das Heimatland von Papst Franziskus, Argentinien, bietet dafür ein trauriges Beispiel.

Bei der Sorge für Arme und Schwache sind auch private Initiativen möglich und oft von erheblichem Nutzen. Ich denke hier zum Beispiel an das diakonische Projekt „I Need" in der Schweiz. Dieses zeigt Bedürftigen auf, wo man günstig einkaufen oder eine kostenlose Beratung erhalten kann.

Beim Oberziel c. *„Annäherungen an gerechte Verhältnisse"* geht es wirtschaftlich um verschiedene Anliegen. Dazu gehören insbesondere die Chancengleichheit, die Verteilungsgerechtigkeit bei Gütern und Dienstleistungen sowie die Beteiligungsgerechtigkeit, sich also persönlich in wirtschaftliche Prozesse einbringen zu können. Es würde hier den Rahmen sprengen, die Zielerfüllung durch verschiedene Systeme selbst nur in ausgewählten Aspekten zu beschreiben. Diverse Möglichkeiten zeigt das Buch „Gleichheit ist Glück" von Richard Wilkinson und Kate Picket auf.[32] Eine große Rolle spielt in unseren Breitengraden gewiss die Lohngerechtigkeit. Ganz oben in der Forderungsliste steht, dass Frauen für gleiche Leistungen auch den gleichen Lohn wie Männer erhalten. Wie schwierig es jedoch im Einzelfall ist, sich mit Mitarbeitenden auf einen gerechten Lohn zu einigen, erlebte ich selbst als Unternehmensleiter, wie ich bereits schilderte. Ein großes Thema sind auch die finanziellen Entlöhnungen Leitender in der Privatwirtschaft.

Eine Frage der Gerechtigkeit und potenziellen Unterdrückung bildet für mich eine überstarke Konzentration von Kapital in wenigen Händen. Zwei Anliegen scheinen mir in diesem Zusammenhang wichtig: Der ökonomisch gute Umgang mit Kapital und das Vermeiden von einer zu großen Machtkonzentration.

In vielen Staaten der Dritten Welt, in Osteuropa und selbst in unseren Breitengraden bestehen ungenügende Verhältnisse beim Oberziel d. *Öffnen von Entwicklungschancen*". Um wenigstens bezahlte Arbeit zu finden oder genug zu verdienen, gehen ausgebildete Informatiker aus Nepal nach Portugal zum Beerenpflücken oder studierte Lehrerinnen aus der Ukraine nach Deutschland, um alten Menschen im Haushalt zu helfen und zu pflegen. In ihren Heimatländern verhindern vor allem das Clanwesen und die Korruption, dass man überhaupt eine Arbeitsstelle bekommt oder sich die Wirtschaft so entwickelt, dass man mit genügend Steuerertrag Lehrkräfte hinreichend gut bezahlen kann. Der Kampf gegen die Kultur des Clanwesens und der Korruption erscheint dort daher besonders wichtig, um Entwicklungsmöglichkeiten für alle Menschen zu erreichen.

In unseren Breitengraden gilt es, neben einem entsprechenden Arbeitsangebot vor allem die Motivation, Aus- und Weiterbildung von Führungskräften im Auge zu haben. Diese müssen willens und kompetent sein, Mitarbeitende zu fördern.

Im Bereich des Oberziels e. *„Schutz der Umwelt"* gibt es positive Beispiele für das vorteilhafte Ineinandergreifen von Markt- und Planwirtschaft. In Deutschland wurden infolge breiter Diskussionen und politischer Initiativen Energiegesetze in Kraft gesetzt, welche die erneuerbaren Energien stark förderten. Das löste wiederum Impulse in der Privatwirtschaft aus, verbesserte Angebote für die Gewinnung von Sonnen- und Windenergie zu entwickeln und die Produktion auszuweiten. Unter weiteren guten Bedingungen erreichte der Anteil erneuerbarer Energien am deutschen Stromverbrauch im Jahre 2020 immerhin schon etwa die Hälfte, wie das deutsche Statistische Bundesamt berichtete. Der Anteil soll noch laufend gesteigert werden. Doch wuchsen auch die Probleme, etwa Zielkonflikte mit dem Siedlungs- und Landschaftsschutz. Hier ist wiederum der Staat gefordert, lenkend einzugreifen.

Es erscheint denkbar, Fortschritte im Schutz der Umwelt allein durch planwirtschaftliches Handeln zu erreichen, manches sogar sehr gut. Die Frage ist nur, ob ein hinreichender Gesamterfolg zeitlich, im Umfang, in den Korrekturmöglichkeiten und wirtschaftlich möglich ist.

Die Moral von der Geschicht'

Zunächst bleibt festzuhalten, dass wirtschaftliche Fragen ganz *wesentlichen Einfluss auf das menschliche Leben* haben. Daher sind Christen gefordert, sich bei der Gestaltung von Wirtschaftssystemen und beim Lösen von einzelnen Wirtschaftsproblemen einzumischen. Zwei weitere Folgerungen lassen sich ziehen: Christen sollten für Kompetenz in Wirtschaftsfragen sorgen und sich vor Ideologien hüten.

Alle bisherigen Erfahrungen mit dem Wirtschaften und mit Wirtschaftssystemen zeigen, dass es um sehr *komplexe Fragestellungen* geht. Daher erscheint es notwendig, umsichtig Situationen zu analysieren, Ziele zu diskutieren, verschiedene Alternativen zu betrachten sowie sorgfältig in den Vor- und Nachteilen zu bewerten. Das gilt sowohl für die Staatsebene in unseren Breitengraden und in der Dritten Welt als auch für Unternehmen oder das private Handeln.

Die dafür notwendige *Kompetenz* können manche Christen selbst entwickeln. Das wird aber nur für einen Teil möglich sein. Daher empfiehlt sich in komplexeren Situationen, kompetente Personen um Rat zu fragen oder mit ihnen in Gruppen zusammenzuarbeiten.

Dabei muss auch ein die Kommunikation sehr erschwerendes Problem bewältigt werden: Die sehr unterschiedlichen Fachsprachen und die von

Werten gefärbte selektive Wahrnehmung. Mein persönliches Beispiel am Anfang dieses Kapitels lieferte dazu ein Beispiel.

Angesichts der Komplexität der Wirtschaft versagen einfache Patentrezepte oder große Würfe. *Ideologien* in Richtung sozialistischer Verteilwirtschaft oder einer voll liberalisierten Markwirtschaft führen nicht zu insgesamt besten Lösungen. Die Lösungssuche muss zudem die jeweiligen Gegebenheiten von Kultur, Religion oder Klima berücksichtigen.

Wie mehrfach betont erscheint es auch nicht zielführend, von Jesu Worten und Handlungen vor 2000 Jahren ein besonders gerechtes Wirtschafts- und Gesellschaftssystem für unsere heutige Zeit direkt abzuleiten, wie das die Autoren des Buches „Der himmlische Kern des Irdischen" versuchen.[33]

4.4 Handeln in Staat und Gesellschaft

Möglichkeiten zuhauf

Könnte ein Innenminister im Gefolge von Jesus alle Grenzen öffnen und Flüchtlinge ungehemmt ins Land lassen? Ist es einem Finanzminister möglich, nach dem Motto „Sorget nicht ... " Politik zu treiben? Dürfte eine christliche Verteidigungsministerin nach dem Motto handeln, bei Angriffen nur die andere Backe hinzuhalten?[34] Könnten alle Mütter ihre Familien verlassen, um sich ganz dem jenseitigen Reich Gottes zu widmen?

Die hier genannten Beispiele machen deutlich, zu welch absurd erscheinenden Verhaltensweisen von Politikerinnen und Politikern es führen würde, wenn man Jesu Aussagen auf Staatsebene wörtlich umzusetzen versuchte. Ich gehe daher auch in diesem Kapitel von der Option aus, sich an den *erkennbaren Zielsetzungen Jesu* zu orientieren. Damit soll keinesfalls der Versuchung der Verharmlosung nachgegeben werden. In diesem Sinne warnt Fulbert Steffensky vor einer „Art Verhaustierung der Jesus-Rede".[35]

Für die Orientierung an Zielen entnehme ich der Botschaft Jesu zunächst fünf *Leitgedanken*, um in Staat und Gesellschaft christlich zu wirken:
- Nicht in den Kategorien von guten oder bösen Menschen denken, sich vielmehr an gut oder weniger gut erfüllten Zielen orientieren.
- Niemanden ausgrenzen, verschiedene Lebenskonzepte ermöglichen.
- Zunächst die eigenen Handlungsmöglichkeiten sehen, statt sofort nach dem Staat zu rufen.
- Politische und gesellschaftliche Situationen und Zwangslagen berücksichtigen.
- Ständig im Dialog sein und bereit zum Korrigieren bleiben.

Zu fragen ist in diesem Geist: *Welches Handeln entspricht gesetzten Zielen in Staat und Gesellschaft besonders gut?* Jesus verurteilte Menschen nie, kritisierte aber oft falsches Verhalten. Klar setzte Jesus auch das Ziel, beim Handeln niemanden auszugrenzen. Er demonstrierte ja das Gegenteil, lud etwa Prostituierte zum Essen ein. Es geht zudem darum, „dass auch der Kriegsdienstverweigerer, auch der Vertreter einer Konsum verweigernden Askese, auch der ‚Sanftmütige', der auf sein Recht verzichtet, einen Lebensraum haben ... ".[36]

Bei notwendigen Handlungen sollte man sich zuerst immer fragen, was man selbst beitragen kann. Ich schrieb in diesem Zusammenhang in Kapitel 3.4, man müsse die persönliche Liebes-Verantwortung wahrnehmen. Um wirkungsvoll im Sinne des christlichen Glaubens handeln zu können, gilt es die kulturelle, gesellschaftliche und politische Situation im Auge zu haben. Dazu gehören auch immer wieder Zwangslagen. Doch nur so kann man überzeugen und Verbesserungen realisieren.[37] Schließlich gilt es, ständig im Dialog zu bleiben und sich mit anderen Erkenntnissen, Werthaltungen und Handlungsalternativen auseinanderzusetzen. Auch Jesus tat das und revidierte aufgrund von Argumenten anderer auch seine Meinung.

Vor allem bleibt festzuhalten: Christen haben die *Verpflichtung*, sich bei relevanten gesellschaftlichen und politischen Fragen eine *Meinung zu bilden und auch danach zu handeln.*[38] Es entspricht nicht der Botschaft Jesu, wie Kapitel 4.1 deutlich machte, sich in ein „frommes Kämmerlein" zurückzuziehen.

Nun könnte man zur Ansicht gelangen, dass Christen angesichts stark abnehmender Zahl ohnehin keinen wesentlichen Einfluss mehr auf das gesellschaftliche und politische Geschehen haben. Doch zeigt die Geschichte der christlichen Urgemeinden, dass sie trotz ihrer kleinen Mitgliederzahl eine erhebliche Ausstrahlung hatten. Es kommt also nicht nur auf die Anzahl der Mitglieder an, sondern auch auf gut fundierte Argumente und engagiertes Handeln.[39] Jesus ermuntert nach Matthäus dazu mit dem Bild (5, 13): „Ihr seid das Salz der Erde."

Dabei geht es einerseits um Meinungsbildungen und engagiertes Handeln auf der Ebene der Staaten. Andererseits bestehen herausfordernde Themen in verschiedenen Bereichen und auf verschiedenen Ebenen der Gesellschaft.

Im Folgenden bringe ich dazu *Beispiele*. Es handelt sich um eine Auswahl von Themen, die ich für besonders wichtig halte oder bei denen sich das Herangehen nach der in Kapitel 4.1 beschriebenen Vorgehensweise besonders gut zeigen lässt. Dabei schwingt mit, wie man die eigenen spezifischen Talente besonders gut nutzen kann.

Einsatz auf der Staatsebene

Es geschah am 1. Juni 2019: Ein Rechtsextremist lauerte dem Regierungspräsidenten im nordhessischen Kassel auf und schoss ihm aus nächster Nähe eine tödliche Kugel in den Kopf. Auslöser für die Tat war, dass sich der Regierungspräsident in Veranstaltungen für eine humane Flüchtlingspolitik einsetzte. Der Mord geschah vor dem Hintergrund eines erstarkenden Rechtsextremismus in Deutschland. Auch der Linksextremismus gewann an Stärke und Gewaltbereitschaft, wie zum Beispiel die Vorfälle in Hamburg aus Anlass der Tagung der Staatengemeinschaft „G 20" sehr deutlich machten. Ähnliche *Polarisierungen in Gesellschaft und Politik* lassen sich auch in Österreich und der Schweiz feststellen.

Das hat verschiedene Gründe. Einen Faktor bilden zum Beispiel die so mächtig gewordenen sozialen Netzwerke mithilfe elektronischer Onlinedienste. Diese haben einen für die Demokratie gefährlichen Priorisierungsfilter: Sie registrieren, was Menschen an Meinungen bevorzugen und schicken dann vor allem diese Meinungen bestätigende Informationen. Das nutzt eine in Kapitel 2.1 geschilderte Vorliebe von Menschen, Recht zu haben. Demokratie lebt aber davon, auch die Meinung anderer zur Kenntnis zu nehmen und die eigene Meinung dadurch zu hinterfragen. Die sozialen Netzwerke sorgen auch für eine Verbreitung von Falschmeldungen, den Fake News, und Gerüchten. Dazu gehören etwa Verschwörungstheorien. Das hat es zwar schon immer gegeben. Neu ist aber die enorme Verbreitung und den sich dadurch verstärkenden Einfluss auf die Politik. Ein prominentes Beispiel lieferte dazu der US-Präsident Donald Trump, der Fake News und Verschwörungstheorien verbreitete.

Demokratie basiert auf der Gleichheit und Vernunft von Menschen – urchristliche Anliegen. *Gefährdungen der Demokratie* auch durch viele andere Faktoren begründen, warum ein politisches Engagement von Christen so wichtig ist. Dabei kommt es auch häufig auf ihren Mut an, mit ihren Überzeugungen und ihrem Handeln ein Ärgernis zu bilden.[40]

Ein solches Ärgernis kann zum Beispiel sein, sich für die Ausbildung und die anschließende Finanzierung der Tätigkeit von Imaminnen und Imamen einzusetzen. Das Problem besteht zurzeit darin, dass das islamische Gemeindeleben in den westeuropäischen Ländern von Predigern und Gruppierungen dominiert wird, die aus dem Nahen Osten oder Nordafrika stammen. Diese vertreten häufig einen *radikalen Islam* und werden dabei vor allem von Saudi-Arabien und der Türkei unterstützt. Dazu gehört eine negative Einstellung gegenüber den Frauen und der westlichen Demokratie. Zudem kämpft der radikale Islam gegen eine Integration in die westlichen Gesellschaften. Aus dessen Dunstkreis gingen auch Terroristen hervor.

Es laufen in Mitteleuropa zwar bereits Anstrengungen, Imaminnen und Imame auszubilden, die einen für westliche Gesellschaften kompatiblen Glauben vertreten können. Diese Ausbildung und eine entsprechende Weiterbildung müssen noch verstärkt werden. Doch besteht für die so Ausgebildeten ein Anstellungsproblem: Die islamischen Gemeinden verfügen oft nicht über die finanziellen Mittel, diese Imaminnen und Imame angemessen zu bezahlen. So bleibt ihnen oft nur die oben geschilderte kostengünstige Variante.

Es ist also ein Gebot christlicher Klugheit, sich für die Finanzierung entsprechender Stellen in den Moscheen einzusetzen. Vielleicht könnten sich sogar Kirchen dafür engagieren.

Einen Tiefschlag in Sachen *Integration von Migranten* erlebte Deutschland in der Silvesternacht 2015. Am Platz vor dem Kölner Dom kam es zu zahlreichen Übergriffen auf Frauen vor allem von Jugendlichen aus Nordafrika. Die Hälfte von ihnen hatte einen Asylantrag als Flüchtling gestellt. Die öffentliche Empörung und Enttäuschung in Deutschland waren verständlicherweise enorm. Vor allem auch wuchs die Angst, hatte doch Deutschland im Jahr 2015 in einem großen humanen Akt fast eine Million Flüchtlinge vor allem aus islamischen Staaten wie Syrien aufgenommen. Infolge dieser umfangreichen Einwanderung nach Deutschland kam es, verstärkt durch die Ereignisse in Köln, zu einem politischen Erdbeben. So erstarkte der Rechtspopulismus. Die Asylgesetzgebung wurde verschärft.

Nun ist auch für die meisten Christen naheliegend, dass die Aufnahme von Flüchtlingen begrenzt werden muss. Dafür gibt es vor allem kulturelle, aber auch wirtschaftliche, soziale und politische Gründe. Umgekehrt verursachen die auch in anderen europäischen Staaten verschärften Asylgesetze sehr viel menschliches Leid unter Flüchtlingen. Gut integrierte Familien müssen das Land verlassen, Kinder dürfen nicht weiter zur Schule gehen, geschätzte Arbeitskräfte verlieren ihre Stelle und werden ausgewiesen.

Für Christen bestehen also große Zielkonflikte, zumal im Neuen Testament (Mt 2, 13) von Maria, Josef und Jesus berichtet wird, dass sie zeitweilig ebenfalls Flüchtlinge waren und in Ägypten Schutz suchten. Immer wieder müssen engagierte Christen entscheiden, ob sie die Ziele der direkten Hilfe für bedürftige Flüchtlinge höher gewichten als die ebenfalls christlich begründbaren Ziele der Gesetzgeber, die Zuwanderungen zu begrenzen. Hier kann es nur persönliche Antworten geben. Das Mindeste aber, was Christen leisten können, bildet, für die Menschenwürde von Flüchtlingen zu kämpfen.[41] Dazu gehört zum Beispiel die öffentliche Empörung über diffamierende Reden von Politikern, die Flüchtlinge in übler Weise darstellen.

„Ich aber sage Euch: Leistet dem, der Böses tut, keinen Widerstand! Nein! Wenn dich einer auf die rechte Backe schlägt, dann halte ihm auch die andere hin." Das sagte Jesus nach Matthäus (5, 39). Hier geht es im Kern um das Ziel, Frieden zu erreichen und ein Hochschaukeln von Gewalt und Gegengewalt zu vermeiden. Christen sollten daher auch keine Vergeltung oder gar Rache üben. Doch fordert Jesus im Gesamtzusammenhang des Neuen Testaments nicht, dass wir grundsätzlich und mit aller Konsequenz Pazifisten sind.[42] Hätten die Alliierten das Morden der Nazis nicht durch Waffengewalt beenden sollen? Müssen die Ukrainer 2022 auf eine Verteidigung ihrer Freiheit gegen die angreifende russische Armee verzichten?

Das Liebesgebot bezieht sich nicht nur auf die Feinde, sondern auch auf die von Gewalt Betroffenen. Diese sind zu schützen oder zu befreien. Wenn friedliche Mittel wie Verhandlungen nicht zum Schutz-Ziel führen, scheinen mir *Militäreinsätze* gerechtfertigt. Das bedingt, dass Staaten über genügend starke militärische Kräfte verfügen. Daher konnte ich es auch mit meinem christlichen Gewissen vereinbaren, als Berater für das Schweizer Militärdepartement tätig zu sein. Doch müssen Christinnen und Christen immer die Gefahren militärischer Einsätze im Auge behalten. Kriege führen rasch zu fürchterlichen Verrohungen und Grausamkeiten. Mein Vater dichtete dazu im Zweiten Weltkrieg, nachdem er vor Stalingrad lebensgefährlich verwundet wurde:

„Sonst wo hätt' ich sterben wollen,
auf dem Meer, im Sturz, in jeder Wüstenei.
Nur der Wahnsinn dieser Schlächterei
hätte mir das Schicksal sparen sollen."

„Nach uns die Sintflut" denken vielleicht insgeheim viele Ältere beim Klimawandel, der nicht ohne Opfer bekämpft werden kann. „Vor uns die Sintflut" rufen heftig warnend die Jungen, etwa im Rahmen der Aktionen „Friday for Future". Unsere Enkelin hilft, diese an vorderster Front in Neuseeland zu organisieren. Ausgegangen waren diese Aktionen von der schwedischen Schülerin Greta Thunberg, die zunächst ganz allein in Stockholm, „bewaffnet" mit einem Schild, zu protestieren begann. Sie stieß damit eine Weltbewegung an.

Und was stießen die Christen bei der Frage des Klimawandels an? Eigentlich gehörten sie zu den Pionieren unter der Überschrift „Bewahrung der Schöpfung". Doch sie schafften keine weltweite Bewegung mit Biss und Kraft. Auf christlicher Seite wurde zwar viel dazu geschrieben und durchaus auch gehandelt – doch ohne bei großen Projekten auf diesem so wichtigen Themenfeld die Führungsrolle zu übernehmen.

Die Politiker in den demokratischen westlichen Staaten unterstützen überwiegend Zielsetzungen zum Klimawandel und zur Bewältigung von dessen Folgen. Doch sie denken meist kurzfristig in Wahlperioden, schieben daher oft einschneidende Maßnahmen zeitlich vor sich hin. Denn es ginge ja darum, mit umfangreichen Finanzmitteln einzugreifen und vor allem auch der Bevölkerung Einschränkungen aufzuerlegen sowie zum Beispiel das Benzin zu verteuern. Das vermeiden Politiker gerne in einer laufenden Wahlperiode, weil sie von den Wählenden dafür abgestraft werden können.

In dieser Situation scheinen mir *Christen gefordert, Einsicht und Mut* zu beweisen, und für rasch wirksame Maßnahmen energisch einzutreten. Dabei kann Greta Thunberg ein Vorbild sein. Benötigt werden Zugpferd-Projekte. Eine Idee ist, großflächige Regenwälder, insbesondere den Amazonas-Regenwald, vor dem weiteren Abholzen zu bewahren. Bisher versucht man ohne sonderlichen Erfolg, die brasilianische Regierung zum Schutz des Regenwaldes zu bewegen. Eine Alternative wäre dazu, durch Christen in reichen westlichen Ländern eine Stiftung zu gründen, welche die Regenwälder mit Schutzabsicht einfach aufkauft. Dabei kann man auf entsprechende Erfahrungen des WWF aufbauen. Zudem lassen sich kirchliche Erfahrungen und Infrastrukturen im Amazonasgebiet nutzen. Gelder sollten vor allem von den Kirchen kommen. So manche kirchliche Immobilie, die nicht mehr gebraucht wird, könnte man für diesen Zweck verkaufen.

Christen in der Gesellschaft

Der große Einsatz von Christen und Kirchen in der Gesellschaft, etwa in den Bereichen sozialer Angebote und Bildung, schilderte ich bereits in den Kapiteln 1.3 und 2.3. Dieses gute Wirken muss in diesem Zusammenhang nicht nochmals aufgegriffen werden. Damit soll keinesfalls geleugnet werden, dass auch in diesen Bereichen viele Anpassungen und neue Initiativen notwendig sind. Anregungen dazu gibt es im Buch „Wie viel Kirche braucht das Land?".[43] In diesem Zusammenhang sollen aber Beispiele für Fragen aufgegriffen werden, bei denen christliche Antworten schwieriger zu finden sind. In diesem Sinne bringe ich folgenden bunten *Strauß an Beispielen*:
- Abtreibung,
- Fortpflanzungsmedizin,
- Digitalisierung,
- Mission.

Es ging durch die Presse: Ein Teil der katholischen Bischöfe in den USA trauert dem abgewählten Präsidenten Donald Trump nach. Sein Bekenntnis gegen die *Abtreibung* ist ihnen wichtiger als dessen ansonsten recht unchristliches Verhalten gegenüber den Frauen oder in Fragen der Wahrheit. Diese Bischöfe sind also fixiert auf eine bestimmte Maßnahme und ignorieren dagegensprechende christliche Ziele.

Beim Thema Abtreibung lassen sich nach meinem Dafürhalten auf biblischer Grundlage folgende Ziele erkennen: „Schutz des ungeborenen Lebens", „Schutz des geborenen Kindes" und „Schutz der Mutter". Bei der Frage der Abtreibung können diese untereinander in starker Zielkonkurrenz stehen. Zum Ziel „Schutz des ungeborenen Lebens" überliefert das

Neue Testament keine Aussagen Jesu. Auf der Basis des Alten Testaments besteht aber die Überzeugung, dass alles Leben von Gott dem Schöpfer stammt und daher schützenswert ist. Das Leben im Mutterleib, das mit der Vereinigung von Samen und Ei beginnt, bildet die Vorstufe zum Menschen. Doch muss dieses Ziel im Einzelfall mit den Folgen abgewogen werden, wenn ein ungewolltes Kind zur Welt kommt.[44] Hier geht es um das Ziel „Schutz des geborenen Kindes". So kann eine völlig überforderte Mutter dem Kind durch schlechte Prägungen stark schaden. Schließlich besteht das Ziel der Selbstliebe, also auch der „Schutz der Mutter". Vielleicht erkämpfte sich eine Frau die finanzielle Möglichkeit, Pädagogik zu studieren und steht kurz vor dem Examen. Muss sie nun auf das Examen und die nachfolgende Ausbildung in der Schulpraxis vorerst verzichten?

Wegen potenziell schlechter Folgen erscheint es mir christlich, Gewissensentscheide für eine Abtreibung zu respektieren. Daher müssen diese gesetzlich erlaubt sein. Wichtig ist aber darüber hinaus, alles zu fördern, was vom Entscheid für eine Abtreibung abhalten kann. Frauen, die sich auch in schwierigen Situationen bewusst für ein Kind entscheiden, gilt es daher sozial zu unterstützen. Dazu können auch geeignete Wohnangebote gehören – ebenfalls eine mögliche kirchliche Aufgabe.

Das Abwägen im Einzelfall erfordert für mich auch die *Fortpflanzungsmedizin*.[45] Paaren, die auf keine andere Weise ihren Kinderwunsch erfüllen können, sollte dieser Weg offenstehen. Wir pfuschen da Gott nicht ins Handwerk, gab er uns doch als Ergebnis der Evolution die Chance, entsprechende medizinische Fähigkeiten zu entwickeln. Wir dürfen diese nutzen, wenn wir wollen und niemand anderem dadurch schaden. Eingriffe in natürliche Vorgänge durch Menschen gab es ohnehin seit Urzeiten. Man denke etwa an die Neuzüchtungen von Pflanzen und Tieren.

Nun können Mediziner heute auch die Samenzellen daraufhin untersuchen, ob die Möglichkeit besteht, dass ein krankes oder behindertes Kind entsteht. Das erlaubt, „gesunde" Zellen für die künstliche Befruchtung auszuwählen. Ich bin dafür, diese Option zu erlauben, wenn dadurch kein anderer Mensch zu Schaden kommt. Diese Schadens-Zielsetzung ergibt sich verstärkt, wenn man auch in Keimbahnen eingreift, die zu vererbbaren Änderungen der Gene führen. Um negative Folgen zu verhindern, müssen klare staatliche Regeln für solche Vorgänge und Eingriffe bestehen. Auf keinen Fall darf es zu einem Selektionsdruck kommen.

Daneben habe ich große Achtung vor Eltern, die sich für das Leben eines kranken oder behinderten Kindes entscheiden, etwa mit viel Liebe und Einsatz ein Kind mit Downsyndrom aufziehen. Die Herausforderung besteht dann allerdings nicht nur gegenüber diesem Kind, sondern auch gegenüber dessen Geschwistern. Es gilt diese vor psychischen Belastungen durch Überforderung oder Vernachlässigung zu bewahren.

Typisch christlich sollte es sein, der Zukunft immer eine Chance zu geben und für Neues offen zu sein.[46] Schon Jesu Werben für das Reich Gottes im Diesseits und im Jenseits zielt auf Veränderungen und Chancen für Menschen. Heutzutage beschert die rasant fortschreitende *Digitalisierung aller Lebensbereiche* viel Neues.

Zahlreichen Menschen jedoch bereitet diese Entwicklung Angst. Und nicht wenige erleben Anpassungsstress oder verlieren sogar ihre Arbeitsstelle. Menschen mussten das schon immer erleben und bewältigen. Die Weber verloren ihre Stelle durch Textilmaschinen. Telefonistinnen gibt es schon lange nicht mehr. In der Automobilindustrie schreitet die Robotisierung voran. Dank der künstlichen Intelligenz basierend auf digitalen Systemen werden bald auch Kleider weitgehend automatisch hergestellt und Wissenschaftler bei der Entwicklung von Medikamenten zunehmend unterstützt. Das Besondere an der künstlichen Intelligenz ist, dass Computer lernen und eigenständig Probleme lösen können.

Damit steigt vermutlich die Qualität zum Beispiel von ärztlichen Diagnosen. Zudem besteht die schon erwähnte Chance für Verkürzungen der beruflichen Arbeit zugunsten schöpferischer Tätigkeiten, sozialer Kontakte oder von Freiwilligenarbeit. Statt sich fast automatisch von Abwehrreflexen beeinflussen zu lassen, sollten Christen daher möglichst nüchtern die Chancen, aber auch Gefahren und Verluste analysieren.

Ganz klar entstehen durch die fortschreitende Digitalisierung für viele Menschen auch Nachteile. Am schwerwiegendsten ist wohl, dass Arbeitsplätze neue Qualifikationen erfordern, die manche Betroffene nicht erreichen können. Um solche Menschen sollten sich Christen kümmern und für Verbesserungen ihrer Situation sorgen. Dazu gehören neben der finanziellen Absicherung zum Beispiel neue erfüllende Aufgaben in der Freiwilligenarbeit.

Wer sich für *christliche Mission* ausspricht, kann deutliche Missbilligung erleben.[47] Wenn es um eine Form der Mission geht, die früher im Zusammengehen mit der Kolonisierung bestand, erscheint diese trotz auch guter Seiten verständlich.[48] Heute hört man die Kritik, Mission sei religiöser Imperialismus, zerstöre angestammte Kulturen und verkünde eine Religion, die nicht mehr zeitgemäß sei. Das zuletzt genannte Argument hat, wie in den Kapiteln 1.3 und 2 dargestellt, viel für sich.

Wenn man aber davon ausgeht, dass es nach Jesu direkter Botschaft um eine besondere Lebenshaltung, um die Orientierung am Reich Gottes und um die Umsetzung des Liebesgebotes geht, dann erscheint Mission in einem anderen Licht. Dann geht es um die Gleichheit, Würde und Freiheit aller Menschen. Dann unterstützen die christlichen Aussagen Verbesserungen in sozialen und wirtschaftlichen Situationen. Dann wird Trost gespendet, geistige Heimat geboten und der Horizont erweitert.[49] Mission in diesem Sinne kann in der Nachbarschaft geschehen, sich an Freunde richten, eine der Aufgaben von Pfarrer*innen sein und im Ausland von Missionaren wahrgenommen werden. Dabei darf keinerlei Zwang ausgeübt werden. Zu beachten ist unbedingt auch die spezifische Situation der jeweiligen Menschen, insbesondere ihre Kultur. Darum besteht Mission vor allen auch im Dialog. Ein Thema könnte dabei auch die Aussicht sein, im Sinne der Vision einer Kirche von morgen, wie in Kapitel 5 dargestellt, aktiv mitzuwirken.

4.5 Umgang mit dem Lebensende

Für immer weg

Grönlandhaie können 400 Jahre alt werden, Aldabra-Riesenschildkröten immerhin etwa 250 Jahre. Heutzutage geborene Menschen in Mitteleuropa haben durchschnittlich 80 Lebensjahre vor sich. Doch selbst wenn wir dereinst das Alter von Grönlandhaien erreichen können, brächte das keine grundsätzliche Änderung: Zur Evolution gehört, dass höher entwickelte Lebewesen sterben müssen. So ist auch der menschliche Organismus beschaffen. Seine Körperzellen vernichten sich nach einer gewissen Anzahl von Jahren von selbst. Sie folgen dabei einem in ihnen angelegten Programm.[50]

Gottes Evolution bevorzugt neues Leben. Das ermöglicht eine ständige Anpassung an Veränderungen der Umwelt. Es ist auch nicht auszudenken, welche Überbevölkerung der Erde entstünde, wenn Menschen nicht sterben würden. Treffend drückte das Goethe in einem Aufsatz mit den Worten aus: „… der Tod ist ein *Kunstgriff der Natur*, viel Leben zu haben".[51]

Doch solche einleuchtenden, sachlichen Feststellungen kollidieren mit unserem *Überlebenstrieb* – ebenfalls ein Ergebnis der Evolution. Nur diejenigen Lebewesen konnten sich in der Regel behaupten, die für ihr Überleben kämpften und dafür gut gerüstet waren. Im Bedrohungsfall setzten sie alle Energien für das Überleben ein. Darauf ist auch unser Denken stark ausgerichtet, wie Kapitel 2.1 zeigte. Das heißt nicht, dass Menschen dieser Veranlagung ausgeliefert sind. Sie können sich bewusst auch gegen das Überleben entscheiden, was aber meist schwerfällt.

Der Mensch ist das einzige Lebewesen, das über das Sterben nachdenken kann. Dazu gehört das Wissen darum, irgendwann für immer weg zu sein. Damit hängt die *Angst vor dem Tod*, die auch starke unbewusste Seiten hat, zusammen. Diese Angst beeinflusst unser gesamtes Denken und auch unser Handeln. Experimente zeigen, dass Menschen, die an ihr eigenes Ende erinnert werden, zur Aggression oder zu veränderten Einschätzungen neigen. So bildete man zwei Gruppen von Studierenden. Diese sollten ihre Meinung über abstrakte Kunst kundtun. Die eine Gruppe musste sich aber vorher mit der Frage beschäftigen, was mit ihnen passiert, wenn sie physisch tot sind. Diese Gruppe reagierte signifikant ablehnender gegenüber abstrakter Kunst als die Kontrollgruppe, die mit der Todesfrage nicht konfrontiert wurde.[52]

Dieser Angst vor dem Tod und ihrer Wirkungen müssen wir uns als Christinnen und Christen, die ja in irgendeiner Form an ein Weiterleben nach dem Tod glauben, nicht schämen. Und sie ist als Folge evolutionärer Entwicklungen ja angeboren.

Falsch wäre es dementsprechend auch, Paulus zu folgen, der im Brief an die Römer schrieb (6, 23): „Denn der Sünde Sold ist der Tod ... " Dahinter steckt, wie in Kapitel 2.3 beschrieben, ein falsches Sündenverständnis.[53] Der *Tod* darf daher *nicht als Strafe Gottes* aufgefasst werden. Das machte Jesus an den in Kapitel 3.1 gebrachten Beispielen vom Pilgermord und Turmeinsturz deutlich.

Gesellschaftlicher Umgang mit dem Tod

Der Umgang mit den Toten prägte *frühere Gesellschaften* in starkem Maße. Daran erinnern die gewaltigen Pyramiden aus dem Alten Reich der Ägypter. Auch reiche Römer bauten gut sichtbare Grabmäler vor den Toren der Städte, etwa entlang der Via Appia. Im Mittelalter war der Tod ebenfalls sehr gegenwärtig. Eltern mussten erleben, dass mehr als die Hälfte ihrer Kinder noch vor dem Erwachsenenalter starben.

Auf einer Wanderung südlich von Neapel stießen wir in einem Städtchen auf eine große und prunkvolle Kutsche, gezogen von sechs Pferden. Diese stand vor einer Kirche, in der gerade ein Gottesdienst für einen Verstorbenen abgehalten wurde. Er sei ein ehemaliger Eisenbahner gewesen, ein einfacher Bewohner des Städtchens und kein reicher Mann. Wie wir hörten, steht allen Bewohnern diese prunkvolle Kutsche für Beerdigungen zur Verfügung – als Ehrerbietung für die Toten und ihr Leben zuvor.

Der Prunk verband sich mit der christlichen Hoffnung. Diese verspricht nach dem Tod die Auferstehung. Ein sehr gläubiger Freund von mir, dessen Sterben sich, ohne körperlich zu leiden, lange hinzog, betete zusammen mit dem Pfarrer für einen baldigen Tod, weil er etwas Schönes im Jenseits erwartete. Vor allem *in der Vergangenheit* bestand bei der Frage des Todes auch *eine große Ergebenheit* gegenüber Gott. Dazu passten für uns Heutige die fast befremdlich wirkenden Trostworte: „Der Herr hat es gegeben, der Herr hat es genommen. Der Name des Herren sei gepriesen, Amen."

Bei den Christen kam es auch zu einer religiösen Verehrung der Überbleibsel von Märtyrer*innen und Heiligen, ihren Knochen, ihrem Blut und ihrer Kleidung. Der *Reliquienkult* führte gar zu kriegerischen Handlungen. So raubte der deutsche Kaiser Barbarossa in Mailand die angeblichen Gebeine der Heiligen Drei Könige und schenkte diese der Stadt Köln. Um dafür einen würdigen Rahmen zu schaffen, begann man, den gewaltigen Kölner Dom zu bauen. Der Ort besonderer Reliquien zu sein, verlieh gesellschaftliches Ansehen und politische Macht.

Zu Recht bekämpfte die Reformation den Reliquienkult und den dahinterstehenden Aberglauben. Dieser konnte so stark werden, weil er tiefe menschliche Bedürfnisse befriedigte. Dazu gehört, wie in Kapitel 2.1 dargestellt, die Vorliebe für konkrete Dinge, mit denen man Tuchfühlung haben kann.

Als Kind erlebte ich, dass man Begräbnisse auf dem Land als eine große Veranstaltung zelebrierte. Das ganze Dorf war für das letzte Geleit auf den Beinen – egal, ob man zu der Person einen Bezug hatte oder nicht. In Italien scheint das, wie das Beispiel oben zeigt, auf dem Lande immer noch so zu sein. In den Städten ist die *öffentlich orientierte Beerdigung* schon lange nicht mehr üblich. Bei meinem Vater und bei meiner Mutter kamen nur noch wenige Freunde und die Familie zur Trauerfeier.

In unseren *heutigen Gesellschaften in Mitteleuropa* erleben wir einerseits eine starke mediale Präsenz des Todes und andererseits dessen Verdrängung.[54] Die Präsenz zeigt sich in einer auffallenden Verbreitung von Berichten zu tödlichen Katastrophen, zu Mord und Totschlag. Auch die zahlreichen „Thriller" leben teilweise von der Faszination des Todes. Andererseits verschwanden Sterben und Tod in Institutionen wie Krankenhäusern, Altersheimen, Bestattungsunternehmen und den Blicken verborgenen Krematorien. Die Asche landet dementsprechend immer mehr an einem unpersönlichen Ort, etwa in einer Urne unter einer Tanne im Schwarzwald. Für viele Menschen wurde der Tod in Gesprächen zu einem Tabuthema. Es gibt aber auch Gegenbewegungen. Dazu gehört die palliative Sorge für Sterbende. In diesem Bereich engagiert sich inzwischen auch die Politik. Das Sterben wird Gegenstand neuer Gesetze. Dabei besteht Konsens im öffentlichen Diskurs: Sterben soll human und würdig erfolgen. Das entspricht durchaus christlichem Denken.

Humanes und würdiges Sterben

Was aber beinhalten die Ziele „human" und „würdig"? Dazu könnte vielleicht auch ein Protest gegen das Sterben gehören. Im Herzen von Berlin-Mitte liegen die künstlerisch gestalteten Sophie-Gips-Höfe mit diversen Galerien. Dort prangt an einer Backsteinmauer ein vom Künstler und Kunsttheoretiker Bazon Brock geschaffenes, amtlich wirkendes Schild mit dem Text: „Der Tod muss abgeschafft werden, diese verdammte Schweinerei muss aufhören. Wer ein Wort des Trostes spricht, ist ein Verräter." Hier werden Ängste vor dem Tod als *eine Art Protest* öffentlich zelebriert. Ich erlebte, wie Menschen, die ich noch als gelassen kannte, sich am Lebensende gegen das Sterben heftig aufbäumten. Mir fällt bei diesem Thema eine Freundin ein, die zunächst die Diagnose Bauchspeicheldrüsenkrebs im fortgeschrittenen Stadium relativ gefasst aufzunehmen schien. Doch in den Tagen vor dem Tod änderte sich das drastisch. Das Loslassen fiel ihr so schwer, dass man sie daher auch nicht mehr zum Abschied besuchen konnte.

Wie wird das bei mir sein? Wenn ich in meinem Arbeitszimmer aus dem Fenster schaue, dann liegen Häuser, Gärten und die Berge des nahen Schwarzwaldes real vor meinen Augen. Doch wenn ich in der Zeitung lese, der Basler Aeschenplatz werde bis in 10 Jahren umgebaut sein, dann kommt mir in den Sinn, dass ich diesen Platz in seiner neuen Gestalt wahrscheinlich nicht mehr erleben werde.

Bis dahin kann ich auch noch viel *Leid* erfahren. Das rief mir beim Schreiben dieses Textes der Anruf einer Freundin drastisch in Erinnerung. Sie sagte einen gemeinsamen Ausflug, der schon lange geplant war, ab. Jahrelang konnte sie ihr Krebsleiden in Schach halten. Nun verschlimmerte sich dieses. Sie begann mit einer starken Chemotherapie, bei der aber sehr viel schiefging. Alle möglichen Plagen wie Übelkeit, Hautausschlag und starke Schmerzen brachen über sie herein. Die Aussichten, den Krebs abermals zu stoppen, sind dennoch klein. Solch ein Leiden fürchte ich im Moment mehr als den Tod. Natürlich kann sich das noch ändern.

Trotz aller Unwägbarkeiten dürfte es gut sein, sich mit dem Lebensende zu beschäftigen, ja, dafür zu planen. Dazu gehört, sich *bewusst und immer wieder mit dem Tod zu beschäftigen*. Damit soll er seine Fremdartigkeit verlieren. Wenn ich das tue, steigen bei mir drastische Fantasien auf. Ich sehe mich in den Aschekasten eines Krematoriums rieseln oder als wohlfeiles Kraftfutter für Würmer im Sarg unter der Erde – ein letzter biologischer Nutzen von mir. Gut finde ich in diesem Zusammenhang die regelmäßige Übung des buddhistischen Mönches Thich Nhat Hanh in Form eines Gebetes:

„Es ist der natürliche Verlauf, dass ich alt werde. Es gibt keinen Weg, dem Altern zu entgehen.

Es ist der natürliche Verlauf, dass ich krank werde. Es gibt keinen Weg, der Krankheit zu entgehen.

Es ist der natürliche Verlauf, dass ich sterben werde. Es gibt keinen Weg, dem Tode zu entgehen.

Es ist der natürliche Verlauf, dass alles, woran ich hänge, und alle, die mir lieb sind, sich verändern. Es gibt keinen Weg, der Trennung von ihnen zu entgehen."[55]

Mit diesem Gebet mobilisiere ich meine Vernunft gegen das Gefühl von Angst. Es geht darum, mit dem Sterben Frieden zu schließen.

Diesem Ziel dient, mit dem *persönlichen Umfeld Frieden* zu haben und zu erhalten. Das fordert auch das in Kapitel 4.2 angesprochene christliche Gebot, anderen zu vergeben und bei anderen um Vergebung zu bitten.

Zu den Planungsaufgaben gehört, *Vorentscheidungen* zu treffen. Es ist in der menschlichen Geschichte neu, dass über den Zeitpunkt des Todes bestimmt werden kann und muss. Nach einer Untersuchung erfolgt das Sterben in der Schweiz zu fast 60 % erst, nachdem entsprechende Entscheidungen gefallen sind.[56] Das betrifft insbesondere das passive Sterben durch

Verzicht auf lebensverlängernde Maßnahmen. Dazu gehörte bei meinem dementen Vater, eine Lungenentzündung nicht mehr zu behandeln – ein mutiger Entscheid meiner Mutter. Diese wiederum „entschied sich" eines Tages trotz ihrer starken Demenz, keine Nahrung mehr zu sich zu nehmen. Dieses Sterbefasten ließ das Alters- und Pflegeheim, in dem meine Mutter am Lebensende wohnte, mit der Zustimmung von meiner Schwester und mir zu.

Ist man bei klarem Bewusstsein, muss man diese Entscheidung selbst treffen. Andernfalls haben, wie bei meiner Mutter, die Angehörigen zu entscheiden. Um jenen diese Aufgabe zu erleichtern, ist es gut, bei Zeiten festzulegen, wer entscheiden soll. Das tat ich für mich in einem „Vorsorgeauftrag" nach Schweizer Recht. Zudem hielt ich schriftlich fest, dass ich keine lebensverlängernde Maßnahmen wünsche, falls ich nicht mehr entscheidungsfähig bin und keine Aussicht mehr besteht, dass sich diese Situation noch ändert.

Wenn Menschen einen *Suizid*, auch Freitod oder Selbsttötung genannt, begehen, dann liegt die Ursache dafür häufig in einer psychischen Krankheit, etwa in einer starken Depression. Die Betroffenen verfügen nicht mehr über einen freien Willen, sind von Todessehnsucht besessen. Man kann diesen Schritt aber auch bei vollem Bewusstsein machen. Gründe dafür sind vielleicht eine unheilbare Krankheit wie Parkinson im fortgeschrittenen Stadium oder starke Lähmungen infolge eines Gehirnschlags. Eine Möglichkeit für einen Suizid besteht im assistierten Einnehmen von einer tödlichen Substanz.

Für Christen stellt sich allerdings die Frage: Darf ich über mein Leben selbst bestimmen oder muss ich das Gott überlassen, selbst wenn ich schrecklich zu leiden habe? Früher war dazu die Antwort der katholischen Kirche mehr als klar. Man sprach von Selbstmord – und Mord geschieht aus niedrigen Beweggründen. Gott sei der Herr über Leben und Tod. Wer sich selbst das Leben nimmt, versündige sich stark gegen Gottes Schöpfung und Wille. Diese Haltung vertreten weiterhin Amtskirchen, allen voran die katholische.

Demgegenüber argumentieren heute Theologen wie Hans Küng. Deren Botschaft lautet: Gott habe den Menschen die Entscheidungsfreiheit geschenkt.⁵⁷ Dazu gehöre, sich selbst zu töten, wenn die Hoffnung auf ein humanes Weiterleben nicht mehr besteht. Diese Sicht der individuellen Entscheidungsfreiheit übernahmen in Mitteleuropa weite Teile der Gesellschaft und manche Gesetzgeber. Die Nächstenliebe sollte jedoch dazu veranlassen, die Folgen einer Selbsttötung für die Hinterbliebenen zu bedenken. Ein Gebot ist auch, durch die Selbsttötung keine Dritten psychisch hineinzuziehen, ihnen ein schlechtes Gewissen zu machen oder gar mit in den Tod zu reißen. Diese Rücksichtnahme ist jedoch psychisch Kranken oft nicht möglich.

Ob für mich, wenn ein humanes Weiterleben nicht mehr möglich ist, ein Suizid infrage käme, weiß ich nicht. Doch stimme ich Hans Küng zu, dass Gott mir die Entscheidungsfreiheit dafür schenkte.

Meine von Gott gewollte Selbstliebe erlaubt mir, dass ich mit allen verfügbaren und vertretbaren Mitteln gegen Schmerzen und andere negative Begleiterscheinungen meines Sterbens kämpfe. Ich muss kein Held sein und vermeidbares Leiden ertragen, gar als Buße auffassen. Die Nächstenliebe fordert von mir ein *Verhalten*, den Verwandten, Freunden, Pflegenden und anderen Menschen nicht unangenehm zur Last zu fallen. Das kann schwerfallen, wenn starke Schmerzen bestehen oder der Kampf gegen das Sterben heftige Aggressionen hervorruft. Natürlich darf ich den Einsatz anderer für mich annehmen und mich darüber freuen. Doch sollte ich mein menschliches Umfeld nicht plagen, nicht ungerechte Vorwürfe machen oder andere Menschen in Gewissensnöte bringen. Ich hoffe, das gelingt mir, wenn ich in eine solche Lage komme.

Freiheit für Hinterbliebene

„Entweder treffen sich Familie und Freunde und zählen alle Sachen auf, die man zwischen Geburt und Grab so erreicht hat – oder sie versuchen eine poetische, letzte Strophe über das Leben des Menschen zu schreiben, die so leuchtend ist, dass man den Verstorbenen für die leibhaftige Verkörperung eines Gottes halten könnte", schrieb eine Frau.⁵⁸ Kurz vor ihrem Tod begründete sie damit, warum sie ihren eigenen Nachruf verfasst hatte. Ich erwische mich hin und wieder dabei, wie ich gedanklich einen *Nachruf* für mich ersinne, der an den von ihr kritisierten Stil erinnert. Doch vielleicht nähme ich damit auch den Hinterbliebenen Arbeit ab.

In irgendeiner Form finde ich es passend, vom Leben eines verstorbenen Menschen zu berichten, ohne dadurch in einen Ahnenkult zu verfallen. Nach einer deprimierenden Routine-Trauerfeier für meine Mutter mit einem Priester, der kaum Deutsch sprach, machten meine Schwester und ich statt einer Traueranzeige eine Art Prospekt. Dieses schilderte mit verschiedenen Themen das Leben unserer Mutter. Dazu steuerte eine Urenkelin Zeichnungen bei. Bei zwei verstorbenen Tanten gestalteten und versandten meine Schwester und ich ein Fotobuch mit allerlei Darstellungen zu deren Leben.

Wie das jedoch bei mir laufen kann, lasse ich grundsätzlich offen. Das Ziel, den Hinterbliebenen *keine Vorgaben* zu machen, gewichte ich höher als die Erfüllung eigener Wünsche, deren Realisierung ich ja ohnehin nicht mehr erlebe. Wie sie meiner gedenken, welche Lieder sie vielleicht dazu singen oder welche Kleider sie tragen werden, bleibt ihnen überlassen. Das gilt auch für die Form der Beerdigung. Falls meine Angehörigen ein Gespräch dazu wünschen, werde ich mich dem natürlich nicht verschließen.

Die *Hinterbliebenen*, allen voran meine Frau, sollen *nach meinem Tod in voller Freiheit ihr Leben* so gestalten, wie das gut für sie ist. Ich möchte keine falsche Rücksichtname auf vermeintliche Anliegen oder gar Festlegungen von mir. Und sie können dabei von meiner – nicht immer von Zweifeln freien – Hoffnung ausgehen, dass ich das jenseitige Reich Gottes genießen darf.

5 Zu ursprünglichen Ufern

Wie geht es weiter mit dem Christentum und, damit verbunden, mit den Kirchen? Ich kann mich natürlich mit meinem christlichen Glauben als eine Art geistiger Einsiedler zurückziehen.
Doch wir Menschen sind nicht nur Individuen, sondern auch von Natur aus auf Gemeinschaft angelegt. Zudem forderte Jesus ganz klar Gemeinschaften, Menschen, die in seinem Namen zusammenkommen, sich für das Reich Gottes einsetzen und das Liebesgebot umsetzen.
Dementsprechend nehme ich den Faden der Kapitel 1.3 und 1.4 wieder auf und beschäftige mich mit der Zukunft christlicher Gemeinschaften, organisiert als Kirchen. Dazu entwickle ich visionäre Gedanken. Das geschieht mit den Kapiteln
- *Kirchen – was nun?*
- *Vision der Aufgaben und Rollen*
- *Werte und Stärken für morgen*
- *Ein buntes Haus mit Strukturen*
- *Weitere Schritte auf dem Weg*

5.1 Kirchen – was nun?

Ein Szenario für das Jahr 2035

Wir schreiben das Jahr 2035. Am Sitz der Deutschen Bischofskonferenz in Bonn ereignet sich ein großer Presseauflauf. Es sprach sich unter Journalisten herum, dass die dort tagenden katholischen Bischöfe *einschneidende Beschlüsse* gefasst hätten und nun verkünden würden. Das bewahrheitet sich auch. Im Rahmen der Pressekonferenz teilen die Sprecher der Konferenz mit: Die bis anhin 27 Bistümer in Deutschland werden auf 12 reduziert. Die katholische Kirche trennt sich von einem Großteil ihres Immobilienbesitzes, vor allem von Kirchenbauten und Gemeindezentren. Ein Teil der sozialen Einrichtungen wird in die völlige Selbstständigkeit entlassen, erhält dafür aber auch keine finanzielle Unterstützung mehr.

Ein Jahr zuvor tagte der Rat der Evangelischen Bischöfe in Hannover-Herrenhausen und kam zu ähnlichen Beschlüssen. Die bisher bestehenden 20 Landeskirchen sollen durch Zusammenlegungen auf 9 schrumpfen und in den Kompetenzen eingeschränkt werden. Als Begründung hieß es, das christlich-konfessionelle Landeskirchenmodell habe ausgedient.

Diesen einschneidenden Maßnahmen ging bereits voraus, dass die im Jahre 2021 noch etwa 30 evangelischen und katholischen theologischen Fakultäten an den Universitäten, einst dort von großer historischer Bedeutung, als selbstständige Einheiten überwiegend aufgehoben wurden.

Die *vordergründigen Ursachen* für das Handeln der Bischofskonferenz und des Rates der Evangelischen Kirchen liegen in einer beschleunigten Abnahme der Kirchenmitglieder. Das Bundesamt für Statistik in Wiesbaden veröffentlichte für das Jahr 2033 Zahlen, wonach nur noch 34,8 % der Bevölkerung von Deutschland Mitglied einer christlichen Kirche war. Noch im Jahr 2019 lag der Bevölkerungsanteil bei 52,1 %. Die negative Entwicklung verlief rascher, als noch im Jahr 2019 prognostiziert worden war.[1] Die aktiven Kirchenmitglieder, die also noch Gottesdienste besuchen und in kirchlichen Organisationen mitwirken, machten im Jahre 2033 gerade noch 6 % der Bevölkerung aus, wie eine Repräsentativbefragung im gleichen Jahr ergab.

Drastisch zurückgegangen war auch die Anzahl Theologiestudierender, insbesondere in der katholischen Kirche. Das hatte einschneidende Konsequenzen für den Nachwuchs in der Betreuung der Pfarreien und Kirchengemeinden sowie für den Religionsunterricht an den Schulen. Die finanzielle Situation der Kirchen verschlechterte sich ebenfalls dramatisch. Einerseits verringerte die Zunahme der Kirchenaustritte das Steueraufkommen. Viel stärker aber wirkte sich aus, dass der Staat ab dem Jahre 2029 nicht mehr bereit war, Steuern für die Kirchen zu erheben. Auch die etwa 500 Millionen staatlicher Donationen ohne Zweckbindung und die Zuschüsse für die Besoldung der Pfarrerinnen und Pfarrer fielen weg. Vorausgegangen war im politischen Bereich, dass die vollständige Trennung von Kirche und Staat beschlossen wurde. Es ließ sich das Argument nicht mehr von der Hand weisen, die ehemaligen Volkskirchen repräsentierten nur noch eine Minderheit der Bevölkerung. Auch hätte man sich ansonsten nicht den Forderungen anderer religiöser Organisationen widersetzen können, ebenfalls von staatlichen finanziellen Diensten zu profitieren.

Diese Entwicklungen in Deutschland kündigten sich bereits lange an. Die *tieferen Ursachen* dafür lagen und liegen in der Säkularisierung – ein weltweit wirkender Faktor selbst in den islamischen Ländern. Parallel dazu förderte der Trend zur Individualisierung, dass man sich von den Kirchen nicht mehr vorschreiben lassen wollte, was zu glauben ist. Das betraf nicht nur die katholische Kirche mit ihren zahlreichen Dogmen, sondern auch die aus der Reformation hervorgegangenen Kirchen. Diese konnten ebenfalls kaum noch Bekenntnisse etwa zu einem Gott in drei Personen oder den Opfertod Jesu für die menschlichen Sünden vermitteln. Die Bibel wird in der Breite der Bevölkerung noch als ehrwürdiges Buch gesehen, nicht aber mehr als Quelle für den persönlichen Glauben. Als nun neuerdings Steuerbescheide von den Kirchen selbst kamen, sank die Hemmschwelle, kurzerhand den Austritt schriftlich mitzuteilen. Manche darunter folgten auch dem Slogan: „Jesus ja, Kirche nein."

In den stark geschrumpften Kirchen gewannen die *konservativen Christen*, die auf Bewahrung des ererbten Glaubens achteten, die Oberhand. Sie engagierten sich weiterhin in den kirchlichen Organisationen und gaben dort vermehrt den Ton an. Es gelang ihnen auch, von den noch wenigen Absolventen theologischer Hochschulen einen überwiegenden Anteil für sich zu gewinnen. Das förderte einen Rückzug in eine Art kirchliches Ghetto.

Teils noch locker mit den alten Volkskirchen verbunden und teils unabhängig davon, entstanden vermehrt relativ eigenständige Gruppen. Vorbild dafür waren die Freikirchen. Anders jedoch als die meisten bestehenden Freikirchen versuchen diese nicht, alte Glaubensinhalte in moderner Form zu zelebrieren. Vielmehr streben sie an, einen entschlackten und offenen christlichen Glauben in neuer Weise umzusetzen. Sie benutzen dabei „Trampelpfade des Überlebens".[2]

Die *große Mehrheit in Deutschland* lässt sich zwar im Jahr 2035 von einer christlich gefärbten Moral leiten – als anständiger Mensch durch das Leben zu gehen – hat aber zur Botschaft Jesu keinen direkten Bezug mehr. Auf die Frage, wer Jesus war, konnten im Jahre 2034 die meisten Jugendlichen keine zutreffende Antwort mehr geben.

Viele Menschen befriedigen ihre spirituellen Bedürfnisse, die Sehnsucht nach einem Mehr im Leben, durch Ersatzreligionen. Dazu gehören musikalische Veranstaltungen, Bodybuilding, Sport und Fanclubs, Meditation und Yoga oder Magiekulte und Esoterik.

Von staatlicher Seite wurde der Bedarf an sinnstiftenden Ritualen schon länger erkannt. Daher bieten dementsprechend Ausgebildete im staatlichen Auftrag Zeremonien für Jugendliche, Hochzeiten und Bestattungen an.

Das kulturelle Erbe der christlichen Zeit bleibt präsent und erfreut sich breiter Wertschätzung. Händels Oratorium „Messias" mit dem grandiosen Halleluja zieht weiterhin Scharen in die Konzertsäle. Ein Teil der Kirchenbauten wird anderen Nutzungen zugeführt oder abgebrochen, um etwa Wohnbauten Platz zu machen. Historisch als wertvoll geltende oder zu einem wichtigen Ensemble gehörende Bauten bleiben dagegen bestehen und werden mit öffentlichen Geldern unterhalten. Für die Mehrheit der Bevölkerung entwickelte sich ein Verhältnis zur überkommenen christlichen ähnlich wie zur alten griechischen und römischen Kultur.

Die Entwicklungen in Deutschland finden – so das Szenario 2035 – mehr oder weniger stark ihre Parallelen in ganz Europa. Das gilt für die Schweiz ebenso wie für die Niederlande oder Frankreich. Selbst in dem einst so kirchentreuen Polen befindet sich die katholische Kirche im Jahre 2035 auf dem absteigenden Ast.

Weltweit können sich die christlichen Kirchen noch gut halten. Zwar machen sich überall die Auswirkungen der Säkularisierung bemerk-bar. Diesen Einfluss kompensiert aber teilweise das starke Wachstum der christlichen Bevölkerung durch Kinderreichtum, insbesondere in Afrika. Die stark gestiegene Stellung Afrikas im Christentum äußert sich auch darin, dass der Nachfolger von Papst Franziskus aus Ghana stammt. Er nennt sich nach dem von ihm verehrten polnischen Papst Johannes Paul III. Der Vatikan hütet weiterhin ohne Ausnahme die katholischen Dogmen und andere katholische Regelungen wie das Priestertum, das nur Männern vorbehalten ist. Aber auch die aus der Reformation hervorgegangenen Kirchen bleiben mehrheitlich bei ihren alten Bekenntnissen und Traditionen.

Jesus ja und Kirche nein?

Das oben beschriebene Szenario für das Jahr 2035 basiert auf Trends, wie diese bereits in Kapitel 1 als Ist-Aufnahme anklangen. Nun stellt sich die Frage, ob nicht der Niedergang der alten Volkskirchen durchaus in Jesu Sinn sein kann. Dazu passt der berühmte Spruch des französischen Theologen und Kirchenkritikers Adolf Loisy: „Jesus verkündete das Reich Gottes und gekommen ist die Kirche."[3] Und unübersehbar ist, dass Jesus die bestehenden „kirchlichen" Institutionen, vor allem die Hohepriester am Tempel in Jerusalem, heftig kritisierte, gar ablehnte. Um es noch konkreter als Frage zu wiederholen: Wollte Jesus Kirchen, wie wir sie heute kennen?

Nach dem Neuen Testament erscheint es unzweifelhaft: *Jesus* führt die Gruppe der Jüngerinnen und Jünger. Er motiviert diese, ihm zu folgen, und ist ihr geistiger Kopf. Dafür gibt es das nach Johannes überlieferte Bild von Jesus (15, 5): „Ich bin der Weinstock, ihr seid die Reben." Jesus kennt den *Nutzen guter Organisation* wahrscheinlich bereits aus seiner langen Zeit als Bauhandwerker. Dementsprechend übt er Leitungsfunktionen aus. So trifft er Entscheidungen für diejenigen, die ihm folgen. Die gemeinsame Kasse der Jüngerinnen und Jünger, die ich bereits erwähnte, bildet ein Indiz für organisatorische Regelungen.

Wahrscheinlich erhält Petrus von Jesus auch die Funktion eines Gruppensprechers. Die von den Evangelisten beschriebene Auswahl der zwölf Apostel aus dem Kreis der Jüngerinnen und Jünger zeigt Ansätze einer Hierarchie. Wir lesen im Neuen Testament zudem, dass Jesus Zweiergruppen zum Missionieren aussendet. Auch das Anmieten von Räumen, das Besorgen von Nahrung oder das Beschaffen des Esels für den Einzug in Jerusalem delegiert er an einzelne in seiner Gruppe. Eine Kirche in unserem heutigen Sinn stellt sich Jesus jedoch wohl kaum vor. Im berühmten Fels-Spruch Jesu, auf den ich unten noch zurückkomme, ist zwar in deutschen Übersetzungen das Wort „Kirche" gebräuchlich. Doch das verleitet zu falschen Vorstellungen. Denn das griechische Wort „Kyriké", welches im Lateinischen mit „ecclesia" übersetzt wurde, meint vor allem eine Gemeinschaft.[4] Das konnte auch eine Gruppe innerhalb einer jüdischen Gemeinde sein, was am Anfang häufig der Fall war.

Auch wenn Jesus ein nahes Weltenende erwartet, ist es ihm wohl wichtig, dass christliche *Gemeinschaften nach seinem Lebensende* weiterbestehen und wirksam werden. Das eindrücklichste Beispiel dafür bietet das letzte Abendmahl, von dem drei Evangelisten ausführlich berichten. Jesus fordert danach die Jünger und Jüngerinnen auf, mit einem solchen Essen in Gemeinschaft sich seiner zu erinnern und geistig mit ihm Verbindung aufzunehmen. Das weist auf eine Dimension hin, die deutlich über die Organisation gemeinsamer Mahlzeiten hinausgeht. Diese ins Jenseitige gerichtete Dimension und die Erwartung, dass sich Gruppen von Christinnen und Christen bilden, kommt auch in der wahrscheinlichen Aussage Jesu nach Matthäus zum Ausdruck (18, 20): „Denn wo zwei oder drei in meinem Namen versammelt sind, da bin ich mitten unter ihnen." Zwar findet sich diese Aussage nur bei Matthäus. Doch passt sie in den Kontext der Evangelien und das Erleben der Jüngerinnen und Jünger.

Nach Jesu Tod wählte wahrscheinlich die Gemeinde von Jerusalem Petrus zu ihrem Führer. Mit der Gründung weiterer Gemeinden und deren Wachstum kam es aus praktischen Gründen dazu, dass einzelne Mitglieder Leitungs- und Führungsfunktionen übernehmen. Mit der Zeit wurde die Organisation weiter differenziert und auch in den Funktionen konkreter festgelegt. Ich beschrieb diesen Prozess bereits in Kapitel 2.3.

5 ZU URSPRÜNGLICHEN UFERN

Für die Kirchenfrage wichtig ist, wie es in diesem Prozess zur Herausbildung des Papsttums kam. Im vierten Jahrhundert beanspruchte der Bischof von Rom zunehmend eine dominante Stellung.[5] Das hing mit dem „Aufstieg" des Christentums zur römischen Staatsreligion zusammen. Es vergingen nochmals 300 Jahre, bis durch Papst Gregor I. der Titel und die Befugnisse des Papstes „gesetzlich" festgeschrieben wurden.[6] Die biblische Ableitung des Papsttums ist nach wissenschaftlichen Ergebnissen wenig tragfähig.[7] Sie basiert schwergewichtig auf der bereits in Kapitel 1.3 zitierten Stelle bei Matthäus (16, 18): „Du bist Petrus, und auf diesen Felsen will ich meine Kirche bauen." Wichtige Aussagen im Neuen Testament erscheinen in der Regel bei mehreren Evangelisten. Diese Kirchenaussage kommt jedoch nur bei Matthäus vor. Und der Satz mit der „Kirche" passt auch nicht in den Zusammenhang, den wir von den anderen Evangelisten und von Matthäus selbst kennen.

Auch die Behauptung, dass Petrus als erster Papst wirkte und in Rom residierte, lässt sich in keiner Weise belegen. Die katholische Kirche zitiert für ihre Behauptung vor allem den sogenannten Ersten Clemensbrief, der etwa 100 n. Chr. datiert wird. In diesem ist vom Martyrium der Apostel Petrus und Paulus in Rom die Rede. Doch liefert dieses Dokument, etwa 70 Jahre nach Jesu Tod entstanden, keinen Beleg für das Papsttum in Rom von Anfang an.[8] So, wie wir die *katholische Kirche* heute mit dem Papsttum, der monarchischen Hierarchie und dem abgehobenen geweihten Priestertum kennen, dürfte diese wohl schwerlich den uns bekannten Intentionen Jesu entsprechen.

Das war ja auch eine der wesentlichen Ursachen für die Reformation. Diese versuchte, das Verständnis für „Kirche" an das der Urgemeinden anzunähern. Dem entspricht auch heute die Definition der *Evangelischen Kirche in Deutschland*. Danach ist *Kirche* da, wo sich Menschen im Namen Gottes und Jesu versammeln, wo das Evangelium verkündet wird, wo Sakramente gemäß der Schrift gefeiert werden und wo Gemeinden Dienste für Nächste erbringen. Dazu gehört auch, den Glauben zu bezeugen.[9]

Gemeinsam ist weiterhin allen Kirchen, dass sie sich in *doppelter Weise im Status* sehen: Sie sind einerseits eine weltliche Organisation und stehen andererseits in einer geistigen Beziehung zum jenseitigen Gott und Jesus.

Als weltliche Organisation regeln sie die Pflichten und Rechte ihrer Mitglieder, haben für ein gesetzeskonformes Personal- und Finanzwesen zu sorgen, organisieren Anlässe wie Gottesdienste und verwalten ihre Immobilien. Kirchen verstehen sich jedoch als mehr, etwa als Heilsinstrument Gottes. Dieser kann wiederum, so der Glaube, über den Heiligen Geist auf Kirchen Einfluss nehmen.

In dieser Annahme lauern erhebliche Gefahren: Man sieht sich nicht hinreichend in der Pflicht, das „Unternehmen" Kirche bestmöglich zu organisieren und zu führen, weil man ja „nicht von dieser Welt" sei. Zudem hofft man, dass Gottes Heiliger Geist bei der Lösung von Problemen schon helfen werde. Dem steht der kluge Spruch von Ignatius Loyola entgegen: „Bete, als hänge alles von Gott ab, handle so, als hänge alles von Dir ab." Jesus pocht auch auf den zweiten Teil des Spruches. Er fordert, alle menschlichen Talente und Klugheit einzusetzen, damit Christen und Christinnen gut organisiert sind. Denn sie sollen ja bestmöglich für das Reich Gottes wirken und sich gegenseitig im Glauben unterstützen. Weil Jesus das so außerordentlich wichtig ist, hinterlässt er uns ja mit den eindrücklichen Gleichnissen eine Art Leitfaden, wie Kapitel 4.1 diesen beschrieb.

Der oben angeführten Definition und Beschreibung für Kirche der Evangelischen Kirche in Deutschland könnte vermutlich auch Jesus voll zustimmen. Auf dieser Basis gilt für mich: *„Jesus ja und Kirche ja"*.

Auf einem anderen Blatt steht, was unter „Glauben" gemeint ist und wie die Organisation real umgesetzt wird. Insbesondere in der Glaubensfrage bedarf es, wie in den Kapiteln 1 bis 3 dargestellt, der Entschlackung und Öffnung, um Jesu Botschaft wieder voll zu entsprechen. Erinnert sei zum Beispiel an die fragwürdige kirchliche Lehre von Jesu Kreuzigung als Erlösung für unsere Sünden. Auch viele organisatorische Verknöcherungen selbst bei den aus der Reformation hervorgegangenen Kirchen stehen zur Diskussion. Weitgehende Veränderungen erscheinen also geboten, wenn man sich an Jesu direkter Botschaft orientiert.

Erste Ideen für den *Weg zu Veränderungen* der Kirchen brachte bereits Kapitel 1.4. Welche grundsätzlichen Möglichkeiten dafür bestehen, beschreibt Daniel Bogner in seinem Buch „Ihr macht uns die Kirche kaputt ... " mit den Modellen:[10]

- Strategie der kleinen Schritte,
- Reform,
- Warten bis zum Kollaps und dann Neuanfang,
- Revolution,
- Einfach handeln an der Basis.

Die „Strategie der kleinen Schritte" liegt dem deutschen „Synodalem Weg", der im Jahre 2020 begann, zugrunde. Kirchenleute und Laien diskutieren über einen vereinbarten Kanon von Themen, etwa die Frauen in der Kirche. Sicherlich entstehen so gute Gesprächserfahrungen. Doch sind die erforderlichen tiefgehenden Reformen im Sinne der Entschlackung und Öffnung, wie bereits in Kapitel 1.3 belegt, auf diese Weise kaum möglich.

Stärkere Wirkungen lassen sich theoretisch von „Reformen" erhoffen. So brachte das von Papst Johannes XXIII. einberufene 2. Vatikanische Konzil die Öffnung der katholischen Kirche für die Ökumene, ein Bekenntnis zur Religionsfreiheit und die Einführung der Volkssprache in der Liturgie. Zentrale kirchliche Dogmen wurden jedoch höchstens neu interpretiert, nicht aber verändert. Mehr ist auch in Zukunft nicht zu erwarten, wie das Verhalten von Papst Franziskus zeigte. Breit und genügend tief angelegte Reformprozesse in Glaubensfragen in den evangelisch-reformierten Kirchen sind ebenfalls nicht in Sicht.

Das Warten bis zum „Kollaps und dann Neuanfang" kann in den Kirchen trotz der vielen Austritte noch lange gehen. Wie das Szenario 2035 beschrieb, kommen zunächst strukturelle Anpassungen an den Schrumpfungsprozess.

An eine massenhafte Erhebung von Kirchenmitgliedern im Sinne einer „Revolution" ist bei Glaubensfragen kaum zu denken. Unzufriedenen bietet sich ja das Ventil des Kirchenaustritts.

Es bleibt noch das Modell *„Einfach handeln an der Basis"*. Dieses wird ja bereits vielerorts praktiziert, wie Kapitel 1.4 bereits schilderte. Dabei geht es nicht um eine alternative Kirche, sondern um die Durchdringung der Kirchen mit Neuem von unten her.[11] Wenn es gelingt, dieses Modell in der Wirkung zu verstärken, dann hat es gute Erfolgsaussichten. Sein Vorteil liegt daran, dass auf diese Weise ohne langes Warten neue und auch gute Erfahrungen entstehen. Das ist auch das Modell, mit dem das Christentum aus einer kleinen Schar in jüdischen Gemeinden zu einer großen Bewegung heranwuchs. Auch heutzutage besteht dafür ein „Raketenfenster". Daher baue ich im weiteren Text auf diesem Modell auf.

Ein ehemaliger Trümmerhaufen als Vorbild

Es bot sich ein trostloser Anblick: Der Trümmerhaufen der Frauenkirche in Dresden. Ich sah diesen bei einem Besuch der Stadt im Frühjahr 1990. Dass diese Kirche wieder in alter Pracht entstehen würde, konnte ich mir nicht vorstellen. Und dennoch geschah das mit dem Modell „Einfach handeln an der Basis". Der Glaube, man könne diese einst berühmte Kirche wieder aufbauen, erwachte nach der Wende. Doch die „Offiziellen" entschieden sich dagegen. Die sächsische Landeskirche unter Leitung des Dresdner Bischofs und auch die Denkmalspflege lehnten einen Wiederaufbau ab. Dieser Meinung schlossen sich auch Teile der deutschen Friedensbewegung und viele andere Gruppierungen an. Diese wollten die Trümmer als prominentes Mahnmal gegen den Krieg bewahren.

Doch da hatten die Gegner der Aufbauidee die Rechnung ohne engagierte Bürger gemacht. Zeitgleich mit der Wende gründeten zunächst nur 14 Personen einen Förderkreis für den Wiederaufbau. Die Mitgliederzahl wuchs rasant. Bereits drei Monate nach der Gründung schickte diese Gruppierung im Februar 1990 den „Ruf aus Dresden" in die ganze Welt hinaus. Das nationale und internationale Echo war enorm. Durch nachfolgende Aktionen konnten zwei Drittel der Baukosten durch private Spenden aufgebracht werden. Diese Initiative brachte es zustande, dass Realität wurde, was vorher kaum für möglich gehalten wurde: Im Jahre 2005 fand die Weihe der wieder aufgebauten Frauenkirche statt. Als ich zwei Jahre später in der Laterne über der gewaltigen Kuppel stand, konnte ich vor Bewunderung und Glück meine Tränen nicht mehr zurückhalten.

Die Kirche ist heute ein Symbol für Dresden, protestantisches Zentrum und ein herausragender kultureller Ort. Dieses imponierende Beispiel zeigt, dass zur *Gestaltung erfolgreicher Prozesse* fünf Dinge gehören:
- engagierte Menschen,
- ein gezieltes „Auftauen",
- eine gute Organisation,

- eine professionelle Medienarbeit,
- eine attraktive Vision.

Der Kreis *engagierter Men*schen für den Wiederaufbau wuchs so rasch, weil eine attraktive Vision lockte und die Zeit wie eine Art „Raketenfenster" dafür günstig war. Von dieser bald breiten Basis aus entstand ein starker Druck gegenüber den „Offiziellen". Damit engagierte Menschen in Gruppen wirken, dürfen diese nicht dirigistisch von oben bevormundet werden. Für die kirchliche Herausforderung heutzutage sollte man sich in diesem Sinne die christlichen Urgemeinden zum Vorbild nehmen. Sie handelten nach Jesu Forderung, die verschiedenen Talente von Menschen zum Zuge kommen zu lassen.

Wenn man Bestehendes ändern möchte, muss man fast immer mit Widerständen rechnen. Das war auch im Falle des Wiederaufbaus der Frauenkirche so. Das Bestehende wird von vielen Menschen geschätzt. Man hat sich damit angefreundet, kennt die dahinterstehenden Ideen und empfindet durch das Bewahren ein Gefühl der Sicherheit. Initianten für Neuerungen begegnen zudem oft dem Vorwurf, mit Plänen für Veränderungen eine inakzeptable Kritik an den Trägern des Bestehenden zu üben.

Darauf reagiert das professionelle Change Management mit einem Verhalten, das „*Auftauen*" genannt wird. Es geht darum, „Eingefrorenes", bestehende Meinungen, schmelzen zu lassen. Wichtige Voraussetzung dafür ist, Argumente der Veränderungsgegner zu würdigen und, wenn möglich, konstruktiv zu berücksichtigen. Im Falle der Dresdner Frauenkirche bestand daher das Bestreben, etwas für die Anliegen der Mahnmalbefürworter zu tun. Dazu gehörte der Plan, möglichst viele Trümmersteine in den Neubau der Kirche zu integrieren. Sie sollten an den ehemaligen Orten im Bau wieder eingefügt werden, ihre schwarze Patina behalten und so an den zerstörten Vorgängerbau erinnern – was dann auch geschah.

Beim „Auftauen" half vor allem aber auch die überwiegend positive nationale und internationale Reaktion auf die Idee zum Wiederaufbau. Das beeindruckte die „Offiziellen" und sie gaben den Widerstand auf.

Die Geschichte des frühen Christentums zeigt, dass Wildwuchs und Chaos gefährlich werden können. Zielloser Aktivismus, ungeklärte Rollen, ungelöste Zuständigkeiten für Entscheidungen und vieles mehr stören die Prozesse oder lassen sie gar scheitern. Aus dieser Erfahrung heraus entstanden in den frühchristlichen Gemeinden alsbald erste organisatorische Strukturen. Diese wiederum halfen den Gemeinden sehr, die Widerstände und Attacken ihres Umfeldes zu überstehen und ihre sozialen Dienste zu stärken.[12]

Auch im Falle des Wiederaufbaus der Dresdner Frauenkirche schenkte man *guter Organisation* eine große Beachtung. So entschied man sich für eine Arbeitsteilung zwischen der Beschaffung von finanziellen Mitteln und der Bauherrenfunktion. Für das eine waren vor allem private Fördervereine zuständig und für das andere eine Stiftung mit starker Beteiligung „Offizieller", also des Staates und der Kirche.

Die Informationen müssen zutreffend sein und transparent fließen. Sie dürfen nicht als Machtmittel eingesetzt werden. Dabei spielt die *Medienarbeit* eine ganz erhebliche Rolle. Sie dient extern der Wegbereitung und Diskussion sowie intern der Ermutigung. Im Falle der Frauenkirche gelang eine hervorragende Medienarbeit. Fernsehen, Rundfunk und Presse berichteten dadurch laufend über die eingegangenen finanziellen Spenden, über die Planungen und den Baufortschritt. Ein anderes positives Beispiel lieferte die katholische Kirche beim 2. Vatikanischen Konzil. Sie machte daraus ein stark ausstrahlendes Medienereignis. Papst Johannes XXIII. schaffte es auch, den Journalisten seine Wertschätzung zu vermitteln. So veranstaltete er für diese eine Sonderaudienz, an der etwa 800 Journalisten teilnahmen.

Schließlich bringt eine *Vision* einen großen und anhaltenden Motivationsschub. Denn sie zeigt, wohin die Reise gehen soll, welche Vorteile entstehen können und wie man Herausforderungen bewältigen will.[13] Die Vision muss dafür eine gewisse Kühnheit auszeichnen, sollte ein konkret fassbares Bild der Zukunft entwerfen und aufzeigen, wie man das Projekt vorwärtsbringen kann.

Auf diesem Feld machte die deutsche Bundeskanzlerin Angela Merkel nach meiner Einschätzung leider einen folgenreichen Fehler. Als Christ fand ich es zwar gut, dass sie in der außerordentlichen Situation des Jahres 2015 die Grenzen für die Flüchtlinge aus dem Nahen Osten offenhielt. Doch dann folgte für mich eine Unterlassungssünde. Kritikern ihres humanitären Handelns entgegnete sie nur „wir schaffen das". Demgegenüber wäre es wichtig gewesen, mit einer Vision zu verdeutlichen, wie die nachfolgende Herausforderung – eine Million Menschen mit einem anderen Kulturhintergrund und für Deutschland unzureichender Bildung – zu bewältigen ist. Das hätte in Form eines 10-Punkte-Plans geschehen können.

Auch die Kirchen scheuen sich, konkrete Visionen für ihre Zukunft zu entwerfen. Es gibt zwar bereits ein kirchliches Visionslied und wurde auch schon ein Visionssonntag ausgerufen.[14] Doch bleiben viele Bemühungen recht vage, verharren in Gemeinplätzen. Typisch dafür ist die „visionär" genannte Vorgabe des Kölner Kardinals Woelkli, „dass wir Priester, Ordensleute und Laien uns alle als Schwestern und Brüder anerkennen".[15]

Im Folgenden will ich versuchen, bei einigen mir besonders *wichtig erscheinenden Themen* konkreter zu werden Das geschieht mit den Kapiteln:
- Vision der Aufgaben und Rollen,
- Werte und Stärken für morgen,
- Ein buntes Haus mit Strukturen,
- Weitere Schritte auf dem Weg.

5.2 Vision der Aufgaben und Rollen

Zum ursprünglichen Ufer?

Wir machten Ferien am Mittelmeer in Formia. Mein ältester Sohn und ich wollten uns nach einem Sonnenbad am Strand abkühlen und schwammen ins Meer hinaus. Nach einer kurzen Weile – das Ufer war noch zum Greifen nahe – kehrten wir um. Doch nun merkten wir, dass das Ufer kaum näherkam, obwohl wir kräftig schwammen. Eine Strömung hinaus ins Meer hatte uns erfasst. Wir mussten alsbald gegen Panikgefühle ankämpfen. Erst nach einer Stunde und mit großer Anstrengung erreichten wir das *„rettende Ufer"*. Seitdem hat dieses Wort für mich einen besonderen Klang.

Im Nachhinein fiel mir dazu die Geschichte vom Auszug der Juden aus Ägypten ein, die zu einem „rettenden Ufer" gelangten.

Das Beiwort „ursprünglich" meint bezogen auf die Vision zweierlei: Orientierungen an der Urquelle des Christentums, am historischen Jesus und seiner Botschaft sowie an den frühchristlichen Gemeinden.

Die *ursprüngliche Botschaft* und das Leben des historischen Jesus fasste bereits der Schluss von Kapitel 2.2 zusammen. In diesem Zusammenhang sind das die Kernaussagen:
- der Glaube an den einen Gott, der Allmächtige, den wir Mutter und Vater nennen dürfen;
- Jesu Geburt, Predigen und Handeln, Tod am Kreuz sowie ein Geschehen, das Auferstehung genannt wird;
- das Reich Gottes, welches bereits auf Erden besteht und uns in Vollkommenheit nach unserem Tod verheißen ist;
- das Gebot der Nächsten-, Selbst- und Gottesliebe;
- Jesu Aufforderung, als Gemeinschaft zu Mahlfeiern zusammenzukommen und dabei seiner zu gedenken.

Im Zentrum steht ein auf Gott und Jesu Botschaft orientiertes Leben der Menschen. Der Soziologe und Theologe Tomáš Halík schreibt dazu: „Das Christentum ist eine Kunst: die Kunst zu leben."[16]

Allein die Bibel und historische Quellen bilden für diese Aussagen die Grundlage. Das steckt zu einem Teil bereits den Rahmen für die Vision ab und definiert auch, was hier als Christin und Christ verstanden wird.

Daraus folgt auch: Religionsgemeinschaften, die ganz oder teilweise auf anderen Dokumenten beruhen als die Bibel, etwa auf dem Buch Mormon, gehören in dieser Vision nicht zur christlichen Kirche.

Mit „ursprünglich" sind zudem auch *die frühchristlichen Gemeinden* vor fast 2000 Jahren gemeint. Dabei ist klar: Diese befanden sich in einem Umfeld, das religiös, kulturell, im Wissen, in der Wirtschaft und Staatsform ganz anders war als heute.[17] Weil man aus diesen Gründen, wie in Kapitel 3.5 beschrieben, Jesus kaum direkt nachahmen kann, gilt dieses auch für die frühchristlichen Gemeinden. Doch lassen sich von ihnen einige wichtige Grundsätze übernehmen:

- die Gleichheit aller Gläubigen, ob Mann oder Frau, Jude oder Grieche, reich oder arm;
- die Gleichstellung der Frauen auch in der Führung und Mission;
- die Notwendigkeit organisatorischer Strukturen wie etwa die Gemeindeleitung, jedoch ohne Machtballung bei einzelnen Personen;
- damit verbunden: demokratische und transparente Entscheidungen;
- laufende Glaubensdiskussionen und -klärungen;
- die Vielfalt in den Glaubensausprägungen, zum Beispiel eher jüdisch oder eher griechisch-römisch orientiert.

Zur *Vielfalt der Glaubensausprägungen*: Für die Vision gilt, dass einzelne Menschen oder Gemeinden kulturell und im Glauben weiterhin eher „klassisch" katholisch, evangelisch oder orthodox orientiert bleiben können. Auch andere spezielle Ausprägungen sind denkbar. Es besteht Offenheit und kein Wahrheitsanspruch gegenüber anderen Menschen.[18]

Die Kirche entspricht damit dem Haus mit vielen Wohnungen, ein Bild, das Jesus nach dem Evangelisten Johannes verwendet (14, 2): „Im Haus meines Vaters sind viele Wohnungen." Dieses Bild Jesu veranlasst mich auch, in der Vision nicht von Kirchen als Mehrzahl zu sprechen. Vielmehr ist die Kirche das Haus und sind die verschiedenen christlichen Ausprägungen die Wohnungen.[19] Damit folge ich auch Hans Küng, der schreibt: „... das regionale, nationale Profil der christlichen Kirchen soll nicht eingeschmolzen werden."[20] Und weiter heißt es im Text: „Dies ist eine realistische Vision, mit deren Verwirklichung an der Basis der Kirchen schon längst begonnen wurde."

Neben dem christlichen Haus bestehen im gleichen „Quartier" eigenständige Wohnhäuser der *Schwesterreligionen* Judentum und Islam. Sie berufen sich ebenfalls auf Abraham und glauben an einen einzigen Gott. Im „Quartier" trifft man sich regelmäßig zum Austausch und gemeinsamen Tun, etwa bei einer Art „Quartierfest". Das Verhältnis ist von gegenseitigem Interesse und Respekt geprägt. Das Interesse am Judentum gründet bereits auf der Tatsache, dass Jesus ein gläubiger Jude war, der in seiner Botschaft vom Alten Testament ausging. Sehr vieles von Jesu Botschaft und damit auch im Neuen Testament, basiert auf dem jüdischen Glauben. Der Islam bekennt sich in Mohammeds Koran ebenfalls zu Gott und auch zu Jesus, zieht aber teilweise deutlich andere Schlüsse aus Jesu Botschaft und Leben.

Auch anderen Religionen gegenüber verhält sich das Christentum mit Respekt. Sie sind zwar nicht Wohnhäuser im gleichen Quartier, wohl aber in derselben Stadt, einem Ort, in dem sich Menschen ethisch teilweise auf denselben Straßen bewegen.

Konzept der zukünftigen Kirche

Bleiben wir beim Bild vom Haus mit vielen Wohnungen und betrachten darin eine einzelne Wohnung. Was deren Wert auszeichnen sollte, durfte mein Büro mit einem Team im Auftrage des Bundes untersuchen. Das Wissen darüber sollte der Förderung qualitativ hochstehender Wohnungen dienen. Ziel war aber nicht, quasi eine Einheitswohnung vorzuspuren. Im Gegenteil: Weil die Menschen verschiedene Bedürfnisse haben, sollten auch sehr verschiedene Wohnungsentwürfe in ihrem Wert gewürdigt werden können.

Daher stellte sich die Frage, welche Konzeptelemente eine gute Wohnung auszeichnen müssten – und das für verschiedene Bedürfnisse. Das Team kam zu dem Ergebnis: Es sollen gute räumliche Möglichkeiten bestehen, miteinander zu essen und dafür zu kochen, sich zurückzuziehen, zu ruhen und zu schlafen sowie in verschiedener Weise aktiv zu sein und Gemeinschaft zu pflegen. Gewünscht werden darüber hinaus Wohnungen, die Menschen Wohltuendes vermitteln: das Gefühl von Sicherheit, Heimat oder guter Gemeinschaft. In analoger Weise stelle ich mir eine „Wohnung" der Kirche vor. Sie basiert auf den Konzeptelementen:[21]

- Die Gegenwart Gottes und die Verbindung mit Jesus zu feiern,
- mystisch die Nähe Gottes zu erleben,
- der Welt zugewandt handeln und gestalten.

Die Kirche ist nach dem bekannten Journalisten Heribert Prantl der Ort, „an dem der Himmel offengehalten wird".[22] Menschen holen geistig Gott und auch Jesus in ihre Mitte.[23] Um die *Gegenwart Gottes* zu feiern, versammelt sich eine Gruppe oder Gemeinschaft an einem Ort, wie Menschen im Essbereich einer Wohnung. Die Feier des Mahles steht im Mittelpunkt, also ein festliches Ritual.

Liturgisch-kultisch ist bei diesem Konzeptelement auch an Taufen, Segnungen von Paaren oder Trauerfeiern zu denken. Dazu gehören das Beten, Singen, Musikhören oder die feierliche Beschäftigung mit Inhalten der Bibel. „Im Liturgisch-Kultischen verbinden sich die Suche nach Sinn, die Erfahrung der Präsenz Gottes und die Ausrichtung für die Ausrichtung auf das Engagement für das Wohl der Welt."[24] Das Ganze kann in Form eines „klassischen" Gottesdienstes geschehen. Besser erscheinen aber, um alten Routinen zu entgehen, neu gestaltete Rituale.

Bei solchen Feiern klingt vielleicht bereits an, *mystisch die Nähe Gottes zu erleben*. Vorbild dafür ist Jesus, der ein besonderes Verhältnis zu Gott hatte und sich immer wieder in die Stille und Einsamkeit zurückzog, um die Nähe Gottes zu suchen.[25] Diese Nähe „wird jedoch nicht nur geglaubt, für möglich gehalten oder erhofft, nein, sie wird spürbar, leiblich, atmosphärisch erlebt".[26] Es tauchen tiefere Erfahrungsebenen auf.[27] Dem entspricht in der Analogie zu einer Wohnung die Möglichkeit, sich zurückzuziehen, in sich zu ruhen, sich zu versenken und auch die Augen zu schließen. Interessanterweise bedeutet das Wort „Mystik" im Altgriechischen auch „die Augen schließen".[28] Doch kann dieser innere Prozess beim Zusammensein mit anderen Menschen ebenfalls ablaufen.[29]

Die Kirche trägt zum mystischen Erleben, das stark von Gefühlen getragen wird, bei, indem sie zur Kontemplation anleitet, animierende Räume bietet oder für förderliche Musik sorgt. Dabei kann sie auch auf entsprechende Erfahrungen anderer Religionen wie zum Beispiel dem Buddhismus zurückgreifen.

Während das mystische Erleben im Inneren von Menschen entsteht, richtet sich das Konzeptelement „*der Welt zugewandt handeln und gestalten*" nach außen. Um beim Bild der Wohnung zu bleiben: Man kann in ihr aktiv sein, sich mit Gleichgesinnten treffen, etwas planen, und von dort aus an anderen Orten handeln.

Kapitel 4 brachte für das mögliche Handeln von Christen und Kirchen bereits etliche Beispiele. Erinnert sei etwa an das Spenden für gute Zwecke, an das einander Vergeben, an die Umsetzung christlicher Moral in der Wirtschaft, an die Sorge für Gerechtigkeit oder an den Kampf gegen die ökologische Krise. Anders als beim mystisch orientierten Konzeptelement geht es hier vor allem um rational gut überlegtes Handeln. Was dabei zu beachten ist, beschreibt Kapitel 4.1.

Mit diesen drei Konzeptelementen trägt die Kirche zu einem als sinnvoll empfundenen Leben bei. Sie stärkt die eigene Identität durch die Begegnung mit anderen Menschen und deren Glauben.[30]

Kirche kann mit diesem Konzept auch Heimat bieten, indem sie ein Ort des Feierns, tiefer emotionaler Erlebnisse und des gemeinsamen Handelns ist.[31] Damit verwandt fördert die Kirche den Glauben, auf Gott hoffen zu dürfen.[32]

Schließlich spricht eine Kirche mit den skizzierten Konzeptelementen den ganzen Menschen an, mit seinem vernünftigen Denken, aber auch mit seinen Gefühlen.

All diese Punkte bieten das Potenzial, dass die Kirche entsprechend der Vision anziehend auf Menschen wirkt.

Herausfordernde Haus-Aufgaben

„Von nichts kommt nichts", sagt schlicht der Volksmund. In diesem Sinne können die drei Konzeptelemente nur dann ihre Wirkung entfalten, wenn die Kirche entsprechende *Haus-Aufgaben* erfüllt. Mit dem Bindestrich möchte ich das Wort „Haus" optisch hervorheben. Denn die Aufgaben betreffen alle das christliche Haus. Dabei können je nach Ausrichtung (Wohnung) unterschiedliche Schwerpunkte gesetzt werden. Zu den *Haus-Aufgaben* zähle ich (die Reihenfolge stellt keine Rangfolge dar):[33]

- Gemeinschaft sein, dazu: sich treffen, miteinander feiern und Freude haben, Konflikte lösen, etc.;
- bei der Beziehung zu Gott und Jesus helfen, dazu: miteinander beten und danken, Rituale pflegen sowie Sakramente wie Taufen spenden und das Abendmahl feiern, etc.;
- den Glauben stärken und weiterentwickeln, dazu: die wissenschaftlichen Kenntnisse zur Bibel als Fundament stärken, die Bibel für das jeweilige kulturelle Umfeld interpretieren, Aus- und Weiterbildung anbieten und nutzen, etc.;
- Nächsten- und Selbstliebe praktisch umsetzen, dazu: die Selbstliebe als Voraussetzung stärken, das Gebot der Nächstenliebe in der Gemeinschaft und gegenüber Dritten umsetzen, in der Diakonie tätig sein, sich für christliche Werte in Politik und Gesellschaft einsetzen, etc.;
- für den christlichen Glauben Überzeugungsarbeit leisten, dazu: den Glauben den Aufgaben oben entsprechend vorleben, Nicht-(mehr-)Gläubige gewinnend ansprechen, sich für Glaubensfragen Öffnende engagieren, etc.;
- sich miteinander vernetzen, dazu: Ideen und Erfahrungen austauschen, die große Gemeinschaft der aktiven Christen erfahrbar machen.

Für die *Erfüllung* der Haus-Aufgaben gilt, alle auf der Höhe der Zeit zur Verfügung stehenden wissenschaftlichen, sozialen und technischen Mittel einzusetzen. Dazu gehören Managementkenntnisse ebenso wie Kenntnisse zum Einsatz sozialer Medien, moderner Kommunikationstechnik oder der Gruppenpsychologie. Es wäre völlig falsch, über bestimmte Mittel wie zum Beispiel über das Managementinstrument Marketing die Nase zu rümpfen. Deutlich wird auch, dass die gute Erfüllung der Haus-Aufgaben große Herausforderungen bringt. Das machte bereits Jesus, wie in Kapitel 4.1 geschildert, sehr deutlich.

Erfüllende Rollen

Zur Erfüllung dieser Aufgaben nehmen die Christinnen und Christen in der Kirche *sehr verschiedene Rollen* wahr. Bereits die frühchristlichen Gemeinden wussten: Niemand kann alles gut. Auch geht es darum, die Erfüllung der Haus-Aufgaben auf verschiedene Schultern zu verteilen. Als wesentli-

che Rollen sehe ich für die neue Kirche (die Aufzählung gibt keine Rangfolge wieder):
- Entwicklerin,
- Kommunikatorin,
- Managerin,
- Senderin,
- Gastwirtin.

Die Kirche wirkt mit ihren Kräften als *Glaubensentwicklerin*. Sie beauftragt und fördert Bibelwissenschaftler*innen und bereitet auch sonstiges relevantes Wissen auf. Sie hilft beim Interpretieren von Jesu Botschaft für die Gegenwart, ohne den Anspruch auf absoluten Wahrheitsbesitz zu erheben. Bei vielen Menschen besteht nach Befragungen ein „Hunger" nach Bibelerklärungen.[34] Das gilt auch für das Alte Testament. Die Kirche ist Vorreiterin beim Aufgreifen wichtiger gesellschaftlicher Fragen, formuliert dazu Ziele, pflegt das Gespräch und weicht auch Konflikten nicht aus. Sie verbietet niemandem den Mund.

Als *Kommunikatorin* sorgt die Kirche für den Austausch und die Vertiefung zu Glaubensfragen. Das geschieht als Predigt mit Dialogelementen in einem Gottesdienst ebenso wie durch Aus- und Weiterbildungsangebote, über die sozialen Medien ebenso wie durch Computerspiele, durch Musik und Tanz ebenso wie durch Malerei und Architektur. Dabei berücksichtigt die Kirche die verschiedenen Anspruchsgruppen und Kulturen. Hierfür bieten die sozialen Medien auch besondere Chancen.[35]

Eine besondere Bedeutung haben persönliche Gespräche, die vor allem in den Wohnungen der Menschen stattfinden. Dafür besteht ein erheblicher Bedarf.[36] Für die Gespräche stehen psychologisch gebildete Kräfte der Kirche zur Verfügung. Sie sind Vertrauenspersonen und unterstehen der Schweigepflicht. Schließlich sorgt die Kirche als Kommunikatorin für den Informations-Austausch zu Aktivitäten, Angeboten, Ideen und Erfahrungen.

In der *Managementrolle* organisiert die Kirche Anlässe verschiedenster Art. Sie greift Bedürfnisse und Probleme auf und sucht nach Lösungen. Dazu gehört zum Beispiel die berufliche Betreuung von Flüchtlingen. Für manche Lösungen tritt die Kirche dauerhaft als Trägerin auf, etwa für die Kinderbetreuung, in der Ausbildung von Gemeindeleitungen oder in der Entwicklungszusammenarbeit. Damit die Kirche ihre Aufgaben gut erfüllen kann, sorgt sie intern für eine gute Organisation, Leitung und Führung.

Als *Senderin* – das ist die Übersetzung von Mission – bringt die Kirche den christlichen Glauben zu den Menschen, die ihn nicht kennen oder verloren haben. So verhielten sich ehemals auch die Apostel und Mitglieder der frühchristlichen Gemeinden. Dieses Thema griff bereits Kapitel 4.4 auf.

Als *Gastwirtin* bietet die Kirche eine offene Tür für alle Menschen. Sie betreut die Gäste geistig und materiell.[37] Im „Wirtshaus" können sie Ruhe finden. Man hört ihnen zu, ermutigt und regt an. Das „Wirtshaus" offeriert auch Möglichkeiten zum geselligen und fröhlichen Beisammensein. Die Kirche als Gastwirtin verharrt jedoch nicht nur an einem Ort, sondern geht auch direkt zu den Menschen, bietet also eine Art Hausdienst an. Diesen Ansatz beschreibt der französische Bischof Rouet in seinem Buch „Aufbruch zum Miteinander" prägnant mit den Worten: „... darum heißt die Frage nicht, wer in die Kirche kommt, sondern, auf wen die Kirche zugeht."[38]

Für die Erfüllung der oben aufgezählten Aufgaben müssen oft Handlungen verschiedener Rollenträgerinnen und -träger erfolgen. Umgekehrt ist die Kirche mit einer Rolle auch für verschiedene Aufgaben tätig. Entscheidend ist dabei, um es einmal mehr zu betonen, *hohe Professionalität*. Diese entsteht durch spezifische Aus- und Weiterbildungen sowie durch das Training in der Praxis. Zudem nutzt die Kirche die verschiedenen Erfahrungswelten ihrer Mitglieder, die in verschiedenen Berufen professionell tätig sind und als Teilzeitkräfte oder in Freiwilligenarbeit Rollen übernehmen.[39] Man denke etwa an Lehrerinnen und Lehrer oder an Leitende in Unternehmen. Die Beschreibung oben verdeutlicht auch die Vielfalt der wünschenswerten Rollen. Kein noch so gut und breit ausgebildeter Mensch kann all diesen Anforderungen voll genügen.

Damit liegt auf der Hand, dass primär theologisch ausgebildete Pfarrerinnen und Pfarrer den wünschenswerten Rollen nur teilweise professionell gerecht werden können. Ebenso liegt auf der Hand: Die Umsetzung der Vision bedarf echter *Teamarbeit* von Menschen verschiedener Ausbildung, beruflicher Ausrichtung und Erfahrung. Solche Gruppen sollten durch Kräfte moderiert werden, die dieses „Handwerk" erlernt haben. Moderatorinnen und Moderatoren sorgen dafür, dass die Gruppe beim Thema bleibt, niemand die Diskussion und Entscheidungsfindung dominiert und auch Konflikte auf eine gute Art angegangen werden.[40] Darauf gehe ich in Kapitel 5.4 nochmals kurz ein.

5.3 Werte und Stärken für morgen

Die Kirche in der Glaubenslandschaft

„Damit ein gutes und konstruktives Zusammenleben möglich ist, benötigen alle menschlichen Gemeinschaften eine Basis an Grundwerten, die sie teilen." Das ist die Idee von „Weltethos", die auf den hier schon mehrfach zitierten Theologen Hans Küng zurückgeht.[41] Angesprochen ist damit das ganze Panorama der Glaubenslandschaft, welche ich in Kapitel 1.2 bereits skizzierte. Dazu gehören die Atheisten ebenso wie die Hindus oder Menschen jüdischen und christlichen Glaubens. Es geht um *grundlegende Werte*.

Einer davon besteht in der „Goldenen Regel" mit der Aufforderung: „Behandle andere so, wie Du von ihnen behandelt werden willst." Typische grundlegende Werte sind auch Gewaltfreiheit, Gerechtigkeit, Wahrhaftigkeit, Gleichberechtigung und Partnerschaft sowie ökologische Verantwortung. Dazu bekennt sich auch ohne Frage die christliche Kirche. Werte beeinflussen das Verhalten von Menschen, auch von Organisationen, und bilden oft deren Triebfeder.[42]

Werte wie die „ökologische Verantwortung" können auch *Stärken* von Menschen oder Organisationen sein. Entscheidend für die Wirkung als Stärke aber ist, in dieser Weise von außen oder auch innerhalb einer Organisation wahrgenommen zu werden.

Als ich der Liebe folgte und in die Schweiz zog, wurde ich zum Ausländer. Dadurch fehlte mir für meinen Beruf als Unternehmensberater und Planer das, was Schweizer Konkurrenten in der Regel als Vorteil genossen: Das Netzwerk von Mitschülern*innen, Studienkollegen*innen, politisch Aktiven und Militärkameraden. Dennoch stellte sich für mich und meine Firma Auftragserfolg ein. Ein wichtiger Grund dafür lag in einer Stärke, die sich herumsprach: Wir konnten „die Kuh vom Eis" holen. Oft, wenn Projekte gefährdet oder gar gescheitert waren, gelang es uns, das Problem zu lösen. Zu unserer Stärke trugen besondere Fähigkeiten, die wir erlernten, bei. Dazu gehörte und gehört zum Beispiel eine Art „psychologischer Werkzeugkasten".

Stärken tragen also dazu bei, positiv in Erscheinung zu treten. Das Gegenteil von Stärken erleben derzeit Kirchen, die häufig nur noch mit ihren Schwächen wahrgenommen werden. Dazu gehört zum Beispiel, dass etliche Lehren der Kirchen dem Wissen und Denken heutiger Menschen widersprechen.

Fundamentale christliche Werte

Welche Werte Jesus den Christen vorgibt, war hier bereits mehrmals Thema. Einen Teil dieser Werte fasst die Bergpredigt nach Matthäus zusammen (5, 3–11). In den Seligpreisungen geht es um den Trost für Trauernde, Gewaltlosigkeit, Gerechtigkeit, Barmherzigkeit und Friedensstiftung. Ein Teil davon taucht auch in der Aufzählung zum Weltethos auf.

Zusätzlich betonte Jesus durch seine Botschaft und sein Handeln auch Werte, die *über das Übliche deutlich hinausgehen*. Ich zähle dazu:
- eine Nächstenliebe, die bedingungslos ist,
- die stete Offenheit für Neues und Veränderungen,
- den Mut zum klaren Wort und auch zum gewaltlosen Streiten,
- das beherzte Ändern von Meinungen und Korrigieren bei Fehlern,
- das Dienen und nicht das Herrschen.

Das *Gebot der bedingungslosen Liebe* steht im Zentrum der Botschaft Jesu. Darauf ging ich bereits insbesondere in Kapitel 3.4 ein. Damit verbunden ist die Forderung, engagiert für das Reich Gottes auf Erden zu wirken. Das Besondere bildet die Forderung zur Nächstenliebe, diese „bedingungslos" zu schenken.

Das Gebot der Gottes-, Nächsten- und Selbstliebe bildet die Basis für die weiteren Werte.

Jesus wollte ein neues Verständnis von Gott und der Welt. Für diese Botschaft kämpfte er um *Offenheit* der Menschen und die Bereitschaft, *Neues* zu wagen. Dementsprechend mahnte Jesus auch notwendige *Veränderungen* an. Er geißelte daher das Beharren auf alten, überholten Vorstellungen seiner jüdischen Umwelt – und würde wohl auch heutzutage das Beharren der Kirchen auf überholten Regeln und Vorstellungen heftig geißeln.

Demgegenüber zeigten die frühen Christen, wie Kapitel 2.3 zeigt, die von Jesus geforderte Offenheit. Sie tolerierten verschiedene religiöse Interpretationen und übernahmen, soweit mit ihrem Glauben vereinbar, verschiedene kulturelle Bräuche. Dazu gehörte das Datum für das Weihnachtsfest am 25. Dezember – eine Übernahme aus dem Mithraskult.

Zur Offenheit gehört zu akzeptieren, dass „einem Zeichen oder Umstand mehrere Interpretationen zugeordnet werden können", wie der Islamwissenschaftler Thomas Bauer schreibt.[43] Das gilt nicht nur für den Koran, sondern auch für die Bibel. Dabei muss berücksichtigt werden, dass die Sprache Jesu, das Aramäische, per se sehr vieldeutig war und ist.

Die Vision geht von einer steten Offenheit aus, nicht nur von einmaligen Reformanstrengungen. Offenheit bedeutet auch, wie oben bereits angeführt, wissenschaftliche, organisatorische und technische Möglichkeiten zu nutzen, um den christlichen Glauben weiterzuentwickeln und wirkungsvoll zu verkünden.

Das Neue Testament berichtet viel vom *Streit* Jesu mit seinen Jüngerinnen und Jüngern, seiner Familie und insbesondere mit seinen Gegnern. Jesus wählt *klare Worte* oder Bilder und weicht meist *Streit* nicht aus. Er findet aber auch elegante Wege, diejenigen, die Streit mit ihm suchen, ins Leere laufen zu lassen. Jesu Mut, ja Hang zum Streiten färbt auch auf die frühchristlichen Gemeinden ab. So berichtet die Apostelgeschichte eingehend vom Streit zwischen Petrus und Paulus. Es geht unter anderem um die Frage, ob Nichtjuden sich zunächst beschneiden lassen müssten, um Christen zu werden. Auch die Briefe, zum Beispiel die von Paulus, reagieren oft auf Streit in den frühchristlichen Gemeinden.

Der Wert der klaren Worte und des gewaltlosen Streitens scheint mir in den heutigen Kirchen recht unterentwickelt zu sein. Viel wird hier „um den Brei herumgeredet" oder als Problem unter den Teppich gekehrt. Das gilt ganz besonders für zentrale Glaubensfragen. Gemäß der Vision ändert sich das nun. Neu besteht der Mut zum klaren Wort und zum gewaltlosen Streiten. Das gilt auch für Glaubensinhalte.

Das *beherzte Ändern von Meinungen und Korrigieren von Fehlern* fällt Menschen generell schwer.[44] Unser Gehirn ist, wie Kapitel 2.1 beschrieb, auf Rechthaben „programmiert". Jäger und Jägerinnen durften ja im Kampf nicht durch Zweifel mental geschwächt werden.

Jesus fordert demgegenüber, wenn notwendig Meinungen zu ändern, und ist darin selbst ein Vorbild. Erinnert sei an das Beispiel der Ausländerin mit der kranken Tochter, die er trotz anfänglichem Widerstreben heilt. Er dämpft auch die Härte seiner Aussagen, etwa zur Besitzlosigkeit, als er die Betroffenheit seiner Begleitung merkte.

Wie wichtig dieser Wert der Meinungsänderung und Korrektur von Fehlern auch heute wäre, erfahren die Kirchen schmerzlich angesichts der Missbrauchsskandale.[45]

„Wenn nun ich als Herr und Meister euch die Füße gewaschen habe, dann seid auch ihr verpflichtet, einander die Füße zu waschen", heißt es bei Johannes (13, 14) zu Jesu Haltung und Handeln. Es geht um das *Dienen statt Herrschen*.[46] Das gilt auch geistig, etwa beim Einsatz von theologischem Wissen. Die dienende Kirche verzichtet zudem auf alle machtvolle Prachtentfaltung. Welche Konsequenzen das etwa bei Bauanlagen der Kirche haben kann, wird am Schluss dieses Kapitels deutlich.

Bestehende und aufzubauende Stärken

Zur Zeit Jesu buhlten viele religiöse Strömungen und auch Prediger um Anhängerschaft. In dieser Situation spricht Jesus von „falschen Propheten". Er vergleicht sie mit guten und schlechten Bäumen. Um zu erkennen, um was für Bäume es sich jeweils handelt, macht Jesus nach Matthäus darauf aufmerksam (7, 16): „An ihren Früchten werdet ihr sie erkennen." Die Kirche muss dementsprechend dafür Sorge tragen, dass sie durch gute Früchte intern und extern auffällt. Dazu verhelfen beim Baum Nährstoffe etwa durch Einbringen von Kompost und bei der Kirche gut wirksame Stärken.

Ohne Frage verfügen auch die bestehenden Kirchen über Stärken. Dazu gehört das liebevolle Handeln vieler Mitglieder auf der ganzen Welt und in vielen Organisationen, zum Beispiel das Kümmern um kranke und einsame Menschen. Für manche Menschen kommen die Traditionen, bestimmte Rituale und bestimmte Ausprägungen des kirchlich verkündeten Glaubens hinzu. Diese Stärken können für diese Menschen persönlich bestehen bleiben.

Doch um in der Welt besonders gut erkennbare Früchte zu bieten, scheint mir besonders erfolgversprechend, vor allem folgende *Stärken neu zu schaffen oder auszubauen*:
- die Strahlkraft der Einheit der Kirche,
- das Entfalten der Potenziale von Frauen,
- die bedingungslosen Angebote für Jugendliche,
- die spirituellen Angebote.

Die *Kirche* gemäß der Vision bietet zwar innen Pluralität in den Ausprägungen des Glaubens und im Handeln. Doch erscheint sie von außen gesehen primär als *Einheit*. Vorbei sind die Zeiten mit dem Hang, sich konfessionell auf Kosten der anderen Kirchen zu profilieren. Vorbei ist auch die Zeit, wo eine große Mehrheit der Kirchenmitglieder zu den „Distanzierten" gehört, weil sie nur noch einem Teil der kirchlichen Lehren zustimmen. Nun bestehen Offenheit in den christlichen Glaubensinhalten und auch die Freiheit für einen entschlackten Glauben. Das ermöglicht eine stark vergrößerte *Strahlkraft* der Kirche. Auch gewinnt diese auf diese Weise ganz praktische Vorteile. Nun lassen sich die Kräfte personell, finanziell und räumlich bündeln. Dadurch entsteht ein vermehrtes gemeinsames Handeln etwa für Bedürftige oder mehr Vielfalt etwa für die Feier der Gegenwart Gottes.

Die *Potenziale von Frauen* können sich voll *entfalten*. Die blockierenden und frustrierenden Restriktionen, insbesondere in der ehemals katholischen Kirche, stellen kein Problem mehr dar. Aber auch die ehemaligen aus der Reformation hervorgegangenen kirchlichen Gruppen machen die Bahn völlig frei für das Engagement und die organisatorische Stellung von Frauen. Das setzt zusätzliche Kräfte frei.

Jugendarbeit gehört bereits heute zu den wichtigen Aktivitäten der Kirchen. Oft beschäftigen sie spezielle Seelsorgende für Jugendliche. Doch nach wie vor besteht überwiegend eine konfessionelle Ausrichtung. Das hält Jugendliche oft vom Mitmachen ab.

Nun stehen *bedingungslose Angebote für Jugendliche* im Mittelpunkt. Jeder und Jede kann diese nutzen. Viel geschieht im musikalischen Bereich, in Form von Anlässen, um Freundinnen und Freunde zu treffen, in persönlichen Gesprächen und Beratungen, zudem auch in Form von Angeboten für soziale Engagements. Daneben bestehen, mit offenen Grenzen zu den vorgenannten Angeboten, auch religiöse Anlässe und Möglichkeiten für Jugendliche. Die Kirche engagiert sich für Jugendliche aus christlicher Nächstenliebe und im Sinne von Jesu Offenheit für alle.[47] Ihr großer Vorteil ist, neben Jugendarbeiterinnen und Jugendarbeitern auch geeignete Räume zur Verfügung zu haben.

Schon immer boten die Kirchen ein reiches *spirituelles Angebot*. Sie laden zu heiligen Handlungen ein.[48] Auf diesem Feld besteht bereits traditionell eine besondere Stärke. Nun kann die gemeinsame Kirche aus dem Erfahrungsschatz verschiedener Konfessionen ungehemmt schöpfen und damit auch neues gestalten. Für Menschen, die darauf ansprechen, bietet die Kirche dementsprechend mystische Erfahrungen durch entsprechende Riten, Übungen und Räume. So können diese, wie Albert Nolan das nennt, eine „radikale Freiheit" erleben.[49]

Neues räumliches Umfeld

„Macht die Kirche zu, damit wir die Kirche aufmachen können!", schreibt Julian Sengelmann.[50] Bei diesem Wortspiel geht es einerseits um das Schließen bestehender, nicht mehr gebrauchter oder geeigneter kirchlicher Gebäude und andererseits um eine lebendige neue kirchliche Gemeinschaft.

Bauten und Räume sind nicht nur eine wichtige Bedingung für Aktivitäten, sondern üben auch einen *starken Einfluss auf Menschen* aus. Das geschieht über die menschlichen Sinne teils bewusst und in starkem Maße auch unbewusst. Daher ist es so wichtig, aktiv zu gestalten, wie Gruppenmitglieder beieinandersitzen, sich gegenseitig hören können, was sie ringsum in der Höhe und Breite sehen oder wie der Raum im Licht erscheint. Auch die Ausgestaltung mit Kunst beeinflusst sie. Räume können Schutz, Geborgenheit, Entspannung, tiefes geistiges Eintauchen, Staunen, Beglückung und Identifikation bieten. Für die Identifikation und Freude an einer guten Gestaltung ist vor allem die äußere Erscheinung wichtig.

Ein erheblicher Teil der *heutigen Räume der Kirchen* bietet nicht mehr das, was die Bedürfnisse unserer Zeit, für Menschen von heute, sind: Zu groß für die Besucherschar ist meist der Kirchenraum.[51] Er wirkt zudem oft altertümlich, bieder, schwulstig, dunkel und mit seinen starr ausgerichteten Kirchenbänken unflexibel. Mehrfach Jesus am Kreuz dargestellt, betont er den Opfergedanken. Der Ausdruck von christlicher Freude kommt meist viel zu kurz. Solche Räume stoßen insbesondere auch eher kirchlich Distanzierte ab.[52]

Dennoch hängen etliche Menschen, teils aus Gewohnheit, an solchen Kirchen. Ihnen sollen diese, soweit das finanziell tragbar ist, weiterhin zur Verfügung stehen. Man kann bestehende kirchliche Anlagen aber auch anderen Zwecken zuführen, dort zum Beispiel ein Jugendzentrum oder ein Museum einrichten. Auch der Petersdom in Rom dient gemäß der Vision nicht mehr kirchlichen Zwecken. Damit entledigt sich die Kirche eines Symbols für den krassen Gegensatz von Prachtentfaltung und dem mittellosen Wanderprediger Jesus. Aus ähnlichen Gründen provozierte der ehemalige Abt des Klosters Einsiedeln, Martin Werlen, mit der Frage: „Sollten wir nicht auch heute den Mut haben wie vor 300 Jahren, den Bau abzureißen und etwas Modernes zu errichten?"[53] Früher stand hier statt der gewaltigen barocken Klosterkirche eine schlichte romanische Basilika.

Anstelle ungeeignet gewordener Kirchen – das sind viele, aber nicht alle – treten gemäß dieser Vision *zeitgemäß gestaltete Räume*. Dafür sind Neu- und Umbauten erforderlich. Die einem erneuerten Glauben entsprechende Räume müssen nicht kalt und nüchtern wirken.[54] Sie sollen vielmehr auch das Gefühl positiv ansprechen, etwa Geborgenheit bieten. Man darf den Räumen ansehen und auch fühlen, dass sie einem besonderen Zweck, dem Beten, der gemeinschaftlichen Feier oder auch mystischen Erfahrungen dienen. Ich denke hier an Kirchen wie die nach Entwürfen von Le Corbusier in Ronchamp in Frankreich oder an die Kapelle von Peter Zumthor auf einem Feld bei Mechernich-Wachendorf in Deutschland.

Zweckmäßig können aber auch sehr bescheidene Räume in bestehenden Bauten oder gar Baracken sein. Dafür sind mir viele Freikirchen ein Vorbild. Dabei ist immer wichtig, Gefäße für verschiedene Nutzungen zur Verfügung zu haben.

5.4 Ein buntes Haus mit Strukturen

Eine Wohnanlage in Magdeburg

Friedensreich Hundertwasser, ein Künstler aus Wien, entwarf mehrere Wohnanlagen in einem besonderen Stil, so auch die „*Grüne Zitadelle*" in Magdeburg.[55] Der ursprüngliche Auftrag lautete für den Künstler, ein Plattenbauhaus aus DDR-Zeiten umzugestalten. Doch wegen des größeren Gestaltungsspielraumes entwarf Friedensreich Hundertwasser einen Neubau, der im Jahre 2005 bezogen werden konnte. Dieser bietet 55 Wohnungen sowie zusätzlich Läden und gastronomische Betriebe.

Als meine Frau und ich bei einem Besuch in Magdeburg den Gebäudekomplex von Weitem sahen, wirkte dieser zunächst kompakt und als Einheit – allerdings nicht als abweisende Zitadelle. Als wir näher kamen, sprangen immer mehr Verschiedenheiten ins Auge: mehrere Gebäudeteile mit unterschiedlichen Höhen und Turmhauben sowie unterschiedliche Anordnungen und Abmessungen der Fenster. Anstelle harter Kanten dominieren gebogene und schwungvolle Formen. Auf dem Dach entdeckten wir das Grün von Bäumen. Davorstehend wirkte das Gebäude auf uns sehr einladend. An mehreren Stellen konnte man in öffentlich zugängliche, farbig gestaltete Innenhöfe gelangen.

Wie wir erfuhren, waren auch die Wohnungen in der Gebäudeanlage zwar einheitlich im Stil, aber sehr verschieden im Grundriss und in den gestalterischen Details.

Die von Friedensreich Hundertwasser gestaltete Anlage animierte mich zum Titel dieses Kapitels: „Ein buntes Haus mit Strukturen". In analoger Weise stelle ich mir in der Vision die organisatorische Struktur der Kirche vor. In diese Analogie passt auch, dass anstelle der „Grünen Zitadelle" ein uniformer Plattenbau stand.

Um die Analogie fortzusetzen: Die Kirche soll *von außen als* sympathisch wirkende, *kompakte Einheit* erscheinen. Sie strahlt auch einen einheitlichen Stil aus. Doch sie besteht aus diversen *unterschiedlich gestalteten Teilen mit speziellen Akzenten* analog zu den erwähnten Turmhauben. Wie die „Grüne Zitadelle" im Innern nicht ohne einheitliche Strukturen auskommt, man denke an das Traggerüst des Gebäudes oder die verschiedenen

Versorgungsleitungen, so folgt die Struktur der Kirche zu einem Teil einheitlichen Grundsätzen. Doch unterscheiden sich die einzelnen Organisationseinheiten wie die verschiedenen Wohnungen in der „Grünen Zitadelle".

Notwendige Strukturen

Jesus baut mit den Jüngerinnen und Jüngern, wie schon kurz geschildert, eine kleine „weltliche" Organisation auf. Er legt wahrscheinlich auch nahe, dass sich die christlichen Gemeinden nach seinem Ableben gut organisieren. Tatsächlich zeichnete sich das *frühe Christentum* durch Strukturen aus, die flexibel an die jeweilige Situation angepasst wurden. Das half ihnen vor allem, eine sehr wirksame Armenhilfe aufzubauen. Dass die kirchliche Organisation später auf herrschaftliche Abwege kam, steht auf einem anderen Blatt, bildet aber kein Argument gegen Strukturen.

Ganz praktisch sieht diese Frage der bereits oben zitierte Bischof Rouet, wenn er schreibt: „Für uns Christen ist die Institution nur ein Mittel, aber ein unentbehrliches. Wenn mir die Leitung meines Bistums gleich wäre, würde es stehen bleiben und im Chaos versinken."[56] Also sah er es als seine Aufgabe an, für *gut durchdachte Strukturen* zu sorgen. Dazu galt und gilt es, professionelles Organisationswissen zu nutzen.

Damit in Zusammenhang besteht die Herausforderung, für ein gutes Kirchenmanagement zu sorgen. Nur so entstehen bestmögliche Voraussetzungen, sich mit voller Kraft für das Reich Gottes und die Umsetzung des Liebesgebotes engagieren zu können.[57] Hier ist noch sehr viel Entwicklungsarbeit zu leisten. Denn an gutem Kirchenmanagement fehlt es noch sehr, weil die Leitenden der Amtskirchen dafür nicht ausgebildet wurden und ihnen – auch aus diesem Grund – oft die Antenne für die Bedeutung dieser Herausforderung fehlt.

Grundsätzliches – urchristlich und visionär

„Und sie wählten Stephanus", heißt es in der Apostelgeschichte (6, 5). In der frühen Christenheit war die Volkswahl von Amtsträgern üblich. Auch noch im Jahr 374 n. Chr. geschah gemäß der Überlieferung Folgendes: Einem für die Bischofswahl in Mailand versammeltes Volk rief ein Knabe zu, sie sollten den damals beliebten römischen Politiker Ambrosius zum Bischof wählen. Und das geschah dann auch. Erst nach seiner Wahl wurde Ambrosius getauft!

Das *Wählen* in die verschiedenen Ämter der Kirche direkt durch das Volk oder durch Vertretungen in Gremien ist also urchristlich und gewinnt in dieser Vision wieder die volle Bedeutung. Dabei muss aber das Verfahren so gestaltet werden, dass vor allem die Kompetenz für die jeweilige Aufgabe zählt und populistische Einflüsse gebändigt werden.

In der Apostelgeschichte wird mehrfach von demokratischen Beschlüssen berichtet. So heißt es zum Beispiel (15, 22): „Da beschlossen die Apostel und die Ältesten samt der ganzen Gemeinde … " Gewiss bewahrt Demokratie nicht vor Fehlern. Sie kann auch durch mächtige Einflüsterer manipuliert oder durch Gefühlswellen wie etwa beim „Brexit" stark beeinflusst werden. Zudem lassen sich Wahrheiten nicht demokratisch ermitteln.[58] Dennoch sind *demokratische Prozesse* auch in der Kirche häufig die bessere Form, zu Entscheidungen zu kommen. Durch sie können diejenigen, die von Beschlüssen betroffen sind, mitreden. Das Kirchenvolk findet sich in den Strukturen der Kirche wieder.[59] Dadurch entsteht auch eine Stärkung der Motivation, Beschlüsse mitzutragen. Zudem bringt der demokratische Prozess viele Aspekte und Argumente auf den Tisch.

Allerdings muss auch durch einzelne Personen entschieden und angeordnet werden. Demokratische Prozesse benötigen ihre Zeit. In der Folge dauern sie für viele Fragen zu lange. Häufig erfordert auch das Handeln eine spezielle fachliche Kompetenz.

Es liegt auf der Hand, dass Jesus für seine Botschaft immer wieder allein Entscheidungen traf und treffen musste. Er war der *Leiter* der Gruppe, die ihm folgte. Nach Jesu Tod wurde vermutlich Petrus, wenn auch weniger deutlich, das Leiten zuerkannt. Dementsprechend hebt ihn – neben Paulus – immer wieder die Apostelgeschichte hervor. Typisch dafür ist die Aussage nach dem Pfingstereignis (2, 14): „Petrus aber trat vor, zusammen mit den elfen, erhob seine Stimme und sprach … "

Doch wirkte Petrus vor allem in der Funktion eines *Führenden*, der nicht allein entscheidet und anordnet. Diese Haltung klingt auch im ersten Brief des Petrus an. Dieser stammt zwar nicht von ihm selbst, ist aber vermutlich in seinem Geist verfasst worden. Im Brief ermahnt der Autor die Führenden der Gemeinden (5, 2): „... und sorgt für sie, nicht unter Zwang, sondern aus freien Stücken ... " Das muss auch heutzutage das Credo von Führenden sein. Sie werben für Ziele und Handlungen, versuchen also zu überzeugen. Diese Vision postuliert, dass in der Kirche vor allem geführt und möglichst wenig geleitet wird.

Die Jüngerinnen und Jünger machten vieles gemeinsam oder in kleinen Gruppen. Dabei diskutierten sie oft, teils heftig, wie bereits beim Thema „Werte" positiv vermerkt wurde. Doch scheinen sie sich meist auf eine konstruktive Art geeinigt zu haben. Einzelne Gemeinde- oder Gruppenmitglieder übernehmen die Moderation, so wahrscheinlich Jesu Bruder Jakobus beim sogenannten Apostelkonzil in Jerusalem. Man kann das heute als *moderierte Teamarbeit* bezeichnen. Diese ist, wenn sie gute Ergebnisse bringen soll, nicht von Harmonie, sondern von einem deutlichen Ringen um die bestmögliche Lösung geprägt. Sie bringt dadurch tatsächlich oft bessere und kreativere Lösungen, weil durch die Diskussion viele Aspekte beleuchtet werden und die Ideen mehrerer Personen zusammenkommen.

Doch damit Teams nicht zu einer „Schwatzbude" verkommen, müssen, wie bereits erwähnt, eine Reihe von Regeln eingehalten werden. So sollte die Gruppengröße nicht mehr als zwölf Personen, besser weniger als acht betragen, damit sich alle gut einbringen können.[60] In diesem Sinne gilt es auch, sich genügend Zeit für die Sitzung zu nehmen. Als sehr wichtig erweist sich zudem das professionelle Moderieren des Teams. Mit diesen Bemerkungen wird auch deutlich, dass Teamarbeit längst nicht für alle Situationen und Aufgaben geeignet ist.

Schon für Jesu ist das *Gegenstromprinzip* wichtig. Auch wenn er „oben" steht, lässt er Widerspruch von „unten" zu oder provozierte diesen sogar. Das zeigten seine Gespräche mit den Jüngern und Jüngerinnen, aber auch mit Pharisäern oder Personen wie die Frau aus Samaria am Brunnen. Er geht dabei auf die Gegenargumente ein.

Auf diese Weise funktioniert auch das Gegenstromprinzip in heutigen Organisationen, insbesondere in Staat und Wirtschaft. Mit Vorteil nutzt man Verfahren in der Meinungsbildung und Lösungssuche sowohl in den Richtungen von oben nach unten (Top-down) als auch von unten nach oben (Bottom-up). Beide haben ihre Vor- und Nachteile. Im Verfahren von unten nach oben ist die Verankerung an der Basis, bei den hauptsächlichen Betroffenen, gut. Auch lassen sich die Ideen der Praktiker abholen. Das Verfahren von oben nach unten erlaubt besser, eine Gesamtsicht zu gewinnen, gemeinsame Leitideen zu entwickeln, einen gut koordinierten Prozess zu gestalten und auch das Einhalten von gemeinsamen Grundsätzen zu überwachen.

Wie beschrieben, ist in dieser Vision das Verfahren von unten nach oben durch eine starke demokratische Beteiligung bereits gesetzt. Zudem sollen aber die organisatorischen Ebenen so gestaltet sein, dass die Vorteile des Verfahrens auch von oben nach unten gut wirksam werden. Das Gegenstromprinzip hat deutliche Konsequenzen. Betrachtet man die heutigen Kirchen, so fehlt bei den Katholiken ein hinreichend starker Gegenstrom von unten nach oben und bei den Evangelisch-Reformierten von oben nach unten.

Im Plural organisiert

Von Uta Pohl-Patalong übernehme ich aus ihrem Buch „Von der Ortskirche zu kirchlichen Orten" die fundamental einfache Feststellung: „In der pluralen Welt muss sich die Kirche plural organisieren."[61] Wie aber soll sie das machen? In Europa haben wir noch häufig eine Übereinstimmung von kirchlichen und staatlichen Strukturen. In den Gemeinden bestehen ein oder mehrere Pfarreien. Darüber finden sich Einheiten analog zur staatlichen Gliederung. Mit der pluralen Entwicklung auch in der Kirche ändert sich das jedoch. Sicher gibt es weiterhin örtliche Anforderungen und Identitäten, die für eine lokal begrenzte Pfarrei sprechen.[62] Diese ermöglicht ein Gemeindeleben von Menschen, die sich auch zu Fuß einander erreichen können.

Daneben gilt es, verschiedene Gruppen mit ihren Bedürfnissen spezifisch anzusprechen. Schon heute gibt es Industriepfarrer*innen, Jugendseelsorger*innen, Spitalseelsorger*innen sowie Mitarbeitende in regionalen und nationalen Hilfswerken. Auch sprechen die Aktivitäten und Angebote in der einen kirchlichen Gruppe mehr an als in der anderen. Mit verschiedenen Verkehrsmitteln kann man zumindest in unseren Breitengraden einander rasch erreichen. Auf dem dünn besiedelten Land sind zudem die Verhältnisse anders als in einer Millionenstadt, in der Schweiz anders als in Brasilien.

Der *organisatorische Aufbau des christlichen Hauses* erlaubt daher ein flexibles Eingehen auf verschiedene Bedürfnisse. Es gibt keine Einheitsorganisation nach gleichem Schema, wohl aber verschiedene Formen auf der Basis bewährter organisatorischer Regeln. Zudem sind die verschiedenen Organisationseinheiten netzwerkartig miteinander verbunden.[63]

Die Vision sieht *Führungskräfte auf verschiedenen organisatorischen Ebenen* vor. Es bestehen lokal verankerte Organisationen, etwa zur Vorbereitung und Durchführung einer Gemeindefeier mit Abendmahl oder zur Unterstützung älterer Menschen. Daneben wirken regionale und überregionale Organisationen etwa für die Aus- und Weiterbildung, für die Führung und Koordination der Mitwirkenden bei geistlichen Aufgaben, für die Öffentlichkeitsarbeit oder für die Zusammenarbeit mit staatlichen Stellen.

Mit der Betonung von Führung geht einher, dass keine Gruppierung in Glaubensfragen den Anspruch erheben darf, im Besitz der absoluten Wahrheit zu sein. Unter dieser Voraussetzung sind auch Teilkirchen mit spezifischen Akzentsetzungen im Glauben, in der Kultur oder in einer regionalen Orientierung möglich. Ich denke hier zum Beispiel an die Orthodoxen in Griechenland. Das war auch in den ersten Jahrhunderten nach Christus der Fall. In der „Grünen Zitadelle" entsprechen die Teilkirchen den spezifisch gestalteten Gebäudeteilen mit eigenen Turmhauben. Auf den oberen Ebenen wirken Führungskräfte, die man auch Bischöfe nennen kann. Das Wort „Bischof" heißt ja ursprünglich „Überschauer". Im Sinne des Gegenstromprinzips achten diese Führenden insbesondere darauf, dass die lokalen christlichen Gemeinschaften ihre Aufgaben erfüllen. Sie koordinieren und schlichten nötigenfalls Streit, wie das bereits auch Paulus tat. Und sie organisieren gute Angebote in der Aus- und Weiterbildung.

In der Apostelgeschichte steht nach der Wahl von sieben neuen Verantwortlichen, darunter Stephanus, zu lesen (6, 6): „... führten sie vor die Apostel, und diese beteten und legten ihnen die Hände auf."

Die Bischöfinnen und Bischöfen können diesen schönen *Ritus, Hände aufzulegen*, weiterhin pflegen. Ich denke hier zum Beispiel an Gemeindeleitungen, in der Glaubensverkündung Tätige, an professionelle Gesprächspartner oder Leitende in sozialen Bereichen.

Der Ritus begründet keine Sonderstellung wie bisher etwa bei der katholischen Kirche. Er dient vielmehr der feierlichen Bitte an Gott, durch den Heiligen Geist diesen Personen Kraft und Kreativität zu schenken. Möglich ist bei rituellen Handlungen und anderen Einsätzen auch, eine besondere Kleidung, welche die Sinne anspricht, zu tragen.

Die Vision sieht zudem eine weltweite Führung vor, eine Art *Pontifex-Amt der Christenheit*, wahrgenommen von einer Frau, einem Mann oder einem Team. Pontifex bedeutet übersetzt „Brückenbauer", was als Name bestens zu dieser zentralen Aufgabe passt. Selbstverständlich wähle ich nicht die selbst bei Katholiken belasteten Begriffe Papst oder Oberhirtin, weil sie dem Gedanken der Führung nicht entsprechen. Anders als bei der heutigen Institution des Papsttums geht es darum, Vorschläge zu machen, davon zu überzeugen, zu koordinieren und allenfalls Bischöfinnen und Bischöfe rituell die Hände aufzulegen – aber nicht zu ernennen. Nach außen besteht als wichtige Aufgabe, der Christenheit ein Gesicht zu geben und in der Öffentlichkeit stark zu wirken.

Als Standort des Pontifex-Amtes bieten sich beispielsweise Rom, Genf, Brasilia, Manila oder Johannesburg an. Die zentrale Führung kann auch periodisch den Standort wechseln, damit keine Macht beanspruchende Behörde wie der Vatikan entsteht, alle Kontinente zum Zuge kommen und die Sensibilität für die großen kulturellen Unterschiede in der Kirche geschärft werden.

Um es nochmals zusammenzufassen: Die Vision sieht zwar weltweit und auf allen Ebenen eine deutliche organisatorische Struktur vor. Doch diese belässt viel Offenheit, also Freiheit lokal, regional und überregional sowie in den Akzentsetzungen im Glauben und Handeln. Es besteht zwar im übertragenen Sinn ein solides und klar als Einheit erkennbares Haus, aber viel Flexibilität in der Ausgestaltung der Wohnungen. Wichtig ist dabei die *Haltung der Fußwäscher und Fußwäscherinnen* allerorten nach Jesu Vorbild. Die Kirche hat also zu dienen und darf nicht herrschen.

Klares Profil

Zeichnet aber eine offene Kirche entsprechend dieser Vision ein hinreichend klares Profil nach außen und nach innen aus? Wird sie in der säkularisierten Welt und über die Informationskanäle überhaupt wahrgenommen? Ich glaube ja. Dafür sprechen als *Erfolgsfaktoren*:
• die Einzigartigkeit der vereinten Kirche,
• eine wahrnehmbare und handlungsfähige Organisation.
Die Kirche bietet *Einzigartiges*. Das Christentum erscheint und handelt in wesentlichen Fragen als Einheit. Konfessionelle Nebenschauplätze lenken nicht mehr von der Sicht auf die Kirche ab. Gemeinsam werden die Rollen und Stärken der Gesamtkirche herausgearbeitet und durch ein kluges Marketing kommuniziert. Zu den Rollen gehört das für alle Menschen offene „Wirtshaus". Als Stärke wirken zum Beispiel im spirituellen Bereich lebendige Rituale, die auch das Gefühl ansprechen.

Die heute große Zahl der distanzierten Kirchenmitglieder kann in der Kirche wieder eine Heimat finden, weil christliche Wahrheiten nicht mehr dogmatisch vorgeschrieben werden. So ist es ihnen möglich, sich einem entschlackten Glauben, der den ursprünglichen Kern von Jesu Botschaft wieder voll sichtbar werden lässt, zuzuwenden. Das gilt vor allem für die einfachen zentralen Botschaften vom Reich Gottes und dem Liebesgebot.

Die *wahrnehmbare und handlungsfähige Organisation* zeigt sich öffentlich im Pontifex- und Bischofsamt. Nun profitieren die ehemaligen Reformierten davon, dass sie in der Öffentlichkeit besser sichtbar sind und die ehemaligen Katholiken davon, dass die abstoßende Hierarchie sakral überhöhter Männer nicht mehr besteht.

Eine besondere Handlungsfähigkeit gewinnt die Organisation der Kirche, indem sie nun ihre Kräfte weltweit bündeln kann. Das gilt ganz besonders für das Wirken für Bedürftige wie etwa Flüchtlinge und Arme.

Attraktives Mitwirken

Das *Potenzial* an Menschen, die in der Kirche mitwirken können, ist weiterhin sehr groß. Selbst wenn das in Kapitel 5.1 geschilderte und aus heutiger Sicht realistische Szenario 2035 Wirklichkeit wird, kann man in Deutschland noch immer mit rund 30 Millionen Kirchenmitgliedern, in der Schweiz mit rund 3 Millionen und in Österreich mit rund 4 Millionen rechnen. Groß bleibt das Potenzial erst recht weltweit, bekennt sich doch etwa ein Drittel der Weltbevölkerung zum Christentum. Bei diesen Überlegungen steht klar vor Augen, dass der überwiegende Teil der Kirchenmitglieder auch weiterhin zu den eher Inaktiven gehört. Doch wenn man von den oben angeführten Zahlen nur 20 % als Potenzial annimmt, das für ein aktives Mitwirken in der Kirche ansprechbar ist, dann ergeben sich immer noch erhebliche Dimensionen.

Um dieses Potenzial zu nutzen, gilt es zu berücksichtigen, was zu einem Mitwirken in der Kirche beruflich oder in Freiwilligenarbeit motivieren kann. Bei der Beantwortung dieser Frage helfen die Ergebnisse von Untersuchungen. Auf dieser Basis lassen sich vereinfachend fünf *generelle Motive* feststellen:
- sinnvolles Tun,
- persönlicher Nutzen,
- Selbstverwirklichung und Mitbestimmung,
- mögliche Übernahme von Verantwortung,
- Anerkennung.[64]

Die Kirche, gemäß der Vision neu aufgestellt, bietet dafür viel *Pluspunkte*. Beim sinnvollen Tun besteht zum Beispiel die Möglichkeit, anderen Menschen zu helfen. Der persönliche Nutzen kann durch eine erfreuliche Zusammenarbeit oder durch die Möglichkeit der Aus- und Weiterbildung entstehen. Bei Berufstätigen käme der Lohn dazu. Die Möglichkeiten zum Mitgestalten bieten sich durch die Umsetzung der oben beschriebenen organisatorischen Grundsätze. Das gilt auch für das persönliche Ziel, Verantwortung zu übernehmen. Chancen für Anerkennung und Wertschätzung ergeben sich beispielsweise durch den reichen Kontakt mit Menschen, der durch die Erfüllung kirchlicher Haus-Aufgaben und die Wahrnehmung kirchlicher Rollen entsteht.

Hinzu kommt, dass der *Nutzen verschiedener Berufe* für die kirchliche Arbeit voll erkannt ist. Auch hierfür sind Jesus, seine Jüngerinnen und Jünger sowie die frühchristlichen Gemeinden ein Vorbild. Jesus arbeitete, wie wir gesehen haben, wahrscheinlich als Bauhandwerker. Petrus war Fischer und ging auch während seiner Zeit mit Jesus immer wieder auf Fischfang. Paulus arbeitete parallel zu seiner Missionstätigkeit als Zeltmacher. Und der Evangelist Lukas wirkte vermutlich als Arzt. Wenn das Mitwirken in der *Urkirche* durch Menschen verschiedener Berufe möglich war, so sollte das auch in der Kirche gemäß der Vision so sein. Man muss dafür nicht fünf Jahre lang Theologie studieren.

Im Gegenteil: Betrachtet man die in Kapitel 5.2 beschriebenen Aufgaben und Rollen, so vermittelt das Studium der Theologie nur für einen kleinen Teil *professionelle Voraussetzungen*. Demgegenüber bietet etwa eine Managerin, die in einem Kaufhaus tätig war, gute Voraussetzungen, eine kirchliche Gemeindeleitung zu übernehmen. Eine entsprechend psychologisch ausgebildete Person kann im kirchlichen Dienst für persönliche Gespräche zur Verfügung stehen. Eine Gastwirtin organisiert Zusammentreffen mit einem Essen und Abendmahl. Sozialarbeiter leiten, was schon üblich ist, Jugendgruppen. Eine Journalistin übernimmt die Verantwortung für die Kommunikation einer Gemeinde oder einer sonstigen kirchlichen Institution. Ein Schreiner lässt sich als Missionar aussenden. Eine Unternehmensberaterin engagiert sich, Teams für verschiedene Aufgaben, etwa die Altersbetreuung, zu leiten. Ein Schriftsteller formuliert liturgische Texte und eine redegewandte Lehrerin hält Predigten.

Für den Einsatz in der Kirche kommt es natürlich zu einer entsprechenden Aus- und Weiterbildung, darunter auch, falls es die Aufgabe erfordert, in theologischen Fragen. Nur benötigt man dafür nicht fünf Jahre, sondern, wenn man nicht spezifisch theologische Aufgaben übernimmt, vielleicht nur noch fünf Monate. Durch die Entschlackung des Christentums und die Konzentration auf Jesu direkter Botschaft reicht das.

Im Unterschied zu heute gibt es gemäß Vision keine Pfarrer und Pfarrerinnen mehr, die automatisch die Leitung übernehmen. Sie spielen in der kirchlichen Organisation auch nicht mehr „Radio Maria", das für alle Fragen amtskirchliche Antworten parat hat. Sondern *theologisch Ausgebildete* wirken vor allem als fachkundige Beratende zum Beispiel in Bibelgruppen oder in Diskussionen zu Glaubensfragen. In solchen Funktionen und auch in der Wissenschaft benötigt man weiterhin voll ausgebildete Theologinnen und Theologen.

Ein wesentlicher Anteil der für die Kirche notwendigen Tätigkeiten entfällt entsprechend der Vision auf *Freiwilligenarbeit*. Geht diese aber nicht tendenziell zurück? Das ist wohl so. Doch unterstellt die Vision, dass die neue Kirche für Freiwilligenarbeit überdurchschnittlich attraktiv ist. Die oben aufgeführten Motive wirken stark zugunsten eines kirchlichen Einsatzes. Das gilt insbesondere für die Sinnfrage. In einer Schweizer Repräsentativstudie gaben fast drei Viertel der befragten Freiwilligen an, dass sie „mit anderen etwas bewegen" und „anderen Menschen helfen" wollen.[65] Damit jedoch solche Motivationsfaktoren wirksam werden und bleiben, muss den Freiwilligen auch maßgebliche Mitbestimmungsrechte eingeräumt und hinreichende Ressourcen zur Verfügung gestellt werden.[66]

Positiv könnte sich auch auswirken, dass die Umsetzung der Vision eine *Aufbruchsstimmung* erzeugt. Was mit dem Wiederaufbau der Dresdener Frauenkirche im Kleinen und im Zuge des 2. Vatikanischen Konzils im Großen geschah, kann sich wiederholen. Die Zeit ist reif dafür.

„Die Zukunft gehört denjenigen, die sie verändern."[67] Jesu großartiger Botschaft soll auch die Zukunft gehören. Sie bedarf dafür der Menschen, die verändern. Diese Vision, so die Hoffnung, motiviert dazu.

5.5 Weitere Schritte auf dem Weg

Auf nach Syrakus

„Spaziergang nach Syrakus" heißt ein Buch, das Goethes Zeitgenosse Johann *Gottfried Seume* schrieb. Dieses bieten heutzutage noch zwei Taschenbuchverlage an. Neugierig kauften meine Frau und ich Seumes Bericht, was Folgen hatte. Dieser Autor hegte lange den Wunsch, hatte die Vision, von seiner Heimat in der Gegend von Leipzig nach Syrakus auf Sizilien zu wandern. Er realisierte dieses damals gefährliche Vorhaben in den Jahren 1801 und 1802.

Das Buch animierte uns, der gleichen Vision zu folgen. Mit etlichen Umwegen legten wir fast 4.000 Kilometer zurück, um so das berühmte Syrakus zu erreichen. Diese Vision schenkte uns Ausdauer. Auf der Wanderung zählte jeder Schritt. Und jede Tagesetappe brachte spannende Erlebnisse. Dazu trug bei, dass sich uns immer wieder Menschen über kurze oder lange Strecken anschlossen. Besonders ausdauernd waren neben meiner Frau Margrit die Freunde und Freundinnen Dorothea, Ingrid und Horst. Insofern schenkte das Fernwandern für sich bereits einen großen persönlichen Gewinn.

Diese Fernwanderung kam mir in den Sinn, als ich mir überlegte, wie die oben geschilderte Vision der einen ökumenischen und offenen Kirche schrittweise Wirklichkeit werden kann. Das ist zwar kein „Spaziergang nach Syrakus", aber mit Ausdauer möglich. Und jeder Schritt in diese Richtung bringt für sich bereits Gewinn. Erreichbar erscheinen auf diese Weise als *Ziele*:
- Ausdauernd unterwegs sein, nicht stehen bleiben,
- die eigenen Kräfte und Talente einsetzen,
- nicht auf das Wirken anderer, etwa von Bischöfen*innen warten,
- den eigenen offenen Glauben bereits jetzt leben und danach handeln,
- mit anderen Menschen zusammenwirken, Gemeinschaft pflegen,
- mit Pfarreien und anderen Organisationen kooperieren.

Entsprechend diesen Zielen sind, wie schon in Kapitel 1.4 kurz geschildert, viele Christen unterwegs. Sie kamen bisher noch unterschiedlich weit. Um bei dem Bild der Fernwanderung zu bleiben: Auf dem Weg von Leipzig nach Syrakus scheint eine große Gruppe in Luzern angelangt zu sein. Doch nun muss das Gotthardmassiv überwunden werden.

Ausdrücklich geht es *nicht* darum, neben den bestehenden Amtskirchen und Freikirchen eine neue *Ersatzkirche* zu gründen. Vielmehr gilt es, entsprechend den Zielen „daneben" zu wirken. Vorbild sind dafür auch frühchristliche Gemeinden. Diese waren oft „nur" eine Gruppe innerhalb einer jüdischen Gemeinde mit dem gemeinsamen Zentrum, die Synagoge. Dort hieß man häufig auch Nichtjuden willkommen, hatten also auch „Heiden" Zutritt.[68]

Übertragen auf heutige Verhältnisse erscheint es möglich, an der Basis vieles zusammen mit Vertretungen der Amtskirchen zu entwickeln und zu unternehmen. Diese lassen sich vielleicht auch anregen, Weiterbildungen auf Gebieten wie Psychologie, Teamarbeit oder Management zu machen.[69] Auch „pastoraler Ungehorsam" kann zunehmend walten.[70]

Im folgenden Text bringe ich *Beispiele* für Schritte auf dem weiteren Weg. Sie sollen in einer Zusammenschau die vielen Möglichkeiten aufzeigen, die von Pionierinnen und Pionieren heutzutage bereits genutzt werden. Hinzu kommen ergänzende Vorschläge. In diesem Sinn geht es eher um ein Bild der Fülle als um genaue Beschreibungen. Quellenhinweise erlauben, mehr Details für eigene Überlegungen zu erfahren. Die Darstellung der Beispiele lehnt sich in der Gliederung an die „Haus-Aufgaben" gemäß Kapitel 5.2 an:

- Gemeinsames unternehmen,
- sich treffen und feiern mit Ritualen,
- den Glauben stärken und weiterentwickeln,
- neue Formen von Gemeinden schaffen,
- miteinander vernetzen, Ideen und Erfahrungen austauschen.

Gemeinsames unternehmen

Im Jahre 2016 organisierte die Schweizer Initiative „*Kirche mit* den Frauen*" ein Pilgern nach Rom. Ziel war, die Stellung der Frauen in der katholischen Kirche zu thematisieren und dazu ein Papier persönlich im Vatikan zu überbringen. Die Vorbereitungen erfolgten bereits in einem breiten öffentlichen Dialog. Auf dem Pilgerweg schlossen sich der Kerngruppe bis zu 1.000 Frauen und Männer an. Darunter waren zwei Schweizer Bischöfe. Dieses Projekt wurde für die Teilnehmenden eine „Schatzkiste voller Erinnerungen".[71] Vor allem: Die Teilnehmenden „erlebten Kirche auf eine völlig neue und andere Art und Weise". Es wurde während der Pilgerreise und danach viel in der Schweizer Presse darüber berichtet. Auch entstand der Film „Habemus Feminas".

Denkbar wäre eine Wiederholung mit Gruppen aus verschiedenen Ländern, die sternförmig nach Rom pilgern, um dort einmal mehr auf ihre Reformanliegen aufmerksam zu machen. Denkbar wäre aber auch ein Pilgern zu einem ökumenischen Großanlass zum Beispiel in Genf, um wünschenswerte Reformen im Christentum anzumahnen.

„Wandern für Alle" begann als Pilotprojekt der Berner Migrationsfachstelle „isa".[72] Dahinter stand das Anliegen, Migranten und Einheimische in zwangloser Weise zusammenzubringen. Zwei Frauen, Barbara und Katrin, wandern gerne und wollten sich für sozial weniger privilegierte Menschen einsetzen. Dazu gründeten sie ein Organisationsteam, das Wanderungen konzipiert, dafür Werbung macht und die Gruppe leitet. Am Anfang, im Jahr 2015, kamen 15 Personen. Inzwischen nehmen bis zu 100 Personen an den Wanderungen teil. Unterwegs ergeben sich in lockerer Weise Gespräche von Einheimischen mit Migrantinnen und Migranten. Dabei kommen auch Dinge zur Sprache, die nicht einfach sind. Das führte zur Fortsetzung von Kontakten nach den Wanderungen.

In sehr vielen Pfarreien bestehen bereits Wandergruppen. Sie ließen sich, sofern das noch nicht der Fall ist, mit Migrantinnen und Migranten erweitern.

Von ganz anderer Art war die Idee *„Es werde Licht"*. In der Gemeinde Oberursel gründete ein Initiant ein Lichtteam bestehend aus Jugendlichen zwischen 15 und 19 Jahren. Ihre Aufgabe war und ist, mithilfe moderner Technik Lichtshows zu entwickeln und zu realisieren.[73] Dahinter steht das Ziel, kreative und technisch interessierte Jugendliche zusammenzubringen und für christliche Anliegen aktiv werden zu lassen. Der Initiant gewann einen Förderkreis, der das Projekt großzügig unterstützte. Die Lichtshows wurden zunächst in der Heimatkirche zu besonderen Anlässen durchgeführt. Es folgten Einladungen aus verschiedenen anderen Orten. Die Jugendgruppe begleitete damit Meditationen, Taizé-Andachten, Firm- und nächtliche Jugendgottesdienste sowie einen Visionstag mit etwa 200 Teilnehmenden in Oberursel.

Lichtshows bieten tatsächlich die Chance, kreative und technisch interessierte Jugendliche kirchlich anzusprechen. Darüber hinaus bieten sie auch ein gutes Mittel, nicht mehr dem heutigen Zeitgeist entsprechende kirchliche Räume in ein neues Licht zu tauchen.

Eigentlich gibt es ihn schon sehr lange, den *„Ökumenischen Chor Oranienburg"*.[74] Und dieser ist nur ein Beispiel für zahlreiche ökumenische Chöre in Mitteleuropa. Viele dieser Chöre entstanden bereits vor langer Zeit. Beim Chor in Oranienburg trug die gemeinsame Abwehr von Bedrängungen durch staatliche Organe der DDR zur ökumenischen Zusammenarbeit bei. Früh schon knüpfte der Chor internationale Kontakte, zum Beispiel nach Polen. Der Chor tritt in Gottesdiensten sowohl der evangelischen als auch der katholischen Kirche auf. Dabei gilt es, die verschiedenen Kulturen und religiösen Akzente kennenzulernen und zu berücksichtigen. Evangelische Christen und Christinnen mussten sich zum Beispiel mit Marienliedern anfreunden. Diese gegenseitige Offenheit bringt einen beträchtlichen Wert für alle Mitglieder und strahlt auch nach außen aus. Hinzu kommt das Erleben von Gemeinschaft im Chor selbst – es wirken etwa 80 Personen, junge und alte, mit – und bei Anlässen in Gesprächen mit anderen Menschen.

In diesem Sinne ist zu hoffen, dass es auf dem Weg zu einer Kirche entsprechend der Vision immer mehr zu ökumenischen Chören kommt.

Jesus bevorzugte es, zu wichtigen Aussagen zum Reich Gottes und zur Frage der Liebe, Geschichten zu erzählen. Insbesondere Kapitel 4.1 brachte dazu etliche Beispiele. Er wusste um die große Kraft des „Storytelling", wie man das heutzutage international nennt.[75] So liegt es nahe, dass kirchliche und private Gruppen zu Erzählanlässen einladen – eine trotz Jesu Vorbild noch viel zu wenig genutzte Form von Veranstaltungen. Dabei helfen können Erzählprofis wie zum Beispiel die Gruppe *„BibelErz"* in Luzern.[76] Solche Profis benötigen zwar ein Honorar, können aber biblische Geschichten besonders plastisch und spannend erzählen. Damit lässt sich Jung und

Alt unterhalten. Gleichzeitig gewinnt man neue biblische Erfahrungen. Erzählt wird zum Beispiel hautnah, wie Priska und ihr Mann Aquila in Rom mit dem Christentum in Berührung kamen und sich dafür begeisterten.

Sich treffen und feiern mit Ritualen

Das Baby schrie herzzerreißend. Drei Male tauchte es der Priester komplett ins Wasser. Doch danach beruhigte es sich und die Eltern nahmen das Baby strahlend wieder in Empfang. Meine Frau und ich erlebten dieses Taufritual rein zufällig, weil wir die uralte Lazarus-Kirche aus dem 9. Jahrhundert in Larnaka auf Zypern besichtigen wollten. In der Kirche entdeckten wir eine große Gruppe Einheimischer. Das weckte unsere Neugier. Nun erlebten wir, wie ein griechisch-orthodoxes Taufritual vorbereitet wurde – in Eimern schleppte man warmes Wasser an – und dann feierlich, aber entspannt, eine ganze Stunde lang ablief.

Doch warum tat man dem Baby den Schreck an, unter Wasser getaucht zu werden? Weil den beteiligten Menschen dieses Tun so wichtig war. *Rituale* wirken als Markierungen im Ablauf von Tagen oder eines ganzen Lebens. Sie verleihen Struktur. Rituale vermitteln auch ein Gefühl der Verhaltenssicherheit und der Gemeinschaft. Auch fördern sie meditative Vertiefungen und ein gedankliches Öffnen für Jenseitiges.

Nach wie vor erinnere ich mich gerne an die *Agape-Feiern*, die wir als Studenten in einer katholischen Verbindung in München zur Adventszeit vorbereiteten und festlich begingen. Ein langer Tisch wurde schön dekoriert. Zusammen sprachen wir Gebete. Dann segnete jemand Brot und Wein. Vom gesegneten Brot brachen wir uns Stücke ab und es kreisten Becher mit gesegnetem Wein. Anschließend sprachen wir ein Dankgebet und genossen dann ein gemeinsames Abendessen. Zur Zeit meines Studiums war das eine sehr ungewöhnliche Feier. Inzwischen erlebte ich immer wieder Agape-Feiern verschiedener Art bei Treffen in Gruppen oder in Kirchen. Sie entsprechen viel mehr dem jüdischen Ursprung des Abendmahles als die heute in den Kirchen üblichen Rituale.[77] Konfessionelle Unterschiede spielen keine Rolle. Alle Teilnehmenden können für sich Brot und Wein nach der Segnung so sehen, wie es ihrem Glauben entspricht.

Es wäre gut, wenn diese Form des Abendmahles eine zunehmende Verbreitung fände. Das bringt gleich drei Vorteile: Rückkehr zur urchristlichen Form, die auf Jesus direkt zurückgeht, möglicher Verzicht auf das Beisein einer kirchlichen Amtsperson und tiefgründiges Erleben von Gemeinschaft. In der Literatur findet man viele Anregungen zur Vorbereitung und Durchführung von Agape-Feiern.[78]

„Dann entstand intuitiv die Idee, da muss etwas Neues geboren werden durch uns drei."[79] Das war im Jahr 1999 in einer Kontemplations-Schule in Würzburg. Die drei, Christoph, Roland und Williges vermuteten, dass auch andere auf diesem Feld neue Erfahrungen machen wollen. Das Mittel dafür sollte die Mystik auf der Basis christlich-abendländischer Tradition sein. Zudem war für die drei selbstverständlich, ihre Initiative überkonfessionell zu starten. Auf der Suche nach einem sie verbindenden Begriff wählten sie das Wort „Lebenskunst", woraus das lateinische *„Ars Vitae"* wurde. Nach einigen vorbereitenden Klausuren gründeten sie im Jahre 2000 unter diesem Namen einen Verein. Dieser zog Mitglieder aus Frankreich, aus Deutschland und der Schweiz an.

Für ihre Meditationsangebote suchten die Initianten nicht irgendwelche Gurus. Sie experimentierten lieber selbst, was ihnen beim Meditieren besondere Impulse gibt. In diesem Sinne probierten sie ausgefallene Orte und Räume sowie verschiedene Formen von Musik, körperlichen Haltungen und Texten. Um Anregungen zu gewinnen, luden sie auch Gäste mit besonderem Wissen ein. Der Trägerverein hat derzeit ca. 60 Mitglieder. Hinzu kommen ca. 300 Interessierte, die hin und wieder an einzelnen Anlässen teilnehmen.

Das Schweizer Fernsehen besuchte einen *Gottesdienst* in der evangelisch-reformierten Kirche in *Oberwil* bei Basel.[80] Diesmal war die Kirche voll. Ein regional bekannter Pfarrer hielt eine Predigt auf hohem Niveau. Das Kirchenvolk hörte mit meist ernster Miene zu. Anschließend an den Gottesdienst fand ein *Gespräch* zwischen der Fernsehmoderatorin und dem Pfarrer, der gepredigt hatte, statt. Jenes verlief sehr lebendig mit Fragen und Beispielen aus dem heutigen religiösen Leben. Auch wurde herzhaft gelacht.

In einem katholischen Gottesdienst der Studentengemeinde der Uni Basel forderte der Pfarrer nach der Bibellesung dazu auf, mit den Nachbarn über das Gehörte zu sprechen. Einer meiner Gesprächspartner baute eine Brücke zu aktuellen Problemen, die er gerade hatte. Nach einer Weile interpretierte der Pfarrer die Bibelstelle mit seinem theologischen Hintergrundwissen, nahm aber auch Fragen von Teilnehmenden auf. Das war ebenfalls viel lebendiger und persönlich berührender als die übliche Abfolge von Lesung und Predigt.

So einfach ist es also, bereits normale Gottesdienste lebendiger und im Thema ansprechender zu gestalten. Gemäß der Vision sollten Seelsorgende daher, wenn immer möglich, sich von der altertümlichen Form der Bibellesung mit anschließender Predigt – meist von einer Kanzel herab – verabschieden.

Den Glauben stärken und weiterentwickeln

Gespräche helfen auch in einem anderen Rahmen, den persönlichen Glauben zu leben und weiterzuentwickeln. Dabei steht nicht im Zentrum, die Lehren der Kirchen zu verkünden oder zu hören. Maßgeblich ist vielmehr das Anliegen, sich mit anderen Menschen über Glaubensfragen auszutauschen und für den eigenen Glauben Anregungen zu bekommen.

Diesem Ziel dienen die schon erwähnten *„Ökumenischen Religions-Gespräche Leimental ÖRGL"* in der Region Basel. Mit dem jeweiligen Thema gut vertraute Referierende geben für die Gespräche Impulse. Themen im Jahr 2021 waren zum Beispiel „Christentum und Esoterik", „Gott und das Böse" oder „Mystik – Gott erfahren?". Nach den Impuls-Referaten diskutieren die Teilnehmenden zunächst in kleinen Gruppen. Der überschaubare Kreis erleichtert es ihnen, ihre persönlichen Erfahrungen oder Anschauungen zum Thema einzubringen. Anschließend geht das Gespräch untereinander und mit den Referierenden im Plenum weiter. Die Erfahrung mehrerer Jahre zeigte: Etwa 30 Teilnehmende sind für die Gespräche optimal. Es erwies sich auch, dass bekannte Expertinnen und Experten zu den Themen Einladungen gerne folgten, weil sie gespannt auf die Gespräche waren und selbst auch davon profitierten.

„Mit Verwunderung habe ich in der SN vom 5. Januar 19 gelesen, wie sich Herr Bruckmoser anmaßt, klüger als alle Kirchenlehrer zu sein und ohne Beleg feststellt, dass Jesus in Nazareth geboren wurde."[81] So stand es in einem von mehreren erbosten Leserbriefen in den „Salzburger Nachrichten". In dem Artikel, der so erzürnte, wies der Autor Bruckmoser darauf hin, Nazareth sei, historisch gesehen, der Geburtsort Jesu. Die Evangelisten hätten Bethlehem nur genannt, um eine theologische Messias-Aussage zu untermauern. Darin wären sich Bibelwissenschafter ziemlich einig. Der in den „Salzburger Nachrichten" dokumentierte Streit weist auf eine allgemein bestehende vertrackte Situation hin: Die meisten derjenigen, die sich mit den Amtskirchen noch eng verbunden fühlen, nehmen die biblischen Aussagen weitgehend Wort für Wort als wahr an. Darin bestärkt sie die Praxis der Amtskirchen, nach wie vor in den Gottesdiensten von Gottes Wort zu sprechen. Auch liegt ja in der Regel die Bibel in den Kirchen zum direkten Lesen auf. Das damit verbundene Problem sprach ich bereits in Kapitel 2.2 „Bibel und Wahrheit" an.

Infolgedessen beschäftigen sich *Bibelkreise* wohl meist mit den Texten so, als wären diese nicht nur wahr, sondern auch direkt, also ohne Hintergrundwissen, verständlich. Wie problematisch Texte im Neuen Testament sein können, zeigt die folgenreiche Aussage, die Juden hätten Jesus getötet. Dabei waren die Römer, wie in Kapitel 2.2 belegt, für Jesu Tod verantwortlich und, schreckliche Ironie der Geschichte, Jesus ja selbst ein Jude. Daher sagte der bekannte Theologe Thomas Hieke im Deutschlandfunk zum Lesen in der Bibel zu Recht: „Manche Stellen muss man mit Warnhinweisen kennzeichnen."[82] Viele Fragen, die heute noch konfessionell trennend wirken, ließen sich zudem mit besserem Hintergrundwissen völlig entschärfen. Das gilt zum Beispiel für das bereits erwähnte Abendmahl.

Daher sind Initiativen zu wünschen und zu fördern, die Personen mit entsprechendem Sachverstand und ohne dogmatische Scheuklappen in Bibelkreise einladen. Ein Mittel besteht auch darin, sich Texte in der Bibel auszusuchen, zu denen eine gut verständliche Interpretationsliteratur vorliegt.[83] Ein empfehlenswertes Beispiel dafür bildet das schon mehrfach zitierte Buch von Gerhard Lohfink „Die vierzig Gleichnisse Jesu".[84]

Neue Formen von Gemeinden schaffen

Um einem möglichen Missverständnis beim Wort „Gemeinde" gleich vorzubeugen: Es geht nicht um Konkurrenten zu bestehenden Pfarreien. Vielmehr folge ich hier einer Begriffsvariante im Duden, die lautet: „Eine *Gruppe von Menschen mit gleichen Interessen.*" So kann man sich auch, wie bereits oben erwähnt, die frühchristlichen Gemeinden vorstellen. Es waren Gruppen von Menschen, die sich an Jesus orientierten, aber Teil einer jüdischen Gemeinde waren und zunächst auch für längere Zeit blieben. In diesem Zusammenhang geht es um größere Gruppen von Menschen und auch ganze Pfarreien, die in besonderer Form aufgestellt und auf dem Weg sind. Dazu gibt es bereits etliche Beispiele. Drei publizierte greife ich hier heraus.

„Ob traditionell um 9:30 Uhr oder modern um 12:00 Uhr, wir heißen Dich gerne auf Deutsch, Englisch und auf Wunsch in weiteren Sprachen bei uns willkommen", so liest man auf der Website der evangelischen *Matthäus-Gemeinde in Bremen-Huchting*.[85] Parallel zum Gottesdienst um 12:00 Uhr werden für Kinder speziell gestaltete Gottesdienste angeboten. Zur Matthäus-Gemeinde gehören etwa 2.000 Kirchenmitglieder, von denen ein Viertel regelmäßig die Gottesdienste besucht – ein weitaus überdurchschnittlicher Anteil. Daneben bietet die Gemeinde diverse andere Möglichkeiten. Dazu gehören die Gruppe „M. Bibel. Live", die sich mit den Bibeltexten zu den Gottesdiensten beschäftigt, die Jugendgruppe „Youtreff" oder die GALA-Abende mit Kombinationen von Gebet, Abendmahl, Lobpreis und offenem Austausch. Gewiss gibt es in verschiedenen anderen Pfarreien ähnliche Angebote. In Bremen-Huchting fiel jedoch Journalisten der Wochenzeitung „Die Zeit" auf, dass ein besonderer Schwung der beteiligten Menschen zu spüren war.[86]

Was macht die Matthäus-Gemeinde anders und erfolgreich? Es sind nach Aussagen von Führenden zwei Faktoren: Die starke Mitwirkung verschiedener Teams aus dem Kirchenvolk und das Lernen von guten Vorbildern andernorts. Zum ersten Faktor heißt es auf der Website: „Wir freuen uns über jeden, der sich mit seinen Begabungen und seiner Zeit in die Gemeinde einbringen möchte." Das Resultat dieser Einladung und Offenheit kann sich sehen lassen. Insgesamt etwa 50 Teams wirken in den verschiedensten Bereichen aktiv mit. Die Spanne reicht vom „Besuchsdienst" bis zum „Kreativ-Team". Dieses wirkt auch beim zweiten Faktor maßgeblich mit. Die Mitglieder nennen sich „Jäger und Sammler", weil sie auf der Suche nach guten Vorbildern sind. Viel lernten sie von den Freikirchen, die oft verschiedenes ausprobieren und zeitgemäßer agieren als die Amtskirchen.

Ähnlich in der intensiven Mitwirkung aus dem Kirchenvolk operiert das „*Zeitfenster*" in der Aachener katholischen Innenstadt-Pfarrei.[87] Doch handelt es sich hier nicht um eine klassische Pfarrei wie in Bremen-Huchting, sondern um ein Netzwerk. Dieses nutzt in der Innenstadt verschiedene kirchliche Räume von ehemals selbstständigen Pfarreien, die 2014 zusammengeschlossen wurden. Im Netzwerk „Zeitfenster" wirken wie in Bremen-Huchting zahlreiche Teams mit. So plant das Team mit dem etwas merkwürdigen Namen „Produktion" verschiedene Gottesdienste in den bestehenden Kirchen der Innenstadt. Dieses Team engagiert dafür Moderator*innen, Prediger*innen und „Organisator*innen für die Durchführung. Beteiligt werden kann auch die „Songwriters' Church", welche zudem auch eigene spirituelle Anlässe gestaltet. Ein anderes Team, der „Breakfast-Club", bietet jeden Sonntag am Morgen ein reichhaltiges Frühstück für Bedürftige an. Die vielen Teams organisiert und steuert das „Zeitfenster-Board". Dabei arbeitet man nach den Prinzipien der Selbstorganisation und partizipativen Führung – ganz so, wie das die beschriebene Vision postuliert.

Das Aachener Beispiel „Zeitfenster" zeigt, dass der oft aus der Not geborene Zusammenschluss mehrerer Pfarreien auch besondere Chancen für die Mitwirkung bietet. Es lässt sich aus einem größeren Potenzial schöpfen und ein differenziertes Angebot gestalten.

Eine weitere zukunftsträchtige Form setzt die „*Offene Kirche Elisabethen*" um. Sie versteht sich als Ereignisort für Basel und die Region.[88] Bereits seit 1994 gibt es diese Institution. Träger ist ein ökumenischer Verein, der von den Kirchen in der Region Basel finanziell unterstützt wird. Er kann die große neogotische Kirche St. Elisabethen in der Innenstadt von Basel nutzen.

Die „Offene Kirche Elisabethen" sieht sich als Ergänzung der Angebote der Amtskirchen. Das Programm ist sehr vielfältig. Es reicht von

Seelsorgediensten und speziellen ökumenischen Gottesdiensten über Gesänge von Hildegard von Bingen, Achtsamkeits-Meditationen, Fotografie-Ausstellungen bis hin zur „Bravo Hits Party". Dazu gehören auch ein öffentliches Café und Gruppentreffen wie zum Beispiel „Frau-Sein", ein Treffpunkt für geflüchtete und asylsuchende Frauen. Im Jahr 2019 zählte man insgesamt mehr als 100.000 Besuchende der Kirche und viele Tausende bei den Anlässen. Das Budget bessern auch Vermietungen der kirchlichen Räume für andere Veranstalter auf. Ein Team von Seelsorgenden und Veranstaltungsprofis organisiert die Anlässe.

Miteinander vernetzen

Das „Quartierkloster Philadelphia" in Zürich, eine evangelisch-reformierte Institution, gab einem Flüchtling aus dem Iran die Möglichkeit, in ihrem Haus zu wohnen. Bei einem Gespräch mit Leitenden des Quartierklosters entwickelte der Iraner, von Beruf Informatiker, eine Idee: Es wäre für Flüchtlinge sehr hilfreich, auf dem Smartphone nachschauen zu können, wo man zum Beispiel ärztliche Hilfe bekommen, günstig einkaufen und essen, sich treffen, sich informieren oder übernachten könne. Diese Idee zündete bei den Leitenden des Klosters. Sie begannen mit externer Unterstützung, eine solche *Informationsplattform* zu entwickeln. Dadurch entstand die „*I Need-App*". Was in der Region Zürich seinen Anfang nahm, weitete sich über fast alle deutschsprachigen Gebiete in der Schweiz aus. Auch in der französischsprachigen Schweiz begann man, „I Need" aufzugleisen.[89]

Die Informationen, die neben den Flüchtlingen auch anderen Bedürftigen helfen, werden von Freiwilligen in den verschiedenen Regionen aufbereitet und laufend aktualisiert. Bereits interessieren sich Institutionen in anderen Ländern für diese Informationsplattform.

Solch ein System schiene mir auch für die gegenseitige Information über Tätigkeiten und Angebote von Gruppen, die im Sinne der Vision unterwegs sind, sehr nützlich. Man weiß viel zu wenig voneinander. Ein Beispiel dazu: Im Jahre 2019 traf sich eine Gruppe auf dem zentralen Berner Bundesplatz, um für Reformen in der katholischen Kirche zu demonstrieren. Eine prominente Persönlichkeit hielt eine flammende Rede. Doch zum Anlass kamen nur etwa 100 Personen. Ich erfuhr davon erst in einem kleinen Zeitungsbericht. Vermutlich wäre ich hingereist, wenn ich etwas davon gewusst hätte. Es gibt bereits diverse christlich ausgerichtete Plattformen. Meist aber konzentrieren sich diese auf andere Themen. Dazu gehören etwa Frauenfragen, Gottesdienstgestaltung oder Livestream-Tipps. Doch es fehlt eine umfassende Plattform für all die Initiativen und Anlässe von Gruppen, die Neues wünschen und wagen, die auf dem Weg sind.

In diesem Sinne gilt es, eine „*ChristApp*" mit einem einprägsamen Signet zu gründen. Diese erlaubt, Informationen wie bei „I Need" auf ein Smartphone herunterzuladen oder im Internet aufzurufen. Die Form der Finanzierung, etwa Spenden, müsste die Unabhängigkeit der Plattform garantieren. Die Aufbereitung der Informationen könnten wie bei „I Need" Freiwillige übernehmen.

Auf diese moderne Weise würde erkennbar werden, wie groß eigentlich bereits die *Bewegung für ein zeitgerechtes Christentum* ist. Man könnte sich gegenseitig anregen und Mut machen. Bei Anlässen sind auch durch bessere Information mehr Teilnehmende zu erwarten.

Ein Fluss, Antrieb und Mut

Auf der *Wanderung nach Syrakus* durchquerten wir auf einem Weg parallel zum Meer ein schönes Naturschutzgebiet, die „Riserva Naturale Oasi di Simeto". Dieses Gebiet wird durch einen Nebenarm des Flusses Simeto durchzogen. Mangels einer genauen Karte erkundeten wir uns zuvor mehrfach, ob eine Brücke über den Fluss führe. Alle Befragten versicherten uns, dass das so sei.

Als wir am Fluss ankamen, war von einer Brücke keine Spur zu sehen. Unser Weg schien hier in einer Sackgasse zu enden. Da platzierte die mit uns wandernde Dorothea ihren Rucksack auf den Kopf und stieg in ihrer Wanderkleidung ins Wasser. Bald reichte ihr dieses bis zum Gürtel. Doch sie ging unbeirrt weiter und erreichte das andere Flussufer. Nun fassten wir Männer ebenfalls Mut und folgten ihr nach. Wir waren zwar danach völlig durchnässt, aber froh, das Hindernis, die Sackgasse, hinter uns zu lassen. So konnten wir unser Tagesziel doch noch erreichen.

Diese Geschichte scheint mir *ein treffendes Bild* für die Situationen und Handlungsmöglichkeiten der heutigen Christen zu bieten. Über kirchliche Reformen wird viel gesprochen, auch versprochen. Und manche sehen schon die Brücke – im übertragenen Sinn – über den Simeto-Fluss. Doch in der Realität besteht die Brücke zu wirklich neuen kirchlichen Ufern nicht einmal in Umrissen. Voran kommt man nur, wenn man bereit ist, auch durch den Fluss der Passivität und Widerstände zu waten. Man wird zwar nass dabei, kommt aber vorwärts.

Das galt schon für das aus Ägypten ziehende jüdische Volk, das den Sperrriegel des Roten Meeres überwinden musste und konnte.

Auch Jesus macht es vor: Man kann Herausforderungen bewältigen, wenn man ein Ziel vor Augen hat, verbunden mit Antrieb und Mut.

Auf diese Weise besteht die *Chance*, dass die „Wandergruppe" in Richtung Vision vorankommt und wächst. Viele Schritte sind noch nötig, aber „Syrakus" lässt sich erreichen.

Die großartige Botschaft, so wie diese direkt von Jesus kommt, ist die Anstrengung allemal wert!

Danksagung

An diesem Buchprojekt arbeitete ich sechs Jahre lang – aber nicht allein, denn ich fand viel Unterstützung. Die wichtigste bekam ich von meiner Frau Margrit. Sie schimpfte zwar hin und wieder, wenn ich für viele Stunden in meiner Studierstube verschwand. Doch las sie sämtliche Textentwürfe, war eine hervorragende und ehrliche Kritikerin und korrigierte meine Fehler. Sämtliche Textentwürfe begutachteten auch die Nachbarn Ingrid und Horst Ratzkowski. Daraus entstanden stundenlange Diskussionen. Das gilt auch für den reformierten Pfarrer Roland Luzi. Von ihm bekam ich zudem viele Literaturtipps und Einblicke in die evangelisch-reformierte Kirche.

Drei Frauen waren für mich ebenfalls wichtige Kritikerinnen, vor allem aber auch Ideengeberinnen. Die kürzlich verstorbene Käthi Brandenberger brachte mich darauf, den Niedergang der Amtskirchen nicht als Verlust zu beschreiben, sondern als Chance, einen eigenen persönlichen Glauben zu entwickeln. Pia Fischer unterstützte diese Orientierung im Text und steuerte die Idee zum Buchtitel bei. Frau Prof. Dr. Schüngel-Straumann arbeitete mit den Augen einer versierten Theologin nicht nur das ganze Manuskript durch, sondern half mir auch, die Bibel besser zu verstehen.

Daneben fanden viele Einzelgespräche zu bestimmten Themen statt. Besonders erwähnen möchte ich den katholischen Pfarrer Guido Büchi, den kirchlich sehr aktiven Dr. Josef Jeker, den Theologen Remo Wiegand, meinen Sohn, und die Theologin Katja Wißmiller. Anlass zu Gesprächen und Korrespondenzen gaben auch Bücher von Prof. Dr. Imbach, Prof. Dr. Klaus-Peter Jörns, Dr. Xaver Pfister, Dr. Thomas Philipp und Prof. Dr. Peter Trummer.

Pavel Chabr, Prag, machte für mich wertvolle Lektorarbeiten zu sämtlichen Texten. Die ehemalige Verlagsmitarbeiterin Ils Werner, München, gab mir viele technische Tipps. Und schließlich danke ich dem LIT Verlag, dass er den Mut zum Verlegen meines Buches hatte und auf meine Wünsche für die technische Fertigstellung des Buches einging.

Jürgen Wiegand

Literaturverzeichnis

Acklin Zimmermann, Béatrice: Sind wir Christen noch bei Trost?, in „Neue Zürcher Zeitung", 25.1.2021

Afsah, Ebrahim: Schon vor über zehn Jahren wussten die ausländischen Helfer, dass ihr Einsatz in Afghanistan gescheitert war – die Kooperation mit der lokalen Bevölkerung hat sich als Illusion erwiesen, in: „Neue Zürcher Zeitung", 21.8.2021

Ahr, Nadine: Oh Gott, ist das voll! Evangelischer Gottesdienst, in: „Die Zeit", 18.12.2019

Alt, Jörg: Handelt! Ein Appell an Christen und Kirchen, die Zukunft zu retten, Vier-Türme, Münsterschwarzach 2020

Amrehn, Birgit: Martin Luther King, „planet wissen", 2020, https://www.planet-wissen.de/geschichte/persoenlichkeiten/martin_luther_king/index.html, Zugriff am 17.9.2021

Ars Vitae (Hg.): Ars Vitae. 20 Jahre. 2000–2020. Jubiläumsschrift 2020, https://www.arsvitae.eu/%C3%BCber-uns/jubil%C3%A4um-2020/, Zugriff am 18.9.2021

Bail, Ulrike et al. (Hg.): Bibel in gerechter Sprache, Gütersloher Verlagshaus, Gütersloh 2014

Barbato, Mariano: Double Bind. Der Synodale Weg und die Entmachtung der katholischen Kirche, in: „Herder Korrespondenz", Heft 10/2021

Barth, Hans-Martin: Trinität. Wie soll man das verstehen? 2014, https://luthertheologie.de/artikel/trinitaet-wie-soll-man-das-verstehen/, Zugriff am 17.9.2021

Bauer, Christian: Mission, in: Büchner, Christine und Spallek, Gerrit (Hg.), Auf den Punkt gebracht. Grundbegriffe der Theologie, Matthias Grünewald, Ostfildern 2018a, 157–170

Bauer, Günther/Grossmann, Ralf und Scala, Klaus: Einführung in die systemische Organisationsentwicklung, Carl-Auer, Heidelberg 2021

Bauer, Johann: War Jesus ein Asket? Fasten und Enthaltsamkeit auf dem Weg zur Nachfolge Jesu Christi, in „Theologie aktuell der Universität Erfurt", 6.3.2019, https://www.uni-erfurt.de/katholisch-theologische-fakultaet/fakultaet/aktuelles/theologie-aktuell/war-jesus-ein-asket-fasten-und-enthaltsamkeit-auf-dem-weg-der-nachfolge-jesu-christi, Zugriff am 18.9.2021

Bauer, Thomas: Die Vereindeutigung der Welt, Philipp Reclam jun., Ditzingen 2018b

Beile, Markus: Erneuern oder untergehen. Evangelische Kirchen vor der Entscheidung, Gütersloher Verlagshaus, Gütersloh 2021

Beinert, Wolfgang: Das Christentum, Herder, Freiburg i. Br. 2000

Berger, Klaus: Ein Kamel durchs Nadelöhr? Der Humor Jesu, Herder, Freiburg i. Br. 2019

Bernhardt, Reinhold: Jesus Christus, Repräsentant Gottes. Christologie im Kontext der Religionstheologie, TVZ, Zürich 2021

Bernhardt, Reinhold: Zwischen Größenwahn, Fanatismus und Bekennermut. Für ein Christentum ohne Absolutheitsanspruch, Kreuz, Stuttgart 2000

Bischofsberger, Pius: Aufbruch und Umbruch. Plädoyer für ein nachhaltiges Kirchenmanagement, Rex, Luzern 2014

Blasig, Winfried: Christ im Jahr 2000, Kösel, München 1984

Bochsler, Walter: Der Terminator des Christentums, in: Eigenmann, Urs / Füssel, Kuno und Hinkelammert, Franz J. (Hg.), Der himmlische Kern des Irdischen. Das Christentum als pauperozentrischer Humanismus der Praxis, Edition ITP-Kompass, Münster 2019, 97–116

Boff, Leonardo: Kleine Sakramentenlehre, Patmos, Ostfildern 2010

Bogner, Daniel: Ihr macht uns die Kirche kaputt … doch wir lassen das nicht zu, Herder, Freiburg i. Br. 2019

Borasio, Gian Domenico: Über das Sterben. Was wir wissen. Was wir tun können. Wie wir uns darauf einstellen, dtv Verlagsgesellschaft, München 2014

Böttigheimer, Christoph: Die Reich-Gottes-Botschaft Jesu. Verlorene Mitte christlichen Glaubens, Herder, Freiburg i. Br. 2020

Bregmann, Rutger: Im Grunde gut. Eine neue Geschichte der Menschheit, Rowohlt, Hamburg 2020

Büchner, Christine: Gott, Mensch und Welt aus der Sicht von Theologinnen in Tradition und Gegenwart, in: Büchner, Christine und Giele, Nathalie (Hg.): Theologie von Frauen im Horizont des Genderdiskurses, Matthias Grünewald, Ostfildern 2020, 173–190

Bundschuh-Schramm, Christiane: Der Gott von gestern, in: „Publik-Forum", Heft 13/2020, 28–31

Büttner, Gerhard: Das „Reich Gottes" im Klassenzimmer. Didaktische Erschließungen, in: „Loccumer Pelikan. Religionspädagogisches Magazin für Schule und Gemeinde", Heft 1/2012, 14–16

Christophersen, Alf: Sternstunden der Theologie. Schlüsselerlebnisse christlicher Denker von Paulus bis heute, C. H. Beck, München 2011

Cornelis de Vos, J.: Herr, Adonaj, Kyrios, in: Wissenschaftliches Bibellexikon im Internet, 2019, https://www.bibelwissenschaft.de/wibilex/das-bibellexikon/lexikon/sachwort/anzeigen/details/herr-adonaj-kyrios/ch/9abbf2080b553038798f5a4e8a9031ae/, Zugriff am 17.9.2021

Dahlheim, Werner: Die Welt zur Zeit Jesu, C. H. Beck, München 2014

Dalfoth, Ingolf U.: Der Ewige und die Ewige. Die „Bibel in gerechter Sprache" – weder richtig noch gerecht, sondern konfus, in: „Neue Zürcher Zeitung", 18.11.2006

Degen, Susanne und Unfried, Andreas (Hg.): XXL-Pfarrei. Wie Menschen Kirche entwickeln, Echter, Würzburg 2018

Deutsche Bischofskonferenz: Der Glaube an den dreieinen Gott. Eine Handreichung der Glaubenskommission der Deutschen Bischofskonferenz zur Trinitätstheologie, Veröffentlichung des Sekretariates der Deutschen Bischofskonferenz Nr. 83, Bonn 2006

Dickscheid, Nathalie: Offenbarung, in: Büchner, Christine und Spallek, Gerrit 2018 (Hg.), Auf den Punkt gebracht. Grundbegriffe der Theologie, Matthias Grünewald, Ostfildern 2018, 171–186

Dieckmann, Elisabeth und Wiesemann, Karl-Heinz (Hg.): Wie viel Kirche braucht das Land? Christliches Zeugnis in einer säkularen Gesellschaft, Echter, Würzburg 2019b

Dieckmann, Elisabeth und Wiesemann, Karlheinz: Vorwort der Herausgeber, in: Dieckmann, Elisabeth und Wiesemann, Karlheinz (Hg.), Wie viel Kirche braucht das Land? Christliches Zeugnis in einer säkularen Gesellschaft, Echter, Würzburg 2019a, 7–11

Dörner, Dieter: Die Logik des Misslingens, Rowohlt, Reinbek 2004

Drewermann, Eugen: Kleriker. Psychogramm eines Ideals, Walter, Olten 1989

Eckholt, Margit: Eine „Frauensynode" einberufen? in Büchner, Christine und Giele, Nathalie (Gg.), Theologie von Frauen im Horizont des Genderdiskurses, Matthias Grünewald, Ostfildern 2020, 223–244

Eckholt, Margit: Glaube/Vertrauen, in: Büchner, Christine und Spallek, Gerrit (Hg.), Auf den Punkt gebracht. Grundbegriffe der Theologie, Matthias Grünewald, Ostfildern 2018, 91–104

Edding, Cornelia und Schattenhofer, Karl: Einführung in die Teamarbeit, Carl Auer, Heidelberg 2012

Egger, Josef W.: Psychologie der Ausbeutung. Interview, in: „Österreichische Ärztezeitung", 10.3.2013, https://aerztezeitung.at/2013/oaz-artikel/medizin/interview-josef-w-egger-psychologie-ausbeutung/, Zugriff am 26.9.2021

Ehrensperger, Alfred: Die Ausbildung frühchristlicher Dienste und Ämter, 2005, https://www.gottesdienst-ref.ch/perch/resources/03-02-03-dienste-kopie.pdf, Zugriff am 16.9.2021

Eigenmann, Urs/Füssel, Kuno und Hinkelammert, Franz J. (Hg.): Der himmlische Kern des Irdischen. Das Christentum als pauperozentrischer Humanismus der Praxis, Edition ITP-Kompass, Münster 2019

Eigenmann, Urs/Hahne, Werner und Mennen, Claudia (Hg.): Agape feiern. Grundlagen und Modelle, Edition Exodus, Luzern 2002

Eigenmann, Urs: Das Reich Gottes und seine Gerechtigkeit als himmlischer Kern des Irdischen, in: Eigenmann, Urs / Füssel, Kuno und Hinkelammert, Franz J. (Hg.), Der himmlische Kern des Irdischen. Das Christentum als pauperozentrischer Humanismus der Praxis, Edition ITP-Kompass, Münster 2019, 117–230

Englert, Rudolf: Was wird aus der Religion? Beobachtungen, Analysen und Fallgeschichten einer irritierenden Transformation, Matthias Grünewald, Ostfildern 2014

Evangelische Kirche in Deutschland (Hg.): Für uns gestorben. Die Bedeutung von Leiden und Sterben Jesu Christi, Gütersloher Verlagshaus, Gütersloh 2015

Evangelische Kirche in Deutschland (Hg.): Kirchengemeinschaft nach evangelischem Verständnis, 2000, https://www.ekd.de/22676.htm, Zugriff am 18.9.2021.

Evangelische Kirche in Deutschland (Hg.): Kirche auf gutem Grund – Elf Leitsätze zur Zukunft einer aufgeschlossenen Kirche, Hannover 2020a

Evangelische Kirche in Deutschland (Hg.): Sünde, Schuld und Vergebung aus Sicht evangelischer Anthropologie, Evangelische Verlagsanstalt, Leipzig 2020b

Evangelisch-Reformierte Kirche Schweiz (Hg.): Die Kirche in der Präambel. Verfassungspräambel der Evangelisch-reformierten Kirche EKS aus theologischer Sicht, Bern 2020

Evangelisch-Reformierte Landeskirche des Kantons Zürich (Hg.): Zürcher Bibel, Theologischer Verlag Zürich, Zürich 2019

Fabrianik, Birgit-Sara: Ewiges Leben ist auch keine Alternative, in: „Publik-Forum", Heft 23/2018, 42–45

Fischer, Helmut: Religion ohne Gott? Heute vom Glauben reden, Theologischer Verlag Zürich, Zürich 2017

Flasch, Kurt: Warum ich kein Christ bin, C. H. Beck, München 2013

Fleischmann, Christoph: Die Mechanik der Vergebung. Die Kirchen werden den Opfern nicht gerecht, in: „Publik-Forum", Heft 23/2020

Flügge, Eric und Holte, David: Eine Kirche für viele, Herder, Freiburg i. Br. 2018

Frank, Helmut: Das Kreuz. Darstellungen und theologische Bedeutung, in: „Sonntagsblatt, 360°evangelisch", 1.3.2014, https://www.sonntagsblatt.de/artikel/glaube/das-kreuz-darstellungen-und-theologische-bedeutung, Zugriff am 17.9.2021

Fredriksen, Paula: Als Christen Juden waren, Kohlhammer, Stuttgart 2021

Frère Emmanuel, Taizé: Gottes Liebe – größer als gedacht. Warum es notwendig ist, unsere Vorstellungen von Gott zu hinterfragen, Patmos, Düsseldorf 2015

Frerk, Carsten: Kirchgang und Moscheebesuch, in: Forschungsgruppe Weltanschauungen in Deutschland, 28.6.2021, https://fowid.de/meldung/kirchgang-und-moscheebesuch, Zugriff am 18. 9. 2021

Frey, Jörg: Das Vaterunser im Horizont antik-jüdischen Betens unter besonderer Berücksichtigung der Textfunde am Toten Meer, in: Wilk, Forian (Hg.), Das Vaterunser in seinen antiken Kontexten. Zum Gedenken an Eduard Lohse, Vandenhoeck und Ruprecht, Göttingen 2016, 1–24

Fromm, Erich: Die Kunst des Liebens, Ullstein, Berlin 2018

Geissler, Frank: Es werde Licht – das Lichtteam. Von der Idee zu einer aktiven Jugendgruppe, in: Degen, Susanne und Unfried, Andreas (Hg.), XXL-Pfarrei. Wie Menschen Kirche entwickeln, Echter, Würzburg 2018, 176–180

Gerlach, Gernot: Kirche 2040. Eine ökumenische Studie zu Kirchen in Transformationsprozessen II. Globale Transformationsprozesse aus ökumenischer Perspektive, LIT, Münster 2021

Greshake, Gisbert: Kirche wohin? Ein real-utopischer Blick in die Zukunft, Herder, Freiburg i. Br. 2020

Haag, Herbert: Den Christen die Freiheit. Erfahrungen und widerspenstige Hoffnungen, Herder, Freiburg i. Br. 1995

Haag, Herbert: Nur wer sich ändert bleibt sich treu. Für eine neue Verfassung der katholischen Kirche, Herder, Freiburg i. Br. 2000

Habenicht, Uwe: Freestyle Religion. Eigensinnig, kooperativ und weltzugewandt – eine Spiritualität für das 21. Jahrhundert, Echter, Würzburg 2020

Häberling, Livia: Geschichte einer Vergebung, in: „Neue Zürcher Zeitung", 10.4.2021

Habermas, Jürgen: Auch eine Geschichte der Philosophie. Band 2: Vernünftige Freiheit. Spuren des Diskurses über Glauben und Wissen, Suhrkamp, Berlin 2019

Halbfas, Hubertus: Der Glaube, Patmos, Ostfildern 2010

Halbfas, Hubertus: Glaubensverlust. Warum sich das Christentum neu erfinden muss, Patmos, Ostfildern 2017

Halbfas, Hubertus: Kurs-Korrektur. Wie das Christentum sich ändern muss, damit es bleibt. Eine Streitschrift, Patmos, Ostfildern 2018

Halík, Tomáš: Die Zeit der leeren Kirchen. Von der Krise zur Vertiefung des Glaubens, Herder, Freiburg i. Br. 2021

Harari, Yuval Noah: Eine kurze Geschichte der Menschheit, Deutsche Verlags-Anstalt, München 2015

Häring, Hermann: Visionen leben, in: „Publik-Forum" Heft 7/2021, 10–11

Haseloff, Reiner: Der liebe Gott donnert uns zusammen. Interview, in: „Die Zeit", 24.9.2020

Hawking, Stephen: Kurze Antworten auf große Fragen, Klett-Cotta, Stuttgart 2020

Heller, Birgit: Religionen und Geschlecht. Präliminarien aus religionswissenschaftlicher Perspektive, in: Büchner, Christine und Giele, Nathalie (Hg.), Theologie von Frauen im Horizont des Genderdiskurses, Matthias Grünewald, Ostfildern 2020, 17–36

Hennecke, Christian und Vicens, Gabriele: Von Missverständnissen und Fallstricken. Kirchenentwicklungen – eine neue Sichtweise, Echter, Würzburg 2019

Hennecke, Christian: Lust auf morgen! Christsein und Kirche in die Zukunft denken, Aschendorff, Münster 2020

Hieke, Thomas: Manche Stellen muss man mit Warnhinweisen kennzeichnen, in: Deutschlandfunk, 21.5.2020, https://www.deutschlandfunk.de/falsche-deutungen-der-bibel-manche-stellen-muss-man-mit.886.de.html?dram:article_id=476690, Zugriff am 18.9.2021

Hieke, Thomas und Huber, Konrad (Hg.): Bibel falsch verstanden. Hartnäckige Fehldeutungen biblischer Texte erklärt, Katholisches Bibelwerk, Stuttgart 2021

Hochholzer, Martin: Ist nur die Kirche der Armen die wahre Kirche?, in „εὐangel. Magazin für missionarische Pastoral", Nr. 3/2018, https://www.euangel.de/ausgabe-3-2018/armut/zur-wirkungsgeschichte-biblischer-armutsideale/, Zugriff am 18.9.2021

Hochstrasser, Josef: Die Kirche kann sich das Leben nehmen. 10 Thesen nach 500 Jahren Reformation, Zytglogge, Basel 2017

Homolka, Walter: Der Jude Jesus. Eine Heimholung, Herder, Freiburg i. Br. 2020

Horn, Cornelia: Der glaubwürdige Thomas. Apokryphe christliche Überlieferungen und ihr Potenzial für die Leben-Jesu-Forschung, in: „Herder Korrespondenz", Heft 6/2020, 48–51

Horn, Jan-Christoph: Kirche – ein selbsterhaltendes System. Eine Problemanzeige, in: „Kirchenentwicklung.de", 7.9.2017, https://kirchenentwicklung.de/zwischenruf-kirche-als-selbsterhaltendes-system/, Zugriff am 16.9.2021

Imbach, Josef: Lust auf die Bibel. Praxisorientierte Zugänge zur Heiligen Schrift, Echter, Würzburg 2000

Imbach, Josef: Wunder. Eine existenzielle Auslegung, Topos, Würzburg 2002

Imbach, Josef: Und lehrte sie in Bildern, Echter, Würzburg 2003

Imbach, Josef: Ist Gott käuflich? Die Rede vom Opfertod Jesu auf dem Prüfstand, Gütersloher Verlagshaus, Gütersloh 2011

Imbach, Josef: Ja und Amen. Was Christen glauben, Echter, Würzburg 2020a

Imbach, Josef: Die Wahrheit der Bibel. Widersprüche, Wunder und andere Geheimnisse, Theologischer Verlag, Zürich 2020b

Joas, Hans: Kirche als Moralagentur, in: Sautermeister, Jochen (Hg.), Kirche – nur eine Moralagentur? Eine Selbstverortnung, Herder, Freiburg i. Br. 2019, 15–34

Jörns, Klaus-Peter: Notwendige Abschiede. Auf dem Weg zu einem glaubwürdigen Christentum, Gütersloher Verlagshaus, Gütersloh 2017

Jung, Martin: Fasten, Pilgern, Beten? Fromm sein nach Luther, in: „evangelisch.de", 8.3.2012, https://www.evangelisch.de/inhalte/107975/08-03-2012/fasten-pilgern-beten-fromm-sein-nach-luther, Zugriff am 18.9.2021

Kahnemann, Daniel/Sibony, Olivier und Sunstein, Cass R.: Noise. Was unsere Entscheidungen verzerrt – und wie wir sie verbessern können, Siedler, München 2021

Kahnemann, Daniel: Schnelles Denken, langsames Denken, Siedler, München 2012

Keel, Othmar: „Nein, ich glaube nicht an ein Jenseits", „Tages-Anzeiger Zürich", 10.5.2018

Kermani, Navid: Ungläubiges Staunen. Über das Christentum, C. H. Beck, München 2015

Kessler, Wolfgang: Die Kunst, den Kapitalismus zu verändern. Eine Streitschrift, Publik-Forum, Oberursel 2019

Kling-Witzenhausen, Monika: Was bewegt Suchende. Leutetheologien – empirisch-theologisch untersucht, Kohlhammer, Stuttgart 2020

Knauf, Ernst Axel: Zum historischen Kern hinzugedichtet, in: Grossbongardt, Annette und Saltswedel, Johannes (Hg.), Die Bibel. Das mächtigste Buch der Welt, Deutsche Verlags-Anstalt, München 2015, 31–45

Knobloch, Stefan: Wesentlich werden. Für eine Theologie und Kirche an den Brennpunkten des Lebens, Matthias Grünewald, Ostfildern 2018

Koch, Herbert: Glaubensbefreiung. Notwendige Reformen in Theologie und Kirche, Publik-Forum, Oberursel 2014

Koch, Herbert: Inhaltsloser Kirchensprech, in: „Publik-Forum", Heft 22/2020

Koch, Herbert: Was Christen nicht glauben. Von A bis Z, Radius, Stuttgart 2019

König, Oliver und Schattenhofer, Karl: Einführung in die Gruppendynamik, Carl-Auer Systeme, Heidelberg 2020

Kornmeyer, Martin: Wissenschaftliches Arbeiten. Eine Einführung für Wirtschaftswissenschaftler, Physica, Heidelberg 2007

Kosmala, Beate: Zivilcourage in extremer Situation. Retterinnen und Retter von Juden im „Dritten Reich", in: Meyer, Gerd/ Dovermann, Ulrich/Frech, Siegfried/Gugel, Gunther (Hg.), Zivilcourage lernen. Analysen – Modelle – Arbeitshilfen, Bundeszentrale für politische Bildung, Bonn 2004, 106–115

Koziol, Klaus: Entschieden Christ sein. Dietrich Bonhoeffers Zeugnis für heute, Patmos, Ostfildern 2015

Kremer, Lucia und Lanzinger, Daniel: Opfer, in: Büchner, Christine und Spallek, Gerrit (Hg.), Auf den Punkt gebracht. Grundbegriffe der Theologie, Matthias Grünewald, Ostfildern 2018, 187–206

Kretschmann, Winfried: „Ich habe zu eng geglaubt", Interview, „Die Zeit", 19.3.2015

Krüger, Malte Dominik: Gesicht und Trinität. Zur christlichen Gotteslehre, in: David, Philipp et al. (Hg.): Neues von Gott? Versuche gegenwärtiger Gottesrede, wbg Academia, Darmstadt 2021, 61–100

Kubitza, Heinz-Werner: Der Jesuswahn. Wie die Christen sich ihren Gott erschufen. Die Entzauberung einer Weltreligion durch wissenschaftliche Forschung, Tectum, Marburg 2013

Kümmel, Reiner: Die vierte Dimension der Schöpfung, Springer, Berlin und Heidelberg 2015

Küng, Hans: Credo. Das Apostolische Glaubensbekenntnis – Zeitgenossen erklärt, Piper, München 1992

Küng, Hans: Kleine Geschichte der katholischen Kirche, Berliner Taschenbuch Verlag, Berlin 2006

Küng, Hans: Was bleibt. Kerngedanken, Piper, München 2013

Küng, Hans: Was ich glaube, Piper, München 2016

Küng, Hans: Jesus, Piper, München 2019

Ladner, Anton: Glücklich dank Religion, in: „Sonntag. Seit 1920 katholisch und weltoffen", Heft 7/2019

Langenhorst, Georg: Auferweckt ins Leben. Die Osterbotschaft neu entdeckt, Herder, Freiburg i. Br. 2018

Langer, Stephan: Tomáš Halík: Wir haben kein Monopol auf Christus. Interview, in: „Christ in der Gegenwart", Nr. 21/2021, https://www.herder.de/cig/cig-ausgaben/archiv/2021/21-2021/wir-haben-kein-monopol-auf-christus/, Zugriff am 26.9.2021

Lau, Mariam und Spiewak, Martin: Frau Grütters, wie war die Schule ohne Jungs? „Unter Mädchen ist man freier". Interview, in: „Die Zeit", 17.9.2020

Lauster, Jörg: Die Verzauberung der Welt. Eine Kulturgeschichte des Christentums, C. H. Beck, München 2018

Leonhardt, Rochus: Grundinformation Dogmatik. Ein Lehr- und Arbeitsbuch für das Studium der Theologie, Vandenhoeck & Ruprecht, Göttingen 2009

Leppin, Volker: Die christliche Mystik, C. H. Beck, München 2007

Leven, Benjamin: Keine Macht für niemand?, in: „Herder Korrespondenz", Heft 3/2021, 4–5
Lindemann, Andreas: Glauben, Handeln, Verstehen. Studien zur Auslegung des Neuen Testaments, Band II, Mohr Siebeck, Tübingen 2011
Link-Wieczorek, Ulrike: Sünde und Schuld, in: Büchner, Christine und Spallek, Gerrit (Hg.), Auf den Punkt gebracht. Grundbegriffe der Theologie, Matthias Grünewald, Ostfildern 2018, 247–260
Lohfink, Gerhard: Die vierzig Gleichnisse Jesu, Herder, Freiburg i. Br. 2020
Lüdecke, Norbert: Die Täuschung. Haben die Katholiken die Kirche, die sie verdienen? Wbg Theiss, Darmstadt 2021
Lüdemann, Gerd: „Ich habe mich vom Glauben befreit, „GEO-Magazin" Heft 6/2011, 120–121
Lüdemann, Gerd: Das Unheilige in der Heiligen Schrift. Die andere Seite der Bibel, zu Klampen, Springe 2016
Luhmann, Niklas; Die Politik der Gesellschaft, Suhrkamp, Frankfurt a. M. 2019
Lukas, Simon: Das geistliche Amt – ein unbekannter Luther. Amtsverständnis bei Martin Luther, in: „Christ in der Gegenwart", Nr. 50/2020
Marcus, Gary F.: Murks. Der planlose Bau des menschlichen Gehirns, Hoffmann und Campe, Hamburg 2009
Mäder, Claudia: Sammle Daten, rette Leben, Artikel in: „Folio" der „Neuen Zürcher Zeitung", Heft September/2017
Marzano, Marco: Die unbewegliche Kirche. Franziskus und die verhinderte Revolution, Herder, Freiburg i. Br. 2019
Mayer, Michael: Liebe und Autonomie, in: „Neue Zürcher Zeitung", 23.10.2015
MDG-Trendmonitor (Hg.): Religiöse Kommunikation 2020/21. Einstellungen, Zielgruppen, Botschaften und Kommunikationskanäle, durchgeführt vom Institut für Demoskopie Allensbach und SINUS Markt- und Sozialforschung GmbH, Herder 2021
Mertes, Klaus: Verlorenes Vertrauen. Katholisch sein in der Krise, Herder, Freiburg i. Br. 2013
Metz, Johann Baptist: Memoria Passionis. Ein provozierendes Gedächtnis in pluralistischer Gesellschaft, Herder, Freiburg i. Br. 2011
Meuser, Bernhard/Hartl, Johannes und Wallner, Karl (Hg.): Mission Manifest. Die Thesen für das Comeback der Kirche, Herder, Freiburg i. Br. 2018
Mourlevat, Jean-Claude: Sophie Scholl – „Nein zur Feigheit", Anaconda, Köln 2014
Müller, Hadwig Ana Maria: Theologie aus Beziehung. Missionstheologische und pastoraltheologische Beiträge, Matthias Grünewald, Ostfildern 2020

Müller, Klaus: Wahrheit, in: Büchner, Christine und Spallek, Gerrit (Hg.), Auf den Punkt gebracht. Grundbegriffe der Theologie, Matthias Grünewald, Ostfildern 2018, 261–272

Müller, Werner A. Gottesvorstellungen und Leben nach dem Tod. Märchenhaftes und Mythen des christlichen und islamischen Glaubens im Lichte historischer und naturwissenschaftlicher Forschung, LIT, Münster 2021

Nessler, Susanne: Zufall Mensch, in: „Deutschlandfunk", 5.7.2005, https://www.deutschlandfunkkultur.de/zufall-mensch.954.de.html?dram:article_id=141562, Zugriff am 17.9.2021

Nolan, Albert: Radikale Freiheit. Jesu Spiritualität im Blick unserer Zeit, Publik-Forum, Oberursel 2018

Nordhofen, Eckhard: Der Mensch lebt nicht von Schrift allein und Gott bleibt immer unsichtbar, in: „Neue Zürcher Zeitung", 20.4.2019

Ohlig, Karl-Heinz: Haben wir drei Götter? Vom Vater Jesu zum „Mysterium" der Dreifaltigkeit, Topos Verlagsgemeinschaft, 2014

Orth, Stefan: Gewogen und für gut befunden, in: „Herder Korrespondenz", Heft 12/2021, 4–5

Ourghi, Abdel-Hakim: Auch den Propheten darf man kritisieren, in: „Neue Zürcher Zeitung", 10.11.2020

Paganini, Simone: Die Jungfrau, die ein Kind gebar, in: Hieke, Thomas und Huber, Konrad (Hg.), Bibel falsch verstanden. Hartnäckige Fehldeutungen biblischer Texte erklärt, Katholisches Bibelwerk, Stuttgart 2021, 176–184.

Pehle, Bernd: Der synodale Weg. Ist das der Weg aus der Sackgasse der Kirche?, in: „feinschwarz.net", 23.7.2020, https://www.feinschwarz.net/synodaler-weg-aus-der-sackgasse-der-kirche/, Zugriff am 26.9.2021

Petersen, Silke: Genderdiskurse und neuere Bibelübersetzungen, in: Büchner, Christine und Giele, Nathalie (Hg.), Theologie von Frauen im Horizont des Genderdiskurses, Matthias Grünewald, Ostfildern 2020, 97–124

Pfister, Xaver: Einfach zu glauben. Ein Credo für Zweifler, Paulusverlag, Freiburg Schweiz 1994

Philipp, Thomas: Wie heute glauben? Christsein im 21. Jahrhundert, Herder, Freiburg i. Br. 2010

Pilloud, Noah: Wandernd in zwangloser Weise führt sie Menschen zusammen, in: „reformiert. Bern/Jura/Solothurn", Nr. 6/2021

Pirker, Christina: Die Entwicklung der Frauenrolle in der Geschichte der Krankenpflege, Bakkalaureatsarbeit an der Medizinischen Fakultät Universität Graz, 2008

Pohl-Patalong, Uta: Von der Ortskirche zu kirchlichen Orten. Ein Zukunftsmodell, Vandenhoeck & Ruprecht, Göttingen 2006

Pollack, Detlef: Wer einmal austritt, kommt nicht wieder. Interview, in: „Publik-Forum", Heft 6/2021, 38–39
Praetorius, Ina: Handeln aus der Fülle. Postpatriachale Ethik in biblischer Tradition, Gütersloher Verlagshaus, Gütersloh 2005
Prantl, Heribert: Der Zorn Gottes. Denkanstöße zu den Feiertagen, Ullstein, Berlin 2018
Publik-Forum (Hg.): Die Diakoninnengräber von Aschdod, in: „Publik-Forum", Heft 23/2021, 42
Publik-Forum (Hg.): Wenn Sie sich engagieren möchten, in: „Publik-Forum", Heft 23/2019, 41
Püttmann, Andreas: Akzeptanz, Gemeinwohldienste und Versuchungen der Kirche in der säkularisierten Gesellschaft, in: Dieckmann, Elisabeth und Wiesemann, Karl-Heinz (Hg.): Wie viel Kirche braucht das Land? Christliches Zeugnis in einer säkularen Gesellschaft, Echter, Würzburg 2019, 13–35
Purzycki, Benjamin/Apicella, Coren/Atkinson, Quentin, et al.: Moralistic gods, supernatural punishment and the expansion of human sociality, in: „Nature", 530 (2016), 327–330, https://doi.org/10.1038/nature16980
Rahner, Johanna: Einführung in die christliche Eschatologie, Herder, Freiburg i. Br. 2016
Rahner, Johanna: Einführung in die katholische Dogmatik, WBG, Darmstadt 2014
Rahner, Johanna: Kein Entweder-Oder. Alternativen für die Priesterausbildung, in: „Herder Korrespondenz", Heft 8/2020, 13–15
Ratzinger, Josef mit einer Spezialkommission (Hg.): Katechismus der katholischen Kirche. Kompendium, 2005, https://www.vatican.va/archive/compendium_ccc/documents/archive_2005_compendium-ccc_ge.html, Zugriff am 16.09.2021
Ratzinger, Josef: Jesus von Nazareth, 3 Bände, Herder, Freiburg i. Br. 2007–2012
Reis Schweizer, Stefan: Deutsche Protestanten unter Zugzwang, in „Neue Zürcher Zeitung", 16.10.2019
Renz, Monika: Ich träume von einer Kirche der Hoffnung, Herder, Freiburg i. Br. 2020
Resing, Volker: Christentum reloaded, in: „Herder Korrespondenz", Heft 7/2020, 4–5
Rohr, Richard: Pure Präsenz, Claudius, München 2010
Ronis, Boris: Fleisch und Blut, in: „Jüdische Allgemeine", 3.4.2017, https://www.juedische-allgemeine.de/religion/fleisch-und-blut/, Zugriff am 26.9.2021
Rosenstiel, Lutz von: Motivation im Betrieb, Springer, Berlin 2015

Roth, Alvin E.: Wer kriegt was und warum? Bildung, Jobs und Partnerwahl. Wie Märkte funktionieren, Siedler, München 2016

Roth, Gerhard und Strüber, Nicole: Wie das Gehirn die Seele macht, Klett-Cotta, Stuttgart 2018

Roth, Gerhard: Aus der Sicht des Gehirns, Suhrkamp, Frankfurt a. M. 2003

Roth, Gerhard: Persönlichkeit, Entscheidung und Verhalten, Klett-Cotta, Stuttgart 2007

Rouet, Albert: Aufbruch zum Miteinander. Wie die Kirche wieder dialogfähig wird, Herder, Freiburg i. Br. 2012

Rüdele, Viola: Die letzte Reserve, in: „Publik-Forum", Heft 18/2020

Rüttimann, Vera: Das Projekt „Für eine Kirche mit* den Frauen" zeigt erst jetzt seine volle Wirkung, in: kath.ch, 3.5.2017, https://www.kath.ch/newsd/das-pr ojekt-fuer-eine-kirche-mit-den-frauen-zeigt-erst-jetzt-seine-volle-wirkung/, Zugriff am 18.9.2021

Sautermeister, Jochen: Einleitung, in: Sautermeister, Jochen (Hg.), Kirche – nur eine Moralagentur? Eine Selbstverortung, Herder, Freiburg i. Br. 2019, 7–14

Schaik, Carel van und Michel, Kai: Das Tagebuch der Menschheit. Was die Bibel über unsere Evolution verrät, Rowohlt, Reinbek 2018

Schauß, Uwe: Sag, wie hast du's mit der Religion? Ein didaktischer Leitfaden für den Religionsunterricht in der Oberstufe, Calwer, Stuttgart 2017

Schießler, Rainer M.: Himmel, Herrgott, Sakrament. Auftreten statt austreten, Kösel, München 2016

Schmid, Wilhelm: Selbstfreundschaft. Wie das Leben leichter wird, Insel, Berlin 2018

Schnabel, Nikodemus: Die Volkskirche soll in Würde sterben – solange das noch möglich ist, in: katholisch.de, 1.10.2020, https://www.katholisch.de/ artikel/27058-die-volkskirche-sollte-in-wuerde-sterben-solange-das-noch-moeglich-ist, Zugriff am 16.9.2021

Schnabel, Ulrich: Die Kraft der großen Sache, in: „Die Zeit", 27.12.2018

Schneider, Reto U.: Warum sie nie recht haben, Artikel in: „Folio" der „Neuen Zürcher Zeitung", Heft Mai/2021

Schockenhoff, Eberhard: Für eine Kirche, die sich einmischt. Die Problematik kirchlicher Stellungnahmen zu politischen Streitfragen, in: Sautermeister, Jochen (Hg.), Kirche – nur eine Moralagentur? Eine Selbstverortung, Herder, Freiburg i. Br. 2019, 57–80

Scholl, Norbert: Gott, der die das große Unbekannte. Staunens-Wertes und Frag-Würdiges, Matthias Grünewald, Ostfildern 2020

Scholl, Norbert: Wozu noch Christentum? Publik-Forum, Oberursel 2015

Schubert, Anselm: Gott essen. Eine kulinarische Geschichte des Abendmahles, C. H. Beck, München 2018

Schüngel-Straumann, Helen: Der Dekalog – Gottes Gebote? KBW, Stuttgart 1973

Schüngel-Straumann, Helen: Eva. Die erste Frau der Bibel: Ursache allen Übels? Ferdinand Schöningh, Paderborn 2014

Schüngel-Straumann, Helen: Feministische Re-lecture der Schöpfungserzählungen in der Hebräischen Bibel, in: Büchner, Christine und Giele, Nathalie (Hg.), Theologie von Frauen im Horizont des Genderdiskurses, Matthias Grünewald, Ostfildern 2020, 75–96

Schuppli, Martin: Selbstbestimmtes Lebensende. Was ist ihr Ziel?, in: „dein adieu.ch", 14.8.2017, https://www.deinadieu.ch/selbstbestimmtes-lebensende-was-ist-ihr-ziel/, Zugriff am 18.9.2021

Schüssler Fiorenza, Elisabeth: Rhetorik und Ethik. Zur Politik der Bibelwissenschaften, Edition Exodus, Luzern 2013

Schwarz, Gerhard: Ist der Markt unmenschlich? Zur Vereinbarkeit von Marktwirtschaft und christlicher Ethik, in: Wirz, Stephan (Hg.), Kapitalismus – ein Feindbild für die Kirchen, Edition NZN bei TVZ, Zürich 2018, 99–116

Seewald, Michael: Dogma im Wandel. Wie Glaubenslehren sich entwickeln, Herder, Freiburg i. Br. 2018

Seewald, Michael: Christ, der Retter ist da?, in: „Christ in der Gegenwart", Nr. 51/2019

Sengelmann, Julian: Glaube ja, Kirche nein? Warum sich Kirche verändern muss, Rowohlt Polaris, Hamburg 2020

Sennett, Richard: Zusammenarbeit. Was unsere Gesellschaft zusammenhält, Carl Hanser, Berlin 2012

Sharot, Tali: Die Meinung der anderen. Wie sie unser Denken und Handeln bestimmt – und wie wir sie beeinflussen, Pantheon, München 2019

Sheldrake, Rupert: Die Wiederentdeckung der Spiritualität. 7 Praktiken im Fokus der Wissenschaft, Droemer Knaur, München 2017

Simon, Lukas: Religion in Afrika. Der gute Ruf der Bischöfe, in: „Christ in der Gegenwart", Nr. 47/2020

Söding, Thomas: Aufbruch ins Weite. Geschichte des Urchristentums, Vorlesungs-Manuskript SS 2012, http://www.kath.ruhr-uni-bochum.de/imperia/md/content/nt/nt/aktuellevorlesungen/vorlesungsskriptedownload/vlskripte ss2012/skript_geschichte_des_urchristentums_ss_2012_rub.pdf, Zugriff am 18.9.2021

Spichtig, Peter: Wort des lebendigen Gottes, in: „Schweizerische Kirchenzeitung", 1/2021

Spiewak, Martin: Was nicht in der Zeitung steht, in: „Die Zeit", 27.9.2018

Staubli, Thomas und Schroer, Silvia: Menschenbilder der Bibel, Patmos, Ostfildern 2014

Steffensky, Fulbert: Heimathöhle Religion. Gastrecht für widersprüchliche Gedanken, Radius-Verlag, Stuttgart 2015

Steinich, Annette: Dieses Buch birgt Sprengstoff: Historisch-kritische Ausgabe rückt den Koran in ein neues Licht, in: „Neue Zürcher Zeitung", 19.3.2018

Stolz, Jörg et al.: Religion und Spiritualität in der Ich-Gesellschaft. Vier Gestalten des (Un-)Glaubens, Theologischer Verlag Zürich, Zürich 2014

Strahm, Doris: Das ist keine Liebe, das ist pervers, in: „Publik-Forum", Nr. 5/2019, 29–30

Straub, Jacqueline: Kickt die Kirche aus dem Koma. Eine junge Frau fordert Reformen, Patmos, Ostfildern 2018

Straub, Jacqueline: Wir gehen dann mal vor. Zeit für einen Mutausbruch, Herder, Freiburg i. Br. 2021

Taschner, Rudolf: Woran wir glauben. 10 Angebote für aufgeklärte Menschen, Brandstätter, Wien 2016

Tauber, Peter: Braucht unsere Gesellschaft die Kirchen? In: Dieckmann, Elisabeth und Wiesemann, Karl-Heinz (Hg.), Wie viel Kirche braucht das Land? Christliches Zeugnis in einer säkularen Gesellschaft, Echter, Würzburg 2019, 105–117

Taylor, Charles: Ein säkulares Zeitalter, Suhrkamp, Frankfurt a. M. 2009

Teilhard de Chardin, Pierre: Mein Universum, Buchklub Ex Libris, Zürich 1980

Tempelmann, Inge: Geistlicher Missbrauch. Auswege aus frommer Gewalt. Handbuch für Betroffene und Berater, SCM R. Brockmann, Wuppertal 2007

Theile, Gustav: Das neue Jahrhundert der Religionen, „Frankfurter Allgemeine Zeitung", 27.10.2019, https://www.faz.net/aktuell/wirtschaft/schneller-schlau/das-neue-jahrhundert-der-religionen-16452789.html, Zugriff am 16.9.2021.

Theissen, Gerd: Die Religion der ersten Christen. Eine Theorie des Urchristentums, Chr. Kaiser/Gütersloh, Gütersloh 2001

Theissen, Gerd: Polyphones Verstehen. Entwürfe zur Bibelhermeneutik, LIT Verlag, Berlin 2014

Theissen, Gerd und Merz, Annette: Der historische Jesus. Ein Lehrbuch, Vandenhoeck & Ruprecht, Göttingen 2011

Timmerevers, Heinrich und Arnold, Thomas (Hg.): Gefährliche Seelenführer? Geistiger und geistlicher Missbrauch, Herder, Freiburg i. Br. 2020

Topçu, Öslem: Einmal Glaube und zurück. Pilgern nach Mekka, in: „Die Zeit", 5.1.2011

Trivers, Robert: Betrug und Selbstbetrug. Wie wir uns selbst und andere erfolgreich betrügen, Ullstein, Berlin 2013
Trummer, Peter: Den Herzschlag Jesu spüren. Seinen Glauben leben, Herder, Freiburg i. Br. 2021
Uchatius, Wolfgang: Anthropologie. Wie gut ist der Mensch? in: „Die Zeit", 23.12.2020
Wagner, Doris und Schönborn, Christoph: Schuld und Verantwortung. Ein Gespräch über Macht und Missbrauch in der Kirche, Herder, Freiburg i. Br. 2019
Walser, Angelika: Egg Freezing und Co-Parenting. Maßnahmen zukünftiger Familienplanung aus theologisch-ethischer Sicht, in: Büchner, Christine und Giele, Nathalie (Hg.), Theologie von Frauen im Horizont des Genderdiskurses, Matthias Grünewald, Ostfildern 2020, 273–286
Waltersdorfer, Helmut: Seht, ich mache alles neu. Konkrete Beispiele für notwendige Veränderungen in Theologie und Kirche, Akaziaverlag, Gutau 2017
Werlen, Martin: Zu spät. Eine Provokation für die Kirche. Hoffnung für alle, Herder, Freiburg i. Br. 2018
Werlen, Martin: Raus aus dem Schneckenhaus! Nur wer draußen ist, kann drinnen sein, Herder, Freiburg i. Br. 2020
Wiegand, Jürgen: Handbuch Planungserfolg, vdf Hochschulverlag, Zürich 2005
Wiehn, Erhard Roy: Judentum und Christentum. Gemeinsames und Trennendes im kurzen Überblick. Versuch einer vergleichenden Betrachtung als aktueller Denkanstoß, Hartung-Gorre, Konstanz 2010
Wiemeyer, Jochen: Die Kapitalismuskritik von Papst Franziskus, in: Wirz, Stephan (Hg.), Kapitalismus – ein Feindbild für die Kirchen, Edition NZN bei TVZ, Zürich 2018, 23–40
Wiesemann, Karl-Heinz: Die „radikale" Sendung der Kirche, in: Dieckmann, Elisabeth und Wiesemann, Karl-Heinz (Hg.), Wie viel Kirche braucht das Land? Christliches Zeugnis in einer säkularen Gesellschaft, Echter, Würzburg 2019, 37–46
Wilkinson, Richard und Pickett, Kate: Gleichheit ist Glück. Warum gerechte Gesellschaften für alle besser sind, Tolkemitt, Berlin 2012
Winter-Pfändler, Urs: Kirchenreputation, Edition SPI, St. Gallen 2013
Wirz, Stephan: Einleitung, in: Wirz, Stephan (Hg.), Kapitalismus – ein Feindbild für die Kirchen, Edition NZN bei TVZ, Zürich 2018, 7–19
Wucherpfennig, Ansgar: Von Hirten und Schafen. Einsetzung des Petrus, in: „Christ und Gegenwart", 4/2022, https://www.herder.de/cig/cig-ausgaben/archiv/2022/4-2022/von-hirten-und-schafen/, Zugriff am 11.2.2022
Wucherpfennig, Ansgar: Wie hat Jesus Eucharistie gewollt? Ein Blick zurück nach vorn, Patmos, Ostfildern 2021

Zehnder, Matthias: Die digitale Kränkung. Über die Ersetzbarkeit des Menschen, NZZ Libro, Basel 2019

Zimbardo, Philip G. und Gerrig, Richard J.: Psychologie, Pearson Studium, München 2004

Zink, Jörg: Vom Geist des frühen Christentums. Den Ursprung wissen – das Ziel nicht verfehlen, Herder, Freiburg i. Br. 2015

Žižek, Slavoj: Gott ist weder gerecht noch ungerecht: Er ist ohnmächtig, in: Neue Zürcher Zeitung, 3.1.2018, https://www.nzz.ch/feuilleton/hiobs-schweigen-ld.1343521?reduced=true, Zugriff am 26.9.2021

Quellennachweis

Anmerkungen zum Kapitel 1

[1] Kretschmann 2015.
[2] Vgl. Theile 2019.
[3] Vgl. Lüdecke 2021, 226 f.
[4] Philipp 2010, 15; vgl. Englert 2018, 218 ff.; Stolz et al. 2014, 132 ff.; Halbfas 2010, 578.
[5] Flasch 2015.
[6] Imbach 2020a, 16 und 20 f.; vgl. Eckholt 2018.
[7] Hawking 2020, 62.
[8] Sämtliche 64 Bibelzitate in dieser Schrift entnommen aus: Evangelisch-Reformierte Landeskirche (Hg.): Zürcher Bibel, Zürich 2019. Das Copyright 2007 liegt beim TVZ Theologischer Verlag Zürich. Abdruckrecht erhalten am 1.11.2021.
[9] Vgl. Imbach 2020a, 20 f.; Koch 2019, 39; Englert 2018, 77 und 144; Halbfas 2018, 181.
[10] Vgl. Lohfink 2020, 57 ff.
[11] Vgl. Lohfink 2020, 148.
[12] Werlen 2020, 21 ff.
[13] Habermas 2019.
[14] Vgl. MDG-Trendmonitor 2021, 263; Habenicht 2020, 11; Sengelmann 2020, 104; Werlen 2020, 65; Koch 2019, 156.
[15] Vgl. Lüdecke 2021, 245; Habenicht 2020, 27.
[16] Vgl. Zehnder 2019, 83 ff.
[17] Vgl. Habenicht 2020, 25.
[18] Bregmann 2020.
[19] Habenicht 2020, 110 f.; vgl. Sennet 2012, 267 ff.
[20] Habenicht 2020, 105.
[21] Vgl. Englert 2018, 75; vgl. Kling-Witzenhausen 2020, 41 ff.
[22] Püttmann 2019, 16.
[23] Taylor 2009; vgl. Knobloch 2018, 30 ff.; Stolz et al. 2014, 21 ff.
[24] Frerk 2021.
[25] Vgl. Habenicht 2020, 28 ff.; Kling-Witzenhausen 2020, 238 ff.; Jörns 2017, 36 ff.; Rahner 2016, 67.
[26] Lüdemann 2011; siehe auch Lüdemann 2016.
[27] Kubitza 2013.
[28] Keel 2018.
[29] Vgl. Müller 2021, 32 f.; Taschner 2016, 215; Stolz et al. 2014, 33 ff.
[30] Vgl. Jörns 2017, 49 ff.; Stolz et al. 2014, 65 ff.
[31] Beile 2021; vgl. Koch 2019, 36; Rahner 2016, 67.
[32] Frerk 2021; vgl. MDG-Trendmonitor 2021, 20.
[33] Siehe z. B. Imbach 2020a, 84 ff.; Koch 2019, 53; Lüdemann 2016, 120 ff.; Theissen/Merz 2011, 221 ff. und 339 ff.; Lindemann 2011, 4 ff.; Beinert 2007, 23 ff.

34 Vgl. Halbfas 2018, 39 f.
35 Lauster 2018, 35.
36 Langenhorst 2018, 244.
37 Vgl. Böttigheimer 2020, 19 ff.; Schauß 2017, 57 ff.; Lüdemann 2016, 120 ff.; Theissen/Merz 2011, 221 ff. und 339 ff.; Lindemann 2011, 4 ff.; Beinert 2007, 23 ff.
38 Vgl. Ökumenischer Rat der Kirchen ÖRK: Die Basis des ÖRK, https://www.oikoumene.org/de/node/6243, Zugriff am 16.9.2021; Evangelische Kirche in Deutschland EKD (Hg.): Apostolisches Glaubensbekenntnis, https://www.ekd.de/apostolisches-glaubensbekenntnis-10790.htm, Zugriff am 16.9.2021; Böttigheimer 2020; Langenhorst 2018, 181 ff. und 244 ff.; Ratzinger 2005, Aussagen zu Fragen 42, 44, 47, 82, 87, 92, 117, 119 und 122.
39 Vgl. Fredriksen 2021, 70; Lohfink 2020, 57; Böttigheimer 2020.
40 Halbfas 2018, 53.
41 Halbfas 2017, 21; vgl. Beile 2021, 156.
42 Waltersdorfer 2017, 7.
43 Vgl. Horn 2017; Bauer/Grossmann/Scala 2021, 9 und 27 ff.; Luhmann 2019, 18 ff.
44 Seewald 2018, 295; Marzano 2018, 85 ff.
45 Kirchliche Statistiken, https://www.dbk.de/fileadmin/redaktion/Zahlen%20und%20Fakten/Kirchliche%20Statistik/Allgemein_-_Zahlen_und_Fakten/AH-325_DBK_BRO_ZuF_2020-2021_Ansicht.pdf; https://www.ekd.de/ekd_de/ds_doc/Gezaehlt_zahlen_und_fakten_2021.pdf, Zugriff am 16.9.2021.
46 Bistum Augsburg (Hg.): Gehorsam, https://bistum-augsburg.de/Hauptabteilungen/Hauptabteilung-VI/Glaube-und-Lehre/Glaubenslehre/Glaubensfragen/Gehorsam, Zugriff am 16.9.2021.
47 Vgl. Evangelische Landeskirche in Württemberg (Hg.): Ordination, https://www.elk-wue.de/glossar/ordination; https://www.zhref.ch/organisation/landeskirche/kirchensynode/protokolle/2018/03-april-2018-ordentliche-kirchensynode-14-sitzung/zhref-teilrevision-kirchenordnung.pdf, Zugriff am 16.9.2021; Jörns 2017, 62.
48 Vgl. Straub 2021, 31; Straub 2018, 188.
49 Wikipedia – Die freie Enzyklopädie (Hg.): Kirchensteuer in Deutschland, 11.9.2021, https://de.wikipedia.org/wiki/Kirchensteuer_(Deutschland), Zugriff am 16.9.2021.
50 Evangelisch-Reformierte Kirche Schweiz 2020, 5.
51 Zitiert nach Taschner 2016, 133; vgl. Ratzinger 2005, Aussage zu Frage 171.
52 Simon 2020.
53 Resing 2020.
54 Koch 2019, 154; vgl. MDG-Trendmonitor 2021, 66; Püttmann 2018, 16.
55 Vgl. Koch 2020; vgl. Beile 2021, 44; Evangelische Kirche in Deutschland 2020a.
56 Ratzinger 2005.
57 Evangelische Kirche in Deutschland 2020a, 5.
58 Sengelmann 2020, 181.
59 Koch 2014, 108; vgl. Bogner 2019, 19 ff.; Mertes 2013, 53; Drewermann 1989, 83 ff.
60 Vgl. Bogner 2019, 19 ff. und 109; Mertes 2013, 55 ff.; Reis Schweizer 2019.
61 Vgl. Jörns 2017, 23 und 113.

[62] Jörns 2017, 24.
[63] Vgl. Bogner 2019, 39; Evangelische Kirche in Deutschland 2015, 157 ff.; Ratzinger 2005, Aussagen zu den Fragen 74, 75, 117 und 119.
[64] Vgl. Halbfas 2018, 144; Jörns 2017, 54.
[65] Vgl. Sengelmann 2020, 197 f.
[66] Rüdele 2020; vgl. Rahner 2020.
[67] Wenig Priester, viele Lehrer. Wer studiert Theologie, in: „Christ in der Gegenwart", Nr. 32/2020, https://www.herder.de/cig/cig-ausgaben/archiv/2020/32-2020/wenige-priester-viele-lehrer-wer-studiert-theologie/, Zugriff am 16.9.2021.
[68] Vgl. Sengelmann 2020, 119; Flügge/Holte 2018, 17 ff.
[69] Vgl. Lüdecke 2021, 242 ff.; Bogner 2019, 65.
[70] Seewald 2018, 46.
[71] Jörns 2017, 70 ff.
[72] Vgl. Pollack 2021; Püttmann 2019, 16 und 23 f.
[73] Haseloff 2020; vgl. Pollack 2021; Böttigheimer 2020, 12.
[74] Lüdecke 2021, 225 f.; vgl. Barbato 2021; Ratzinger 2005, Aussagen zu Fragen 16 und 336.
[75] Alt 2020.
[76] Internationale Konferenz Bekennender Gemeinschaften (Hg.), Bericht zur Tagung in Kassel am 13.6.2019, https://www.ikbg.net/de/aktuelles.php, Zugriff am 16.9.2021.
[77] Meuser/Hartl/Wallner 2018.
[78] Schnabel 2020.
[79] Werlen 2018; vgl. Kling-Witzenhausen 2020, 253.
[80] Langer 2021.
[81] Englert 2018, 150 ff.
[82] Vgl. Halbfas 2018, 181; Englert 2018, 144 f.; Jörns 2017, 361.
[83] Ladner 2019.
[84] Werlen 2020, 27.
[85] Eckholt 2020, 234.
[86] Büchner 2020, 188.
[87] Timmerevers/Arnold 2020.
[88] Vgl. Fleischmann 2020.
[89] Tempelmann 2007.
[90] Wagner/Schönborn 2019, 61 ff.
[91] Koch 2019; vgl. Pollack 2021; MDG-Trendmonitor 2021, 46 f.
[92] Vgl. Sengelmann 2020, 117 f.
[93] Jörns 2017, 45; vgl. Afsah 2021.
[94] Lau/Spiewak 2020; vgl. Fredriksen 2021, 79 ff. und 160 ff.; Böttigheimer 2020, 12.
[95] Vgl. Kling-Witzenhausen 2020, 253 ff.; Knobloch 2018, 39; Jörns 2017, 103 ff.
[96] Publik-Forum 2019.
[97] Vgl. Müller 2020, 193; Rouet 2012.

Anmerkungen zum Kapitel 2

1. Flasch 2015, 11.
2. Vgl. Schauß 2017, 15 ff.; Kornmeyer 2007, 11 ff.
3. Vgl. Flasch 2005, 112.
4. Homolka 2020, 92; vgl. Leonhardt 2009, 137 f.
5. Vgl. Ratzinger 2007–2012.
6. Vgl. Theissen/Merz 2011, 27.
7. Vgl. Theissen/Merz 2011, 24 ff.
8. Vgl. Homolka 2020, 75 ff.; Theissen/Merz 2011, 27 ff.
9. Vgl. Dahlheim 2014, 355 ff.; Halbfas 2010, 350 ff.; Leonhardt 2009, 20 ff.
10. Vgl. Evangelische Kirche in Deutschland 2020b; Evangelisch-Reformierte Kirche Schweiz 2020; Evangelische Kirche in Deutschland (Hg.): Apostolisches Glaubensbekenntnis, https://www.ekd.de/apostolisches-glaubensbekenntnis-10790.htm, Zugriff am 16.9.2021; Evangelische Kirche in Deutschland (Hg.): Freiheit, https://www.ekd.de/Freiheit-11179.htm, Zugang am 16.9.2021; Evangelische Kirche in Deutschland (Hg.): Mensch, https://www.ekd.de/Mensch-11234.htm, Zugriff am 16.9.2021; Evangelische Kirche in Deutschland 2015; Ratzinger 2005, Aussagen zu Fragen 16, 76, 94, 95, 117, 213, 363, 392, 395, und 416.
11. Vgl. Kornmeyer 2007, 40 ff.
12. Harari 2015, 34.
13. Vgl. Schaik/Michel 2018, 87.
14. Vgl. Schüngel-Straumann 1973, 14 ff.
15. Marcus 2009, Klappentext.
16. Kahnemann 2012, 32 ff.; vgl. Kahnemann/Sibony/Sunstein 2021, 177 ff.; Schaik/Michel 2018, 28 ff.
17. Vgl. Sharot 2019, 29 ff.; Kahnemann 2016, 247 ff.
18. Uchatius 2020; vgl. Roth 2007, 126 f.
19. Vgl. Uchatius 2020; Roth 2007, 126 f.
20. Roth 2007, 249.
21. Vgl. Roth 2007, 71 ff.
22. Vgl. Kahnemann 2012, 82.
23. Vgl. Dickscheid 2018, 183; Roth 2007, 145 ff.
24. Vgl. Leppin 2007, 7 ff. und 80 ff.; Jörns 2017, 237 ff.
25. Vgl. Kahnemann 2012, 275 ff.; Roth 2007, 182 ff.
26. Dörner 2004, 313.
27. Vgl. Lüdecke 2021, 237; Roth 2003, 102 f.
28. Vgl. Kahnemann 2012, 81.
29. Koch 2019, 11; vgl. Ronis 2017.
30. Vgl. Dörner 2004, 133 ff.
31. Vgl. Müller 2021, 76; König/Schattenhofer 2020, 29 ff.; Sharot 2019; Dickscheid 2018, 182 f.
32. Vgl. Topçu 2011.

Quellennachweis

33 Vgl. Ratzinger 2005, Aussagen zu Fragen 496 und 497.
34 Vgl. Kümmel 2015, 218 ff.
35 Vgl. Ratzinger 2005, Aussage zu Frage 75.
36 Evangelische Kirche in Deutschland 2020b, 6.
37 Vgl. Evangelische Kirche in Deutschland 2020b, 5 ff.
38 Jörns 2017, 317; vgl. Trummer 2021, 99 ff.; Renz 2020, 149.
39 Vgl. Flasch 2013, 179.
40 Vgl. Halbfas 2018, 124 ff.
41 Schauß 2017, 23.
42 Ratzinger 2005, Aussage zu Frage 495.
43 Evangelische Kirche in Deutschland 2020b, 8.
44 Schauß 2017, 36; vgl. Roth/Strüber 2018, 281 ff.
45 Koch 2014, 188.
46 Vgl. Kümmel 2015, 207 ff.
47 Vgl. Fredriksen 2021, 104 ff.; Müller 2021, 49; Paganini 2021; Imbach 2020a, 105 f.;
48 Leserbrief publiziert in der Tageszeitung „BZ-Basel" vom 12.04.2018.
49 Spichtig 2021.
50 Jörns 2017, 114; vgl. Koch 2019, 26.
51 Evangelische Kirche in Deutschland (Hg.): Bibel, https://www.ekd.de/Bibel-11164.htm, Zugriff am 16.9.2021.
52 Ratzinger 2005, Aussage zu Frage 18.
53 Ratzinger 2005, Aussage zu Frage 19.
54 Flasch 2013, 83 ff.; vgl. Imbach 2020a, 15 ff.; Schauß 2017, 13 ff.; Müller 2018; Rahner 2014, 47 ff.
55 Theissen/Merz 2011, 29; vgl. Homolka 2020, 75 ff.; Lindemann 2011, 6; Leonhardt 2009, 188 ff.
56 Lauster 2018, 65; vgl. Fredriksen 2021, 104 ff.; Koch 2019, 28; Fischer 2017, 89; Theissen/Merz 2011, 22 ff.
57 Vgl. Homolka 2020, 49 ff.; Schauß 2017, 48 ff.; Kubitza 2013, 81 ff.; Theissen/Merz 2011, 73 ff.
58 Vgl. Homolka 2020, 50; Bochsler 2019; Dahlheim 2014, 61.
59 Vgl. Homolka 2020, 50 ff.; Dahlheim 2014, 20 ff.
60 Vgl. auch zum folgenden Text Böttigheimer 2020, 36; Schauß 2017; 146 f.; Theissen/Merz 2011, 232.
61 Vgl. Homolka 2020, 50 ff. und 217 ff.; Böttigheimer 2020, 32 f.; Bochsler 2019, 113 ff.; Theissen/Merz 2011, 125 ff.
62 Vgl. Lauster 2018, 60 ff.; Metz 2011.
63 Vgl. Wucherpfennig 2021, 113; Schubert 2018, 28 ff.; Jörns 2017, 64.
64 Böttigheimer 2020, 19; vgl. Schaik/Michel 2018, 378 ff.
65 Vgl. Trummer 2021, 43; Homolka 2020, 51; Theissen/Merz 2011, 493.
66 Vgl. Homolka 2020, 51 ff.; Theissen/Merz 2011, 184 ff.
67 Vgl. Theissen/Merz 2011, 196.

68 Vgl. Imbach 2003, 10; Fredriksen 2021, 70; Lohfink 2020, 13; Theissen/Merz 2011, 216 f.
69 Vgl. Homolka 2020, 53; Lohfink 2020, 15 ff.
70 Vgl. Theissen/Merz 2011, 494.
71 Vgl. Berger 2019, 11 f.
72 Vgl. Homolka 2020, 220; Kubitza 2013, 96 f.
73 Böttigheimer 2020, 21; vgl. Eigenmann 2019.
74 Vgl. Böttigheimer 2020, 28; Lohfink 2020, 13.
75 Vgl. Böttigheimer 2020, 32 und 57; Halbfas 2018, 53; Schauß 2017, 74 ff.; Theissen/Merz 2011, 459.
76 Vgl. Böttigheimer 2020, 32; Koch 2019, 85; Bochsler 2019, 101 ff.; Lauster 2018, 24; Halbfas 2018, 41 f.
77 77 Vgl. Eckholt 2018; Haag 2000, 18 f.
78 Theissen/Merz 2011, 477; vgl. Bochsler 2019, 103 f.; Schaik/Michel 2017, 401.
79 Vgl. Steinich 2018; Ourghi 2020.
80 Vgl. Schauß 2017, 48; Bail et al. 2014, 1846.
81 Vgl. Imbach 2020b, 41 ff.; Leonhardt 2009, 181.
82 Vgl. Jörns 2017, 82.
83 Vgl. Horn 2020; Theissen/Merz 2011, 40 ff.
84 Vgl. Bail et al. 2014, 2093; Koch 2014, 39.
85 Vgl. Böttigheimer 2020, 60 f. und 69 f.; Koch 2019, 41; Halbfas 2018, 45 ff.
86 Vgl. Zink 2015, 220 ff.
87 Vgl. Imbach 2020b, 49 ff.; Evangelisch-reformierte Landeskirche des Kantons Zürich 2019, 2. Teil, 143; Jörns 2017, 108 f.
88 Vgl. Lohfink 2020, 236; Jörns 2017, 109 f.; Leonhardt 2009, 20 ff.
89 Böttigheimer 2020, 191; vgl. Fredriksen 2021, 94 ff. und 158 ff.; Trummer 2021, 142 f.; Imbach 2020b, 58 ff.; Dickscheid 2018, 176 f.
90 Vgl. Schauß 2017, 152 ff.
91 Vgl. Dahlheim 2014, 55.
92 Vgl. Fredriksen 2021, 124 ff.; Bernhardt 2021, 284 f.; Trummer 2021, 172 ff.; Imbach 2020a, 129 f.; Schaik/Michel 2018, 400 f.; Lindemann 2011, 9.
93 Vgl. Fredriksen 2021, 124 ff.; Lauster 2018, 62.
94 Vgl. Imbach 2000, 215.
95 Vgl. Wucherpfennig 2021, 49 ff.; Küng 2019, 216; Halbfas 2018, 63; Jörns 2017, 299; Wiehn 2010, 42 f.
96 Vgl. Wucherpfennig 2021, 50; Evangelisch-Reformierte Landeskirche des Kantons Zürich 2019, 2. Teil, 280 f.
97 Koch 2014, 163; vgl. Jörns 2017, 289 ff.
98 Ohlig 2014, 47.
99 Theissen 2014, 150; vgl. Fredriksen 2021, 38 ff.; Philipp 2010, 39.
100 Vgl. Jörns 2017, 107.
101 Vgl. Lukas 2020; Koch 2019, 32; Leonhardt 2009, 183 ff.
102 Vgl. Petersen 2020, 101.

[103] Vgl. Imbach 2000, 154 f.; Lohfink 2020, 131; Dickscheid 2018, 180 ff.
[104] Bail et al. 2014; vgl. Petersen 2020.
[105] Dalfoth 2006.
[106] Vgl. Dickscheid 2018, 180 ff.; Jörns 2017, 103 f.; Schauß 2017, 13 ff.
[107] Vgl. Böttigheimer 2020, 26 ff.; Langenhorst 2018, 250 f.; Theissen 2014, 143.
[108] Vgl. Hieke/Huber 2021, 18 f.; Trummer 2021, 121 und 149 f.; Knobloch 2018, 102 ff.; Haag 1995, 150 ff.
[109] Lohfink 2020, 290; vgl. Theissen/Merz 2011, 286 ff.
[110] Vgl. Koch 2019, 29; Jörns 2017, 140 f.
[111] Vgl. Fredriksen 2021, 94 ff. und 158 ff.; Imbach 2020b, 65; Schauß 2017, 51; Theissen/Merz 2011, 70 ff.
[112] Vgl. Böttigheimer 2020, 37; Langenhorst 2018, 241; Fischer 2017, 117; Koch 2014, 93.
[113] Vgl. Böttigheimer 2020, 61; Halbfas 2010, 273.
[114] Halbfas 2018, 173; vgl. Imbach 2020b, 112; Dickscheid 2018, 180 ff.
[115] Vgl. Böttigheimer 2020, 21 ff.; Lohfink 2020, 13 ff. und 273; Küng 2016 ff.; Zink 2015, 75 ff.; Theissen 2014, 175 ff.; Lindemann 2011, 4 ff.
[116] Vgl. Trummer 2021, 258 ff.; Böttigheimer 2020, 31 ff.; Eigenmannn 2019, 146 f.; Halbfas 2018, 181.
[117] Vgl. Lohfink 2020, 283; Koch 2019, 91 ff.; Jörns 2017, 62 und 140.
[118] Vgl. Nordhofen 2019; Jörns 2017, 62, 114 und 140 f.
[119] Vgl. Hieke/Huber 2021, 20 f.; Imbach 2020b, 114 ff.; Petersen 2020, 97 ff.; Halbfas 2018, 205; Dickscheid 2018, 185 f.; Jörns 2017, 140; Rahner 2016, 78 f.; Schüssler Fiorenza 2013, 33 ff.
[120] Flasch 2013, 127; vgl. Fredriksen 2021, 75 ff.; Trummer 2021, 238 f.
[121] Vgl. Lauster 2018, 38 ff.; Scholl 2015, 53; Halbfas 2010, 341 ff.
[122] Vgl. Greshake 2020, 30.
[123] Vgl. Fischer 2017, 117.
[124] Vgl. Fredriksen 2021, 91 ff.; Scholl 2015, 89.
[125] Vgl. Lauster 2018, 86.
[126] Vgl. Trummer 2021, 33 f.; Lauster 2018, 79; Scholl 2015, 53 f.
[127] Vgl. Scholl 2015, 54.
[128] Vgl. Ehrensperger 2005.
[129] Vgl. Ludwig-Maximilians-Universität München, Professur für biblische Einleitung (Hg.): Die Gemeinde als Leib Christi nach 1 Kor 12, https://www.kaththeol.uni-muenchen.de/lehrstuehle/bibl_einleitung/downloads/rep_grundwissen/7paulinischegemeinde.pdf, Zugriff am 16.9.2021 (Link inzwischen inaktiv).
[130] Ehrensperger 2005.
[131] Vgl. Dahlheim 2014, 381.
[132] Halbfas 2010, 379; vgl. Trummer 2021, 122 ff.; Publik-Forum 2021; Dahlheim 2014, 381.
[133] Vgl. Trummer 2021, 122 ff.; Halbfas 2010, 380 f.
[134] Vgl. Schüngel-Straumann 2020, 95.

[135] Vgl. Fredriksen 2021, 129 ff.; Bochsler 2019, 104; Lauster 2018, 49; Dahlheim 2014, 113 und 127; Küng 2006, 40 ff.
[136] Vgl. Scholl 2015, 53 f.; Halbfas 2010, 358 ff.; Ehrensperger 2005.
[137] Vgl. Lauster 2018, 59; Dahlheim 2014, 382 f.; Beinert 2000, 55.
[138] Vgl. Beinert 2000, 55.
[139] Vgl. Lauster 2018, 80 ff.; Dahlheim 2014, 346.
[140] Eigenmann 2019, 154; vgl. Küng 2006, 63 ff.
[141] Vgl. Eigenmann 2019, 151 ff.; Scholl 2015; Dahlheim 2014, 383 f.
[142] Vgl. Bogner 2019, 80; Dahlheim 2014, 382.
[143] Vgl. Trummer 2021, 165; Böttigheimer 2020, 213; Lauster 2018, 31 ff.; Jörns 2017, 292; Rahner 2014, 111 ff.; Imbach 2011, 134.
[144] Vgl. Halbfas 2018, 100 ff.; Ohlig 2014, 82; Rahner 2014, 111 ff.
[145] Vgl. Homolka 2020, 36 ff.; Ohlig 2014, 32 ff. und 51 ff.; Leonhardt 2009, 21 ff.
[146] Vgl. Halbfas 2018, 100 ff.; Scholl 2015, 84; Ohlig 2014, 86; Leonhardt 2009, 26 f.
[147] Vgl. Trummer 2021, 34 f.; Imbach 2020a, 91 f.; Lauster 2018, 118.
[148] Vgl. Halbfas 2018, 110; Scholl 2015, 84.
[149] Vgl. Imbach 2020a, 92 ff.; Halbfas 2018, 106 ff.; Ohlig 2014, 89 ff.; Leonhardt 2009, 278 ff.
[150] Vgl. Lauster 2018, 137.
[151] Vgl. Ohlig 2014, 45 ff. und 159.
[152] Luther, Martin: Der Glaube an den dreieinigen Gott. Predigt am Sonntag Trinitatis 1531, https://jochenteuffel.com/2020/08/04/martin-luther-uber-die-dreieinigkeit-trinitat-predigt-am-sonntag-trinitatis-1531-disputiere-also-nicht-sondern-halte-dich-an-das-wort/, Zugriff am 17.9.2021; vgl. Bernhardt 2021, 175.
[153] Deutsche Bischofskonferenz 2006, 17.
[154] Barth 2014; vgl. Krüger 2021, 62 ff.
[155] Küng 2016, 183; vgl. Halbfas 2018, 105 ff.; Jörns 2017, 110 und 115 f.; Scholl 2015, 84; Leonhardt 2009, 131 ff.
[156] Ohlig 2014, 159.
[157] Fredriksen 2021, 160.
[158] Deutsche Bischofskonferenz 2006, 85.
[159] 159 Vgl. Krüger 2021, 61 ff.
[160] Vgl. Kremer/Lanzinger 2018, 187 ff; Jörns 2017, 293; Fischer 2017, 46 f.; Purzycki et al. 2016.
[161] Vgl. Imbach 2020a, 123 ff.; Koch 2019, 121 ff.; Kremer/Lanzinger 2018, 192 f; Jörns 2017, 292; Theissen 2001, 202 ff.
[162] Vgl. Trummer 2021, 196 f.; Schubert 2018, 33; Halbfas 2018, 57 ff.; Jörns 2017, 293 ff. und 305 ff.
[163] Staubli/Schroer 2014, 442.
[164] Vgl. Schubert 2018, 35 und 63 ff.; Kremer/Lanzinger 2018, 195; Scholl 2015, 55 f.
[165] Vgl. Wikipedia – Die freie Enzyklopädie (Hg.): Erbsünde, 4.9.2021, https://de.wikipedia.org/wiki/Erbs%C3%BCnde, Zugriff am 17.9.2021; Halbfas 2018, 119 f.; Link-Wieczorek 2018, 248; Schüngel-Straumann 2014, 70.

[166] Vgl. Halbfas 2018, 121 f.; Link-Wieczorek 2018, 252; Rahner 2016, 217 ff.; Leonhardt 2009, 30.
[167] Vgl. Lauster 2018, 190 ff.; Bernhardt 2000, 133.
[168] Vgl. Frank 2014.
[169] Vgl. Wikipedia – Die freie Enzyklopädie (Hg.): Thomas von Aquin, Zitate aus „Summa Theologica 1/92/1", 17.8.2021, https://de.wikipedia.org/wiki/Thomas_von_Aquin, Zugriff am 17.9.2021; vgl. Schüngel-Straumann 2014, 53 f.
[170] Vgl. Rahner 2016, 292 ff.
[171] Zitiert nach Lauster 2018, 299.
[172] Vgl. Evangelische Kirche in Deutschland 2020b, 6; Halbfas 2018, 124; Jörns 2017, 362; Christophersen 2011, 75.
[173] Vgl. Evangelische Kirche in Deutschland 2015, 76 f.
[174] Vgl. Evangelische Kirche in Deutschland 2015, 171.
[175] Vgl. Halbfas 2018, 114; Ratzinger 2005, Aussagen zu Fragen 75, 76, 280 und 281.
[176] Imbach 2011, 78; vgl. Scholl 2020, 94 f.; Halbfas 2018, 204.
[177] Böttigheimer 2020, 225; vgl. Trummer 2021, 260 f.; Scholl 2020, 94; Renz 2020, 92 und 134 ff.; Halbfas 2018, 204 und 207; Jörns 2017, 314 ff.; Küng 2016, 221; Theissen/Merz 2011, 353.
[178] Strahm 2019.
[179] Vgl. Koch 2019, 10 f.; Jörns 2017, 293 ff.; Theissen/Merz 2011, 384.
[180] Werlen 2020, 27; Greshake 2020, 84; Bogner 2019, 135.
[181] Pehle 2020.
[182] Vgl. Pirker 2008, 10 f.
[183] Vgl. Wikipedia – Die freie Enzyklopädie (Hg.): Hildegard von Bingen, 4.9.2021, https://de.wikipedia.org/wiki/Hildegard_von_Bingen, Zugriff am 17.9.2021; vgl. Schüngel-Straumann 2014, 58 f.
[184] Vgl. Rohr 2010, 158.
[185] Zitiert nach Teuffel, Jochen: Rudolf Bultmanns Vortrag „Neues Testament und Mythologie", gehalten am 21.4.1941 auf einer Tagung der Gesellschaft für Evangelische Theologie" in Frankfurt a. M., https://jochenteuffel.com/2017/04/22/rudolf-bultmann-neues-testament-und-mythologie-vollstaendiger-text/, Zugriff am 17.9.2021.
[186] Vgl. Kosmala 2004.
[187] Amrehn 2020
[188] Vgl. Imbach 2020b, 44.
[189] Vgl. Lauster 2018, 308.

Anmerkungen zum Kapitel 3

[1] Vgl. Müller 2020, 81; Küng 2019, 21; Schauß 2017, 44 ff.; Halbfas 2010, 238.
[2] Vgl. Müller 2020, 81; Scholl 2020, 152 ff.
[3] Homolka 2020, 220; Wiehn 2010, 29.
[4] Vgl. Berger 2019, 11 ff.
[5] Vgl. Lindemann 2011, 122; Theissen/Merz 2011, 211.
[6] Vgl. Mertes 2013, 178; Theissen/Merz 2011, 203 ff.

[7] Vgl. Müller 2020, 81 f.; Küng 2013, 114.
[8] Haag 1995, 51 f.
[9] Vgl. Werlen 2020, 40; Küng 2019, 296; Halbfas 2010, 87 und 269.
[10] Vgl. Trummer 2021, 68 f. und 168 f.; Küng 2019, 214 f.; Schaik/Michel 2018, 383; Theissen/Merz 2011, 379 ff.
[11] Vgl. Bundschuh-Schramm 2020; Halbfas 2018, 10 ff.
[12] Vgl. Wikipedia – Die freie Enzyklopädie (Hg.): Vaterunser, 7.9.2021, https://de.wikipedia.org/wiki/Vaterunser, Zugriff am 17.9.2021; Frey 2016, 10ff.
[13] Vgl. Cornelis de Vos 2019; Küng 2019, 208.
[14] Vgl. Böttigheimer 2020, 22 und 241; Lohfink 2020, 273 ff.; Koch 2019, 18; Schauß 2017, 57 und 78; Theissen/Merz 2011, 221 ff.
[15] Vgl. Bernhardt 2021, 286, 295 und 366 ff.; Seewald 2019.
[16] Vgl. Böttigheimer 2020, 223; Imbach 2011, 113 ff.
[17] Schaik/Michel 2018, 384; vgl. Fredriksen 2021; Küng 2019, 236 ff.; Taschner 2016, 211.
[18] Langenhorst 2018, 57.
[19] Vgl. Schauß 2017, 147; Rahner 2016, 170 ff.; Theissen/Merz 2011, 436 ff.
[20] Vgl. Trummer 2021, 236 ff.; Jörns 2017, 134.
[21] Vgl. Müller 2021, 61 ff.; Theissen/Merz 2011, 226 ff.
[22] Vgl. Wikipedia – Die freie Enzyklopädie (Hg.): Christentum, 7.9.2021, https://de.wikipedia.org/wiki/Christentum, Zugriff am 17.9.2021.
[23] Vgl. Knauf 2015, 31 ff.
[24] Metz 2006, 4 f.
[25] 25 Vgl. Wiehn 2010, 58
[26] Vgl. Teilhard de Chardin 1980, 45 ff.
[27] Koziol 2015, 18.
[28] Vgl. Mourlevat 2014, 37 ff.
[29] Zitiert nach Imbach, Josef: Gedanken zum Sonntag, 3.9.2017, https://www.kath.ch/gedanken-zum-sonntagfeiertag/, Zugriff am 17.9.2021 (Link inzwischen inaktiv).
[30] Vgl. Müller 2021, 26 ff.
[31] Žižek 2018.
[32] Vgl. Imbach 2020a, 61 ff.; Rosa, Hartmut: Religion lässt uns ein antwortendes Universum erfahren, Text zu einem Interview vom 6.1.2020, https://www.kath.ch/newsd/religion-laesst-das-antwortende-universum-erfahrbar-machen/, Zugriff am 16.9.2021; Schauß 2017, 81 f. und 120 ff.; Küng 2016, 235.
[33] 33 Vgl. Imbach 2020a, 67 ff.
[34] Trivers 2013, 399; vgl. Dickscheid 2018, 173; Frère Emanuel 2015, 13 ff.; Rahner 2014, 57 f.; Schauß 2017, 81 und 182.
[35] Metz 2006, 7 f.
[36] Pfister 1994, 39.
[37] Vgl. Scholl 2020, 21 ff.; Kümmel 2015, 4 ff.
[38] Vgl. Nessler 2005; Kümmel 2015, 181.
[39] Vgl. Imbach 2020a, 51; Kümmel 2015, 175 ff.; Küng 2014, 20 ff.

Quellennachweis

[40] Vgl. Philipp 2010, 37.
[41] Vgl. Beile 2021, 140 ff.; Küng 2016, 226; Halbfas 2010, 266.
[42] Kermani 2015, 50; vgl. Beile 2021, 22.
[43] Wikipedia – Die freie Enzyklopädie (Hg.): Liebe, 22.8.2021, https://de.wikipedia.org/wiki/Liebe, Zugriff am 17.9.2021; vgl. Schauß 2017, 237.
[44] Straub 2018, 17; vgl. Beile 2021, 145.
[45] Vgl. Waltersdorfer 2017, 16; Küng 2016, 265.
[46] Pfister 1994, 84; vgl. Renz 2020, 145 ff.; Jörns 2017, 136.
[47] Vgl. Imbach 2020a, 197 und 247; Rahner 2016, 163 f. und 217 ff.
[48] Vgl. Ratzinger 205, Aussage zu Frage 205.
[49] Vgl. Rahner 2016, 197 ff.
[50] Vgl. Roth/Strüber 2018, 439.
[51] Büttner 2012; vgl. Fredriksen 2021, 70 ff.; Böttigheimer 2020, 24 ff.; Lohfink 2020, 285.
[52] Vgl. Böttigheimer 2020, 31; Rahner 2016, 157 ff.
[53] 53 Vgl. Böttigheimer 2020, 29; Theissen/Merz 2011, 467 ff.
[54] Halbfas 2018, 427; vgl. Böttigheimer 2020, 22 ff; Wiehn 2010, 55.
[55] Spiewak 2018; vgl. Bregman 2020; Mäder 2017.
[56] Vgl. Rahner 2016, 322 ff.
[57] Seewald 2019a.
[58] Flasch 2015, 207 und 256.
[59] Vgl. Kubitza 2013, 133.
[60] Vgl. Trummer 2021, 29; Schauß 2017, 241 ff.; Küng 2016, 266 ff.
[61] Vgl. Theissen/Merz 2011, 345.
[62] Vgl. Fromm 2018, 95 ff.; Schauß 2017, 239 ff.
[63] Mayer 2015.
[64] Schmid 2018, 16 ff.
[65] Vgl. Zimbardo/Gerrig 2004, 632 ff.; Wikipedia – Die freie Enzyklopädie (Hg.): Selbstwert, 15.9.2021, https://de.wikipedia.org/wiki/Selbstwert, Zugriff am 17.9.2021.
[66] Vgl. Scholl 2020, 109 ff.
[67] Vgl. Egger 2013.
[68] Vgl. Krol, Beate: Ich armes Opfer, Beitrag in der Sendung vom SWR2 vom 6.4.2016, https://www.swr.de/-/id=17029998/property=download/nid=660374/rbw6fs/swr2-wissen-20160407.pdf, Zugriff am 17.9.2021.
[69] Nolan 2018, 178.
[70] Vgl. Wikipedia – Die freie Enzyklopädie (Hg.): Effektiver Altruismus, 23.4.2021, https://de.wikipedia.org/wiki/Effektiver_Altruismus, Zugriff am 17.9.2021.
[71] Schnabel 2018.
[72] Vgl. Theissen 2013, 147.
[73] Vgl. Trummer 2021, 81; Waltersdorfer 2017, 109; Trivers 2013, 401; Halbfas 2010, 524.
[74] Imbach 2003, 223; vgl. Jörns 2017, 137 f.
[75] Vgl. Trummer 2021, 83 und 200 ff.; Halbfas 2010, 524 f.

[76] Vgl. Metz 2006, 58.
[77] Mölkner, Wolfgang: Passion – eine problematische Kategorie, Artikel publiziert von der „Gesellschaft für eine Glaubensreform e. V.", 2016 (nicht mehr im Internet verfügbar).
[78] Vgl. Kümmel 2015, 208 ff.
[79] Vgl. Imbach 2020a, 104 ff.; Halbfas 2018, 127 ff.
[80] Vgl. Scholl 2015, 91; vgl. Halbfas 2010, 431 ff.
[81] Vgl. Waltersdorfer 2017, 35 ff.; Jörns 2017, 91.
[82] Vgl. Wucherpfennig 2021, 19; Trummer 2021, 199; Renz 2020, 70; Püttmann 2019, 15 f.; Sheldrake 2017, 141 ff.
[83] Als Beispiele seien genannt: Wucherpfennig 2021, 76, 84 f. und 109; Schubert 2018, 21 ff.; Halbfas 2018, 57 ff.; Jörns 2017, 341; Scholl 2015, 74 ff.; Küng 2013, 104; Theissen/Merz 2011, 366 ff.
[84] Vgl. Beile 2021, 202 ff.; Jörns 2017, 138 f.; Waltersdorfer 2017, 55.
[85] Vgl. Boff 2010, 21 ff.
[86] Vgl. Straub 2018, 119.
[87] Vgl. Böttigheimer 2020, 213.
[88] Vgl. Wikipedia – Die freie Enzyklopädie (Hg.): Apostolisches Glaubensbekenntnis, 27.4.2021, https://de.wikipedia.org/wiki/Apostolisches_Glaubensbekenntnis, Zugriff am 17.9.2021.
[89] Vgl. Küng 1992, 134.
[90] Vgl. Imbach 2020a; Küng 1992.
[91] Vgl. Ruhr-Universität Bochum (Hg.): Glaubensbekenntnisse 2020, https://homepage.ruhr-uni-bochum.de/Manfred.Hauenschild/pdf/Glaubensbekenntnisse.pdf, Zugriff am 10.10.2021; Scholl 2020, 176 f.; Küng 1992.

Anmerkungen zum Kapitel 4

[1] Hawking 2020, 236.
[2] 2 Vgl. Gerlach 2021, 87 ff.; Orth 2021; Wiegand 2005, 360 ff.
[3] Vgl. Lohfink 2020, 216.
[4] Vgl. Habenicht 2020, 66 ff.
[5] Vgl. Lohfink 2020, 107.
[6] Lohfink 2020, 221.
[7] Vgl. Wucherpfennig 2021, 101; Schubert 2018, 22 ff.; Halbfas 2018, 58 ff.; Küng 2013, 104 f.; Theissen/Merz 2011, 384.
[8] Vgl. Wucherpfennig 2021, 13; Schubert 2018, 13 und 23.
[9] Vgl. Wucherpfennig 2021, 105 und 109; Schubert 2018, 13, 203 und 211.
[10] Vgl. Schüngel-Straumann, Helen: Am 7. Tag ruhte Gott – Über das Geschenk des Sabbat, Text zu einem Gespräch in „Offline Basel – Oekumenisches Zentrum für Meditation und Seelsorge" am 2.2.2021, https://www.heiliggeist.ch/fileadmin/user_upload/dateien/Doku/2021_02_02_ueber_das_Geschenk_des_Sabbats_definitiv.pdf, Zugriff am 18.9.2021 (Link inzwischen inaktiv).
[11] Vgl. Theissen/Merz 2011, 54.
[12] Vgl. Lohfink 2020, 222 f.

[13] Vgl. Böttigheimer 2020, 31; Englert 2014, 144.
[14] Blasig 1984, 220; vgl. Küng 2019, 77 f.; Hochholzer 2018; Staubli/Schroer 2014, 275 ff.
[15] Vgl. Bauer 2019.
[16] Vgl. Ratzinger 2005, Aussage zu Frage 432.
[17] Jung 2012.
[18] Vgl. Häberling 2021.
[19] Vgl. Trummer 2021, 262 f.; Roth 2007, 255 ff. und 309 ff.
[20] Buch erschienen 2019. Bewusster Verzicht auf die Nennung des Autors und Buchtitels.
[21] Vgl. Wirz 2018, 7 ff.; Schwarz 2018, 99.
[22] Vgl. Wirz 2018, 12; Schwarz 2018, 101 ff.
[23] Vgl. Alt 2020, 17 ff.; Wirz 2018, 7 ff.
[24] Apostolisches Schreiben „Evangelii Gaudium", 2013, Aussage 204; vgl. Wiemeyer 2018, 23 ff.
[25] Vgl. Wikipedia – Die freie Enzyklopädie (Hg.): Befreiungstheologie, 17.3.2021, https://de.wikipedia.org/wiki/Befreiungstheologie, Zugriff am 18.9.2021.
[26] Sigrist, Christoph in einem Interview in der Neuen Zürcher Zeitung vom 17.10.2020; vgl. Schockenhoff 2019, 78 f.
[27] Vgl. Eigenmann 2019, 117 ff. und 138.
[28] Schauß 2017; Küng 2013, 330.
[29] Küng 2013, 330.
[30] Vgl. Roth 2016, 207.
[31] Vgl. Kessler 2019, 16 ff.
[32] Vgl. Wilkinson/Pickett 2012.
[33] Vgl. Eigenmann/Füssel/Hinkelammert 2019.
[34] Theissen/Merz 2011, 354.
[35] Steffensky 2015, 84
[36] Theissen/Merz 2011, 354; vgl. Wiesemann 2019, 41.
[37] Vgl. Sautermeister 2019, 8.
[38] Vgl. Dieckmann/Wiesemann 2019a, 7.
[39] Vgl. Püttmann 2019, 34 f.
[40] Vgl. Tauber 2019, 107.
[41] Vgl. Joas 2019, 22.
[42] Vgl. Schauß 2017, 213 ff.; Lindemann 2011, 194 ff.
[43] Vgl. Dieckmann/Wiesemann 2019b.
[44] Vgl. Walser 2020, 281.
[45] Vgl. Walser 2020, 285.
[46] Vgl. Müller 2020, 85 ff.
[47] Vgl. Bauer 2018a, 157 f.
[48] Vgl. Müller 2020, 89 ff.
[49] Vgl. Müller 2020, 89; Küng 2019, 297.
[50] Vgl. Borasio 2014, 12 ff.
[51] Tenzer, Andreas: Zitate, 2021, https://zitate-aphorismen.de/zitat/die-natur-ihr-schauspiel-ist-immer-neu/, Zugriff am 10.10.2021.

52 Vgl. Fabrianik 2018.
53 Vgl. Jörns 2017, 276; Koch 2019, 137 f.
54 Vgl. Rahner 2016, 21 f.
55 Fabrianik 2018.
56 Vgl. Schuppli 2017.
57 Vgl. Küng 2013, 247; Borasio 2014, 160 ff.
58 Zeitschrift „Brigitte", Artikel: Sonia schrieb ihren eigenen Nachruf – und eine Bitte an uns alle, https://www.brigitte.de/liebe/persoenlichkeit/krebspatientin-schreibt-eigenen-nachruf---und-bittet-uns-alle--bessere-menschen-zu-sein-10867996.html, Zugriff am 18.9.2021.

Anmerkungen zum Kapitel 5

1 Vgl. Sengelmann 2020, 20 ff.; Forschungsgruppe Weltanschauungen in Deutschland (Hg.): EKD und Katholiken in Deutschland im Jahr 2060, 6.5.2019, https://fowid.de/meldung/ekd-und-katholiken-deutschland-jahr-2060, Zugriff 18.9.2021.
2 Bogner 2019, 81.
3 Wikipedia – Die freie Enzyklopädie (Hg.): Alfred Loisy, 4.8.2021, https://de.wikipedia.org/wiki/Alfred_Loisy, Zugriff am 18.9.2021.
4 Vgl. Fredriksen 2021, 128 f.; Küng 2006, 29 f.
5 Vgl. Lauster 2018, 174 ff.; Scholl 2015, 55.
6 Lauster 2018, 178 f.
7 Vgl. Wucherpfennig 2022; Wikipedia – Die freie Enzyklopädie (Hg.); Simon Petrus, 17.9.2021, https://de.wikipedia.org/wiki/Simon_Petrus, Zugriff am 18.9.2021; Halbfas 2018, 89 f.; Scholl 2015, 53 ff.; Küng, 2006, 27 ff.
8 Vgl. Küng 2006, 36 f. und 49.
9 Vgl. Evangelische Kirche in Deutschland (Hg.) 2000.
10 Vgl. Bogner 2019, 82, 128 ff. und 139 ff.; Beile 2021, 34 ff.
11 Vgl. Lüdecke 2021, 241; Trummer 2021, 80; Horn 2017; Häring 2021; Bogner 2019, 158; Flügge/Holte 2018, 62; Halbfas 2017, 102 f.; Schießler 2016, 14 f.
12 Vgl. Dahlheim 2014, 382 ff.
13 Vgl. Hennecke/Vicens 2019, 67 ff.; Degen/Unfried 2018, 43 ff.; Flügge/Holte 2018, 62; Winter-Pfändler 2013, 117.
14 Vgl. Reformierte Kirche Bern-Jura-Solothurn (Hg.): Vision Kirche 21. Von Gott bewegt, den Menschen verpflichtet, https://vision.refbejuso.ch/von-gott-bewegt-den-menschen-verpflichtet, Zugriff am 18.9.2021.
15 Woelki, Rainer Maria: Als Kirche aufbrechen wie Abraham, Hirtenbrief vom 11.2.2016, https://www.erzbistum-koeln.de/news/Kardinal-Woelki-Als-Kirche-aufbrechen-wie-Abraham/, Zugriff am 18.9.2021.
16 Halík 2021, 196; vgl. Trummer 2021, 261 ff.; Böttigheimer 2020, 31 ff.; Eigenmann 2019, 146 f.; Halbfas 2018, 181; Küng 2013, 269.
17 Vgl. Jörns 2017, 135; Söding 2012.
18 Vgl. Bernhardt 2021, 366 ff.; Bernhardt 2000, 199 ff.
19 Vgl. Renz 2020, 26; Englert 2018, 150 ff.

[20] Küng 2016, 304.
[21] Vgl. Habenicht 2020, 58 ff.; Beile 2021, 188 ff. und 242 ff.; Halík 2021, 10 ff.
[22] Prantl 2018, 161.
[23] Vgl. Renz 2020, 15 ff.
[24] Habenicht 2020, 76; vgl. Acklin Zimmermann 2021; Scholl 2015, 69.
[25] Vgl. Renz 2020, 19 und 112 ff.
[26] Habenicht 2020, 61; vgl. Nolan 2018, 158 ff.; Leppin 2007, 7 ff., 118.
[27] Vgl. Halbfas 2017, 113.
[28] Vgl. Wikipedia – Die freie Enzyklopädie (Hg.): Mystik, 20.8.2021, https://de.wikipedia.org/wiki/Mystik, Zugriff am 18.9.2021.
[29] Vgl. Hennecke 2020, 121 f.
[30] Vgl. Habenicht 2020, 70; Müller 2020, 81; Hennecke 2020, 121 f.
[31] Vgl. Sengelmann 2020, 204.
[32] Vgl. Scholl 2015, 95 f.
[33] Vgl. Sengelmann 2020, 253 ff.; Flügge/Holte 2018, 77; Waltersdorfer 2017, 97; Scholl 2015, 94 ff.; Küng 2013, 159 ff.
[34] Kling-Witzenhausen 2020, 289; vgl. Knobloch 2018, 143.
[35] Vgl. Straub 2021, 142 f.
[36] Vgl. Flügge/Holte 2018, 26 ff.; Hochstrasser 2017, 63 f.
[37] Bild vom Wirtshaus entnommen bei Zink 2015, 386 f.; vgl. Kling-Witzenhausen 2020, 280; Hennecke 2020, 190.
[38] Rouet 2012, 152; vgl. Flügge/Holte 2018, 27 ff.
[39] Vgl. Straub 2021, 142 f.
[40] Vgl. König/Schattenhofer 2020.
[41] Stiftung Weltethos (Hg.): Was ist Weltethos?, https://www.weltethos.org/was_ist_weltethos/, Zugriff am 18.9.2021.
[42] Vgl. Wiegand 2005, 100 ff.
[43] Bauer 2018b, 13.
[44] Vgl. Schneider 2021; Roth 2007, 260 ff.; Dörner 2004, 308 f.
[45] Vgl. Imbach 2020a, 221; Schauß 2017, 184 f.
[46] Vgl. Küng 2013, 159 ff.
[47] Vgl. Böttigheimer 2020, 243.
[48] Vgl. Habenicht 2020, 73 ff.; Scholl 2015, 69.
[49] Nolan 2018, 200 ff.
[50] Sengelmann 2020, 223.
[51] Vgl. Beile 20210, 214 f.; Waltersdorfer 2017, 89 und 111 ff.
[52] Vgl. Straub 2021, 129 ff.
[53] Werlen 2018, 90.
[54] Vgl. Waltersdorfer 2017, 89 ff.
[55] Vgl. Wikipedia – Die freie Enzyklopädie (Hg.): Grüne Zitadelle von Magdeburg, 14.7.2021, https://de.wikipedia.org/wiki/Gr%C3%BCne_Zitadelle_von_Magdeburg, Zugriff am 18.9.2021.
[56] Rouet 2012, 178; vgl. Bogner 2019, 47 ff.; Tauber 2019, 108.

57 Vgl. Bischofsberger 2014.
58 Vgl. Leven 2021.
59 Vgl. Bogner 2019, 30 ff. und 59.
60 Vgl. Edding/Schattenhofer 2012, 26 ff.; Wiegand 2005, 81 ff.
61 Pohl-Patalong 2006, 130.
62 Vgl. Müller 2020, 267; Flügge/Holte 2018, 77.
63 Vgl. Waltersdorfer 2017, 97 ff.
64 Vgl. Rosenstiel 2015, 47 ff.; Bogner, 2019, 47 ff.
65 Schweizerische Gemeinnützige Gesellschaft SGG: Befragung 2014, Grafik „Motive der formell Freiwilligen", 2015, https://sgg-ssup.ch/wp-content/uploads/2020/11/Leporello_2015.pdf, Zugriff am 18.9.2021.
66 Vgl. Straub 2021, 140.
67 Spruch des Tages. Lebenssprüche, https://www.spruch-des-tages.de/sprueche/die-zukunft-gehoert-denen-die-sie-veraendern, Zugriff am 18.9.2021.
68 Vgl. Fredriksen 2021, 124.
69 Vgl. Renz 2020, 51.
70 Bogner 2019, 139 ff.
71 Rüttimann 2017.
72 Vgl. Pilloud 2021.
73 Vgl. Geissler 2018, 176 ff.
74 Vgl. Ökumenischer Chor Oranienburg, 2021, http://www.chor-oekumene.de/, Zugriff am 10.10.2021.
75 Vgl. Hennecke 2020, 172.
76 Vgl. Bibelerz 2018, https://www.bibelerz.ch/, Zugriff am 18.9.2021.
77 Vgl. Wucherpfennig 2021, 107 ff.; Schubert 2018, 21 ff.; Scholl 2015, 74 ff.; Theissen/Merz 2011, 384 ff.
78 Eigenmann/Hahne/Mennen 2002.
79 Ars Vitae 2020, 6.
80 Vgl. Play SRF, Fernsehsendung zum Reformationssonntag aus Oberwil BL am 3.11.2019, https://www.srf.ch/play/tv/gottesdienst/video/festgottesdienst-zum-reformationssonntag-aus-oberwil-bl?urn=urn:srf:video:3c235f38-8ee2-43e1-98d6-5a651b227be9, Zugriff am 18.9.2021.
81 Leserbrief aus der Zeitung „Salzburger Nachrichten" vom 12.1.2019.
82 Hieke 2020; vgl. Trummer 2021, 172 ff.; Beile 2021, 139 ff.
83 Vgl. Imbach 2020b; Lohfink 2020; Zink 2015; Theissen/Merz 2011; Halbfas 2010.
84 Vgl. Lohfink 2020.
85 Vgl. Matthäus Gemeinde Bremen, 2021, https://matthaeus.net/, Zugriff am 18.9.2021.
86 Vgl. Ahr 2019.
87 Vgl. Zeitfenster Aachen, 2021, https://www.zeitfenster-aachen.de/, Zugriff am 18.9.2021.
88 Vgl. Offene Kirche Elisabethen, 2021, https://www.offenekirche.ch/de.html, Zugriff am 18.9.2021.
89 Vgl. I Need Schweiz, 2021, https://i-need.ch/?lang=de, Zugriff am 18.9.2021.

Forum Religionskritik

Christoph Müller
Nachthütte im Gurkenfeld
Vom gegenwärtigen Elend der Evangelischen Kirche in Deutschland und der Leere, die sie hinterlässt. Eine Bestandsaufnahme
Die Evangelische Kirche befindet sich in einem Auszehrungsprozess und erlebt diesen durch etliche Symptome, sie lässt aber dessen tatsächliche Ursache unbeachtet. Auf die Symptome gehen wir ein und versuchen sie zu lindern, bzw. sie verschwinden zu lassen. Der Herd bleibt unsichtbar, d. h., wir sind daran beteiligt, dass er unsichtbar bleibt.
Um es direkt auszusprechen: Wir, die Evangelische Kirche, täuschen über den abhandengekommenen Gott hinweg, indem wir an dessen Stelle ein theologisches Konstrukt setzen, das nur noch mit dem Titel „Gott" firmiert und immerhin darin so erfolgreich ist, dass der in der Breite grassierende kryptische Atheismus ein kryptischer bleibt. Der gegenwärtige evangelische Beitrag wäre dann, diesen nicht bewusst werden zu lassen.
Bd. 20, 2021, 224 S., 29,90 €, br., ISBN 978-3-643-15011-0

Lutz Pohle
Etikettenschwindel als System
Warum der „Heiligen Kirche" Volk und Priester abhanden kommen
Die „Heilige Kirche" hat schon früh die „Sache Jesu" aufgegeben und sich jener Macht verschrieben, der Jesus in den Versuchungen der Wüste widerstanden hatte. Seither zeigt ihr Handeln diabolischen Charakter. In vielen Jahrhunderten bis heute hat sie dies perfektioniert. Hinter ihrem vorgetäuschten Heiligenschein agiert sie oft weltlicher, unmenschlicher, sublimer und zugleich brutaler als die „böse" weltliche Welt. Diese Kirche ist nicht reformierbar, nicht zu retten. Wer die „Sache Jesu" aufgreifen möchte, sollte das System Kirche sich selbst überlassen und neue, eigene Wege gehen.
Bd. 19, 2021, 134 S., 19,90 €, br., ISBN 978-3-643-14983-1

Werner A. Müller
Gottesvorstellungen und Leben nach dem Tod
Märchenhaftes und Mythen des christlichen und islamischen Glaubens im Lichte historischer und naturwissenschaftlicher Forschung
Das Buch fasst zusammen, wie der Glaube an einen persönlichen Gott und an ein Leben nach dem Tode entstanden ist. Die Aussagen von Religionen werden durchleuchtet, Ungereimtheiten, Widersprüchliches und Märchenhaftes aufgezeigt und mit Ergebnissen der historischen und heutigen naturwissenschaftlichen und neurologischen Forschung konfrontiert
Bd. 18, 2021, 94 S., 19,90 €, br., ISBN 978-3-643-14887-2

Udo Kern
Karl Marx und der Neue Atheismus
Toleranz – mit Verstand, Herz, Gemüt und Hoffnung gestaltet – wird von Religion und Atheismus begreiflich, einleuchtend, evident erwartet und verlangt. Das gilt sowohl für Karl Marx als auch für den Neuen Atheismus und die Religion. Der russische Literaturkritiker Michail Michailovitsch Bachtin hat Recht: „Der Glaube lebt dicht an der Grenze zum Atheismus, schaut ihn an und versteht ihn; der Atheismus lebt dicht an der Grenze des Glaubens und versteht den Glauben."
Bd. 17, 2020, 152 S., 29,90 €, br., ISBN 978-3-643-14801-8

Edda Lechner
Von der Kirche zum Kommunismus
Einblicke und Folgerungen nach lehrreichen Auseinandersetzungen. Mit Anhang „Religionsfreiheit und linke Politik"
Welche bedeutende Rolle die Achtundsechziger-Bewegung auch in der Kirche spielte, zeigt sich in dem hier geschilderten Fall der Pastorin Edda Groth/Lechner. Von den „revolutionären" Ideen beeinflusst, erklärte sie in ihrer Konfirmations-Predigt 1974, „dass Mao Gott näher stehe als alle Päpste und Bischöfe der letzten 1000 Jahre". Es gehe darum, dass auch Christen sich gegen den Kapitalismus und für den Sozialismus einsetzten. Das führte zu einem heftigen hier ausführlich geschilderten Konflikt innerhalb der Gemeinde und mit der Kirchenleitung in Schleswig-Holstein, zu ihrem Kirchenaustritt und der atheistischen Erkenntnis, „dass uns kein höh'res Wesen rettet".
Bd. 16, 2020, 420 S., 34,90 €, br., ISBN 978-3-643-14197-2

LIT Verlag Berlin – Münster – Wien – Zürich – London
Auslieferung Deutschland / Österreich / Schweiz: siehe Impressumsseite

Michael Francisci de Insulis OP
Determinatio De Antichristo. Traktat über den Antichrist
Editionem curavit Walter Simon. Herausgegeben und eingeleitet von Walter Simon
Der Dominikaner Michael Francisci de Insulis, Rektor der Ordensschule in Köln, nahm am 19. Oktober 1478 im Rahmen einer akademischen Veranstaltung Stellung zu Gerüchten, im Orient sei der seit langem geweissagte Antichrist zur Welt gekommen. Ein Schreiben, das diese Behauptung verbreitete, musste auf seine Glaubwürdigkeit hin geprüft werden. Zur Identifizierung des erwarteten Widersachers, der die Endzeit ankündigt, greift Michael Francisci altbekannte Stellen der Heiligen Schrift auf und beruft sich auf die Autoritäten der Kirchenlehre, vor allem auf Thomas von Aquin und Vinzenz Ferrer.
Bd. 15, 2022, ca. 120 S., ca. 39,90 €, br., ISBN 978-3-643-13842-2

Karl Richard Ziegert
Die Verkäufer des „perfect life"
Über die Amerikanisierung der Religion und den Untergang der EKD-Kirchenwelt in Deutschland
Bd. 14, 2015, 468 S., 39,90 €, br., ISBN 978-3-643-13013-6

Veit Thomas
Gott ist ein Kind
Ein kulturpädagogischer Versuch in 59 Thesen
Bd. 13, 2015, 232 S., 34,90 €, br., ISBN 978-3-643-12918-5

Gert Hellerich; Daniel White
Sinnlicher Jesus
Wider die Entsinnlichung des Christentums
Bd. 12, 2013, 128 S., 19,90 €, br., ISBN 978-3-643-90348-8

Fritz P. Schaller
Nach Gott und Religion
Vision für einen jungen christlichen Humanismus
Bd. 11, 2012, 288 S., 18,90 €, br., ISBN 978-3-643-80131-9

Jürgen Barmeyer
Paradoxa des Glaubens
Kritische Anmerkungen zum religiösen Dogmatismus
Bd. 10, 2012, 136 S., 19,90 €, br., ISBN 978-3-643-11600-0

Berthold Block
Jesus und seine Jünger: Wege im Wahn
Beobachtungen zu Bibel, Kirche, Christentum
Bd. 9, 2009, 256 S., 19,90 €, br., ISBN 978-3-643-10068-9

Henning Fischer
Der Mystiker Jesus von Nazareth
Eine ‚andere' christliche Weisheitslehre für alle geistig Suchenden
Bd. 7, 2007, 152 S., 14,90 €, br., ISBN 978-3-8258-0421-3